U0143185

名 家 通 识 讲 座 书 系

中国美学
十五讲

□　朱良志　著

北京大学出版社

PEKING UNIVERSITY PRESS

图书在版编目（CIP）数据

中国美学十五讲/朱良志著.—北京:北京大学出版社,2006.4
（名家通识讲座书系）
ISBN 978-7-301-10586-3

Ⅰ.①中⋯　Ⅱ.①朱⋯　Ⅲ.①美学—中国　Ⅳ.①B83

中国版本图书馆 CIP 数据核字（2006）第 019001 号

书　　　名	中国美学十五讲
	ZHONGGUO MEIXUE SHIWU JIANG
著作责任者	朱良志　著
责任编辑	艾　英
标准书号	ISBN 978-7-301-10586-3
出版发行	北京大学出版社
地　　　址	北京市海淀区成府路 205 号　100871
网　　　址	http://www.pup.cn　新浪微博：@北京大学出版社
电子邮箱	编辑部 wsz@pup.cn　　总编室 zpup@pup.cn
电　　　话	邮购部 010-62752015　发行部 010-62750672
	编辑部 010-62756467
印　刷　者	三河市博文印刷有限公司
经　销　者	新华书店
	965 毫米×1300 毫米　16 开本　26.25 印张　450 千字
	2006 年 4 月第 1 版　2024 年 2 月第 27 次印刷
定　　　价	79.00 元

《名家通识讲座书系》
编审委员会

《名家通识讲座书系》总序

本书系编审委员会

《名家通识讲座书系》是由北京大学发起，全国十多所重点大学和一些科研单位协作编写的一套大型多学科普及读物。全套书系计划出版100种，涵盖文、史、哲、艺术、社会科学、自然科学等各个主要学科领域，第一、二批近50种将在2004年内出齐。北京大学校长许智宏院士出任这套书系的编审委员会主任，北大中文系主任温儒敏教授任执行主编，来自全国一大批各学科领域的权威专家主持各书的撰写。到目前为止，这是同类普及性读物和教材中学科覆盖面最广、规模最大、编撰阵容最强的丛书之一。

本书系的定位是"通识"，是高品位的学科普及读物，能够满足社会上各类读者获取知识与提高素养的要求，同时也是配合高校推进素质教育而设计的讲座类书系，可以作为大学本科生通识课（通选课）的教材和课外读物。

素质教育正在成为当今大学教育和社会公民教育的趋势。为培养学生健全的人格，拓展与完善学生的知识结构，造就更多有创新潜能的复合型人才，目前全国许多大学都在调整课程，推行学分制改革，改变本科教学以往比较单纯的专业培养模式。多数大学的本科教学计划中，都已经规定和设计了通识课（通选课）的内容和学分比例，要求学生在完成本专业课程之外，选修一定比例的外专业课程，包括供全校选修的通识课（通选课）。但是，从调查的情况看，许多学校虽然在努力建设通识课，也还存在一些困难和问题：主要是缺少统一的规划，到底应当有哪些基本的通识课，可能通盘考虑不够；课程不正规，往往因人设课；课量不足，学生缺少选择的空间；更普遍的问题是，很少有真正适合通

1

识课教学的教材,有时只好用专业课教材替代,影响了教学效果。一般来说,综合性大学这方面情况稍好,其他普通的大学,特别是理、工、医、农类学校因为相对缺少这方面的教学资源,加上很少有可供选择的教材,开设通识课的困难就更大。

这些年来,各地也陆续出版过一些面向素质教育的丛书或教材,但无论数量还是质量,都还远远不能满足需要。到底应当如何建设好通识课,使之能真正纳入正常的教学系统,并达到较好的教学效果?这是许多学校师生普遍关心的问题。从2000年开始,由北大中文系主任温儒敏教授发起,联合了本校和一些兄弟院校的老师,经过广泛的调查,并征求许多院校通识课主讲教师的意见,提出要策划一套大型的多学科的青年普及读物,同时又是大学素质教育通识课系列教材。这项建议得到北京大学校长许智宏院士的支持,并由他牵头,组成了一个在学术界和教育界都有相当影响力的编审委员会,实际上也就是有效地联合了许多重点大学,协力同心来做成这套大型的书系。北京大学出版社历来以出版高质量的大学教科书闻名,由北大出版社承担这样一套多学科的大型书系的出版任务,也顺理成章。

编写出版这套书的目标是明确的,那就是:充分整合和利用全国各相关学科的教学资源,通过本书系的编写、出版和推广,将素质教育的理念贯彻到通识课知识体系和教学方式中,使这一类课程的学科搭配结构更合理,更正规,更具有系统性和开放性,从而也更方便全国各大学设计和安排这一类课程。

2001年底,本书系的第一批课题确定。选题的确定,主要是考虑大学生素质教育和知识结构的需要,也参考了一些重点大学的相关课程安排。课题的酝酿和作者的聘请反复征求过各学科专家以及教育部各学科教学指导委员会的意见,并直接得到许多大学和科研机构的支持。第一批选题的作者当中,有一部分就是由各大学推荐的,他们已经在所属学校成功地开设过相关的通识课程。令人感动的是,虽然受聘的作者大都是各学科领域的顶尖学者,不少还是学科带头人,科研与教学工作本来就很忙,但多数作者还是非常乐于接受聘请，宁可先放下其他工作，也要挤时间保证这套书的完成。学者们如此关心和积极参与素质教育之大业，应当对他们表示崇高的敬意。

本书系的内容设计充分照顾到社会上一般青年读者的阅读选择，适合自学；同时又能满足大学通识课教学的需要。每一种书都有一定的知识系统，有相对独立的学科范围和专业性，但又不同于专业教科书，不是专业课的压缩或简化。重要的是能适合本专业之外的一般大学生和读者，深入浅出地传授相关学科的知识，扩展学术的胸襟和眼光，进而增进学生的人格素养。本书系每一种选题都在努力做到入乎其内，出乎其外，把学问真正做活了，并能加以普及，因此对这套书作者的要求很高。我们所邀请的大都是那些真正有学术建树，有良好的教学经验，又能将学问深入浅出地传达出来的重量级学者，是请"大家"来讲"通识"，所以命名为《名家通识讲座书系》。其意图就是精选名校名牌课程，实现大学教学资源共享，让更多的学子能够通过这套书，亲炙名家名师课堂。

本书系由不同的作者撰写，这些作者有不同的治学风格，但又都有共同的追求，既注意知识的相对稳定性，重点突出，通俗易懂，又能适当接触学科前沿，引发跨学科的思考和学习的兴趣。

本书系大都采用学术讲座的风格，有意保留讲课的口气和生动的文风，有"讲"的现场感，比较亲切、有趣。

本书系的拟想读者主要是青年，适合社会上一般读者作为提高文化素养的普及性读物；如果用作大学通识课教材，教员上课时可以参照其框架和基本内容，再加补充发挥；或者预先指定学生阅读某些章节，上课时组织学生讨论；也可以把本书系作为参考教材。

本书系每一本都是"十五讲"，主要是要求在较少的篇幅内讲清楚某一学科领域的通识，而选为教材，十五讲又正好讲一个学期，符合一般通识课的课时要求。同时这也有意形成一种系列出版物的鲜明特色，一个图书品牌。

我们希望这套书的出版既能满足社会上读者的需要，又能够有效地促进全国各大学的素质教育和通识课的建设，从而联合更多学界同仁，一起来努力营造一项宏大的文化教育工程。

目　录

引言：生命超越的美学

　　在西方，美学作为一门学科，成立时间并不长。德语中"Aesthetik"一词原意是感性学或感觉学。美学是哲学的分支学科，在西方哲学看来，研究人的认识有逻辑学，研究人的意志有伦理学，研究人的感性经验则有美学。感性学是相对于情感或者感性认识的一门学科。它以感性经验为基础，人欣赏自然、人生或艺术，产生某种情感的变化，引起快感的经验，这是美学研究的中心。西方美学关注的是审美经验、感性、感情、快感等。

　　中国和西方原属不同的文明，其

思想也有根本的差异。粗而言之，中国哲学重在生命，西方传统哲学重在理性、知识。中国哲学是一种生命哲学，它将宇宙和人生视为一大生命，一流动欢畅之大全体。生命之间彼摄互荡，浑然一体。我心之主宰，就是天地万物之主宰。人超越外在的物质世界，融入宇宙生命世界中，伸展自己的性灵，则为中国哲学关心的中心。所以远在古希腊之时，西方哲学家戮力向外追求，探索知识，而中国圣哲们则推倡"反己之学"，强调穷理尽性以至于命，强调生命的超越。中国哲人长于证会，西方贤哲长于思辨。西方哲学是知识的、思辨的，而中国哲学则是生命的、体验的。生命超越是中国哲学的核心。

在这样哲学背景下产生的美学，它不是西方感性学或感觉学意义上的美学，而是生命超越之学；中国美学主要是生命体验和超越的学说，它是生命超越哲学的重要组成部分。中国美学纯粹体验中的世界不是物质存在的对象，不是所谓"感性"（sensibility），而是生命体验的真实（truth）。或者可以这样说，中国美学的重心就是超越"感性"，而寻求生命的感悟。不是在"经验的"世界认识美，而是在"超验的"世界体会美，将世界从"感性"、"对象"中拯救出来，方为正途。在中国美学中，人们感兴趣的不是外在美的知识，也不是经由外在对象"审美"所产生的心理现实，它所重视的是返归内心，由对知识的荡涤进而体验万物，通于天地，融自我和万物为一体，从而获得灵魂的适意。中国美学是一种生命安顿之学。像明张岱《湖心亭看雪》短文中所叙述的生命体验，大雪三日，与友人相约于西湖湖心亭看雪，他们来到此亭，此时，"天与云、与山、与水，上下一白，湖上影子，惟长堤一痕，湖心亭一点，与余舟一芥、舟中人两三粒而已"。乾坤同白，在这白色的世界中，亭中的我惟是一点，这一点置于莽莽宇宙、皑皑上国中，是一种会归，也是一种伸展。这一点是小的，但当它融入茫茫世界，就伸展了性灵，获得深心的安适，他在心灵的超越中拥有了世界。虽是一心，却与造化同流。中国美学追求的是身心的安顿，它并不在意一般的审美快感，而力图超越一般意义的悲乐感，所谓"纵浪大化中，不喜亦不惧"，在超越的境界中，获得深层的生命安慰。

正因如此，本课程讲授中国美学的基本内涵，则扣住"生命超越"的精神而论之。这里从中国传统美学的吉光片羽中提炼出的十五个问题，我以为都是生命超越美学的重要问题。本讲座的十五讲可分为三个意义单元：前五讲分别从道、禅、儒、骚以及气化哲学五个方面，追踪生命超越美学产生的根源及其流变，这是根源论。就美学而言，道家哲学要在齐同万物、冥然物化；禅宗确立世界本身的意义，青山自青山白云自白云中，就包含这样的思考；楚辞具有唯美和感伤的传统，给中国美学注入特别的气质；儒家哲学强调创造新变；传统的气化哲学强调天地大自然为一生命流荡的世界，等等，这些对确立中国美学的基本特点起到了关键作用。中间五讲，集中讨论中国美学在知识之外（无言之美）、空间之外（灵的世界）、时间之外（永恒之美）、自身之外（以小见大）、色相世界之外（大巧若拙）追求美，体现出独特的超越美学旨趣，这是生命超越美学的形态论。而后五讲，则是对生命超越美学范畴的讨论，涉及到境界、和谐、妙悟、形神和养气五个基本范畴，这是生命超越美学的范畴论。中国传统超越美学含摄的内容很多，这里选讲的若干重要问题，只是对其基本情况作一粗略的勾勒。

关于中国美学的研究，我以为不是中国有没有美学的问题，而是中国到底有什么样的美学；从内在逻辑中把握中国美学的特点，不把中国美学当作论证西方美学的资料，是当今中国美学研究不可忽视的方面。我这部讲稿只是一个初步尝试，欢迎方家有以教之。

游鱼之乐

　　庄子和惠子的濠上之辩，是《庄子》中最发人深省的故事之一。庄子和惠子在濠梁之上游玩，庄子说："白鱼从容游动，这鱼真快乐啊！"惠子说："你不是鱼，怎么知道鱼的快乐？"庄子说："你不是我，怎么知道我不知道鱼的快乐？"惠子说："我不是你，本来不知道你的快乐。你本来也不是鱼，你也不知道鱼的快乐，这其中的道理是一样的。"庄子说："请把话题转到开头吧，你说'你怎么知道鱼的快乐'的话，就已经知道我知道鱼的快乐而来问我的。我是在濠河的桥上知道鱼的快乐的。"[1]

这段对话反映了两位哲学家看世界的不同方式。惠子是位逻辑学家，庄子是位诗人哲学家。惠子看问题抱持理性和科学的态度，他学富五车，遇到问题喜欢辩论。庄子是个诗人，他的哲学是诗的哲学。或许可以这样说，惠子的智慧属于白天，用的是知识的眼；庄子的智慧属于夜晚，用的是生命的眼，看起来很冷，却充满了生命的温情。庄子对惠子的理智游戏不感兴趣，他要做一种生命游戏。

惠子站在大地上，发现这世界的问题，"遍为万物说"。在中国哲学史上，惠子是较早将物作为研究中心的，在他之前，孔子、墨子兴趣都在研究人，老子兴趣在宇宙本体。惠子以理性的态度分析外物，归纳出"历物之意"的十个命题，如卵有毛、鸡三足、火不热、飞鸟的影子不动、飞箭不走等等，很有思辨意味。其中有不少问题也具科学价值。如飞鸟影子不动之说，很容易使人联想到芝诺的飞箭是静止的观点。李约瑟谈到惠子时甚至感叹："倘若环境条件有利于它的生长的话，中国科学无需通过亚里士多德的逻辑学，可能发展成什么样子。"[2]

庄惠这段著名的辩论，反映了两种看世界的方式（诗意的和逻辑的），可以用《庄子》中的一句话来概括，叫做"物物而不物于物"。庄子是物物，即融于物，人在诗意的境界中回到世界中。惠子是物于物，即被"物"所"物"，"物"成了功利欲望的对象，人是物的奴隶；同时，物也是人的奴隶，人将物对象化。而在"物物"中，"我"与物相融为一体，没有分别，没有主奴之关系，"我"自在优游，如果还有"我"的话。庄子说惠子"倚树而吟，据槁梧而瞑"，整天忙于辨析万物的名理，就像一只蚊子嗡嗡飞个不停，辩之越多，离真实世界越远！他认为"辩无胜"，名理的辨析不能最终解决问题。他批评惠子"驰荡而不得，逐物而不反"，说惠子是个"逐物"之夫——一个耽于研究万物名理的人。在庄子看来，他自得于融物之境，而惠子自溺于逐物之旅。[3]

惠、庄之辩，一逐于物，一融于物；一是人的，一是天的；一是知识的推论，一是非知识的妙悟；一处于和人全面冲突的物质世界，一是人在其中优游的大全世界。惠子关心的是"我思"，庄子关心的是"我在"。庄子哲学要申说人存在于世界中的意义，而惠子却要通过人的解释去寻找世界的意义，研究物、分析物、主宰物、占有物。庄子认为，惠子哲学所反映的人与世界的关系是片面的。而庄子是融于物，消解物的存在，将物从对象中拯救出来，与我相与往来。

惠子的哲学是理性的、认知的、科学的，而庄子哲学是诗意的、体验的、美学的。庄子将天、自然当作一个大作品，在建构一个真实的世界，将被儒、墨、名等知识努力所遮蔽的世界彰显出来。庄子的哲学立脚处，在与美学相关的境界中。

我们不能说庄子的哲学就是美学，传统中国学术浑沦一片，没有纯粹的美学学科，庄子的努力也不是为了建立一种美的学术。但他要建立一个真实的世界，通过纯粹的体验，揭示被人类知识系统所遮蔽的世界的秘密。庄子所建立的这个世界是关乎美的。"天地有大美而不言"，这一世界有至高的美。达至这个世界的唯一途径就是纯粹体验，这纯粹体验是一种诗性智慧。"没有诗，就没有实在世界"（德国哲学家施莱格尔语），庄子哲学中含有丰富的美学思考，它是早期中国人有关美的思考的卓越代表。

游鱼之乐的辩论中，潜藏着攸关中国美学的大问题，在中国美学中具有重要意义，也在一定程度上体现出中国美学的倾向性和基本特色。我想围绕游鱼之乐这个故事，就庄子哲学的美学价值谈一些认识。

⚙ 寄畅园一角

"时有落花至，远随流水香。"

在世界的"水"中游弋，方有澄明和洒落。

一、通：会通物我

游鱼之乐所体现的思维，是一种会通万物的思维，在诗意的心灵中，打通"我"与世界的界限，通世界以为一。这一理论在中国美学中占有重要位置。

在鱼乐之辩中，庄子以知游鱼之乐而发出会心的感慨，惠子以"子非鱼，安知鱼之乐"诘难之，透露出道、名二家的不同思想指向。"子非鱼，安知鱼之乐"，惠子的问难若从理性角度看，是完全合理的：鱼的快乐是鱼的体验，人不可能知道鱼的快乐。"出游从容"，是鱼游动的样态，并不表示鱼有这样的情绪体验。庄子与鱼别而为二，二者各为孤立的世界，不存在相通的物质因缘。因此，从科学角度看，庄子的论断不成立；从逻辑上看，庄子的推论也无根据。

游鱼之乐这个论题的要点之一，就是"知"。惠子认为，鱼之乐不可"知"，但庄子说"我知之濠上也"。这句话是此论辩的关键。正像宣颖所解释的："我游濠上而乐，则知鱼游濠下亦乐也。"[4] 正因"我"来到这河边，徘徊在河的桥梁上，正因"我"心情的"从容"，在这从容游荡中，"我"感到无拘束的快乐，所以"我""觉得"（这"觉得"不是意识，而是纯粹体验）鱼游是快乐的，山风是快乐的，白云是快乐的，鸣鸟是快乐的。这是诗意的目光、审美的目光。

庄子所说的游鱼之乐，绝不是对游鱼之乐的"知"——从认知的角度看，不存在游鱼之乐——而是对游鱼之乐的体验：他体验鱼会如此，其实鱼并不如此，但他根本不在乎鱼不如此。惠子所诘难的"知"，是科学认知的"知"，而庄子的"我知之濠上"之语，则说的是生命的体验。

惠子虽然"泛爱万物"，但他与万物是分离的，物与物之间是孤立的，他所谓联系是以人的知识谱系将万物连接，并非万物自身所具有的联系。他是"看"世界，人在万物之外，人是世界的观照者；他是分析世界，世界成了人的"理"的对象，世界被"理"所征服。其直接结果，就是人与物的分离，如明代文徵明所批评的"吾自吾，竹自竹，虽曰与竹居，终然邈千里"。

　　庄子看到了惠子守其孤明而不与万物相通之心，致力于凿通孤立世界之间的界限，是人与物关系的"绝地天通"。他以诗意的眼光超越"人"的态度，超越科学、功利的视角，以天心穿透世界。他在桥上看鱼，鱼在桥下优游，在他的感悟中，桥没有了，水没有了，鱼和"我"的界限没有了，世界即如一大河流，他和鱼都在这河流中优游。鱼非"我"眼中所见之鱼，而是在"我"生命中游荡的鱼，"我"也非故常之"我"，而是"丧我"之"我"。在"神遇"而不是"目视"中，二者会通合一。

　　庄子说："天地与我并生，万物与我为一。"如果站在人与天分离的角度看，天是天，物是物，我是我；如果站在诗意的立场看，"我"与世界的界限打破了，"我"和世界融为一体，还归于世界的大本。我们通常所说的诗意的眼光，就是从生命的角度看世界。庄子所反复强调的"天地与我并生"、"磅礴乎万物以为一"云云，即是说"人在世界中"，人并不在世界之外。人在世界中，是世界的"在"者，而不是"观"者。

　　人本来就是世界的一分子，人用人的目光看待世界时，似乎从这世界抽离出来，世界是"我"的"对象"。在"对象化"中，世界丧失了本身的独立意义，变成了人的知识、价值的投射，人也在对象化中撕裂和世界密合的整体。庄子所反对的就是人为自然立法的做法。庄子认为，这合于"人"理，并不合"天"理。因为，在人为世界立法的关系中，人是世界的中心，人握有世界的解释权，世界在人的知识谱系中存在。庄子认为，这是一种虚假的存在。庄子哲学的总体旨归正是将世界从对象性中拯救出来，还世界以自身的本然意义——不是人所赋予的意义。

　　庄子将会通物我的纯粹体验境界称为"物化"。"化"于物，"我"就是物，没有了物我之间的界限。"物化"的概念是由《齐物论》结尾处一个关于梦化蝴蝶的故事中引出的。"物化"是和"对象化"相对的一个概念，它将人从"对象化"中拯救出来，让生命自在显现。庄子讲了一个关于影子的故事。有一个人讨厌自己的影子，他行动，影子跟着他，他跑，影子也随之而跑，他拼命地奔跑，试图摆脱影子，但还是不成，最后累死了。庄子说，世人其实就是与影子竞走，与一种虚幻不实的目标角逐，知识的、利益的、欲望的，都是和自己相摩相戛的对象，造成全面的冲突。庄子曾经批评惠子："形与影竞走也，悲夫！"依庄子，你为什么不到大树下去休息，大树下面不就没有了影子？这"大树下"，就是自然天全的物化世界——在自然中，和万物融为一体，没有冲突，没有彼此，没有观者和被观者。

大树下的悠闲和濠梁上的快乐，都是非"对象化"的境界。这一思想在后世中国美学中得到了丰富。如苏轼评文同的竹画："与可画竹时，见竹不见人。岂独不见人，嗒然遗其身。其身与竹化，无穷出清新。庄周世无有，谁知此凝神。"[5]在苏轼看来，文同的竹之所以出人意表，就在于他解除了人与竹的物质关系，人不在竹外看竹，而物化于世界之中，与竹相与优游，画家与竹子没有任何界限，对象化的世界被忘己忘物的纯然一体所取代。

庄子哲学充满了"隔离的智慧"，"忘"、"丧"、"去"、"除"、"斋"、"堕"、"黜"、"外"等等，就是把一切非自然、非本真、非原初的心灵尘埃都荡涤干净，将人从对象化中解脱出来。对象化在于"隔"，庄子哲学着眼于"通"："喜怒通四时，与物有宜"；"堕肢体，黜聪明，离形去知，同于大通，此谓坐忘"；"通于天地"；"虚静推于天地，通于万物，此之谓天乐"。人与万物相通，世界向人开放。在知识的眼光中，世界是封闭的，是一个被观者。而在生命的眼光中，万物都打开了生命的窗户，相通了。在"通"的世界中，人"与物有宜"——无所不在的相融相即。从知识、欲望的角度看世界，当然无所谓通，表面的知性掩盖了深层的隔阂。在庄子看来，这正是惠子哲学的缺憾之处。

"与物有宜"，是中国美学的重要观点之一。《世说新语·言语》有这样的记载："简文入华林园，顾谓左右曰：会心处不必在远，翳然林水，便自有濠、濮间想也，觉鸟兽禽鱼自来亲人。"这位简文帝当然不是"曳尾于途"，但并不影响他对庄子所描绘的境界的体悟。他在山水中"会心"，体悟到濠上快适、濮水自由的境界，感受到大自然中原有的亲和——如果"放下身心与万物一例看"，原来鸟兽禽鱼也"自来亲人"。"濠濮间想"成了中国园林的一个重要境界。苏州留园，北京北海、圆明园旧景等都有以此为名的景点。李日华题画诗曰："惨淡存山格，凄迷见野情，谁将濠濮趣，一枕到华清。"八大山人题画诗曰："点笔写游鱼，活泼多生意，波清乐何知，顿起濠濮思。""濠濮间想"就是一个"通"的境界，一个与世界相与优游的境界。

濠濮的境界，解除人精神的"套"，因为人在"套"中，就很难真正感受到欢乐。山林之想，云水之乐，其实并不在山林云水本身，而在人的心态。谈"心态"并不是说庄子哲学强调主体性，相反，他是要放弃这种主体性。心态自由、平和，当下即是云水，庙堂即是山林。正像宗白华先生所说的："你看一个歌咏自然的人，走到自然中间，看见了一枝花，觉得花能解语，遇着了一只鸟，觉得鸟亦知情，听见了泉声，以为是情调，会着了一丛小草，一片蝴蝶，觉得也能互相了解，悄悄地诉说着他们的情、他们的梦、他们的想望。"元赵子昂有《落花游鱼图》，后人多有仿作，画的就是庄子之意。其上他题有一诗云："溶溶绿水浓如染，风送落花春几多。头白归来旧池馆，闲看鱼泳自沤波。"他通过落花游鱼发现了自己久已疏落的世界，那个人真性自在优游的世界。

"料得青山应似我"——物我相通，是一种预设，但却是一个有根据的预设。《庄子》中有个相濡以沫的典故。《大宗师》说："泉涸，鱼相与处于陆，相呴以湿，相濡以沫，不如相忘于江湖。"泉水干枯后，鱼儿被困在陆地上，它们用自己的湿气互相嘘吸，用口中的唾沫互相湿润对方（这是庄子所讽刺的儒家的德性主张）。与其这样，还不如相忘于江湖之中，自由自在地游。回到生命的水中，回到自然而然的状态中，不是让你向鱼表现出一种亲和的态度（有态度，就是情），不是"像"鱼那样存在（有比喻，就是知识），也不是有意去和世界沟通（那是一种目的性的外在活动），而是相"忘"于江湖——这个"忘"也不是有意作心理排除的意识活动，而是浑然无知的状态。从干涸的生命暂寄场所，回到本然的生命存在的"江湖"，你要做的就是"游"，哪里有什么理性的分别、目的的争取、欲望的挥洒。

李白说："相看两不厌，唯有敬亭山"；李清照说："水光山色与人亲"；沈周说："鱼鸟相友于，物物无不堪"。世界中的一草一木都成了人的朋友。这种与万物相融相即的心理状态，是一种诗意的情怀。谢灵运诗云："白云抱幽石，绿筿媚清涟。"李白诗云："当其得意时，心与天壤俱。闲云随舒卷，安识身有无。"王维诗云："流水如有意，暮禽相与还。"刘长卿诗云："过雨看松色，随山到水源。溪花与禅意，相对亦忘言。"这是怎样的缱绻，怎样的优游！诗人就是一条优游的鱼。在这诗意的氤氲中，白云拥抱着山石，清风荡漾着绿林，山月与弹琴人相与优游，流水游戏着心灵的轻柔。

唐人刘眘虚诗云："道由白云尽，春与青溪长。时有落花至，远随流水香。"盘山的曲折小径在白云间盘旋，盎然的春意随着蜿蜒的溪流潺潺流淌，偶尔有落花随水飘来，又随着水流向前飘去，飘到人看不见的地方，惟留下一缕香意淡淡地氤氲。人与这世界缱绻，清泉就是"我"适意的心灵，蜿蜒的小径就是"我"盘桓的意度，淡云微岚将"我"的心灵拉向远方。虽未有一字着人，却处处在写人，人融于物中，人在世界的"大通"中。中国美学推崇的就是这样的思想。

《二十四诗品》第三品为《纤秾》："采采流水，蓬蓬远春。窈窕深谷，时见美人。碧桃满树，风日水滨。柳阴路曲，流莺比邻。乘之愈往，识之愈真。如将不尽，与古为新。"开始的八句是写阳春之景，这是一个美的世界。但如何把握它，或者说如何"识"，不外乎二途：一条是知识的道路，那是外在的认识，和世界处于"分"的状态；一条是纯粹体验的道路，这是内在的冥合，与物相"乘"，即相随，融入这个世界中，与这世界同在，和世界实现"大通"，这是"合"。后者就是一条审美的道路。在审美的境界中，万物各张其性，各任其新，即使人人所见之物、时时熟悉之境，也能以故出新。审美的眼光具有极大的创造力。

二、大：以物为量

游鱼之乐中，齐同万物、独与天地精神相往来，这就是"大"的世界。

惠子就是从"大"上批评庄子的。他说,庄子的主张是"大而无当",大而无当于理;又是"大而无用",像一个又大又无用的大瓠瓜,用来盛水,坚不能举,用来做其他物品,也一无用处。但庄子却感到犁然有当于心,这就够了。惠子有一次对庄子说:"你所说的话实在无用。"庄子说:"知道无用才可以和他谈用啊。天地多么广大,人所用的只是容足而已。但除了你脚踩的其他地方都挖空,那有用的地方还有用吗?"惠子答道:"无用。"庄子说:"无用是为大用啊。"

庄惠哲学都是为了"存雄",如何克服人的渺小而同于天地之广阔,是当时哲学讨论的一个热点问题。庄子认为惠子陷入了目的论陷阱,心想其大,而愈见其小,执着于"当于理",一落理窟,即失本真。正因此,惠子面对天地雄阔变化,无能为力,欲穷天地之精神,但"存雄而无术"。但庄学认为,道家却做到了,道家不是通过分析的途径、科学的态度,而是在体验中,在心灵的飞跃中做到了。存天地之雄,正为庄学所期盼。庄子强调的无用之用,是谓大用,其实就是要救人于目的论的束缚之中。在《天下篇》中,庄子的后学也称庄子之学是"无端崖之辞",横无际涯,"其于本也,宏大而辟,深闳而肆",它将人从知性的"小"中解放出来。

惠子从量上看大和小。《庄子·天下篇》引惠子语道:"至大无外,谓之大一;至小无内,谓之小一。""大一",是无穷大的宇宙;"小一",是无穷小的世界。而庄子的大不是数量上的大,而是精神境界上的大,那是一种自由的、超越的状态。惠子是个博物学家,他泛爱万物,渴望天地一体,他感叹道:"天地其壮乎!"他肯定天地的"大",这"大"是体量上的,是科学意义上的大,与庄子有根本区别。庄子的哲学核心就在"大"———一种超越的宇宙人生情怀。正是这"大",使他超越世俗的功利眼光,来重新思考生命的意义;正是这"大",使他摆脱理性知识的羁绊,以一丝不挂的精神重新打量宇宙人生;正是这"大",使他能"与天为徒",以夜莺的声音啼唱,伴山风的节奏跳舞。庄子的"大"是"无际"的世界,他总是说游于"广漠之地"、"无穷之门"、"无极之野"、"无何有之乡",不是说飞得远,而是性灵超越。

人处于"洞穴"中，中西哲学家都不回避人的这一存在现实。柏拉图认为，这"洞穴"的事实，是由人的知性缺席所造成的。蒙田说："你看到的只是你所居住的小洞里的秩序和政治。"房龙《宽容》的开篇就是描写一个闭塞的深山，山里人有山里人闭塞的思维，知识的小溪干涸，使他们处于"洞穴"之中。在西方传统哲学中，强调通过人的知性力量走出"洞穴"。这一思维与惠子很相似。而庄子认为，知性非但不能领人奔向"洞穴"之外的广阔世界，而且使人封闭于知性之中。庄学的思想是：知性使人困于"洞穴"，体验使人走向广远。因为知识的小溪充沛了，生命的清泉则断流了。"相濡以沫"的故事说的就是这样的窘境。对于人的真实生命来说，知识的岸是无水的岸。

《德充符》说："眇乎小哉，所以属于人也！謷乎大哉，独成其天。"人是小的，天是大的。人为什么会小？不是体量上小，而是人处于无所不在的束缚之中。被束缚的人，处处局促，处处狭隘，捉襟见肘，左冲右突，成为知识的俘虏，欲望的俘虏，习惯的俘虏，这样的境况下，怎么能不小！尼采在《查斯图斯特拉如是说》中说："走出你的洞穴吧，世界如一座花园等待着你。"但很多人看不到这花园。庄子的存雄之术，其实是无"术"，克服一切知识上的"术"，彻底解放自己。大鹏逍遥而游，那位博学的知北游问道，那位自得的河神快乐地随着水流游向大海，都还不能称之为"大"，因为还有小大之别，还有所依待，还有追问的兴趣，还有"术"。而作自由之游的心灵，一无依傍，横无际涯，无所期待，自能成其大。

《庄子》中有另外一个关于影子的故事。罔两是影子的影子，他问影子说："刚才你在行走，现在你却停了下来；刚才你坐着，现在却又起来，你怎么这么没有自己独立的意志呢？"影子回答说："我是因为必须有所依待才这样的，而我所依附的东西又有所依附呀！"[6] 这个影子的故事与前面所说的侧重点有所不同，这是就知识上来说的。从知识上看，庄子认为有待的人是影子的影子，闪烁不定，因为有所依附、有所执着、有所求、有所贪欲，这样必然就有所拘束，心灵必然不能大——大是一种突破束缚的心灵境界。

"大"在庄子的哲学思想中，就是"与物为量"。它在中国哲学史上具有重要地位。

《天运》篇说："奏之以阴阳之和，烛之以日月之明；其声能短能长，能柔能刚；变化齐一，不主故常；在谷满谷，在坑满坑；涂却守神，以物为量。"这里以音乐为比，说太和之音与万物浑然一体，不以人的知识为量，而以万物为量，所谓"在谷满谷，在坑满坑"。林希逸《庄子口义》："随万物而为之剂量，言我之作乐，不用智巧而循自然也。"这解释是切合的。

一般意义上的量，指对世界的分别，即以大小多少的差异观、数量观去看世界。在量论看来，世界是表象的、外在的、形式的。如果从知识角度去解释、理解，世界便有了大小多少之别，这就是量的把握。庄子认为，这种量的把握，是人所赋予的。人赋予了世界以量，人以量去给世界判分高下差等，量非自然本来固有。一朵野花并不觉得自己是小，没有名气。

在庄子的哲学系统中，存在着两种不同"量观"：一是"以人为量"，一是"以物为量"。前者是以人衡天，后者是以天衡人，以天合天；前者是人为的，后者是自然的；前者为分别之见，后者为大道之见。庄子要以"以物为量"去取代"以人为量"，就是要人放弃知识和理性，还世界以自然之本性。人的量是知识之量，是对世界自然本性的误诠。庄子强调，不以人之知为知，而以天之知为知，以天之量为量。

以物为量，就是不以大为大，不以小为小，泰山不独大其大，毫毛不独小其小。泰山、毫毛独立自在，在在皆适。大、小是人意识的分别，而当你放弃知识，将生命的小舟摇进世界的芦苇深处之时，水平风静，鱼戏鸥飞，你闭上知识的眼，开启生命的眼，你与萧瑟的芦苇同在，你与高飞的沙鸥并翼，还哪里有什么大、小、美、丑之分？《齐物论》说："天下莫大于秋毫之末，而泰山为小。莫寿于殇子，而彭祖为夭。天地与我并生，而万物与我为一。"泰山、秋毫是空间上的等同，殇子、彭祖是时间上的等同。"天地与我并生"，是说"我"放弃了一切知识的努力，回到了世界之中，与万物共存共生，成为无边世界萋萋芳草中的绿茵一片。"万物与我为一",即齐同万物,无短无长,无差别,无高下,即由知识的分别进入到道的"一"中。

由此,我们看庄惠之辩,惠子对庄子的质疑,其实就是"以人为量",而庄子则是拉起"以物为量"的大帜,走出知性的洞穴。庄子将"以物为量"的哲学概括为"秋水精神"。

董其昌有诗云:"曾参《秋水》篇,懒写名山照。"[7]参透了《秋水》的道理,就懒得去写名山图。这里的"名"颇值得注意。有名山,就有无名之山;有有名、无名,就有美与不美,就有高下差等之分;有高下差等之分,就会以分别心去看世界,这样的方式总要受到先入的价值标准影响,总会有知识的阴影在作祟,在知识和美丑的分辨中,真实世界隐遁了,世界成了人意识挥洒的对象。董其昌从《秋水》中悟出的,就是放弃对名山的追求,所在皆适。因为依庄子所言,万物一体,世界平等,心与天游,无分彼此,哪里有高下美丑之分,哪里有物我人他之别!秋水精神,是一种平等精神。以道观之,大道如一,这就是秋水精神的精髓。沈周有题画诗云:"高木西风落叶时,一襟萧爽坐迟迟。闲披《秋水》未终卷,心与天游谁得知。"说的就是这种精神。

在中国哲学史上,儒道佛三家都说"大",都重视"大"的提升性灵的特点,但在哲学趋向上各不相同。道家的"大"是与物为量的"大",反映的是融于物的哲学精神。这也是中国美学的重要生长点。像阮籍的"大人先生"、刘伶"幕天席地"的"酒德",苏轼"纵一叶之所如,凌万顷之茫然"的心灵超越等等,都是一种"大"。其中显然具有道家的哲学气质,这是颇富中国特性的美学观点。由此与西方建基于体量的崇高美判然有别。

三、全:大制不割

游鱼之乐,反映了道家重视天全之美的思想。天之美是不可分别、浑然整全的美,是之谓"大全"。石涛说:"混沌里放出光明。"此一语最得庄学要义。混沌，不是糊里糊涂、幽昧不明，其要义在于：关起外在认知的窗口，打开生命体验的门。

庄子的"大全"不是全部，全部是与部分相对的称谓，这样的全部还是量上的观点。任何量上的观点，都与庄子的诗性思维相违背。大全不是大而全，而是即物即全。当人放下分别见时，哪里有总类和部分的分野。一花一世界，一草一天国，即体验即圆融。庄子所描述的游鱼之乐的境界，就是人与世界浑成一体，其根本特点是不分别。而惠子的质疑，则是从知性出发，于分别上立论的。

老子说："大制不割。"这是一个富有深邃智慧的观点，是一个与"大巧若拙"、"大成若缺"等一样对中国美学艺术产生深远影响的观点。《老子》云："知其雄，守其雌，为天下溪。为天下溪，常德不离，复归于婴儿。知其白，守其黑，为天下式。为天下式，常德不忒，复归于无极。知其荣，守其辱，为天下谷。为天下谷，常德乃足，复归于朴。朴散则为器，圣人用之则为官长：故大制不割。"幽暗的、混茫的、空空落落的、无边无际的道的世界，是朴，朴是没被打破的圆融，在这里，没有知识，没有分别，没有争斗，没有欲望，万物自生听，太空恒寂寥。没有知识，如同婴儿一样自然存在；没有争斗，保持着永恒的雌柔；就像天下的溪涧，就像清气流动的山谷，空灵而涵有一切，流动而不滞塞。这个天下莫能与之争的世界，乃素朴之制，此为"大制"，最大的"制"就是不分别的"制"。

老子并非强调原始和谐，而是要以自然取代人为，以纯朴代替矫揉造作，以平和平等代替你争我夺，以空灵而无边际的心灵涵泳天下的美。"大制不割"是一种大智慧，一种充满圆融的美。

庄子对老子"大制不割"思想有深刻的发挥。《在宥》中讲了一个故事。云将到东方去漫游，碰到了鸿蒙。云将问了许多关于知识的问题，鸿蒙避而不答。最后，鸿蒙告诫云将："安处自然，任性无为，合于造化。忘掉你的形体，抛弃你的聪明，与外物泯除界限，和自然元气混同为一体，去除对心神的任何束缚，漠然处之。万物纷纭，各自返回其原来状态，返回原来状态时也是毫无主动意识。浑然处于质朴无知的状态，才能终身不离其本根。"[8]云将是活泼的、流动的，而鸿蒙是浑沌的、混茫的，云将有知，鸿蒙无知。鸿蒙示云将之法，是不问不求、无知无欲，浑然忘己忘物，与物融而为一。

《庄子》内篇的最后一篇是《应帝王》，《应帝王》最后一段说了一个故事，我以为带有总内篇之成的意思。南海的帝叫儵，北海的帝叫忽，中央的帝叫浑沌，儵与忽到混沌那里去，浑沌对他们很好，儵与忽就想怎样报答浑沌，他们商量道："人有七窍，能够看、听、吃、闻，但混沌没有，我们就尝试为他凿七个洞吧。"他们每天凿一窍，七天后，浑沌被凿死了。这个故事意味深长。浑沌是"一"，儵与忽两个聪明的家伙为他打开七窍，即打开感受外在世界的通道，知识的窗口就打开了；打破了这个"一"，而进入分别的世界，这分别的世界就是"二"。"二"是浑成世界的死亡。郭注以"为者败之"来求解，可谓一语中的。有为、机心、认知，都是美的破坏者，而浑全、质朴、至淳、无为的境界，才是大全的境界，至美的境界。

知性的世界是清晰的，浑沌的世界是幽暗的。但庄子认为，世人所认为的清晰世界，是真正的混乱无序；而浑沌世界虽然是幽暗不明——没有以知识去"明"——但却是清晰、纯粹的，有空寂明觉（空而能容，寂而不乱，明而能照，觉能去惑）之心，正所谓大明若暗，见小若明。理性的世界是秩序化的、条理的，像庄子所诟病的名家、儒家等不遗余力地建立他们的条理、逻辑，而浑沌世界没有任何秩序、理性，是一个无"理"的世界，但在庄子看来，人们热衷于建立的那种秩序、理性原是荒诞不实的，而浑沌世界的无"理"才是真正的世界存在之理。

道家哲学强调，浑成的世界是大美的世界，而分别的世界是残破的。捧着一个残破的玉器，还以为天下之美物，庄子认为，这是很愚蠢的事。庄子把这样的浑沌世界称为"天放"，一个纯任自然的世界。谈到天和人的区别，庄子作了这样的区别：野马放逸，任其驰骋，这是天；将马套上缰绳，装上衡轭，马成了非自由的马、任人驱使的马，这就是人。而伯乐之流，抱着一种外在的标准，去给马定优劣，这就是孔墨之徒。庄子说："不开人之天，而开天之天。开天者德生，开人者贼生。"他所谓"守全"，就是要守天之全。

庄子所说的大全之美，为美的基本特性的判断提供了一个重要的思路。它在中国美学中影响深远。心与天壤俱，安识身有无——当人融入世界之中时，就进入了一个混沌的大全世界，于是在"混沌里放出光明"。庄子的观点影响到中国人对美的理解：科学的分析不能带来美，功利的目的追求不到美，美不能赖于外在具体的认识，应来源于内在生命的体验。关起认识的窗口（七孔不通），打开生命体验的门。美并不来自感性经验，甚至要对感性经验进行排除。混全的美，不是糊里糊涂、浑浑沌沌，而是对生命的清晰印认。浑沌之美，不是模糊美学，它是对生命的发现。庄子的混沌大全的美，就是让世界自在兴现。由此我们也看到，庄子关于世界大全之美的观念，和西方建基于感性之学上的美学思维是有根本区别的。道家哲学的强势，禅宗哲学对道家哲学的发扬，都强化了中国美学重超越、重体验的传统。[9]

四、乐：忘情融物

庄子说他知道鱼的快乐，鱼的快乐是什么样的快乐呢？是鱼固有之乐，还是人所赋予？这涉及到庄子的重要思想。

庄惠之辩中，涉及到一个"情"字。人观鱼而知鱼之快乐，朱光潜先生等以为，这是一种"推己及物"、"移情于物"的观物模式[10]。万物无情，而人有情，人观万物，故万物皆染上人的情感色彩。但朱先生这个广为人知的观点却是值得商榷的。

庄子妻子去世了，惠子去吊唁，庄子盘腿而坐，敲着盆子唱歌。惠子说："和自己的妻子生活在一起，她为你生儿育女，现在老了死去，你不哭，也就罢了，还敲着盆唱着歌，这不是有点过分吗？"庄子说："她的生命来自于自然之气，现在她又归于自然之气，归于生命之大本。生死相替就如同四季的更替。她现在安然地睡在天地这一巨室之中，而我在这里嗷嗷叫哭，这不是太愚蠢了吗？"惠子所持为人之常情，而庄子所持为天地之情。

鸟兽犹爱其类，何况人乎？何况其妻乎？只是庄子看到，世所谓爱者，乃是一己之私怀，亲亲则爱之，类同则悲之，于是便有差别，便有等级，便有偏私。由此，庄子认为，人之爱是不真实的。顺应自然之道，以万物之情为情，方是真性情。庄子提出"不近人情"的观点，"不近人情"后面隐含的是"独重天情"，在相忘于江湖中各任天情。在《逍遥游》中，就虚拟一个与俗世情感相违背的人接舆，所谓"犹河汉无极也，大有径庭，不近人情"。

庄惠有段关于情感的著名辩论：

> 惠子谓庄子曰："人故无情乎？"庄子曰："然。"惠子曰："人而无情，何以谓之人？"庄子曰："道与之貌，天与之形，恶得不谓之人？"惠子曰："既谓之人，恶得无情？"庄子曰 ："是非吾所谓情也。吾所谓无情者，言人之不以好恶内伤其身，常因自然而不益生也 。"惠子曰："不益生，何以有其身？"庄子曰："道与之貌，天与之形，无以好恶内伤其身。今子外乎子之神，劳乎子之精，倚树而吟，据槁梧而暝，天选子之形，子以坚白鸣！"

人本质上都是有情的，庄子和惠子在这一点上没有不同，但他两所说的"情"却有不同。惠子问"人本来是没有情的吗"，庄子以"是"答之，令惠子大为吃惊。庄子并非否定人有情，但庄子肯定的是人的"天情"，惠子肯定的是人的"人情"。人之情，具有一定的倾向性、目的性，也有盲目的知识性，人的喜怒哀乐之情总是与功利欲望等联系在一起。情感与人先入的态度有关，人由于先天承继和后天习染，形成了一种看世界的态度，即所谓"好恶"——喜欢什么，不喜欢什么，需要什么，不需要什么，等等。这样的情感在庄子看来，等同于俗念。庄子认为，这样的情会"内伤于心"，故说"不益生"。庄子所推崇的"天情"，就是因顺自然之情，独守精、神，以自然之情融入世界。庄子批评惠子劳心劳神，倚树而吟，据槁梧而暝，喋喋不休地辩论，失却的是天情，心灵为俗世之情所充满。这不合养生之道，难有天全之想。态度决定一切，庄子要惠子放下知识的、功利的、欲望的态度，而以无情感倾向性的态度去对待世界。

我们可以联系另一个概念"爱"来看。这两位哲学家都被称为"泛爱万物"，但"爱"的方式却有不同，一是以理性去爱，一是以诗意去爱。以理性去爱万物，那是一种德性主张，如同墨子所说的"兼爱"，《乐记》所说的"易直子谅"，张载所说的"民吾同胞，物吾与也"等等，"爱"表现的是一种情感的倾向性。庄子认为，人们留恋于一般的喜乐爱恨，满足于一般的取与（如儒家哲学满足于仁爱慈善），终究不能获得真正的快乐。《人间世》说了一个故事：爱马的人，用竹筐去盛马粪，用盛水器具去装马尿，对马真是好极了。有牛虻叮在马身上，养马人扑打牛虻，却被发怒的马踢伤，爱马而为马所伤。[11] 相响以湿救不了不在水中的鱼，不在于慈爱少，而在于鱼丧失了自然之性；爱马的反为马所伤，不在于你没有做好，而在于片面的爱是没有用处的。它不能带来心灵的最终安适。

《知北游》说："山林与！皋壤与！使我欣欣然而乐与！乐未毕也，哀又继之。哀乐之来，吾不能御，其去弗能止。悲夫，世人直为物逆旅耳！"山林啊，原野啊，使我心灵欣欣然而乐。然而乐还没有完，悲哀就接着袭来。哀和乐的感情向我袭来，我又不能抵御；它离开的时候，我又不能阻止。可悲啊！世上的人简直就是物的旅店罢了！庄子不是否定山水之美，他也爱物，但是超越具体的情感倾向，融入世界中，与世界相与优游，以生命贴近世界，在世界的江湖中游荡，这才叫"爱"。"爱"不是占有之，那样心灵就会成为万物的旅店。

正因此，我以为，庄子游鱼之乐，并非"移情于物"，而是"忘情融物"。因为在庄子看来，忘己忘物始能入于天，入于天，就是融于物，就是"物物"；在"物物"的境界中，人方自在、自由。哀乐不入于心，正是庄子哲学的起点。庄子的至乐无乐、忘适之适的思想，也与此有关。在"游鱼之乐"的辩论中，庄子所说之"乐"，是鱼之"乐"，所谓"儵鱼出游从容，是鱼之乐也"，而不是人之乐，不是人的情感满足所带来的快感。这是人在纯粹体验中所发现的优游境界——人无喜乐，以世界之乐为乐。

在中国美学中，的确有类似于立普斯所说的移情理论，但同时也存在着一种不同于移情的审美体验理论，这就是以庄子为代表的虚静理论。虚静理论的起点就是虚廓心灵，荡涤尘埃，以不沾一丝的心灵进入妙悟的状态，所谓"虚则静，静则动"。苏轼所谓"静故了群动，空能纳万境"，就是对此的概括。在诗意的境界中，不入于哀乐之情，以纯然的心灵融入世界中，不以"他在"而以"自在"之心与万物相融相即。这是中国美学中的重要思想。庄子把它叫做"忘适之适"，禅宗把它叫做"非喜非乐"。忘适之适，是为真适；非喜非乐，是为真乐。这里我们可以看出中国人思想中超越一般情感悲喜的倾向。

情，是一种倾向；爱，是一种施与。有了情和爱，就有了"我"和世界的分别；在这样的心灵中，就没有纯然的体验，也无法有真正的美。庄子忘情融物的哲学，将人从情感的施与和获得、目的的占有和攫取中拯救出来，强调哀乐不入于心，强调忘适之适，人既不是施舍者、也非利益获得者的角色，在纯然物化之中，不爱不与，是为大爱。庄子的哲学不是"物皆着我之色彩"，而是"物皆无我之色彩"。庄子不是冷然于扁舟孤海中人，而是在相忘于江湖中独守天真。

庄子的讨论涉及到审美态度问题，庄子的审美态度就是无态度。

五、游：朝阳初启

"游鱼之乐"中的"游"同样也是庄子哲学中的关键词。当庄子说游鱼之乐时，他不是外在的观照者，而是参与者，他是与鱼同游；庄子说鱼有快乐，他不是陈述一个事实，他说的是自己心灵的体验。"游"是对体验过程的形容，这是一种纯粹体验过程。

黑格尔和庄子哲学相差甚远，黑格尔鄙视中国哲学，也说明中国哲学与他"相凿枘"处太少。不过，黑格尔的"审美带有令人解放的性质"的观点，用来评价庄子倒是颇恰当的。"游鱼之乐"乃至庄子的整个思想体系，都在强调一种自由的品格。濠上观鱼，而感到鱼之乐，就是没有任何拘限，与世界融为一体。他的游，是生命的游戏，是人在与真实的性灵做游戏，"夫乘天地之正，而御六气之辩，以游无穷者"——在无穷、无形的世界中游。庄子的游，将人从知性中解放出来，释放人的生命价值，追求真正的意义世界，一如黑格尔所说，美的概念带有自由与无限。

《庄子》一书痛感于人存在的不自由，欲望的蛊惑和知识的羁绊，使人丧失了真实生命意义。庄子认为，自由即生命。没有自由，人的生命意义将是晦暗而无光彩的；没有自由，生命便是一次虚假的旅程。《养生主》说："泽雉十步一啄，百步一饮，不蕲畜乎樊中。神虽王，不善也。"草泽里的野鸡十步啄一口食，百步饮一口水，非常辛苦，但即便如此，也不期望被畜养在笼子里，过安逸的生活，因为那样它失去的是自由。

自由是释放人生命的根本途径。在相濡以沫的故事中，水干后，困在陆地上的鱼，用湿气互相嘘吸，用口中的唾沫互相湿润对方。与其这样相助，不如各自在江湖上互不相知。相呴以湿，相濡以沫，在道家看来，儒家所奉行的道德不是生命之水，充其量只能是使人苟活于一瞬的虚假温情，它并不能解脱人的生命困境，并不是给人以真正的生命关怀。庄子认为，于人生命的真正关怀，就是让人回到生命之水中去，让他在水里自由自在地游乐，虽然看起来孤独而无助，但却享受着生命的最大自由。

自在之游，由属他回归自我，知识上的依他而起，存在中的无处不"待"，如无所不在的绳索。庄子的自由，其实就是"由自"，自己获得主宰自己的权利，而不是将权利交给知识，交给内在世界的"习心"。这有点相当于斯宾诺沙所说的"自因"说，以自身为原因的自由，但又有区别。庄子的自由，是一个由奴隶到主宰的哲学回归，由"由他"到"由自"。

庄子是在寻找自我生命的引擎。《齐物论》说："地籁则众窍是已，人籁则比竹是已，敢问天籁？子綦曰：夫吹万不同，而使其自己也，咸其自取，怒者其谁邪？""怒者"，就是发动者。"咸其自取"可以说是庄子自由学说的核心意义，发动就在自己，自己是自己生命的引擎。这也就是庄子所说的"真宰"。庄子痛感于人被"虚假的主宰"控制的存在方式。什么是天？天的核心涵义就是自发自生，自己主宰自己，没有一个在外的主宰者，这是庄子哲学的重要起点。庄子对"人在他人中存在"的宿命作了淋漓尽致的揭示。游鱼之乐，就是"是有真宰，与之沉浮"，在游中实现万物一体，打通物与我的界限。[12]

庄子认为，只有当人是自然之时，才是真实的人；只有人是真实的人的时候，心灵才能真正地自由；只有在自由的境界中，心灵才能真正地游戏。庄子的游是合于天、融于物的。庄子常说乘云气、乘物，其实并不是说有物质上的凭借而高飞远骛，而是形容心灵与万物相互缠绻。庄子说游是一种独往独来的活动，并非形容游作为一种体验活动本身是孤独的，物我了不相应，而是强调人游离于一切束缚之外，孤光自照，一无所系。

在自由游戏之中，生命沐浴在一片神圣的光芒之中。自由游戏之心，由黑暗走向光明。《庚桑楚》说："宇泰定者，发乎天光。发乎天光者，人见其人，物见其物。"器宇安泰、心定神闲的人，发出的是自然的智慧之光。发出自然智慧之光的，人便自显其为人，物便自显其为物。人与物都在光亮中自由自在地存在。庄子说："生者，德之光也。"这是庄子哲学中最重要的界定之一。庄子认为，每个人的生命都是一盏灯，都有自己的光芒。但欲望、知识等重重黑幕，挡住了这光，但并不意味这灯光从生命中消失。在从知性中解放出来之后，心灵重浴光明。

庄子说，纯粹的体验能达到"朝彻"——朝阳初启的境界，站在濠水的桥上，一缕朝阳正从庄子心空中升起。

讽刺的是，庄子是反对分别的，而今，我们不分别又何以见出庄子的智慧！以上我们通过分别的方式，咀嚼"游鱼之乐"中不分别的思想，从五个方面尝试复原深藏于这次对话中的庄子思想：会通物我、以物为量、大制不割、忘情融物和自由优游。可以粗略地看出，庄惠之别的根本在于，庄子远离知性的道路，开启生命的灵

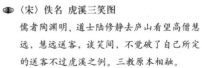 〈宋〉佚名　虎溪三笑图
儒者陶渊明、道士陆修静去庐山看望高僧慧
远，慧远送客，谈笑间，不觉破了自己所定
的送客不过虎溪之例。三教原本相融。

牖，返归内在纯粹体验，重视当下鲜活自由，这些思想，都成了后代中国美学和艺术创造思想的精髓。

庄子是一条游回世界的鱼。

注　释

1　这段话的原文为：庄子与惠子游于濠梁之上。庄子曰："儵鱼出游从容，是鱼之乐孔。"惠子曰："子非鱼，安知鱼之乐？"庄子曰："子非我，安知我不知鱼之乐？"惠子曰："我非子，固不知子矣；子固非鱼也，子之不知鱼之乐，全矣。"庄子曰："请循其本。子曰'汝安知鱼乐'云者，既已知吾知之而问我，我知之濠上也。"（《庄子·秋水》）

2　《中国科学技术史》第二卷《中国科学思想史》，215页，科学出版社、上海古籍出版社联合出版，1990年。

3　道不同不相与谋，但这两位持论大相径庭的学者，因为都有清澈的本性、狷介的个性及不为时俗所灭没的精神，却成了一对辩论的朋友。以至惠子死后，庄子凭吊而叹"无质"。

4　宣颖《南华经解》，半亩园丛书。

5　《书晁补之所藏与可画》，《苏轼诗集》卷二十九，中华书局，1982年。

6　原文为："罔两问景曰：'曩子行，今子止；曩子坐，今子起，何其无特操与？'景曰：'吾有待而然者邪，吾所待又有待而然者邪。'"（《齐物论》）

7　《秋水》一篇表达了特别的思想。前人马定国有《读庄子》诗云："吾读漆园书，《秋水》一篇足。安用十万言，磊落载其腹。"其推崇如此。《秋水》虽在外篇，论者认为，以此一篇即可见《庄子》全书之精华，不是没有道理。

8　原文为："汝徒处无为，而物自化。堕尔形体，黜尔聪明，伦与物忘，大同乎涬溟，解心释神，莫然无魂。万物云云，各复其根，各复其根而不知。浑浑沌沌，终身不离。"

9　参见第六讲《落花无言》第三节八大山人等关于浑全之美的艺术观念。

10　见《谈美》，《朱光潜全集》第二卷，20—25页，安徽教育出版社，1987年。

11　原文为："夫爱马者，以筐盛矢，以蜃盛溺。适有蚊虻仆缘，而拊之不时，则缺衔，毁首碎胸。意有所至而爱有所亡，可不慎邪。"

12　《庄子》关于"游"有丰富的表述，如《齐物论》："乘云气，骑日月，而游乎四海之外。"《应帝王》："乘夫莽眇之鸟，以出六极之外，而游无何有之乡……""游心于淡，合气于漠。"《在宥》："故余将去女，入无穷之门，以游无极之野。吾与日月参光，吾与天地为常。""出入六合，游乎九州，独往独来。"《田子方》："吾游心于物之初。"《天下》："上与造物者游。"

不二法门

陈寅恪先生曾说："中唐者，百代之中也。"在美学上也是如此。中国美学在唐代以后的发展进入一个新时期，审美风尚发生了很大变化，美学理论本身也显现出很多新的特色。从总体趋向上看，追求空灵淡远的境界，重视古拙苍莽的气象，推宗冷逸荒寒的意味，以宁静精澄代替粗莽阔大，以平和幽深代替激昂蹈厉，以淡逸素朴代替绚烂堂皇，至如理论上对境界的重视，强调妙悟而贬斥技法等等，都是这种审美风气变化的表现。中唐以后，中国美学和艺术观念的显著变化，根本原因是哲学观念的影响。佛学传入中国，乃中土思想史上的一大因缘。汉末中土始有佛经译事，经过魏晋以来的变化，到隋唐之时，中国佛学蔚为大盛、三论、华严、法相、天台、禅宗等佛学派别相继出现，尤其是禅宗（特别是南宗禅），这个结合中国道家学说和印度大乘佛学所形成的新型哲学，"最亲切，最微妙"[1]，它思考的问题本身就具有美学价值，它所显现出的单刀直入、不立文字、如人饮水、冷暖自知等的思维路径，冲击着旧有的审美规范和艺术观念。禅宗给中国美学和艺术带来一个新颖的世界。

这一讲拟从南宗禅基本哲学观念"不二法门"入手，尝试对禅宗和美学艺术的深层联系谈一些自己的看法。"不二法门"不仅是南宗禅的重要哲学原则，也是禅宗影响中国美学和艺术的关键思想。

一、不二之义

不二法门是大乘空宗的重要思想。比较系统的表述是《维摩诘经》，此经大致成于公元1-2世纪，汉译流行的是后秦鸠摩罗什的译本。这部经典叙述毗耶离城有一位居士，叫维摩诘，十分富有，深通大乘佛法。经中记载了他与文殊等人讨论佛法的很多细节，阐扬大乘般若性空的思想，提倡"菩萨行"——一种自利利他的最高圆满境界，以不立文字为根本，树立绝对平等观，排除一切差别境，以不二法门为最高境界。

一日，维摩诘与诸菩萨坐而论道，维摩诘问道："什么是不二法门？"三十二位菩萨一一根据自己的理解作了回答，回答的内容包括了超越分别智的若干方面。诸菩萨都说完[2]，维摩诘请文殊回答，文殊答道："一切法应该无言无说，说不二，就已经是二了。老师能不能为我们说说怎样才是真正的不二法门呢？"维摩大士一言不发。这就是著名的维摩一默。文殊菩萨赞叹说："维摩大士已经把不二法门说了，因为说一必定是二，不说恰恰是不二法门的最高注解。"文殊菩萨说完后，天女散花赞叹。

不二之法超越主客二分模式，超越菩萨、声闻的非平等模式，超越善恶的道德界定，超越有和无的区隔，超越色与空的分野等等。一句话，不二法门，就是超越一切"分别智"，建立一种大智慧。这智慧就是"般若智"。分别智是"二"，般若智是"一"。这"一"，在南宗禅看来，是摩诃般若波罗蜜——一种到彼岸的大智慧。

不二法门作为不可思议、不可言说的最高境界，以破除分别智为重要哲学依归。简洁地说，就是破"二"而臻于"一"。二是分别，是差异，是对待。一切"二"的分别法，在佛学被概括为"边见"，"不二法门"的核心意思就是不落边见。不二法门，既超越"有"的肯定，又超越"无"的否定，而进入"不有不无"的独特的哲学思维中。这"不有不无"就是"一"，"一"不仅是至高，而且是绝对——无所对待的，有对待就是"二"了。"一"是不沾一丝，有沾染就是"二"。"一"是不可分析的，一切分析之见，都是理性的，都与不二法门相违背。"一"是绝对平等的，禅门所谓平常的、平和的哲学精神，其实都是不二法门的体现。

康德在《纯粹理性批判》中提出的十二范畴，其中属于质方面的有肯定、否定和无定，肯定的逻辑词为"是"，与之相对的先验范畴是实在性；否定的逻辑词为"非"，与之相对的先验范畴是虚无性；而无定的逻辑词为"是非A"，与之相对的范畴是限制性，它是处于是与非之间的范畴。在不二法门中，要彻底超越这种是是非非、非是非非的逻辑判断。不二法门是非逻辑的，不落两边，超越是与非。而其非有非无，并不是康德所说的无定，无定的非有非无还是一种判断，是一种不确定。不落两边是对两边的超越。康德的无定是逻辑的，是分别智，不落两边则是对逻辑关系的彻底超越。

大乘佛学的不二之法对三论、天台、华严诸宗均有影响，但若论领会得最为直接透辟的，则数禅宗，尤其是南宗禅。南宗禅所建立的不二法门哲学，既融会了大乘空宗的思想，又结合了庄子的齐物哲学，它可以说是庄子"秋水精神"在新时代的阐扬。南禅的核心在不二，它与北宗禅的本质区别，就在于南宗禅批评北宗在不二法门贯彻中的不彻底性。

传为禅宗三祖僧璨所作的《信心铭》，在禅宗发展史上有重要价值，这篇文字融庄学和大乘中观之学，力倡破边见的不二之法。其开篇即道："至道无难，唯嫌拣择。但莫憎爱，洞然明白。"所谓"拣择"，就是分别，而禅的"至道"是一而不二的无边之见。不二法门，是《信心铭》一篇的哲学基石。这篇文字所提倡的无美丑、有无、断常、一异、利害、明暗、人我等等分别见的智慧，就是一种般若智。它将这一智慧概括为平常之道。它说："一种平怀，泯然自尽。"平灭一切冲突，就是不二。此书既反对有的攀缘，又反对无的"空忍"，去除有无之别，就是一种平常了。这篇文字认为："遣有没有，从空背空。"这样的观点在禅宗发展史上具有重要意义。

《坛经》（宗宝本）在《自序品》中就独标不二，作为此书的根本准则。惠能说："佛法是不二之法。"凡夫见到的是"二"，佛见到的是"一"，所谓"无二之性，即是佛性"。有位叫简的学生问："如何是大乘见解？"惠能说："明与无明，凡夫见二；智者了达，共性无二，无二之性，即是实性。"惠能将不二之法作为常住不迁的佛性，不二之心就是如来藏清净心体。《坛经》强调的三无（无念、无相、无住）之说，就是以不二之法为基础的。不是分出念与非念、相与非相、住与非住，而是于念中达到不念，于相中达到非相，于住中达到无住，念与非念，相与非相，住与非住，相即而不离。说无念就是念了。南宗禅将其禅法比喻为无边身菩萨，没有边际，浑成一片。"边"就是分别，"际"就是界限，禅是一种没有边见、没有界限的浑成之道，所谓无边身菩萨不见如来顶相。

在禅宗，这不二之法是绝对的、纯粹的、原本的，禅宗把这叫做"两头共截断，一剑倚天寒"。两头为二，截断两头，就是破除一切分别，而心灵如一把慧剑在苍天之间放出凛凛的寒光。唐代有一位诗僧叫贯休，他有诗道："贵逼身来不自由，几年辛苦踏山丘。满堂花醉三千客，一剑霜寒十四州。"我颇喜这诗的气势、韵味，这或许可以传达出"一剑倚天"的境界。希运说自己的禅不是五味禅，而是一味禅。赵州说自己只有一个牙，但在在咬住。一个和尚问百丈怀海："世间最奇特的事是什么？"他答道："独坐大雄峰！"所谓妙高顶上，不容商量。没有分别，一切自在如如。

南禅将与分别智相对的般若智形容为一种大海的智慧。小河一下雨，就起泡沫，就奔腾，就忽起忽灭，这是常人之心。混于大海，就是无住。领会了大海的意味，也就领会了禅宗。进入不二境中，如在大海中优游，"令一切众生，一切草木，一切有情无情，悉皆蒙润，诸水众流，却入大海，海纳众水，合为一体。……摄一切法，如百千异流同归大海，都名海水，住于一味，即摄众味，住于大海，即混诸流，如人在大海中浴，即用一切水"。大海是不增不减的，有永恒的安宁。这里可以看出"齐物论"的影子。

不二之法作为南宗禅的基本哲学观念，有以下几个要点：

第一，它是超越逻辑的。一切逻辑都是理性的努力，都是分别的，在禅看来，都需要超越。禅不在（空间），不是（判断），不似（比拟）；它是无法通过语言关系来表达的，是超越理性的一种独特智慧。

第二，它是绝对平等的。禅或者说就是无差别。禅的平等是一种绝对的平等、绝对的平常，没有主体与客体，没有观照者与对象，没有现象与本质的区分。虽然禅强调物物都有自性，可以自成一个世界，这一理论并不在于突出存在的差异性，禅认为，差异性恰恰是人类理智的确定，大小多少，是人的判断。禅强调的是一个圆满俱足的世界，是"一种平怀"，一种绝对的平等。《大般若经》中列《平等品》，平等品强调的就是边见不生、平等不二。平等是中国人的大智慧之一，在庄子的齐物思想中，就已显露出这样的理论倾向，章太炎就曾以平等不二观去讲庄子的《齐物论》。现代新儒家非常注意中国哲学的平等精神，方东美说中国哲学有一种"平等慧"，殊为可贵；唐君毅说中国哲学有一种"平等觉"。不二法门是平等智慧的体现。

第三，它是无生无灭的。生灭是人的感知，在无住的心灵中，这样的分别都是不存在的。这就叫做"无生法忍"——不生不灭的最高智慧。马祖和怀海关于野鸭子飞过去的对话，野鸭子并没有飞过去，惠能关于风没动幡没动而是心动了的体会，都表达了这样的意思。

第四，它是实相世界，是真理。在中国哲学中，南禅推崇一种独特的真理观。《般若经》有所谓"实相一相，所谓无相，即如如相"。诸法实相即是佛性，是如如之境，这个境界是"一相"，就是说它是无分别、无对待的，实际上就是无相，就是空，不执有无，是对相的超越。而此超越之相，就是如相。这如如不动的世界，就是一个真实意义的世界。

南禅的这一思想，在中国哲学史、美学史上具有重要意义。中国哲学讲对待关系，两物相对待故曰文，若相离去，则不成文。张载《正蒙》说："两不立则一不可见，一不可见则两之用息。两体者，虚实也，动静也，聚散也，清浊也，其究一而已。感而后有通，不有两则无一。"两一观，就是从对立中探讨问题的本质。《周易》的一阴一阳之谓道，就是典型的对待哲学。不二之法作为绝对之法，和这种相对而成的思想截然相反。它显现出一种不同于传统哲学的新思路。

南宗禅以不二之法作为最高哲学原则，具有特殊的意义。

在中国佛教哲学史上，大乘空宗的引入，对中国哲学产生难以估量的影响。不二之法在中国哲学中留下很深的印迹。大乘空宗传入中国以后，僧肇注《维摩经》，以"无为大道，平等不二"为自己的思想武器。而天台、三论诸宗推崇中观之说，也肯定不二法门的崇高地位，但并没有因此完全摆脱"分别见"。像南宗禅这样，将不二法门作为最高原则，从此原则出发，重新解释三宝的地位，修正传统的修行方式，提出当下就是西方的重要思想，以心灵当下一悟作为切入佛性的根本途径。这在中国佛教哲学史上是从来没有过的。

在中国哲学史上，有的论者认为，中西哲学的根本区别，在于中国哲学强调一元论，西方传统哲学是二元论。这一说法并不确切。因为在中国哲学上，主导倾向还是二元，天人分别、道器分别、主客分别等等仍然是哲学的主流，虽然天人合一哲学乃中国哲学的精髓，但还是在分别的前提下谈合一的。一般所说的天人合一，是明天人之分，而会归于一体。而在不二之法中，则是破这种对待之关系，一切分别都没有，也无天人之别，说分别，就是边见。禅宗彻底超越分别见解，强调"分别是魔境"，这在中国哲学史上是罕见的。虽然道家哲学也存在着对这种分别智的怀疑，如老子由事物的相对性导向价值的怀疑，但并未怀疑相对本身。老子的"知不知，不知知"的反对知识主张，仍然持有道与知的对立。而庄子思想也没有导入到真正的不二。

禅宗带来了中国哲学的一场深刻的革命，这对中国美学与艺术产生了深远的影响。在一定程度上可以说，正是南宗禅法的流行，改变了中国美学与艺术发展的方向。

二、去有无——超越现象本体结构

一个夏天，赵州大师和弟子文远在屋内闲坐，赵州对文远说："让我们比赛，看谁能用比喻把自己比得最低。"文远接受了师父的挑战。最先是赵州说："我是一头驴。"文远接着道："我是驴的屁股。"赵州又说："我是驴的粪。"文远却说："我是驴粪中的虫。"赵州不说了，反问文远："你在粪中做什么？"文远说："我在那里度暑纳凉啊。"文远低得已经没法说了。赵州只好认输。

《庄子》中也有一段类似的对话，东郭子问庄子："你所谓的道，究竟在那里？"庄子说："无所不在！"东郭子说："指出一个地方来！"庄子说："道在蝼蚁身上。"东郭子说："怎么这样卑下呢？"庄子说："道在细小的米粒中。"东郭子说："怎么更加卑下了？"庄子说："道在瓦甓里面。"东郭子又问："怎么愈说愈卑下了呢？"庄子索性说："道在屎溺里面。"

表面看来，庄子与禅宗有某种相通的地方，就是说，庄禅都强调"道无所不在"。在庄子，他继承老子的思想，认为道无所不在，天下万物都是道的体现，象中寓道，所谓"无逃乎物，至道若是"。物是道的载体，故目击而道存。道在无象，虽是无象，却是决定世界意义的根本。而在南禅中，不存在一个现象和本体的结构，禅宗的不落边见、无生法忍的思想，与中国传统哲学中以道见器、器道合一、目击道存的思路根本不同。

我们可以从禅宗中一段对话来看。《赵州录》记载："时有僧问：'如何是祖师西来意？'师云：'庭前柏树子！'学云：'和尚莫将境示人。'云：'不将境示人。'云：'如何是祖师西来意？'师云：'庭前柏树子。'"

这有三层意思，第一层意思是否定逻辑理性，佛法大意是不可问的，一问即落是非之境。第二层意思是对比喻的问答。学人错误地以为这是比喻，所以叫做以境示人。但第三层意思还是庭前柏树子，但却是完成了超越的相合之境，佛法原无多子，就在当下，就在眼前，自在圆成。在这三境中，第一境是否定问，问的境界是以语言说道，但道不可说；第二境是否定比，道不可比。第三境是合，青山自青山，白云自白云。第一层是超越理性、超越是非之判断；第二层是超越人、境相对等分别见；从而进入第三层，也就是即事而真的境界。

在第三境中，庭前柏树子不是道的载体，也不是以物比道的工具。在万物之外，不存在一个抽象的绝对精神本体；世界的意义即是由其自身决定的，而不是由道所给予的（他因）。一切依他起的意义世界都非真的意义。存在本身就是意义世界的全部。

禅宗这方面的问答很多：有僧问大梅法常禅师："如何是佛法大意？"他说："蒲花柳絮。"有人问周智禅师："如何是龙华境？"他说："翠竹摇风，寒松锁月。"有人问真州定山禅师："如何是定山境？"他说："清风满院。"有人问智晖禅师："如何是重云境？"他说："四时花蔟蔟，三冬异草青。"正像石头大师以"长空不碍白云飞"回答佛法大意一样，佛法大意、道、西方、佛性等等，这一切都不是通过理性的推究而得到的。蒲花柳絮不是道的载体，它的意义就在其自身。禅宗中有"道在道中"的话头，很有意思。请看《古尊宿语录》

的记载：

> 问："如何是道？"师曰："五凤楼前。"（卷七《风穴延沼禅师语录》）
>
> 问："如何是道？"师云："墙外底。"云："不问者个。"师云："问什么道？"云："大道。"师云："大道通长安。"（卷十二《赵州从谂真际禅师语录之余》）
>
> 问："如何是道？"师云："家家门前长安路。"（卷二十三《汝州叶县广教归省禅师语录》）

在这里，僧徒所问的是抽象的道，而禅师则由具体的道路来作答。禅师们为何选择道路之类的意象来回答抽象的道？如问"如何是道"，回答是"高高低低"。禅师的意思绝对不是指示在高高低低的道路上寻找道。正像我们上文所说的，道不在何处。所以关于道在何处以及如何是道的问话，禅师都回避直接回答，而常以道路在何处来作答，但这并不是让你从石头、树叶中间寻找道。道不在任何地方，道不是任何东西。

这里突出一个问题：具体的物象和抽象的道的关系。有的研究者指出，"祖师正是利用'道'这一词的双关意义暗示了禅宗的观念，即抽象的'道'正蕴含在具体的'道'之中"[3]。也就是说，由禅宗的出门便见、当下即是，可以逻辑地推出这样的结论：道就在具体的现象之中，道无所不在。这样的观点其实还是分别见。这可以说是"道可道，非常道"的老子式的误解。

禅宗中有"立处即真"的著名思想，这一思想受到僧肇的影响，而由马祖明确提出。马祖的再传弟子赵州对这一学说有所发展。《赵州录》中记载了这样一段很有意味的对话："问：'觉花未发时，如何辨得真实？'师云：'已发也。'云：'未审是真是实？'师云：'真即实，实即真。'"

"真即实，实即真"，这是禅宗关于世界意义的最简洁的表述。

在中国哲学中，僧肇曾提出"触事而真"、"觌目皆真"的观点。

僧肇《不真空论》说:"然则道远乎哉?触事而真;圣远乎哉?体之即神。"僧肇虽然颇注意不二之法,他在《维摩经注》中也说:"万法云云,离真皆为二。"但对不二之法的要旨,似乎尚有一些隔膜。在大乘佛学影响下,天台、华严、三论诸家也触及到这一理论。如三论宗之"触事即真",天台宗之"当位即妙,本有不改",华严宗之"当相即道"。这样的思路看起来与禅宗相同,其实大异。此三家都承认有一个精神本体在,这个本体是万千差别相的质,所有现象界的差别事物都是常住真实的显现。这还是一种二分的思维。它和庄子的目击道存说并没有本质的差异。

禅宗立处即真的思想,涉及到存在的意义这一重要问题。世界的意义到底何在,是在世界本身呢,还是在存在背后的那个抽象的道?禅宗的"真即实、实即真"的论断强调,所谓"真",是和"假"、"妄"相对的概念,"真"是一个意义世界,这是价值判断。"实"指实存的世界。真即实,实即真,即强调没有离开实存的真实意,没有离开真实的存在意。存在即是真实,世界的意义只在其自身,没有一个内在的"无"和"道"。

真即实、实即真就是禅宗所说的青山自青山,白云自白云,青山白云的意义只在其自身:(一)其意义不是被"观"出的,它不是人们观照的对象,不是人的意识的对象,观者的态度根本不能决定其意义;(二)这个真实的世界是"自在"的,不是"他在",不是由"他因"而存在;(三)存在本身是圆满而俱足的,它不是本体显现之现象,其意义并不来自本体;(四)这个现象也可以说是空的,但它是般若空,而不是存在属性的空,也不是心灵的空,它依其自身而存在;(五)存在恒常不变,不来也不去,不是说它固定在那里,而是说它不因外在态度而改变。所以禅宗说立处即真,当下即成,没有一个飘渺的西方,没有高高在上的佛祖,没有抽象绝对的精神本体,没有因"我"的态度、情感、意识而变化的世界。一句话,实存即意义。此心即佛,即心即佛。

禅宗破除现象本体的二元结构,还存在意义于世界本身。这一思想在中国古代哲学中极富特色,放到世界哲学的范围中看,也有其独特的价值。

我们知道，现代西方哲学的困境，是理性的困境，现代西方哲学的反思就是从对现象本体二元观的思考开始的。从古希腊哲学开始，这种二元结构是西方哲学的基石。从巴门尼德、毕达哥拉斯到柏拉图，甚至还有亚里士多德，都有一个共同的思想，世界总是被分成本质和现象两部分，如果以光来作比喻，本质是世界的光源，而现象为本质的光芒所照耀。如果说现象这一边（个别的）还有意义的话，还有一些真理的话，那是因为它是由本质那一边（一般、本质）的光所照耀的；本质比现象重要，现象的意义是由本质决定的。

在中国哲学中也有一个现象与本体的结构，现象世界的意义是本体所给予的，这样的思想与西方同样鲜明。形而上者谓之道，形而下者谓之器，在《周易》的哲学中就存在着一个象与道的二元结构；在老子、孔子、庄子、孟子的思想中，这样的思想同样存在（如老子的道可道的追寻，孔子的朝闻道夕死可矣，认定有一个超越于现象界的道的存在，庄子的道无所不在，孟子的形色乃天性所显现之说等）。

两晋以来，中国哲学经历了激烈的变革，佛教般若学说的传入，引起了中国哲学的热烈反应。当时般若学形成的六家七宗，虽然它们在中国哲学史上提出了不少值得注意的见解，但在关于世界意义的判定上，仍然没有摆脱传统的见解，都不离有无二分，只是在有无的侧重点上有所不同。如心无宗，据说创于支愍度，强调"心虚"，而不强调外境之否定。僧肇《不真空论》这样评价："心无者，无心于万物，万物未尝无。此得在于神静，失在于物虚。"并没有超越有无之分。即色宗，据说为支遁所创，支氏说："夫色之性，色不自色。不自，虽色而空。知不自知，虽知而寂。"强调色法没有自性。其色虽有，但无自性，它是空的，所以说"色复异空"，并不是别有一个空，这就是他所谓"色即是空"。他主张色无体、无自性，这并不是色相灭坏之后，才发现空无的本体，所以"非色灭空"。他并没有超越色空二分的观点。道安创立了本无宗，他强调"无在万化之前，空为众形之始"，也强调有一个超言绝象的本体在，主张天地万物有生于无，无为世界之本。这也是有无二分、贵无贱有的思路。其他尚有本无异宗，识含宗，幻化宗、缘会宗，都没有脱出本体现象之分别见。

我们再看魏晋哲学中的王郭二家之学。王弼哲学强调体用，无为体，有为用，天下万物为有，有生于无，本无为其哲学的核心观点。这是典型的本体决定世界意义的哲学。

倒是郭象的崇有哲学与禅宗似有相近之处[4]。在中国哲学史上，禅宗确立世界本身的独立自足意义，认为世界的意义在其"自性"中，郭象的崇有哲学与其最为相似。但仔细辨析，又有明显的差别。郭象的哲学还是二元论。

郭象哲学的关键字是一个"有"字，"有"是唯一的存在，其存在的根据不在它之外，就在它的"自性"中，世界的事物都依其"自性"而存在。郭象强调，人应该顺物，"常无其心而付之自然"，必"无心"方能"无待"。郭象哲学的最高境界是"独化"，任何事物都是独立自足的生生化化。他的哲学主要讨论"有"存在的可能性，"有"何以存在。与王弼等传统哲学相反，郭象认为，不存在一个在"有"之外的抽象本体"无"来控制"有"，"无"不能生"有"，"有"之所以生，乃是其自发自生、自本自根，"物物者无物，其自物耳"，"有"之存是"无待"——不需要任何其他条件的。《齐物论》云："非彼无我，非我无所取。是亦近矣，而不知其所为使。若有真宰，而特不得其朕。可行己信，而不见其形，有情而无形。"郭注："万物万情，取舍不同，若有真宰使之然也。起索真宰之迹，而亦终不得，则明物皆自然，无使物然也。"物自己而然，无使之然也。

郭象哲学与传统哲学不同，它在道器、现象与本体的传统哲学思维中开辟了另外一条道路。但这并不意味郭象就是"不二"论者。首先，郭象虽然认为"有"存在的唯一理由是自性，并不存在一个抽象的本体来作为存在的根据，但郭之"有"还是作为"无"相对的概念，他只是强调无不能生有。他说："非唯无不得化而为有，有亦不得化而为无。"而禅宗是没有有无，有有无即有边。其次，郭象虽然强调物存在的理由乃是其自性，但强调物各有不同的"性"，因

◎◎ 沧浪亭修竹

落花随水去，修竹引风来。

而显示出差异性，事物之间的区别是绝对的，有大小、美丑等，"小大之辨，各有阶级，不可相跂"。这与禅宗的平等观有很大区别，禅宗认为这些都属于差别见，而不是般若见。第三，郭象哲学在崇有，而禅宗则非有非无，是中道。这是二者根本的差异。

正因此，我以为，南禅的真即实、实即真，是一个在中国哲学史上具有崭新意义的命题。真实的世界，是一个实相世界，这个实相世界，乃是"如如"，如世界自身而存在，如其自性而存在，不为他法而存在，一句话，物之存在意义只在其自身。

西方现代逻辑学在讨论真理时，提出两种不同的真理：一是外延真理（extensional truth），它是可以量化，并能客观确认的科学真理；一是内容真理（intensional truth），一种在主观中确认的真理，逻辑实证论不承认这一真理。而"真即实，实即真"的真理观，与上二真理均不合，可以称为体验真理（intutional truth）。

这样的哲学，给寻找世界意义的中国艺术家，提供了再好不过的滋养。于艺术中超越"山水以形媚道"、超越"德成在上，艺成在下"的观念，确立世界自身的意义，在这样的哲学背景下有了可能。以荆浩为代表的寻找世界"真"的意义理论，成为唐末五代以来中国美学的重要倾向，他的《笔法记》似专为演绎"真即实，实即真"禅学思想而作。而青山自青山、白云自白云的境界，几乎成了中唐以后中国艺术所追求的至高境界。

三、泯能所——超越主客关系

上一节我们说南禅不二之法强调世界的意义就在世界本身，而不是所谓现象背后的本体所照亮的，同时，不二之法还强调，世界的意义只在其自身，也不是主体所照亮的。没有一个给世界以意义的主体在。

唐代的庞蕴居士对禅有精深的理解，他是药山惟俨大师的弟子。一次他到药山那里求法，告别药山，药山命门下十多个禅客相送。庞居士和众人边说边笑，走到门口，推开大门，但见得漫天的大雪，纷纷扬扬，乾坤正在一片混莽之中。众人都很欢喜。庞居士指着空中的雪片，不由得发出感慨："好雪片片，不落别处。"有一个全禅客问道："那落在什么地方？"被庞居士打了一掌。

这是禅宗中最美妙的故事之一。庞居士的意思是，好雪片片，在眼前飘落，你就尽情领纳天地间的这一片潇洒风光。好雪片片，不是对雪作评价——作评价，就是将雪作为对象——而是融入雪中，化作大雪片片飘。不落别处，他的意思不是说这个地方下了雪，其他地方没有下，而是不以"处"来看雪，"处"是空间，也不以时来看雪，如黄昏下雪、上午没下之类的描述；以时空看雪，就没有雪本身，那就是意念中的雪，那是在说一个下雪的事实。大雪飘飘，不落别处，就是当下即悟。它所隐含的意思是，生活处处都有意义，只是我们看不见而已，世界的意义在我们的"看"中、"审"中隐遁了。这便涉及到不二法门泯能所之别的问题。

能所之别，是分别见重要的体现之一。能为主体，所为主体所观之对象。《维摩诘经》说，要入于不二法门，必须要超越能所之别。在南禅这里，没有我，也没有我所（我所观照的对象）；没有主体，也没有相对的客体，主客之间的界限消除了。

青原惟信禅师的参禅语道："老僧三十年前未参禅时，见山是山，见水是水，几至后来，亲见知识，有个入处，山不是山，水不是水，而今得个休歇处，依前见山只是山，见水只是水。"这是一段体现南宗禅精髓的话。

在这三境中，第一境与第三境看似相同，其实有根本的差异，即分别智和般若智的差异。在第一境中，物与我是分离的，我站在世界的对面看世界，物与物之间横亘着理性的障碍。在第三境中，我回到了世界之中，我就是山，就是水。在第一境中，物与我是冲突的，山水为我所观之对象。在第三境中，解脱了这种冲突，在自由中享受着。山水不是概念的山水，不是理性观照的对象，不是情感宣泄的场所，就是山水本身。此为原样呈现的境界，即不二法门。

禅宗强调摩诃般若波罗蜜，就是回到彼岸的大智慧，也即回到生命的岸。从世界的对面回到世界中，放下主体的自恋，放下将世界当作对象的迷惑。在这里，再也没有主体与客体的区别，我就是水里的一条鱼，山间的一缕风，林间的一只鸟。

在惯常的思维中，我们面对世界，总有一个观照者态度的问题，有科学的态度，有功利的态度，有审美的态度。所谓审美态度，就是排除一切功利，对对象作纯然的观照。但禅的态度与这里所说的审美态度又有区别，因为在所谓"审美态度"中，仍然是有"态度"，仍然有主体和客体的区别。禅的无分别见没有这样那样的态度，如果说禅有态度的话，就是放下所有态度，以无态度为态度。禅所发现的是绝对的美，或可称为"不二之美"——世界依其自身而显现的美。

当我们说物象的时候，就肯定其作为对象的特征，是以自我观察的角度为物命名的。在禅看来，物的对象性存在，不是真存在，因为在此有能取，有所取，有能诠，有所诠。有能所必是相对，必是分别；有诠解必有诠说者，有诠说对象，所说必以名，一落名筌即是假。能所分，诠说起，物则不能"如其自身之性"存在，就是虚妄的存在。禅的存在，是"物如其自身而存在"。我们在观察中，在赋予世界意义的努力中，剥夺了世界的意义。

禅强调，心外无法，满目青山。这并不能理解为：世界是我心灵中的影像，或者说美不自美，因人而彰。那便是：世界因我的意识而一时光亮起来，或者说一时"豁然"，我成了世界的光源。般若智的"无生法忍"，是一种不生不灭、不起不住的觉性。美不自美，因人而彰，或者我未来看花时，花与我归于寂，我来看花，一时明亮起来，这些理论都不合于禅。禅宗强调，世界不是我照亮的。在般若智中，世界昭昭不昧的显现，原在于人去掉分别心、去掉有住之怀后的全然呈现，所谓一念心清净，处处莲花开。风姿绰约的莲花，并不在意识的主体中开放，只存在于人的纯粹体验中，人的纯粹体验是无主客关系的体验。

禅宗的这一思想对中国美学有重要影响，对中国美学的审美体验论有直接启发。如"外师造化，中得心源"是中国画学的纲领，也

是中国美学中一个重要学说，它的内涵中就有突破主客二分、发现世界意义的重要思想。它本由唐代画家张璪提出。这一纲领根本不是有的论者所说的反映情景交融、主客结合的理论，而是一个强调任由世界意义自在显现的学说。心源和造化不能作分别解。清代戴醇士说："画以造化为师，何谓造化，吾心即造化耳。"[5]外师造化，中得心源，就是在心源——生命的源头中，发现世界的意义。所谓造化，不离心源，不在心源；所谓心源，不离造化，不在造化。造化即心源，心源即造化。脱心源而谈造化，造化只是纯然外在的色相；以心源融造化，造化则是心源的实相。即造化，即心源，即实相。这正是"外师造化，中得心源"的核心思想。"心源"一语来自佛学。佛门的"心源"强调，心为万法的根源，所以叫做"心源"，此心为真心，无念无住，非有非无，而一切有念心、是非心、分别心都是妄心，所以心源是与妄念妄心相对的。同时，心源之"源"，是万法的"本有"，或者说是"始有"，世界的一切都从这"源"中流出，世界都是这"源"之"流"。禅宗强调以心源去映照世界，而不是以主体去观照世界。以心源去照，就是以一而不二的无边见之法去体验，它是无分别、无对待之境界。

四、弃判断——关于是、在、比

不二法门要超越寻常的知识结构。是与非，是一种逻辑判断；在与非在，是一种空间存在关系；以物比物，是一种陈述方式：这些都是"二"而非"一"，是分别见的表现。南禅试图将人从逻辑判断、比喻象征、时空存在中解脱出来，给生命存在自在、自由彰显的可能性。

南宋绍兴（1131～1162）年间，一文士登焦山风月亭，题写一诗道：

> 风来松顶清难立，月到波心淡欲沉。
> 会得松风元物外，始知江心是吾心。

后月庵果禅师见此诗，将后两句改为：

> 会得松风非物外，始知江心即我心。

这里面有两处修改，一是将"会得松风元物外"，改为"会得松风非物外"，一是将"始知江心是吾心"改为"始知江心即我心"。这两处修改很微妙，突出了禅门无分别的见解。

先说后一处修改。为什么以"即"去替换"是"？在禅看来，"是吾心"的"是"是一种判断，它表述的是江月和我之间具有一种逻辑关系，意味着江月和我心判然为二，江月在我的念中而存在；而江月"即"我心，一个"即"表现的是无分别的境界，我无心于万物，物与我冥然不分，世界在不二境界中真实显现。没有我，没有物，何来"是"的逻辑连接！

禅门有"如何是道""如何是佛""如何是祖师西来意"之类的提问，禅师在回答这类提问时，多涉及具体的存在物。如以"蒲花柳絮"、"春日鸡鸣"、"落花随水去"、"修竹引风来"之类的具体物象作答。那么这是不是判断呢？

禅宗认为："有名非大道，是非俱不禅。欲知此中意，黄叶止啼钱。"[6]对"如何是佛法大意"之类的问题，高明的禅师马上就会发现这个提问本身的问题。在禅宗看来，佛法大意不是什么，它不可以语言文字来表述，大道无形，真理无对，佛法大意是不能以是非来确定的，以是非来探究，就是界定，就是逻辑的。禅不肯定，也不否定，它是一种平怀。

禅宗语录中充满了否定，但并不在否定本身，而在使人摆脱是非有无两边。一般来说，禅师不是顺着僧徒的思路。回答其问题，而是重在破他的提问，否定他的问题，寻求无解释的解释。禅师们的回答多与提问者的话题无关。"如何是佛法大意"，禅师的回答是"春日鸡鸣"。禅师的目的是让人关心当下的体验，而不是无谓地追究，追究就是判断。禅师要告诉求道者：佛法大意是不能用"是"与"不"这样的简单判断来究诘的。当然，禅师让求道者放弃不可究诘的提问，并不意味强调要注目眼前春日鸡鸣之类的具体感性，不存在具体感性比逻辑追问更重要这样的倾向性，禅宗强调的只在纯粹体验。

禅宗中充满了"不""非"的语汇，但并不意味禅宗从逆向思维出发，建立一种立足于否定的"负方法"。所谓负方法仍然是逻辑的。冯友兰先生在《新知言》中指出，禅宗可以说是"以负底方法讲形上学"。他的所谓"负方法"主要指负面的判断，与禅宗所说的超越是非判断的思想也是不合的。同时，禅宗也超越佛教因明学中的"遮诠"方式[7]，因为遮诠本质上还是一种判断形式。

在月庵果禅师的另一处修改中，将"松风元物外"改为"松风非物外"，为何将"元"替换为"非"？"松风元物外"的意思是，江月松风，森罗万象，都在我的心外，都不能勾起我的欲望，都不能窒碍我的精神。但在禅宗看来，还不能算透彻之悟，因为没有摆脱法执。禅宗不赞成这样的判断：万象在我心之外。

在禅宗，物不在心外，心不在物上，无念于心，没有心对之物，更无物对之心，让世界自在显现。"松风非物外"则解除了物我之间的判隔，也解除了观者和被观者之间的关系。

但"松风非物外"，是否意味着"松风在心中"？有的研究者以不在物外却在心中、松风乃我心之松风释之。这走向了另一个极端，即从另外一个角度造成了对禅的误诠。我们看禅门中一次有意味的讨论：

> （文益）业已成行，琛送之，问曰："上座寻常说三界唯心"，乃指庭下石曰："此石在心内、在心外？"益曰："在心内。"琛笑曰："行脚人著甚来由，安块石在心头耶？"益无以对之，乃俱求决择。寻皆出世，益住临川崇寿。僧子方者问曰："公久亲长庆，乃嗣地藏，何意哉？"益曰："以不解长庆说'万象之中独露身'故。"子方举拂子示之。益曰："拨万象，不拨万象？"子方曰："不拨万象。"益曰："独露身尔。"子方曰："拨万象。"益云："万象之中尔。"子方于是悟旨。叹曰："我几枉度此生。"[8]

这里的文益是法眼宗的著名禅师，师地藏桂琛。这则对话引录了桂琛的重要观点。在桂琛看来，石不在心里，石自寂，心自空，心境都无，何来石，何来心？所以桂琛反问文益"从哪里安块石头在心里"。这使我想到南岳慧思大师的一首偈语："天不能盖地不载，无去无来无障碍。无长无短无青黄，不在中间及内外。"禅一悟之后，是绝于对待的，无前无后，无内无外，不将不迎，无古无今，悟后不是将外物融入自己的心，而是消解其观物的心、映心的物，物不在心外，也不在心内。此一境界就是万象之中独露身。[9]

所谓独露身，就是既不在心内，又不在心外，心境自空，万象自露；因我露，万象亦自露，万象不在我"看"中，万象亦是独露身。

此中的"独"并非是对关系性的否定，只是不在我的"看"中形成关系，那样的关系是人心理中的关系，而不是万象的真实关系。传石头和尚因阅《肇论》，至"会万物为己处"，豁然大悟，而作《参同契》。这个万物为己，就是始知江心即我心。

再说比。灵隐寺圆智禅师有一次上堂说法，举了唐代天台隐士寒山"吾心似秋月，碧潭清皎洁"两句诗，说道：

> 寒山子话堕了也。诸禅德，皎洁无尘，岂中秋之月可比？虚明绝待，非照世之珠可伦。独露乾坤，光吞万象，普天匝地，耀古腾今。且道是个甚么？良久曰：此夜一轮满，清光何处无！（《五灯会元》卷十六）

这段话对寒山子的诗提出了疑问，一个"似"字就是隔了。"似"，一如"江月是我心"的"是"，都是一种判断，一落判断就不是禅了。因为当寒山在诗中说，我的洁净无尘的心灵，就像（"似"）秋月映照寒潭的时候，他是对自己心理状况的一种界定，当他借用秋月寒潭来比喻自己心灵的时候，寒潭在他的身外，是他观照中的对象，寒潭和它发生的关系是暂时的、偶然的，也是局部的。面对秋月，他没有"独露身"；而在他的览观中，秋月也没有"独露身"。二者都不是自在独立显现的对象，都不是一种真存在。而禅宗的彻悟境界是一种"圆觉"，是整体的览观。虽然是瞬间感受，却不见时间之短；虽然是须臾之物，却没有空间上的缺憾。所以禅师以"此夜一轮满，清光何处无"来形容这一圆满俱足的境界。

圆智禅师提出另外一个值得重视的问题，就是上引他说的："诸禅德，皎洁无尘，岂中秋之月可比？虚明绝待，非照世之珠可伦。"在他看来，寒山与彻悟之禅稍隔一尘，就是他落入了世俗的"比""伦"之中了。禅宗强调"千般比不得，万般况不及"[10]，一切比喻都是不真实的，比喻、象征之法都是对世界的解说，都是逻辑的、理性的，都是念的分别和推知，必然注意情识计度。这与禅强调世界"自决"的观点是相违背的。比是一种说，说即是分别见，即非不二法。

比喻之法并非一直为佛学所否定。早期印度哲学有四量之说，其中就有譬喻量，此即为比喻。小乘佛学本来就有注重譬喻的传统，如《百喻经》。而大乘佛学也并不完全反对譬喻。《大涅槃经》就列出了顺喻、逆喻、非喻、现喻、先喻、后喻、先后喻、遍喻等比喻方法。《大智度论》即以如幻、如焰、如水中月、如虚空、如响、如犍闼婆城、如梦、如影、如镜中像、如化等十喻显示诸现象存在皆无实体，一切皆空。[11]《金刚经》所说的"一切有为法，如梦幻泡影；如露亦如电，应作如是观"，就是著名的连喻。但在中国佛教流派中，尤其是最具中国特色的华严、天台和禅宗中，大都排斥比喻象征的存在。隋智者大师在《四念处》中，强调念也空，处也空，说处就是有念了，以处来比喻心，更是虚幻不实的。依禅宗的"逻辑"（姑且说是逻辑），"说似一物即不中"。"说似一物"即是比，禅宗一悟之后，不可说，不可比，通过比喻象征手法来描述的悟则不是真悟。禅宗实际上放弃了通过具体形象来比喻禅悟的努力。禅门教学中多有"如何是道""如何是佛""如何是祖师西来意"之类的提问，禅师在回答这类提问时，多涉及具体的存在物，这很容易使人产生如下解释：一、禅宗通过具体形象说抽象（或者是空无的）的道、佛、真如、法性；二、禅宗让人们关心眼前的真实。这都是对禅的误解。

五、任圆成——水流花开之境

禅宗重大的理论贡献是荡尽依他起的思想。从宗教角度看，凡言宗教，必有崇拜之对象，那是一个意义的最终决定者。而禅的根本命意在于破依他而起，在这里没有佛祖，没有西天，没有祖师西来意，只有自我内在自性这一金刚不坏之身，它就是意义的决定者。如果说禅有一个崇拜者的话，这个崇拜者就是自性，禅是将自性作为崇拜对象的宗教。这个自性就是当下纯粹体验中所显露的世界自身。禅不以成佛为究竟位，而以自性显露为根本义，青山自青山，白云自白云，这是禅的根本秘密。

　　不二法门的根本落脚点，就是"世界的意义只在其自身"，真即实，实即真。禅宗解除一切人类习以为常的分别见，点亮生命的灯。没有一个超于现象之外的本体给予其意义，没有一个观者借给它光亮，没有逻辑的判断能使其存在更坚实，没有任何比喻象征手法能获得对它的诠释，这盏不灭的灯，不在意识中，而在生命的体验里。故不二之法，乃是彰显生命意义之法，就是任由生命自由兴现之法。此之谓"出人头地"，此之谓"单刀直入"。当我们打开意识的"锁"，青山自青山，白云自白云，这大千世界中的一切都生机跃露，哪一片山没有绿树，哪一湾水没有清泉！

　　世界的意义只在其自身，禅宗说：何不任由其自在圆成？！禅宗有"空山无人、水流花开"一境，最当此理。

　　"空山无人，水流花开"本是苏轼诗中的一联，后来被禅家借来说明禅的境界。禅家以"落叶满空山，何处寻行迹"（韦应物诗）为第一境，以"空山无人，水落花开"为第二境，认为"空山无人，水流花开"的境界是由第一境（初境）上升而来的。

◉◉ 瘦西湖之洲
　　夕阳在山云在水，
　　高歌人醉杏花天。

在初境中，空山茫茫，落叶飘扬，四处寻觅，天地苍苍，目无所见，意态荒荒。在外境的强"夺"下，人的欲望意识如落叶飘零。但这是不是就是"空"的境界？禅家认为，这还不够。因为这还是个"分别境"，就是说，在这个境界中，人还是个清醒的观照者，还是个探求者，还是在"寻"，一"寻"就是有目的的活动，一有目的就是不自由的，不自由活动中的人，不能说是真实的人。

而第二境"空山无人，水流花开"，则是进入到不二之境中，"人"没有了，所谓"空山无人"，"人"到哪里去了呢？"人"与"境"冥然合契了，"人"丢失在"境"中。"人"没有了意识，没有了占有的欲望，没有了追求的念头，这就是意念的"空"，是一片生命的清空。在这无所羁绊的生命世界中，"水流花开"——一切自在兴现，山是山、水是水的兴现。打开了生命的锁，世界没有了妨碍：竹密不妨流水过，山高何碍白云飞。不二是空寂的，在不二中，有真机跃现，这又是活泼的。不二是至静的，在至静中有至动，这就是所谓在静穆的观照中有飞跃的生命的含义。陶渊明有诗云："日暮天无云，春风扇微和。"在无云的澄明长天中，但有微风澹荡、天鸟翻飞，此得空寂中水流花开之意。

明末清初画家渐江有《画偈》十首，第一首道："空山无人，水流花开。再诵斯言，作汉洞猜。"他将空山无人、水流花开作为禅道的大法、画道的大法。石涛也是如此。石涛在一幅画上题"空山无人，水流花开"以赠友人。在一幅设色山水中有题跋道："夕阳在山云在水，高歌人醉杏花天"。又有题画诗道："茅屋无人到，云生谷口田。"风自起，云自飘，不劳人为，云在青天，水在溪流，就任它们自在兴起吧，一个画家所要表达的就是这世界的语言。戴醇士也是一位对禅有极高修养的艺术家，他说："空山无人，水流花开，东坡晚年乃悟此妙。所谓不著一字，尽得风流也。"有题画跋道："松影阑干，瀑声淙潺。何以怡颜，白云空山。"他的意思是，人还权力于世界自身，人的意识淡出，人不说了，让世界去说，世界的说就是我的说，落英缤纷，水流淙淙，风轻云淡，春燕差池，那就是我。

空山无人，是分别境的退出，水流花开是禅的灵觉的显露。有
人想向翠微禅师问道，翠微说这里不好说，到那边再说，那弟子
就随着他，在园子里转悠，来到一片竹林前，弟子又问："这里可
以说了吗？"翠微说："这根竹子长些，那根竹子短些。"弟子如
堕云里。翠微说了吗？翠微以不说为说，以世界之说为说。有一
弟子问："何为佛法大意？"禅师回答说："春来草自新。"正所谓
无风萝自动，不雾竹长昏，一切自在兴现。

韦应物《滁州西涧》是一首童叟皆知的诗："独怜幽草涧边生，
上有黄鹂深树鸣。春潮带雨晚来急，野渡无人舟自横。"我在这里
读出的正是自在圆成的思想。世界生机鼓吹，我抱琴来，何用弹
之！"独坐幽篁里，弹琴复长啸。深林人不知，明月来相照。""木
末芙蓉花，山中发红萼。涧户寂无人，纷纷开且落。""人闲桂花
落，夜静春山空。月出惊山鸟，时鸣春涧中。""轻阴阁小雨，深
院昼慵开。坐看苍苔色，欲上人衣来。""荆溪白石出，天寒红叶
稀。山路元无雨，空翠湿人衣。"王维这些小诗，传达的哲学智慧
可不小，清逸的思想，淡远的境界，空花自落的圆成，在无声中，
震撼着人的灵根。

●● 留园一角
水自流，云自飘，
花自绰约，
藤自窈窕。

49

　　禅宗的不二法门思想，对中国美学产生了极为深远的影响，这里想简单谈谈清初独创派画家石涛的"一画"说。石涛以"一画"作为他绘画理论乃至人生哲学的基础。在《画语录》中，石涛开宗明义提出："太古无法，太朴不散，太朴一散，而法立矣。法于何立？立于一画。一画者，众有之本，万象之根，见用于神，藏用于人，而世人不知。所以一画之法，乃自我立。立一画之法者，盖以无法生有法，以有法贯众法也。"

　　关于石涛"一画说"有各种不同的解读，归纳起来，主要有两个方面。一是画道论。认为石涛的"一画"相当于老子所说的"道"，这样的解释与石涛思想不合，石涛毕生致力于破除一切羁束，如果说石涛的"一画说"就是树立体道的原则，那是在为艺术立法了。画道论也是传统画论中一个比较普遍的观点，如果说石涛的一画说就是画道论，那他如此郑重地提出这一观点，作为其整个画学思想的基石，等于是虚张声势。二是一笔一画说。认为石涛的一画，就是一笔一画，是线条。这种观点尝试从具体的笔法入手，为石涛"一画"寻求一个落实的解释。但这样的解释也与石涛思想不合。如果说"一画说"就是线条，石涛在其一生理论总结的《画语录》中，就是强调绘画要从一笔一画入手，这无法显现"我之为我，自有我在"的独创思想。绘画当然要从一笔一画入手，那是技法，"一画说"的确与一笔一画有关系，但他说的是一种原则、一种精神，他所寻找的，是怎样使"一笔一画"的权利归于他的心，他的手，他的天生一人自有一人之用的天赋权利。以一笔一画解释石涛的"一画"说，也是与其真义不相吻合的。

　　石涛"一画"说的思想根基就是禅宗不二法门，他提倡"一画"，就是强调一种圆成创造之道。石涛的"一画"，乃是画之一，是绘画创作的最高法则。他的"一画"，是一种不为任何先行法则所羁束的艺术创作原则。世人说的是"有"或"无"，他说的是"一"。他的"一"，不是数量上的"一"，不是一笔一画，是超越有和无、主观和客观、现象与本体等的纯粹体验境界。他的一画之法，就是为了建立一种无所羁束、从容自由、即悟即真的绘画大法。

　　从石涛的画学观点看，"一画"是无分别、无对待的，它不是一套可以操作的绘画创作法度，那是一般的法则，他要说的是绝对之法。他的绝对之法，没有时间的分际，并不是先有了这个"一"，再有二，以至万有。石涛在《画语录》中虽然说"太古无法，太朴不散，太朴一散，而法立矣。法于何立？立于一画"，但这并不等于说，它是一个时间的展开过程，不是由太朴分出一画，由一画分出万有。"一"不是时间在先，而是逻辑在先。同时，一画也不是在空间中延展的序列，如由一点一画推延开去。《画语录》说"自一治万，自万治一"、"自一以分万，自万以治一"，这个"一"，不能自量上观，而是当下而圆足的体验，是即事即真的创造精神。

　　如果说有"法门"的话，这种无分别、无对待、不有、不无的体验境界，是石涛树立的至高"法门"；这个"法门"，就是由南宗禅所高扬的大乘佛学精髓"不二法门"。石涛的"一画"说，是吸收南禅不二学说，结合中国富有创造品格的画学以及强调生生创造精神的易学，而建立起来的绘画大法。

注　释

1　熊十力语，见其《十力语要》卷三致牟宗三札，224页，辽宁教育出版社，1998年。

2　德守菩萨说要超越我和我所，德顶菩萨说要超越垢、净，妙臂菩萨说要超越菩萨心、声闻心的二分，弗沙菩萨说要超越善与不善的分别，师子意菩萨说要超越有漏与无漏，净解菩萨说要超越有为和无为，那罗延菩萨说要超越世间和出世间，电天菩萨说要超越明和无明，喜见菩萨说要超越色和空，等等。

3　周裕锴《禅宗语言》，39页，浙江人民出版社，1999年。

4　当时主张崇有者，尚有裴𬱟、向秀等，他们都主张物之生自然而然，不知所以然而然，没有一个使之生的本体。此以郭象代之。

5　题《密林陡嶂》，《习苦斋画絮》卷四。

6　《祖堂集》卷十七：有人问："如何是禅？如何是道？"师（东国慧目山和尚）云："有名非大道，是非俱不禅。欲知此中意，黄叶止啼钱。"黄叶止啼钱，是佛经中的一个故事，据《大涅槃经》卷二十记载，佛陀常常将自己应机说法比喻为手上拿着一片黄叶子，哄小孩说这是黄金，其实只是空的，并没有黄金，以此来说明对佛的教法不能拘泥，不能拘泥于文字名相。《景德传灯录》卷六马祖章云："僧问：和尚为什么说即心即佛？师云：为止小儿啼。僧云：啼止时如何？师云：非心非佛。"

7 遮诠本是佛教因明学之术语，是与表诠相对的一个概念。它特指一种从反面作否定的表述方法，主要是排除对象不存在的属性，在否定之中显示诠释对象之意义。在禅宗中，这种遮诠法的普遍运用并不在于判断（否定也是一种判断），而在于超越判断。

8 《金陵清凉益禅师法眼》，见《禅林僧宝传》卷四，《续藏经》第137册。

9 "万象之中独露身"为禅宗中一个公案。《五灯会元》卷二十.："随州大洪老衲祖证禅师，潭州潘氏子。上堂：'万象之中独露身，如何说个独露底道理？'竖起拂子曰：'到江吴地尽，隔岸越山多。'"雪峰义存有悟道偈曰："万象之中独露身，唯人自肯乃方亲。昔时谬向途中觅，今日看如火里冰。"（《景德传灯录》卷十八）

10 问："如何是学人出身处？"师曰："千般比不得，万般况不及。"（《五灯会元》卷八）

11 见《大智度论》卷六，《大正藏》第25册。

逝者如斯

　　子在川上曰：逝者如斯夫，不舍昼夜。时光的流逝就像眼前的流水，昼夜不停，激起人悠长的生命感叹。孔子的这一感叹在后代产生强烈共鸣，引发了人们关于生命的思考。

　　一是叹逝。"壮士惜时逝，一宵三四起"，时光如水一样流逝，人存在的短暂和时间的无限形成强烈的对比，人在与时间的回旋中抚慰生命。所谓"临川感流以叹逝兮，登山怀远而悼近"，这是一种生命的感叹。临川之叹中有珍惜生命的意味。

　　二是自勉。大化如流，由汩汩的流

水，发现"天之数也"。这"数"——大自然的运转规律，永不停止地运转，永不停止地创造。西晋诗人张华说："川上之叹逝，前修之自勖。"这样的感叹中有勉励生命的意味，仰观大造，俯览时物，进而激扬蹈励，放旷高举。临川之叹中含有一种精进力。[1]

三是达观。不必羡宇宙，不必叹自己，纵浪于大化之中，自有永恒，自有清风明月的世界。放浪形骸，寄蜉蝣于天地，悠然面对逝者如斯之宇宙，清心把玩盈虚如彼之浮沉，自有一份达观的世界。[2]

珍惜生命是基础，没有对生命的珍惜，就不可能有敏感的宇宙情怀。激扬蹈励和顺时迁移反映了两种不同的生命态度。临川之叹中引出的是关于生命的主题。

这是一个关于水的思考。古代中国哲人的思考善用喻象。我以为，中国人不仅以"气"的眼光看世界，还以"水"的眼光看世界。中国人说天地一气，又说大化如流。这两方面都不可或缺。以"气"的眼光看世界，世界成为一气运化的宇宙，天下万物都生于气，都在一气中浮沉。而以"水"的眼光看世界，这是一种"逝者"的哲学精神，世界在如水的眼光下活了，绵延了，联系了，变化了，永恒了。我们所面对的世界，是运行无已的生命流中的一个过程，世界的真实是一种绵延之"流"，而不是固定之"相"。所谓"气"和"水"的眼光其实是相联的，只是侧重有所不同罢了。气更强调一气浮沉，水更强调流转不息。中国美学和艺术可以说在气化中氤氲，也在水的流动中焕发新生。逝者如斯，也随之同逝，化者无极，也随之无极；变易为恒常之道，创造就要紧紧握住变易之枢轴，以臻至美。这种"水"的哲学，在原始儒学和易学中体现最为充分。

大化如流中包含着崇高的哲学智慧，这是一种创造的智慧、流转不息的生命智慧，也是人如何契合宇宙的天人相合的智慧。我这一讲就由水谈起，来谈谈中国美学创造、新变和契合自然的思想。这里反映出以儒家思想为主轴的强调创造的美学思想。

一、创造

逝者如斯，不舍昼夜，宇宙中蕴涵着无边的力量，摧枯拉朽，盈科后进。创造是宇宙的根本特性。这是中国哲学的根本思想之一。

中国美学强调创造，要合造化之功，与天为徒——做天的徒弟、天的儿子，要"笔下闲偷造化功"。"师造化"乃是中国美学颇有影响力的思想[3]。师造化不是模仿说，它与西方美学有根本的不同。

清代艺术家刘熙载曾对东汉书法家蔡邕"肇乎自然"的观点提出不同看法，在他看来，"肇乎自然"只是强调从自然出发，这是不够的，他认为应该"造乎自然"，就是立定于自然基础的创造，人不是做自然的奴隶，匍匐在自然的神明之下，而应以创造显现自己的特色。只有创造才能做到真正地应乎自然，因为天地的精神就是创造，天地是"创造性的本体"(creative itself)。

在中国人的语汇系统中，"天"既包括是、又包括所以是两层含义。一般所说的天，包括自然中的一切存在，同时，也包括其所以存在的内在机制。这后者所指的就是创造。天是自然而然，自己就是自己的创造者，所以说它是创造性的本体。在这里不存在一个类似基督教传统的上帝，那是一个来自外在的原始创造本体，也不是以纯思构造出来的至高无上的理念。天就在其本身。赋予自然（或者说天）自发自生、自本自根的创造本性，这是中国哲学的重要特性。"天"乃一真绝对之本体，作为一个哲学概念，它的根本意思就是不依他而起，它自己就是自己的主宰。不存在一个超然于外的主宰者。天地大物，无由他生，他生者不生，块然自生，因此，从天中引发的只能是创造。

《二十四诗品》中的《自然》一品说："薄言情悟，悠悠天钧。"意为：你要真正悟出诗之妙处、美之妙处，那就看看无始无终、永恒运转的天地吧。天钧，或叫大钧、洪钧，即神妙无比的造化。[4]古人制作陶器时所用的转轮叫钧，天地在运行，宇宙在恒转，四时更替，冬去春来，是由天——造化本体——握着它的轮钧。中国人又称天是天枢，或者说是道枢，就是强调它的创造特性。中国人将天地的创造说成是一个环。如印度早期哲学《奥义书》所说的悠悠大梵之轮。庄子说悟自然之道就是"得其环中，以应无穷"，《二十四诗品》引此作"超以象外，得其环中"。宇宙如一创造环，来往反复，无有穷尽。得天道之秘，就能握住这创造之环。

《大乘起信论》论佛有体、相、用三义之说。体，指本体、体性；相指相状；用，指作用、创造。中国思想中关于天地创造特性的思考也含有这三义，即：天地为体，造化为用，万象为相，体、相、用三者一体。逆而言之，大化如流，永远没有停息，这是其相；从中可以看出宇宙创化的伟力，这是其大用，大化之流，乃是大用之流行；而这大用是由常而不断、行而不止的天道所发出的，这是其体。儒家哲学所讲的"一体之灿著"，一体者，本体也，灿著者，现象也，现象乃本体之显现。一体虽是无，但并非是顽空，顽空则无有生理；现象者，流行也，流行乃暂行暂灭，不离其体。中国哲学强调，空寂中有生化之妙，空寂为其本体，生化为其大用。故此，中国哲学言创造，有三义：一是创造性本身，那种使创造成为可能的原始动力，这是发动者；二是创造的相状，如万物孳生，四时运转，变化不已；三是创造的精神，一种永不停息的创造大用。

《庄子》中有"今一以天地为洪炉，造化为大冶，恶乎往而不可哉"的话。西汉初年的天才思想家贾谊说："且夫天地为炉兮，造化为工；阴阳为炭兮，万物为铜。合散消息兮，安有常则？千变万化兮，未始有极。"宇宙就是一创造的洪炉，这是其体。其间有个鬼斧神工的造化，它是天地的司炉者（大冶），它煽动着阴阳二气，永不停息地创造，这是其用。而"万物为铜"，就是这大冶的产品，万象绚烂，这是其相。

天道就是创造性的本体，天道之美，就是创造之美。孔子说："天何言哉，四时行焉，百物兴焉。"天道就像一个无所不能、不知疲倦的"作"手，一刻不停地创造；天道就是一个"创造性的本体"，如果他是上帝，他就是一个创造的上帝。传王维所说的水墨画"肇自然之性，成造化之功"，这个"性"，就是体，而所谓"功"，就是用。水墨之艺术便是其相了。

中国人宗教观念淡漠，而将无限的景仰献给了一个冥冥中的创造者——天。在老子和孔子的哲学中，就已经将天从原始宗教人格神意义上的上天转化为一个生命流行的创化本体。在天地中虚构了一个神奇的创造者——造化。这个造化又可称为"大造"，如孙绰诗所谓"仰观大造，俯览时物"，就是强调其创造功能。天钧，天枢，一种神秘的力量推移着它，一只无形的手摇动天之轴。就像那个掌炉工的比喻一样，这只手，就是造化之手、大造之手，或者说是大化之手。

中国哲学对这个大造功用着意颇多。《庄子·大宗师》中讲了这样一个故事：有一个人怕自己的小舟丢失，就将它藏在深深的大壑里，又怕失去了山，就将它藏到渊深的大泽里，以为这样就可以保全。然而半夜里，来了个力大无边的怪物，将它们背跑了。这个藏山藏舟的人还蒙在鼓里，昧然不知呢。[5]

这个故事有很深的隐喻，变化就是这力大无边的怪物。郭象说："夫无力之力，莫大于变化者也。"这真解说得好。郭象说变化是无力之力，因为人们很容易忽视这变化，常常以为事物有常形，以为眼前所见就是一个可以把握的存在。其实宇宙不主故常，才生即灭，处在永不停息的变化之中。转眼就是过去，片刻即为旧有。就像我们在这个课堂，说话者在变，我们课堂的空间在变，我们所处的世界也在变。变化是无片刻停息的。藏舟于壑，藏山于泽，以为可以保全，是不了解造化变易的愚昧之举。天地变化，亘古如斯，所谓"自其变者而观之，则天地曾不能以一瞬"。一只看不见的巨人之手在播弄着世界，使其难以有一息之停留。这无力之力，是谓大力。正像我在前文所说的，中国哲学是以"逝"的眼光来看世界，在这样的眼光审视下，没有固定不变的物。中国哲学重视的是过程，而不是位置，位置是暂时的、不确定的，而过程是永恒的、确定的。清代的一位绘画理论家华琳说："天上浮云如白衣，须臾变化成苍狗。苍狗万变图，固宇宙间第一大奇观也。易云：穷则变，变则通。程子曰：道通天地有形外，思入风云变态中。则又通于道矣。道既变动不居，则天下无一物一事不载乎道，何独至于画而不然。"（《南宗抉秘》）他用"逝"的眼光来体会艺术。

王夫之说："维天之命，於穆不已，何静之有？"天，具有不可知的神秘力量，囊括一切，亘古如斯，"行之无已，为之不止"，无"静"之时。天，就是运动，就是创造，纯洁的创造，朴素的创造。

儒道两家同举天地的创造精神，但思路却有不同。道家要去人力，推自然之力，以自然之力为力，以自然之创造为创造。而儒家认为，人力可以比天，天不能言，以人代之，人以创造代之，人的秩序要合于天的秩序，人的创造要合乎天造，天地的生、人间的仁是合于一体的。道家是听自然的箫声，儒家是取天地的春意。中国美学从这天地为体、造化为用、万物为相的哲学中汲取了丰富的滋养。顺着这一思维线索，我们对中国美学一些方面的思考，也许可以有更贴近的解会。

第一，人类为什么要有美的创造？

清画家布颜图说："以素纸为大地，以朽炭为鸿钧，以主宰为造物，用心目经营之。"天地乃创造之本体，人心也是创造之根源。人于宇宙中，只有创造方能德配天地；人的艺术和审美活动，必须以创造的精神为主轴。

刘勰在《文心雕龙》首篇《原道》中指出，人之"文"在于创造，而"文"就是美。人只有有了美的创造，才能称得上是真正意义上的"人"。纪昀说此文"首揭文体之尊"，其实揭示的是创造之"尊"，人的本质意义就是创造。天地由创造显示美，人以美的创造合于天地。刘勰说："夫玄黄色杂，方圆体分，日月叠璧，以垂丽天之象；山川焕绮，以铺理地之形：此盖道之文也。仰观吐曜，俯察含章，高卑定位，故两仪既生矣。惟人参之，性灵所钟，是谓三才。为五行之秀，实天地之心，心生而言立，言立而文明，自然之道也。傍及万品，动植皆文：龙凤以藻绘呈瑞，虎豹以炳蔚凝姿；云霞雕色，有逾画工之妙；草木贲华，无待锦匠之奇。夫岂外饰，盖自然耳。至于林籁结响，调如竽瑟；泉石激韵，和若球锽：故形立则章成矣，声发则文生矣。夫以无识之物，郁然有采，有心之器，其无文欤？"天地的精神在创造，造化无心，而有此伟力，有此创造。而人乃天地之心，怎么能萎弱于天地之间而不能自立？人只有创造，才能配得上做天地之子，才能真正代天地立言。刘勰将天地的精神归纳为美的创造精神，日月山川均在一个"丽"字，而人作为天地中最有灵气者，若无美的创造何以能与天地鼎立成三！刘勰之"文心"，显然是创造之心，此心由创化中转出。

另外一篇文字，从不同的角度表达了相似的思考，这就是清沈宗骞在《芥舟学画编》中的著名论断，他说："盖天地一积灵之区，则灵气之见于山川者，或平远以绵衍，或峻拔而崒嵂，或奇峭而秀削，或穹窿而丰厚，与夫脉络之相联，体势之相称，迂回映带之间，曲折盘旋之致，动必出人意表，乃欲于笔墨之间，委曲尽之。不綦难哉！原因人有是心，为天地间最灵之物。苟能无所锢蔽，将日引日生，无有穷尽，故得笔动机随，脱腕而出，一如天地灵气所成，而绝无隔碍。虽一艺乎，而实有与天地同其造化者。夫岂浅薄固执之夫，所得领会其故哉。要知在天地以灵气而生物，在人以灵气而成画，是以生物无穷尽，而画之出于人亦无穷尽。惟皆出于灵气，故得神其变化也。"这里将艺术吮吸造化精神的思想讲得非常清楚。

此二篇文字，堪为美的创造哲学。此中所申说的就是儒家哲学的创造精神。在儒家哲学中，人有裁成辅相之能、参赞化育之功，宇宙为一创造本体，人在宇宙中，不是匍匐于天地之下，而须激发人昂奋的创造意欲。儒家美学所具有的崇高精神于此体露无遗。

第二，在美的创造中为什么要重视原创精神？

天有天之创造，人也有人之创造，为什么在中国思想中，对天的创造是如此的倾心呢?

中国哲学和美学讲创造,还讲原创。天的创造既具有根源性,人的一切创造的根源都来自天;又具有本源性,人的一切创造都要以天为最高范式,接受天的"裁剪",在本源上衡量其价值。如在道家,人的理性活动,在天的本源性创造中就变得荒谬了。在易学中,人的怯懦、狭隘等文化行为,在天的鼓之舞之中,获得了力量。

儒家强调《周易》的"生生不已之意属阳"[6]。当代哲学家熊十力也认为,《周易》虽言阴阳,但主要落脚点在阳。为什么这样说呢?我以为,这里突出的就是乾阳的"首创"之功。

五代画家荆浩说"须明物象之原",水墨画要"不失元真气象"。清代画家恽南田说要"与元化游"。这个"元真"、"元化"、"物象之原",就是强调本原的真实,强调元创精神。李贽的"童心说"也是强调元创精神。"元",说的是开始,但不是时间上的开始,而是逻辑上的开始。就像老子所说的"有物混成,先天地生",似乎是时间上在先,其实是逻辑上在先,是哲学上的本原。中国艺术家要酌取元创精神,直溯天地之本原,提倡纯净的创造、真实的创造、一种可以矫正人类傲慢和盲动的创造。

第三,审美创造为什么要参赞化育?

儒家哲学有"参赞化育"和"德配天地"的观点,《中庸》说:"唯天下至诚,为能尽其性;能尽其性,则能尽人之性;能尽人之性,则能尽物之性;能尽物之性,则可以赞天地之化育;可以赞天地之化育,则可以与天地参矣。"赞是赞襄、帮助,参是参与,与天地鼎立而三,所谓"三才"。参赞化育,意即天地造化发育,无时无刻不在创造,时时处处都在变易,人最高的道德境界,就是化归于这一流衍变化之中,与天地相融相即,参与赞襄天地的生物化成。天地的精神在创造,人也要牢牢抓住这一创造之轴,与创造同在。儒家认为,只有创造的人才能"德配宇宙",才能配得上做天地的儿子,所以《易传》上说:"天行健,君子以自强不息。"上句言天,下句言人,天在乾乾创造,人在精进不已。人的精进不已,是天然的,必然的，因为人的文化创造只有在效法自然中才能克臻其善。效法自然，就是要效法其创造不息的精神。正像狄尔泰说："我并不是坐在世界舞台之前的一个旁观者，而是纠缠在作用与反作用之中。"在儒家看来，世界不是我认识的对象，而是与我相互交融、彼此互荡的生命，我在这生命统一体中获得力量。"天行健，君子以自强不息"一语，还包括人的无限创造的张力，天以健动不已为德，而人必以自强不息应之，人惟有如此，方能成其为人，二者中隐藏着一种逻辑关系，一种生命勃动的欲望。

　　在中国哲学和美学看来，人要改变世界的旁观者地位，需要排除"自小"和"自大"两种障碍。程明道说："人与天地一物也，而人特自小之，何耶！"[7]这样的思想在美学中也很普遍。天地与我并生，万物与我为一，我与天地生物均禀天地生生之气而得以生，我的生命与万物是平等的。人融入这个世界，就是恢复自己生命的活力。从自小的世界中走出，吮吸造化之伟力。[8]至于"大人主义"思想，却与此相反，这种思想将人看得高出万物一等，人与物的平等关系被破坏了，所以人类就很难以仁爱的观念来待物，常常视物为人气指颐使的对象，从而导致物与人的分离，这样也就无法去玩味物理、体知万物，人的创造力也掩而不彰。人只有和万物融为一体，欣和合畅，才能真正代天立言，如邵雍所说的"物皆有理我何者，天且不言人代之"[9]。理学特别强调人与万物之间的和融状态，"人于天地中，并无窒碍处"[10]，人之身体本是天地间无数生命的一种形式，是生物群中和谐之一分子，人必须"放这身来，都在万物中一例看"。宋明理学弘扬"参赞天地之化育"的精神，如陆象山强调"我心即宇宙，宇宙即我心"，王阳明强调"人之心与天地万物为一体，欣和合畅，原无间隔"，天地万物中有了我心这个"灵明"，就能仰天之高，察地之广，我心这个"灵明"将天地物我整合为一体，宇宙就在我心中流淌。宇宙乃一创化之空间，人这个"灵明"是在造化的创造性精神激发中诞生的。

二、新变

王羲之有诗云："三春启群品，寄畅在所因。仰视碧天际，俯
瞰渌水滨。寥阒无涯观，寓目理自陈。大矣造化功，万殊莫不均。
群籁虽参差，适我无非新。"诗人在阳春季节，在春光无限中，感
受到造化的功夫，感受到一个新变的世界。"群籁虽参差，适我无
非新"，大自然中的一草一木时时刻刻都在变，人融于世界之中，
可以时刻感受到新变，时刻有"适我"——使我愉悦、安顿我性
灵——的体验。

天地无处不新，无时不新，天地乃一创造空间，这一空间充
满了新新不停的创造，舍故趋新是大化流衍的根本特点；"新"不
是物理意义上的更换位移，而是"适我"的新，是在心灵的体验
中形成的，它是一个体验世界，而不是一个物理世界，是在仰观
俯察、寄畅于物中发现新变的。

中国哲学是一种生命哲学。我们说生命，有不同的指谓，有生物学上的生命，有医学上的，也有哲学层面的意思。从哲学上看，生命不仅仅指活的东西，仅仅从活上把握生命是不够的。中国人以生命概括天地的本性，天地大自然中的一切都有生命，都具有生命形态，而且具有活力。生命是一种贯彻天地万物的精神，一种创造的品质。《易传》认为，"天地之大德曰生"。此处的"德"作"性"讲，"生"是宇宙的根本特性，生命为宇宙之本体。对此，熊十力先生有这样的概括："生命一词，直就吾人所以生之理而言，换句话说，即是吾人与万物同体的大生命。盖吾人的生命，与宇宙的大生命，实非有二也。故此言生命是就绝对的真实而言。"[11]生命乃人与宇宙同具之本体。

《周易》为"生生哲学"，《易传》中的"生生之谓《易》"，既可以说是对《周易》生命哲学特点的概括，也可以概括中国哲学的特点，即由"生生之谓《易》"，上升到"生生之谓易"。生生哲学，也可以理解为以生命为特点的哲学。

中国哲学所说的"生生"，一有孳生化育生命的意思，由生化生。汉代易学家荀爽说："阴阳变易，转相生也。"二有相联意，生生相禅，无稍断绝。孔颖达疏云："生生，不绝之辞，阴阳变转，后生次于前生，是万物恒生谓之易也。"生生相续，是谓变易之理。三有永恒意，生而又生，生生不息。宋杨万里说："易者何物也，生生无息之理也。"凡此都突出了中国哲学的生生化育之理，突出了中国哲学所强调的生命联系的观点，突出了中国人视宇宙为一生命世界的根本精神。

中国哲学强调，生以新为性，新是生的根本特点。唐孔颖达说："天之为道，生生相续，新新不停。"又说："物之生长必'渐进'，故以生生为进进。"张载谓："易道进进也。"以"进进"说大易之理，"进进"就是"新新"。"进进"有提升义，"新新"有不同义。"新新"是在生生相续的基础上产生的，因此生生相续——生命的联系是新新的前提。

中国哲学是一种联系的哲学，唐君毅早期哲学思想中有这样的观点：中国哲学"部分与全体交融互摄之精神，自认识上言之，即不自全体中划出部分之精神；自情意上言之，即努力以部分实现全体之精神"[12]。在我看来，联系有多种侧面：同一生命不同生长过程的联系，此侧重于后生续于前生，此点强调生命常而不断，生命不是断线残珠的或有或无，而是一种"流"，绵延不已，生生不息；不同生命的交替演进的联系，此侧重于新生替于旧生，此点强调生命之间无限的往复循环，强调"变"；还有不同生命之间的平行联系，此侧重于此生联于彼生，此点强调生命之间彼摄互通，共同织成一生命之"网"，每一生命都是这网中的一个纽结，自一纽结可以反观整体生命的特点，等等。流、变、网这三点，可以概括中国生命哲学的联系观。

中国哲学认为，生命之间存在着无所不在的联系，就是说这个世界是"活"的，无论是你看起来"活"的东西，还是看起来不"活"的东西，都有一种"活"的因素在，都有一种"活"的精神。天地以生为精神。因为"活"，世界即联系。不"活"，世界即枯竭，生命即断流。当然，这并不像柏格森所说的是关于"活的东西的科学"，它在人的生命体验中"活"。

正是这种联系观决定了中国人创造新变思想的特点。首先，中国哲学是在生命的联系性上追求新，新是生命连续中的一个环节。它是时间展开过程中的一个点，也是空间连续中的一个纽结。即在时间的流动中新了，在空间的绵延中新了。生生就是进进，进进是时空二维展开，进进就是新新。

同时，中国哲学联系性的观点，将世界视为一个生命整体，不同生命之间相互联系、彼摄互荡，共成一宇宙空间，每一个有限的生命都是这无限整体性中的一个点。每个生命都有自己质的规定性，都有自己的异质因素，因而每个生命相对于其他生命而言，都是一种新。

中国哲学认为，新从变中来。欲明变的意思，先说变和动的区别。

作为一个哲学概念，"变"（或名"易"）在中国哲学中具有永恒变易的意思。世界万物生生不息，才生即灭，无稍暂息，瞬间即变。

变是绝对的。变和动是不同的的概念。《中庸》上说："不变而动。"这话其实暗含了"变"和"动"的区别。《庄子·秋水》："物之生也，若骤若驰，无动而不变，无时而不移。"也说明变和动别有二义。

"动"主要有转移意，是和"静"（不动）相对的概念，指在时间维度中所展开的空间位移，它是具体的，是时空界内的。而"变"（或云"易"）是超时空的，是对生命之间处在无限变化状态的一种抽象，强调的是神化幽微的变易之理。中国哲学说"变"，是用来表现大化流衍的永恒功用，造化为体，创化为其用，生生不停的外在现象为其相，"变"就是用来展示造化本体的大用，突出无所不在、无稍暂息的生生宇宙所含有的一种精神。

中国哲学在变、动二者之间，以变为主。《周易》说："易之为书也，不可远；为道也，屡迁。变动不居，周流六虚，上下无常，刚柔相易，不可为曲要，唯变所适。"动是暂时的、局部的，而变是永恒的、绝对的。

其实，易学史上有"易名三义"的说法，即：变易、简易、不易。这三义可以概括为："以简易的方式显示变易为不易之理"。易学上的"变"（或"易"），不能以动去概括之。它所说明的是宇宙恒常之理。

中国哲学认为，变的根本特点就是"新"，"变"是和"新"联系在一起的。孔颖达所说的"天之为道，生生相续，新新不停"，可以说是对"变"的特点的很好的概括。变则新，变无返回旧有之理（循环往复并不代表变回旧有），变无重复故常之道，变就是新变，无新则无变，无变则无新。新也不是对物体新的状貌的形容，它所突现的是一种叫做"别故"的特点，是一种不同于往常的生命特点。新既与过往联系，又与过往相异（此过往可从时空两角度来看）。

综上所言，中国哲学和美学在联系中看新，又在变易中看新，变易是联系中的变易，联系是变易中的联系，由此产生中国哲学和美学新变思想的两个重要特点。

一是在复中趋新。新，就意味着不重复，但如何理解它与传统哲学无往不复观念之间的关系呢？

中国哲学强调宇宙运转的循环往复的特点。如《周易·复卦》彖传说："'反复其道,……复,其见天地之心乎!'""天地之心",即是"复",即循环往复的生命精神。《易》有"无平不陂,无往不复"、"无往不复,天地际也"等论述,都强调"复"是宇宙生命的重要特点。《周易》重变通哲学,《系辞上传》打了个比方说"变通莫大乎四时"。它有两层意思:一是变化意。四季运转,生命随时光不断迁徙。二是流通意。四时运转,从春到冬,又从冬到春,终则有始,始则有终,无穷尽也。变通以"复"为其根本特点。

传统哲学将这种无往不复的哲学观念说成是"圜道"。《吕氏春秋·圜道》解释道:"物动则萌,萌则生,生而长,长而大,大而成,成而衰,衰乃杀,杀乃藏,圜道也。"中国人认为,圜道是自然和人类社会的基本规律,在自然中,物由生到衰,再由衰到生,日夜不停地运转,四时永恒地更替,水流由枯到满,再由满到枯等等,都是循环往复的。而人类社会也如此,"天地车轮,终则复始,极则复返"。农民把"复"作为种地的依据。医生把"复"当作治病的参证[13]。在中国历法中,也存在着这种循环时间观的影响。如纪年的六十甲子,一位研究者说:"甲子纪日,则以六十为一周,周而复始,无间数,亦无奇零,故推算历法者,皆以甲子为不变之尺度。"[14]古人认为六十年一轮回,三十年河东三十年河西,实际上就是甲子的延伸。又如人有十二属相,十二年一轮。由邹衍所创造,在历史上影响极大的"五德终始说"也是典型表征。

无往不复的观念的确有被滥用的情况,致使出现了类似于循环历史观这样并不符合历史发展现状的臆测。但我们应该看到,中国人看生命、看时间、看大自然,并非是一种机械的循环观念。从哲学上看,"循循不已"是奠定在"生生不已"的基础之上的,"复"并非是周而复始的过程,不是一种可逆的重复性的运动,从一个开端经过运转后,再回到原点。古人所言"年年仍岁岁,故故复新新","复"不是重复,而是新生,是生命永恒展开的显现。王夫之说:"天地之德不易,而天地之化日新。……今日之日月非昨日之日月。"虽然是无往不复的运动,往复回环,但并非是循环。表面同样的日月,其实有不同的内核。外在形式上虽然没有什么"变",但内核上却是"变"了。"变"是"圜道"哲学观的内核。有了变,无往不复,就不是重复性的运动了。

但这复中之变是否就是螺旋式的上升运动呢?中国哲学强调在"生生"中"进进",生命中有"晋"而"升"之的运动(《周易》有两卦专言此义),生命有摧枯拉朽、革故鼎新的特点,这是一种新。但新并不代表必然的提升。中国哲学的新更强调的是在"变"中出新。"变"并不一定就是向上的运动。在西方哲学中,柏格森等生命哲学强调,生命是螺旋式上升的运动,这与中国哲学有所不同。当代新儒家有一些论者曾举西方哲学这些观点附合中国哲学,其实并不切合。宋人有一首诗说得好:"江山一夜雨,花柳九州春。过节喜无事,谋欢要及辰。年年仍岁岁,故故复新新。把酒有馀恨,无从见古人。"年年岁岁都相似,岁岁年年花不同,表面上看是故故,其实是新新。新是生命连续性的一个环节,生命历程中的一个单元。新是连续性的变化,并不代表它是上升性的运动。钱穆说中国哲学乃至中国文化不主独标新异而主会通和合,是很有见地的。中国哲学主通、主化,认为通、化方是恒久之道。连续性,则是新新之变所依之基础。

中国哲学乃至美学中新新不停的观点,既不是循环论,又不是螺旋式上升的理论。

二是即故即新。《庄子·知北游》说:"天下莫不沉浮,终身不故。"即故即新,以故为新,这是中国哲学独特的思想,理解这个问题有两个重要向度。

首先,从生命的联系性上看故与新的关系。中国哲学以生命联系为其重要特点,更注重从联系中寻求生生不已的永恒精神,并不太注重外在的动——空间的位移所显示出的变化。新是联系中的新。中国哲学是在故与新之间玩味,在故与新、旧有和新生之间,把握生命的新变思想。在中国人的哲学观念中,天地无一刻不在变,"曾不能有一瞬"停息,转眼就是过去,就像我现在在说话之间,一切都在变一样。

《易传》中说："穷则变，变则通，通则久。"这个"通"非常重要，"通"乃通故有和新生，通因循和变易，在故与新的回环中，方有恒久的生命。在中国哲学中，新虽与故相对，但新不脱故，新并不意味和故旧的截然断开。一泓清泉在过去和现在之间绵延流淌，这就是生命的连续性。新乃是故中之新，说是故，却与新相连；才说是新，转眼即故。故故即是新新，即新即故。中国哲学将此称为"与故为新"。

中国哲学关心人对生命的体味，重视人融入世界中的体验。在别故致新之论中，故与新的意度回环，正是中国哲学有价值的部分。今日之日月非昨日之日月，但今日之日月又与昨日之日月有关联，必须在生命的往复回环之中看日月，在与过去的联系之中看日月。"流水今日，明月前身"中包含着深邃的道理。

故与新所构成的这种张力关系，独具魅力。新代于故，是天地变化之规律。从庄子所说的藏舟于壑、藏山于泽的故事看，藏者以为深藏不露，就可以保持其不变，但山在变，水在变，舟也在变，舟点点滴滴地朽，从里到外地朽，看得见地朽，看不见地朽，虽藏于壑，但还是被"变"这个大力者背走了。郭象在解读这个故事时，就特别注意到以"新"来解"变"，在"故"与"新"的流连中玩味"变"。他说："夫无力之力，莫大于变化者也。故乃揭天地于趋新，负山岳以舍故。故不暂停，忽已涉新，则天地万物无时而不移也。世皆新矣，而自以为故，舟日易矣，而视之曰旧，山日更矣，而视之若前，今交一臂而失之，皆在冥中去矣，故向者之我非复今之我也，我与今俱往，常守故哉。而世未之觉，横谓今之所遇，而系而在，岂不昧哉。"郭象以"新"解"变"的观点颇令人印象深刻，这也是郭象哲学的一个重要特点。《齐物论》说："日夜相代乎前，而莫知其所萌。"郭注："日夜相代，代故以新也。夫天地万物，变化日新，与时俱往，何物萌之哉。自然而然耳。"郭象认识到，天地变化，代故以新，这是恒常之道，是不易之理。一句话，不变即变。中国艺术家由此悟出了艺术新变之道，就是藏山于山，藏川于川，藏天下于天下（恽南田语）。大化如流，亦与之同流。

其次，从体验性上看故与新的关系。庄子认为悟道的过程也就是发现新颖生命的过程。《庄子·知北游》中所讲的一个故事耐人寻味："啮缺问道乎被衣，被衣曰：'若正汝形，一汝视，天和将至；摄汝知，一汝度，神将来舍。德将为汝美，道将为汝居，汝瞳焉如新生之犊而无求其故！'言未卒，啮缺睡寐。被衣大说，行歌而去之，曰：'形若槁骸，心若死灰，真其实知，不以故自持。媒媒晦晦，无心而不可与谋。彼何人哉！'"进入无为不言的境界，一片天和，"不以故自持"，眼睛就像"新生之犊而无求其故"，真是不可思议。对道的体验是一种发现和创造，是敞开被知识遮蔽的世界，世界如朝阳初启，沐浴在一片光亮之中。

中国哲学和美学的以故为新，其实是心灵发现的现实。中国美学尤其注意在故中追新，没有绝对的故，也没有绝对的新，新是生命体验之新，是体验中的境界。新不是外在表象的更替，而是心灵对生命的发现。这一点在美学中意义颇大。

《二十四诗品》有"纤秾"一品，其中有云："乘之愈往，识之愈真。如将不尽，与古为新。"此中之"古"通"故"，即是"与故为新"。意思是，如果融入这创造的世界，就能识其真境。常见常新，虽是寻常之景，终古常见，但由我目观心会，新鲜通灵。新是心灵体验的事实。在一个美的心灵中，处处为新，亦即故即新。美的创造是没有重复的，心灵体验中的世界永远是新的，就像未名湖的柳，人人眼中之柳，你日日所见之柳，都不是你眼前的柳，只要你以创造的心胸去领略，柳在微风涤荡中，在淡月清晖中，在夕露朦胧中，在烟雨迷离中，在你的不同因缘际会的心灵中，都会有不同的感觉。真正美的感觉永远是新颖的。

在禅宗中，我们也看到类似的观点。像灵云悟桃花的例子，就是于凡常、故旧中，体验出生命的新境界。沩山的弟子灵云志勤向沩山师问道，苦苦寻求，难得彻悟。一次他从沩山处出，突然看到外面桃花绽放、鲜艳灼目，猛然开悟，并作有一诗偈以记："三十年来寻剑客，几逢花发几抽枝。自从一见桃花后，直至如今更不疑。"开悟之前，桃花依旧，因凡尘历历，难窥真机。一悟之后，桃花一时敞亮起来，真性显露而出。而当下出现的桃花可以说是开悟的刺激物。

中国哲学追求在表面相似的形象中取新，新不是外在的，而是人心灵发现的现实，是在意度回旋之中出现的。对于一个陈腐的人来说，世界无新；而对于一个活泼的人来说，世界无时不新，转瞬即逝，在在为新。新是人的体验，是人的心灵的产物。

这也就是中国艺术少新颖之目、却有新之精神的内在渊源。中国艺术的重复性世所罕有。如在中国画中，山水的面目、四君子的面目，似乎都是故的。但似故而实新，似同而实异。在故中发现陌生，在陌生中追求新变。所以，无一字无来历，脱胎换骨，点铁成金，与故为新，等等，这些理论都与即故即新的深层哲学精神有关。中国艺术追求的是内在的张力，内在的活力，内在的生命超越。

三、流动

中国哲学强调生命的流动性。宇宙为永恒创造本体，永不止息的变化是其精神，而流动是生命之间前后相连、无稍停息的展开过程，是生命的绵延。生生化化，无有断绝，此谓不断；才生即逝，未尝留驻，此谓不常。逝者如斯，不常不断，生灭无已，绵延无尽。永恒的创造本体有无尽的流动。方东美在比较中西哲学本体论差异时说："希腊人较为着重存有之静止自立性，印度人与中国人则往往赋予存有一种动态流衍的特性。"[15]流动性，是中国人对宇宙特性的根本认识。在流动中欢畅，在贴近道心处逍遥。在流动中创造，也在流动中生生常新。

中国传统的形而上学，将时间与空间"裹合"为一体，就是不单纯将空间从时间中划出，而是在时间的流动中展示空间。美国的两位汉学家安乐哲（Roger T. Ames）和郝大维(David L. Hall)这样说：中国哲学喜欢将世界时间化，根据现象间的不断转化将之时间化，"将它们更多地理解为'现象'(event)而非'事物'(thing)。

这种过程中的世界观，使得每一种现象都成为时间之流中独一无二的'趋向'或'脉冲'"[16]。

他们所说的"过程中的世界观"，很有启发性。中国人所说的"事物"不是静止的固定的点，而是一个展现的过程，一个流动中的存在。这个生命之流，没有一刹那的间断，顿现顿灭，是而为"幻"。"幻"是我们对这种流转不息的世界的形容，"幻"就是"活"。大化如流，逝者如斯，就是对这种永恒流动的生命哲学的表述。中国哲学总是强调世界的流动性特征，就与这种特殊的宇宙观有关。妻子去世，庄子鼓盆而歌，遭到非难，他所作的解释，就是从流动的角度看生死、看宇宙所得到的达观。宇宙就是大化，大化的意思，就是将空间掷于时间的顿进中，空间被时间化、节奏化、流动化。世界是一过程性的存在。我们生命在流动的世界中。这样的思想培植了中国人独特的哲学观念，也影响了中国美学和艺术的发展。

逝者如斯，中国人的宇宙是"流"的宇宙、"逝"的宇宙。儒家强调智周万物，以万物皆本体之流行，随物而往，同于大化，方为正道。若是逐物，则粘滞于形相，流溺于欲望，强于为物取解，则不得物。老子的哲学是"水的哲学"，他说"上善若水"，强调水的柔弱，以柔弱胜刚强；老子关于水的智慧还包括"逝"的一面，他的"大曰逝，逝曰远，远曰反"，就是以水的眼光流眄世界。

《老子》二十五章说："大曰逝，逝曰远，远曰反。"这三句话，是中国人如何契合宇宙（或说"与大化同流"）的基本表述。我这里所谈的"周流"的思想，其实都包含在老子这一表述中。做一个生命的逝者，万化皆流，也与之同流；流之无尽，也与之无尽。我就从老子的这一论述谈起。

大，道之特性。我们悬一个大，强调人事关天，人要同于天，同于自然，而不是摆弄人的技巧；逝，即与自然同逝，逝者如斯，人也同彼，乃一个超越的过程；反，与远相对，不是飘渺而无所之之，而是往复回环。

道是永恒的、绝对的，超越于具体的时间和空间，空间上无所不包，时间上绵延无穷。世界的广远恒久，归根结底，又都归之于大道之中。老子把这叫做"复"。老子说："归根曰静，静曰复命。""万物芸芸，各复归其根。"也就是他所说的"归复其明"。道是"远"的，必与之同"逝"，周行而不殆。《老子》第56章说："玄德深矣远矣，与物反矣，然后乃至大顺。"不远不足以成道，不返也不可以尽道的妙韵。

中国人的宇宙观是生生不已的。宇宙就是一种绵延生命之流，同时又是往复回环的。"宇宙"这两个字，按照《尸子》上的解释："上下四方曰宇，往古来今曰宙。"宇是空间，宙是时间。宇、宙二字的本义都是人所居住的房子。广大无边的空间和恒久绵延的时间的概念，就从我们住的房子——我们的眼前说起，自近而远，自小而大，而人的心灵就往复回还于远近小大之间，构成一种流行不殆的关系。

中国人对宇宙的认识，并不强调以科学的态度对待它，而是以心灵去契合它。宇宙是与我的生命息息相关的对象，是我的生命的统合体。所以，只以外在的眼观察是不够的。我们要以心灵的眼睛、以心灵的节奏去感受它，去契合宇宙节奏。宇宙是运转不息的，外在的表象虚而不实，内在的气脉才是其真实，这就是宇宙的节奏。所以，中国人是要抓住宇宙的节奏。沈括的以大观小法，就是在这样的哲学背景下出现的。神化了宇宙，节奏化了宇宙，不利于科学，却在审美方面打上了独特的烙印。

由老子大、逝、反三方面延展开去，可以看到中国哲学、美学关于生命流动的思考线索。

第一，由"大"说中国哲学、美学的天行思想。

道大，天大，地大，人亦大。所谓天地中有四大，人之大，不是体量上的大，是人心之大。人心之大，也不是想得多，想得广，而是对人局限、狭隘、闭塞的超越。大，是一种超越。人要提升，要超越。老子谈超越人为而达于自然之道，孔子谈超越自己，孟子谈充实而有光辉之谓大，都是谈这个提升（或超越）。

不以人行，而以天行。人法地，地法天，天法道，道法自然。人之为人，为何不以人行？因为人行，即是知行，知行即与天道违，最终人道也失。行人道，必重天道，与天同行，方能彰显人道。

郭象《庄子注》将天行的精神概括为"与变为体"。天地的精神在于变，人要把握造化的变易精神，就要加入大化的流动节奏之中，以天地变化之体为体。人如何加入，就是悉心领会天地的精神，与万物相优游。

《庄子·齐物论》说："至人神矣！大泽焚而不能热，河汉冱而不能寒，疾雷破山、飘风振海而不能惊。若然者，乘云气，骑日月，而游乎四海之外。死生无变于己，而况利害之端乎！"正象郭象注中所说的，此段之要义在"寄物而行，非我动也"，"与变为体，故死生若一"。加入大化周流之中，也就是性灵超越之道，此时死生如一，物我齐同；彼是方生之理性努力歇，性灵自由腾挪之势起；不动而动，不以人动，而以天动，天地的变化就是我的变化。

中国美学师法造化的理论，强调的是对自然精神的体会，吮吸造化精气元阳来创造。孙过庭说"取会风骚之意"、"本乎天地之心"，前者说的引领内在的精神，强调心灵的资取；后者说的是对造化的领会，"阴惨阳舒，本乎天地之心"，用他的话说，这是"同自然之妙有"，说"妙有"而不说"有"，"妙有"即道，即契合大自然阴阳变化之道。刘熙载说："学书者有二观，曰观物，曰观我。观物以类情，观我以通德。""观物"也就是他所说的"与天为徒"，而不是以人为徒。"与天为徒"，即在于通天地之"情"，天地何以有"情"？即其内在之精神。

天行不是人超越于天，而是同化。中国哲学称天地为"大化"，《荀子·天论》说："阴阳大化，风雨博施。"陶潜诗云："纵浪大化中，不喜亦不惧。"大化即天地变化流动之历程。人加入到世界之中，就加入大化的洪流之中，从而伸展其性灵，绵延其精神。

第二，由"逝"说中国哲学、美学中的周流思想。

逝者周流，亦与之同流，逝者无尽，亦与之无尽。中国古代哲学和美学将这种"逝"的心灵运动称为"委蛇"（《庄子·庚桑楚》："与物委蛇，而同其波。"）、"绸缪"（《庄子·则阳》："圣人达绸缪，周尽一体也。"）、宛转、徘徊（《文心雕龙·物色》："既随物以宛转，亦与心而徘徊。")、"盘桓"(《画山水序》:"目所绸缪,身所盘桓。")、"跌荡"(黄庭坚:"跌荡于风烟无人之野。")、"沉浮"(《二十四诗品》:"是有真宰,与之沉浮。")、"缠绻"、"容与"(郭频伽《词品》:"跌荡容与,以观其罅。"),等等。万物环转不息,循循不已,而人加入到它的节奏中去,使精神四达而并流,极天际地,悠悠空尘,尽入我心。这是一种典型的中国式的哲学和美学精神。

用《黄帝内经》的话说,就是"与万物浮沉于生长之门",让自己的生理生命、心理生命都与世界共浮沉。万物为一"生长之门",有节奏化的运行,故人必契合天地之节奏,才能有真正的生命愉悦感。在气化世界中浮沉,才能使生理生命调顺。《黄帝内经》注意人的情绪和时间变化之间的感应关系,《素问·四气调神大论》说:春三月,"使志生";夏三月,"使志无怒,使华英成秀,使气得泄";秋三月,"无外其志,使气清";冬三月,"使志若伏若匿"。人的生理和四季同跳着一个脉搏。其实,《文心雕龙·物色》中所说的"是以献岁发春,悦豫之情畅;滔滔孟夏,郁陶之心凝。天高气清,阴沉之志远;霰雪无垠,矜肃之虑深"云云,就是强调人的生理、心理与世界节奏共浮沉的特点。

中国诗人喜欢使用的"俯仰"一词,具有丰富的哲理含义。庄子曾云:"其疾俯仰之间,而再抚四海之外。"《易传》谓:"仰则观象于天,俯则观法于地",于是《易》之八卦得以产生。《说文解字·序》又把它作为汉字的创造方法。在这里,"俯仰"不是观上看下的简单观察方式,而是用心灵编织天地的网,反映的是一种远逝的精神气质。魏晋南北朝时将其发展成为一种宇宙人生态度和审美观照方式。[17]

俯仰强调的不是外在的观照,而是内在的精神游动;不是对外物的认识,而是安顿生命。俯仰所反映的是一种宇宙精神和生命情调。在俯仰之间,让精神腾挪开去,运天地,抚四海。[18]心通六气,智运九周,使宇宙同区,万物并一。

《周易》中的"时位"思想,也反映了与宇宙同流的思想。《系辞下传》:"易之为书也,不可远;为道也,屡迁。变动不居,周流

〈明〉陆治
松窗见易图
变动不居，周流六虚，
上下无常，易之道也。

六虚，上下无常。"易有时位之说，每卦的六爻都处于特定的时空之中，六爻之间相互关联、彼摄互荡。宇宙就是流动的实体，把握这样的周流精神，就把握了宇宙的实体。[19]

《二十四诗品》展现了这一常而不断的生命之流的特点。该书以"雄浑"、"冲淡"冠其首，以"流动"作为二十四品之结末，进而收摄全篇。这明显有模仿《周易》的痕迹。《二十四诗品》的最后一品为"流动"，其辞云："若纳水輨，如转丸珠。夫岂可道，假体如愚。荒荒坤轴，悠悠天枢。载要其端，载同其符。超超神明，返返冥无。来往千载，是之谓乎。"《周易》以乾、坤两卦开始，以既济、未济为终。何名"未济"，《说卦》云："物不可穷也，故受之以未济终焉。"旁通互动、回环往复是《周易》的根本思想之一，在一卦中六爻上下循环往复，所谓"周流六虚"，在六十四卦中，也彼摄互容、相因相生，构成一种内在的"周流"。"原始要终"，就在"周流"中。大道周流，诗道沿时，宇宙万有都在这生生不息、往复回环的运动之中，圆以神而方以智，圆而转是天的精神，是大道的精髓。诗人要同乎大道，就要把握这宇宙运转之轴，这样才能来往千载，生命长存。

第三，由"反"来说中国哲学、美学的回环往复的生命思想。

中国哲学的流动观是一种往复回环的运动，谈超越，要推而远，又要返而近。这也就是老子所说的"反"。为什么说是反呢？万物负阴而抱阳，充气以为和。阴阳相摩相荡，展现的是一个生命流动的世界。熊十力将此称为翕辟成变，一开一合之谓道。推挽，舒卷，这是一种张力形式，玩味它，吟咏它，在回环中变，在回环中新，在回环中蕴涵无边的力量，在回环中得到生命的启发。中国人一方面有玄远的思虑，一方面有切实的关怀。通过合于宇宙节奏而关怀，在宇宙的节奏中关怀。与宇宙同在不但是一种生命提升超越的活动，是远；又是切实的安顿行为，回到自身，回到生命深层，从外在的表象切入，在生命的深层与大化同流，是反。

远和反的关系，就是在远的基础上充分地展开生命，使内心的体验自如而优游，生活在狭小的空间中，也不觉得壅塞；处于最困难的时候，也不觉得绝望；上下与天地同流，放大了我们的心灵空

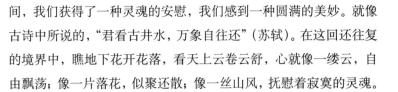

间，我们获得了一种灵魂的安慰，我们感到一种圆满的美妙。就像古诗中所说的，"君看古井水，万象自往还"（苏轼）。在这回还往复的境界中，瞧地下花开花落，看天上云卷云舒，心就像一缕云，自由飘荡；像一片落花，似聚还散；像一丝山风，抚慰着寂寞的灵魂。

注　释

1　孟子解读孔子"逝者如斯"含义，有"原泉混混，不舍昼夜，盈科而后进，放乎四海"的感叹，在他看来，不停地创造，"盈科而后进"，方能合于孔门的水德。张华《励志诗》："逝者如斯，曾无日夜。嗟尔庶士，胡宁自舍。"

2　如苏轼解读"逝者如斯"说："逝者如斯，而未尝往也；盈虚者如彼，而卒莫消长也。盖将自其变者而观之，则天地曾不能以一瞬；自其不变者而观之，则物与我皆无尽也。而又何羡乎？且夫天地之间，物各有主。苟非吾之所有，虽一毫而莫取；惟江上之清风，与山间之明月；耳得之而为声，目遇之而成色。取之无禁，用之不竭。是造物者之无尽藏也，而吾与子之所共适。"（《前赤壁赋》）

3　南朝陈姚最说："学穷性表，心师造化。"唐张彦远说："因知丹青之妙，有合造化之功。"他在评吴道子时说："守其神，专其一，合造化之功。"他甚至认为，"体象天地，功侔造化"才是绘画创作的唯一途径。唐张文通说："外师造化，中得心源。"孙过庭在《书谱》中说："同自然之妙有。"他强调要"取会风骚之意"，"本乎天地之心"。书法家李阳冰也说书法要"功侔造化"。传王维在《画山水诀》中说，水墨画"肇自然之性，成造化之功"。北宋张怀在《山水纯全集后序》中说："蕴古今之妙，而宇宙在乎手，顺造化之源，而万化生乎心。"明王履在其著名的《华山图序》中说："吾师心，心师目，目师华山。"明董其昌将造化作为不二之师，他说："画家当以古人为师，尤当以天地为师。故有天闲万马皆吾粉本之论。""画家以天地为师，其次以山川为师，其次以古人为师。"他的朋友袁宏道也说："师森罗万象，不师古人。"清石涛说："黄山是我师，我是黄山友。"清邹一桂在《小山画谱》中说："夺天地之工，泄造化之秘。"如此等等。

4　前人有诗云："洪钧陶万类，大块禀群生"（晋张华诗）；"大钧无私力，万物自森著"（陶潜）。贾谊《鵩鸟赋》说："大钧播物。"

5　原文为："夫藏舟于壑，藏山于泽，谓之固矣。然而夜半有力者负之而走，昧者不知也。"

6　《朱子语类》卷七十四。

7　《河南程氏遗书》卷十一，明道语一。

8　明艺术家徐渭有《涉江赋》，高扬"自我"精神，颇能体现突破小我、臻于大道之传统哲学精神："无形为虚，至微为尘，尘有邻虚，尘虚相邻。天地视人，如人视蚁，蚁视微尘，如蚁与人。尘与邻虚，亦人蚁形，小以及小，互为等伦。则所称蚁，又为甚大。小大如斯，胡有定界？物体纷立，伯仲无怪。目观空华，起灭天外。爰有一物，无挂无碍，在小匪细，在大匪泥，来不知始，往不知驰，得之者成，失之者败，得亦无携，失亦不脱，在方寸间，周天地所。勿谓觉灵，是为真我。觉有变迁，其体安处？体无不含，觉亦从出。觉固不离，觉亦不即。立万物基，收古今域。"（《徐文长集》卷一）这个"一物"，就是心灵中的一点合于造化的真精神，一种从自我的"小"中走出的活灵魂。

9 《长尾吟》，《伊川击壤集》卷一。

10 《河南程氏遗书》卷一，伊川语一。

11 《新唯识论》（语体文本）卷中，中华书局，1985 年。

12 《中国哲学中自然宇宙观之特质》，8 页，台北：学生书局，1988 年。

13 如《黄帝内经》以阴阳二气为探病之根本，以四时的变化作为诊断和治疗的主要依据。

14 高平子《中国历法约说》，引自董作宾《殷历谱》上编，卷一，7 页，北京：中国书店本。

15 方东美《生生之德》，283 页，台北：黎明文化事业公司，1987 年。

16 见二人所著《道不远人》，19 页，学苑出版社，2004 年。

17 嵇康有诗曰："目送归鸿，手挥五弦，俯仰自如，游心太玄。"魏晋俯仰之说带来了重视性灵远游的美学风气，俯仰是人生超迈境界的显现，从容人生，逍遥周流。孙绰《游天台山赋》云："系所以驰神运思，昼咏宵兴，俯仰之间，若已再升者。"《世说新语·言语》刘注引邓粲《晋纪》云："（周）伯仁仪容弘伟，善于俯仰应答，精神足以隐映数人。"均以"俯仰"为一种精神境界。

18 这方面的例子很多，如："仰观大造，俯览时物。"（孙绰《答许询诗》）"仰寥廓而无见，俯寂寞而无声。"（陆机《大暮赋》）"仰凌眄于天庭，俯旁观乎万类，……于是忽焉俯仰，天地既闷，宇宙同区，万物为一，原千变之常钧兮，齐亿载于今日。"（陆云《登台赋》）"峥嵘激清崖，蒙笼阴岩岫。咀嚼延六气，俯仰以九周。"（庾阐《诗》）"仰观宇宙之大，俯察品类之盛，所以游目骋怀，足以极视听之娱，信可乐也。"（王羲之《兰亭集序》）

19 如需，乾下坎上，卦辞："需：有孚，光亨，贞吉。利涉大川。"象曰："需，须也，险在前也。刚健而不陷，其义不困穷矣。需，有孚，光亨，贞吉。位乎天位，以正中也。利涉大川，往有功也。"（坎为险，乾为健，为张力，遇险则刚）象曰："云上于天，需；君子以饮食宴乐。"（这是求雨之象）六爻："初九：需于郊。利用恒，无咎。九二：需于沙。小有言，终吉。九三：需于泥，致寇至。六四：需于血，出自穴。（此爻是得正而脱，上卦之下，犹如穴）九五：需于酒食，贞吉。上六：入于穴，有不速之客三人来，敬之终吉。"此卦有等待、需要、严阵以待、藏德待用数义，在"时位"中变化。

骚人遗韵

　　谈到楚辞[1]，胡适曾说："我们须要认明白，屈原的传说不推翻，则楚辞只是一部忠臣教科书，但不是文学。"他要打破一切村学究的旧注，从楚辞本身寻出文学的兴味。其实，楚辞的价值不止于文学性。楚辞以天问式的叩问，深究宇宙人生之理；以浪漫的吟咏，袒露哀怨感伤的隐微；以自依彭咸之选择，注释着人的精神境界的力量；以虽九死其犹未悔的信心，体现出人的意志的强度。楚辞中包含的宇宙人生感和独特的精神气质，对中国人的人格心灵境界产生了深远影响。[2]

楚辞本身并不是美学著作，但却是研究中国美学和艺术不应忽视的角度[3]。一是楚辞本身就具有对美的问题的思考，如其"内美"说；二是楚辞中潜藏的美学气质所引发的关于美学和人生的思考。当儒家理性主义风行之时，楚辞所带有的超迈、烂漫、自由的情调，为中国人的审美生活注入了新质。《诗经》和楚辞，一南一北，构成了影响战国以来中国人审美生活的两大因素。如果说北风是庙堂的、民俗的，南骚则可以说是自我的、艺术的。楚辞与《庄子》有很相近的精神气质，古往今来很多学者喜欢将庄骚并列，庄骚是南方审美精神的卓越代表。三是楚辞本身的体式也具有很高的审美价值，其惊采绝艳的语言形式，回环往复的咏叹风调，缠绵悱恻的情感节奏，要妙宜修的风格体式，体现出独特的审美风范，影响了后代中国人的美的创造。综此三者，可以说，骚人遗韵，开辟了中国人审美生活的新境界。我这一讲侧重从气质方面，谈楚辞与中国美学艺术的深层勾连。

若说到楚辞的精神气质，"自怜"二字最可当之。前人说："楚辞一言以蔽之，曰'惆怅兮自怜'。"[4]楚辞的"自怜"，一是自怨，哀怨叹惋，惆怅盘旋，楚楚可怜，一种绝望的心灵摩挲，体现了往复回环的格调。二是自爱，自我珍摄，对灵性的自我护持，有强烈的唯美情调。三是自慰，时不我济，天不我助，唯自己起一种信心，予生命以嘉赏。慰藉，不是躬自安慰，而是寻求解脱，不随波逐流的自我勉励和高飞远翥的情性超越，构成了楚辞独特的解脱之道，从而形成了一种独特的超越哲学。自怜而感伤，感伤不是怨怨艾艾，而是自爱，现实予自爱者以强烈的抗力，那就伸展为性灵的远游。三者一体相联。"自怜"是楚辞精神气质的一条隐在的线，容我沿此一线而从容说之。

一、感伤

楚辞的美是一唱三叹的美，往复回环的美，迷离恍惚的美。楚辞的格调是忧郁的，《离骚》者，犹离忧也。"骚人墨客"的"骚"，就有多愁善感的意思，是一种惆怅自怜。唐代史学家令狐德棻说楚辞"宏才艳发，有恻隐之美"，这是很有见地的。司马迁说："虽放流，睠顾楚国，系心怀王，不忘欲返。……一篇之中三致志焉。"[5]也道出楚辞往复回环的美。

楚辞具有浓厚的感伤色彩。感伤的格调，敏感的情怀，多思的心胸，使楚辞如海洋般倾泻着诗人对宇宙人生的热情、焦虑和绝望。李白诗云："正声出微茫，哀怨起骚人。"说的就是这个意思。王阮亭《虞美人》词云："回环锦字写离愁。恰似潇波，不断入湘流。"潇湘，乃楚辞诞生之地，古人多以潇湘暗指楚辞精神。阮亭以哀怨和愁情来说楚辞，颇中要害。楚辞是一首如怨如诉的羌曲。刘禹锡《潇湘神词》云："斑竹枝，斑竹枝，泪痕点点寄相思。楚客欲听瑶瑟怨，潇湘深夜月明时。"楚辞如夜晚的潇湘水，幽咽地流淌着。前人有所谓"画屏飞去潇湘雨，一床夜月吹羌笛"的诗，正含此意。

明人蒋之翘曾说："予读楚辞，观其悲壮处，似高渐离击筑，荆卿和歌于市，相乐也。已而相泣，旁若无人者。凄婉处，似穷旅相思，当西风夜雨之际，哀蛩叫湿，残灯照愁。幽奇处，似人山径无人，但闻猩啼蛇啸，木魅山鬼习人语来向人拜……"

这里以荆轲刺秦事比楚辞，很有思致。荆轲在燕国时与一个杀狗屠夫、一个击筑的音乐人（高渐离）相善。荆轲好酒，三人常痛饮于市，喝到高兴处，高渐离击筑，荆轲相和而歌，疯狂于闹市，旁若无人。荆轲受燕太子丹之请，去刺秦王。荆轲出行，燕国为其准备了特别的送别仪式。那是一个清晨，秋冬之际的易水之滨，寒风凛冽、白露萧萧，送别的人都穿着白色的衣服，作生离之死别。易水荡漾，冷气逼人，众人捧起血酒，行悲壮之钱别礼。在寂静之中，如怨如诉的音乐划然而起，那是高渐离的击筑声。闻此声，骏马忽然扬蹄嘶鸣。荆轲掷下酒碗，乘着酒气，拔剑起舞，一首绝妙的歌

◉傅抱石
　山鬼图
　一个寂寞的
　芳菲世界。

从他的胸腔传出："风萧萧兮易水寒，壮士一去兮不复还！"众人
也和着这乐声，幽咽地低吟。这深沉的声音在易水上回荡起来，众
人的清泪融入了易水之中，化为轻烟在冷风中氤氲。歌罢，荆轲
纵身上马，头也不顾，消失在萧瑟的寒风中。

　　楚辞传达的就是这样的凄婉之曲。骚人情深，幽咽情愫，蔚
成中国艺术凄婉地回旋之意。清初画家萧云从有《离骚经图》，其
上画家有跋语道："秋风秋雨，万木凋摇，每闻要妙之音，不觉涕
泗之横集。"可谓独对骚人，情之深切！[6]

　　王夫之说，《九歌》妙在"婉娈缠绵"、"低回沉郁"、"悱恻内
储，含悲音于不觉耳"。"含悲音于不觉耳"，准确地概括了楚辞的
悲剧特点。楚辞的悲，不是西方传统意义上的悲剧，它是一种淡
淡的忧愁，似淡若浓，似有若无，绵长幽咽。就像游子于途中，当
秋风萧瑟之夜，冷雨凄迷，苍林呼号，凄婉之意如影影绰绰的光
影，别有一种缠绵悱恻的意韵。它不是昵昵儿女之语，也不都是
慷慨悲凉之声，而是如怨如诉的衷曲。如《九歌·湘夫人》开章

云:"帝子降兮北渚,目眇眇兮愁予。袅袅兮秋风,洞庭波兮木叶下。"秋风萧瑟,洞庭波起,在浩淼的天际,糅进理想的影像,在迷离的影像中,置入淡淡的哀愁。

谭嗣同《画兰》诗云:"雁声吹梦下江皋,楚竹湘舲起暮诗。帝子不来山鬼哭,一天风雨写《离骚》。""一天风雨写《离骚》",真可概括楚辞的凄美特点。楚辞中所散发的悠悠愁怨,如洞庭的烟波、潇湘的夜雨。不是也无风雨也无愁,而是漫天风雨写《离骚》。

第一,杜鹃啼血。屈骚的传统,包含着一种永恒的期待精神,一种杜鹃啼血式的期待,虽不能实现,却在心中永远地呼唤,虽九死其犹未悔地等待。就像李商隐《锦瑟》诗所说的"望帝春心托杜鹃"。相传蜀帝杜宇,号望帝,死后其魂化为杜鹃。望帝,就是希望之神,杜鹃啼血,是一种永不止息的希望和期待。有希望才会去等待,在等待中永不泯灭地期望。

元人范德机评李白《远别离》:"此篇最有楚人风,所贵乎楚言者,断如复断,乱如复乱,而辞义反复行乎其间者,实未尝断而乱也。使人一唱三叹,而有遗音。"一唱三叹,似断非断,断而又连,乱又非乱,未尝断,未尝乱,其实正是楚辞之遗音。

前人说,楚辞多乱,多复。楚辞有独特的情感节奏和诗歌韵律,往复回环,复中有乱,乱中有断。每一顾三回首,每一语必以三语复之。"瞻之在前,忽焉在后",构成了楚辞曲折回环的特有体式。楚辞中有一诗名为"悲回风",就是一个很好的象征。清人刘熙载说:"屈子之缠绵,枚叔、长卿之巨丽,渊明之高逸,宇宙间赋,归趣总不外此三种。"以"缠绵"概括楚辞,道出了楚辞乱而复的特点。中国艺术中有一种独特的眷顾意识,就与楚辞有密切的关系。王夫之曾说:诗要给人"一意回旋往复"的感觉,楚辞有之。

楚辞这样的精神感染了无数的中国艺术家。如石涛,他简直就是两千年后的屈原,读石涛,如阅屈原心迹。石涛是广西全州人,此地位于潇水和湘江的交界处,故石涛号清湘老人、湘源谷口人。他的朋友洪去芜说:"清湘道人出自潇湘,故所见皆是楚辞。其画随笔所到,无不可从《九歌》、《山鬼》中想见之。"石涛故世后,画家闵华在《过石涛上人故居》诗中说："泽兰丛与潇湘竹，迅扫霜毫忆楚词。"[7]他们都注意到石涛与楚辞的联系。石涛自己也曾引苏轼之诗题画："丹青写春色，欲补《离骚》传。"石涛由潇湘来，他的一生都带有这潇湘精神。他的艺术也带有这浓厚的潇湘遗韵、楚人风神。屈骚传统中所包含的杜鹃啼血式的期待，置入了石涛的禅心艺绪中去。

石涛到底要期待什么？他期待的是他的故国，那个逝去的"大本"[8]。他期待的是他的故乡，自离开故乡之后，他再没有踏上故乡的路，但心中几乎一刻也没有停止对故乡的呼唤。故国、故乡，都具有有形的空间，更重要的是，石涛期待归返自己生命的"故园"——那种自由的、纯净的、自性的清明世界，这是他理想中的净界。石涛诗、画中所表现出的故国、故乡之思，往往和生命的故园意识混合在一起，或者可以说，他以对故乡、故国有形世界的期待，来表现理想中心灵净界的追求。他心中永不泯灭的是做一个清湘人。那里是他的"大本"——空间的本原和性灵的原初。石涛在自己的艺术世界中如杜鹃啼血，不停地啼叫。石涛终生画友姜实节在评石涛《写兰册》时说："湘江万里无归路，应向春风泣鹧鸪。"[9]虽然难归，但心灵深处却在不停地啼鸣。这正是楚辞的精神。

石涛以艺术之心，回味那曾经有过的一切繁华，一切都不可挽回地逝去，一切的影像都在心灵的西风下萧瑟飘零。石涛喜欢玩味这时间的美感。石涛的画如同留住过去影像的相册，他不时地一帧一帧打开，重温过去的时光，感受时间流动背后的失望、凋落，也在享受过去的斑斑陈迹所带给他的荣光。这包括对故国的眷顾（如谒明孝陵），但更多的是对人生的深省，他是在回溯中品味人生的美感。每一顾而三回首，构成了石涛独特的艺术魅力。这也是楚辞的精魂。

石涛的诗作中充满了不可实现的叹惋，明知不可，还要奋力地回旋，将绝望当希望观，在吟玩绝望中自怜。正像他的朋友张少文在题其画时所说的："寒夜灯昏酒盏空，关心偶见画图中。可怜大地鱼虾尽，犹有渔竿老钓翁。"世界中已经没有了鱼虾，可钓翁还是独自垂竿。屈原将无可实现的理想化作天国的俯瞰，石涛将不可复原的家国影像糅进了他的诗画。郑板桥说石涛的画"墨点无多泪自多"，并非说石涛心心念念于他的旧国，要做一个旧国的臣子，其实说的就是这深层的回顾意识。

不能实现的，在想象中描画它；破灭的，在心灵中复原它；逝去的，就在记忆中追逐它；宇宙永远没有回答，那就化作风，化作云，化作晨曦，化作晚霞，那就是我需要的回答。石涛绘画的意象就是这样，无可奈何的美感，迷离的美感。"可怜大地鱼虾尽，犹有渔竿老钓翁"，石涛的艺术可以说念念在楚风，处处出湘韵。石涛一生喜作墨荷，其墨荷堪称石涛风格，黑入太阴，玄奥无比。他题墨荷画云："不见峰头十丈红，别与芳思写江风。翠翘金钿明莺镜，疑是湘妃出水中。"小荷凌波而出，沐浴江风暮霭，如同湘妃从水中跃然而出。他的荷花画的是《九歌》中《湘夫人》的境界。他有《题松竹梅》云："铁爪攫云起蛰龙，翠葆忽降海山峰。玉箫欲歇湘江冷，素子离离月下逢。"前二句写松，第三句颂竹，第四句写梅。玉箫欲歇湘江冷，那是怎样的凄楚可怜；而素子离离月下逢，缟衣素裳，仙袂飘飘，真是梅魂欲断。斑竹一枝千滴泪，月下梅魂多凄清。石涛就是以这梅魂竹韵，来表达胸中凄楚可怜的情致。

第二，无可奈何。唐代诗人贾岛诗云："寂寞在潇湘。"楚辞中有一种寂寞无可奈何的精神，充满了无可奈何的美。楚辞中所展现的是一个芳菲世界，却是一个寂寞的芳菲世界。明王世贞说："《天问》一篇，杂举古今来不可解之事问之，若己之忠而见疑，亦天实为之，思而不得，转而为怨，怨而不得，转而为问，问君加他人不得，不容不问天也。此是屈大夫无可奈何处。"其实，不仅是《天问》，整个楚辞都笼罩着这样的色彩，寂寞的怀抱，幽咽的怨情，两分细腻，三分无奈，充盈于楚辞之中。诗人讴歌着，叩问着，坦陈着心扉，诉说着凄楚。楚辞的格调是凄迷萧瑟的，芦荻无花秋水长，淡云微雨是潇湘。这萧瑟的景致，是寂寞的天地，这寂寞的天地中有特殊的美感。前人有句云："蜀魄哭来春寂寞，梦魂吟后月朦胧。"这格调就是楚人之境。

在《庄子》中，有西施颦病处最美的说法，在屈赋，却有山鬼含睇的说法："若有人兮山之阿，被薜荔兮带女萝。既含睇兮又宜笑，子慕予兮善窈窕。乘赤豹兮从文狸，辛夷车兮结桂旗。被石兰兮带杜衡，折芳馨兮遗所思。"（《山鬼》）这真是微妙珑玲，不可方物，充满了迷离的美感。在一个不见天日的幽篁深处，一个悠然的神女，披着薜荔，身系女萝，衣裙上缀满石兰、杜衡等香物，坐着香车出现了，但这香气四溢的世界，却是一个寂寞世界，寂寞的思念、无可奈何的情怀充斥于这样的空间。这就是我所说的寂寞的芳菲世界。

楚辞为什么将这样的芳菲世界笼罩在寂寞的轻烟之中？这正是楚辞的高妙之处，它的要妙宜修之处。无可奈何可以说是传统中国艺术的常境，它有一种特殊的美感。

无可奈何无法排遣，是一种性灵的执著，不思量，自难忘，在心头，挥之不去。自慰自解，强以自慰，足堪可怜。人被抛掷到一个命运无法逃避的境地，面临着命运无法逃避的危险：惜春，而春自离去；悲秋，而秋风正劲；泪眼问花，花儿不语；寄心高飞的征鸟，而鸟儿瞬间消失；时光如水，偏有脆弱的、敏感的心灵应对；命运难测，而每每忍受着命运的撩拨。断云残雨无意绪，寂寞在朝朝暮暮；归路不知在何处，浪迹在无边途中。正是"今日江城春已半，一身犹在，乱山深处，寂寞溪桥畔"。人生在世，何人没有寂寞。生命本身或许就是一个寂寞的等待。无可奈何之境，是一种性灵的怅惘，放不下，又提不起，求不成，又解不得。似悲非悲，似解非解。传刘禹锡作《石头诗》："山围故国周遭在，潮打空城寂寞回。淮水东边旧时月，夜深还过女墙来。"白居易读此后叹道："后人将无法再作。"此诗妙处即在寂寞。它将一个旧朝子民对故国的怀念之情，豁然袒露出来。月光撩拨着，潮水激越着，人无法自已。

楚辞的这种寂寞无可奈何之境，在美学上具有很高价值。中国艺术中的楚湘情调多与此有关。清人南田提倡寂寞无可奈何之境，就深得楚辞之风。南田在评董源《潇湘图》等时说："偶一披玩，忽如寄身荒崖邃谷，寂寞无人之境。树色离披，涧路盘折，景不盈尺，游目无穷。"他认为云林最得此境："云林通乎南宫，此真寂寞之境，再着一点便俗。"他说："寂寞无可奈何之境，最宜入想，亟宜着笔。"在寂寞无可奈何之处，他看到的是一种灵气，嗅到一种生命的香味，听到了绝妙的音乐。在这燕舞飞花、声情并集的世界中，他悟到了绘画艺术的最高境界。他说："秋夜烟光，山腰如带，幽篁古槎相间，溪流激波，又淡淡之，所谓伊人于此盘游，渺若云汉，虽欲不思，乌得不思。"淡淡的忧伤弥漫开来，这艺术境界，就是南田心中的"伊人"，那风姿绰约但又渺然难寻的理想境界。

第三，迷离恍惚。翁方刚评九章说"极尽迷离"，不知迷离正是楚骚本色，或谓之有镜花水月的美。清人张诗说："然盲之文，吾能知其葩，腐之文，吾能知其愤，庄之文，吾能知其幻，班之文，吾能知其密……若屈子，吾不知其翩飘乎从何而来，从何而往也。此必半天云霞，卷舒乎空濛有无之中，或浓或淡，或斜或整，或聚或散，倏忽变化，不可思议，不可摹捉。"这段评论极尽形容楚辞的迷离恍惚之美。

古诗有所谓"西风起边雁，一一向潇湘"。在这一片江湖，像斑竹一枝千滴泪的传说一样，无不透出迷离的神韵。董其昌曾说："画潇湘图，意在荒远灭没，……望之模糊郁葱，似入林有猿啼虎嗥者，乃称。"潇湘楚韵，原是在迷离中荡漾。"一片潇湘落笔端，骚人千古带愁看。不堪秋著枫林港，雨阔烟深夜钓寒。"迷离的江湖之思，从潇湘清景中传出。正是苍梧之野烟漠漠，潇湘无日不迷离。

迷离恍惚有一种独特的的美感。董其昌对"隔帘看花"之美颇为倾心；李日华谓"绘事必以微茫惨淡"为妙境；清恽南田云："山水要迷离"；布颜图云：作画要有"乱里苍茫"；戴熙云：画之境应是"阴阴沉沉若风雨杂遝而骤至，飘飘渺渺若云烟吞吐于太空"。迷离微茫能产生比清晰直露更好的美感。[11] 这不是简单的模糊不清，而是意绪的微茫难明，似有还无，若存若失。潇湘的情韵在荒远灭没，楚辞的高妙在迷离恍惚。

楚辞的杜鹃啼血、无可奈何以及迷离恍惚处，以其独有的感伤气质直刺中国艺术的奥府。中国艺术往复回环的回旋之美，打上了楚辞的深深烙印。

◍◍傅抱石
　　湘君
　　迷离的眼,恍惚
的韵,幽微的寂
寞, 茕独的空
间,那是一个美
丽的等待。

二、唯美

自怜是一种自珍，对自我性灵的珍摄。南朝裴子野说："若悱恻芳菲，则楚骚为之祖。"楚辞是中国艺术中的唯美派。楚辞是清香四溢的，又是缠绵悱恻的。楚辞的香中有冷，冷中孕香，可谓一剂冷香之丸。在中国这样一个长期的封建社会中，人存在的意义多到社会群体中去追寻，人的"私自之怜"不能说不被允许，至少是不获提倡。楚辞所体现出的这一精神，毋宁说是一种艺术的补偿。

楚辞《渔父》一篇，韵味悠长。屈原被放逐之后，游于江潭，行吟泽畔，颜色憔悴，形容枯槁。渔父见到他如此模样，非常惊讶，便问："你不是楚国的三闾大夫吗？怎么会弄成这个样子！"屈原说："举世皆浊我独清，众人皆醉我独醒，我被放逐了。"渔父说："在我看来，圣人应该不凝滞于物，与世推移。世人如果都浑浊不清，为什么不随其波而扬其流？众人都醉了，为什么你不也去大醉一场，何苦自己深思高举，弄到这步田地？"屈原说："这怎么行呢？古话说：新沐者必弹冠，新浴者必振衣；我的干净清洁的身心，怎么能忍心为这污浊弄脏？我宁愿葬身于鱼腹，也不愿意苟活！"渔父微微一笑，摇着桨走了，从船那边传来他的歌声："沧浪之水清兮，可以濯吾缨。沧浪之水浊兮，可以濯吾足。"

渔父和屈原都爱性灵的清洁，却选择不同的道路。屈原有洁癖，史书上说他"瘦细美髯，丰神朗秀，长九尺，好奇服，冠切云之冠，性洁，一日三濯缨"[12]。这是外在的。屈原还是个精神上的洁癖者。古语有所谓"振衣千仞岗，濯足万里流"，楚辞的精神气魄足可当之。屈原说："纷吾既有此内美兮，又重之以修能。""内美"是他毕生的追求，在蝇营狗苟的楚国，他没有选择随波逐流，没有像渔父那样超然世外，而选择的是用玉石俱焚的决心来护持自己的高洁理想。

他的诗满溢着这种洁净情怀。《离骚》云："制芰荷以为衣兮，集芙蓉以为裳"，"高余冠之岌岌兮，长余佩之陆离"。诗人是一位以香为生命滋养的人，他"朝饮木兰之坠露兮，夕餐秋菊之落英"，真像《庄子》中所描绘的"非梧桐不栖，非练实不食，非醴泉不饮"的大鹏，他用生命护持洁净的精神。在《九歌·湘夫人》中，诗人发挥想象，装点一个芬芳世界，迎接他的新娘。这芳香的世界就是他的理想。香是他的天国，他的乐土，他的众香界。他写道："沅有芷兮澧有兰，思公子兮未敢言。恍惚兮远望，观流水兮潺湲！"这是何等美妙的世界。明胡应麟甚至说："唐人绝句千万，不能出此范围。"芷、兰等香花异卉，成了楚辞的精神背景。

楚文化中就有香草美人的传统。在那个泽国的水上岸边，生长着无数的香花异卉，自古以来，采香草以赠美人，悬香花以避邪逆，储异卉以净身心，形成了丰富的楚地风俗。如长沙马王堆出土文物中，有一女子，身旁有薰炉，手上握有香囊，其中有茅香、桂、椒、辛夷、杜蘅、佩兰等香物。楚人对香物爱入骨髓。楚辞吮吸着这样的文化，将其变成一种精神的寄托，出落为一种自珍的精神。

唐李善说："楚国词人，御兰芬于绝代。"王国维说，楚辞的传统在"要妙宜修"。这样的评价很有见地。从美学观念的发展看，楚辞确立了内美和外美相融的美好世界，一个美人香草和美意灵心融合的传统。在这个意义上说，楚辞的"自怜"，就是"自爱"。庄子也追求性灵的独立高洁，但庄子并不强调内美与外美的统一。

清人赵翼有句云："地经三闾草亦香。"屈原曾官三闾大夫，屈原所走过的路，连草也散发出香味，真是不可思议，这是对楚辞洁净香魂的生动概括。

在中国，楚辞几乎成为美的化身。这是中国美学发展史上的重要现象。在美与丑的拔河中，在净染、污染两种力量的较量中，楚辞强化了中国文化中美和净的力量。楚辞对后代中国艺术的影响，首先是一种精神气质的影响。从美学上看，它不是启发后人喜欢香草美人，而是珍摄自己的精神。这也就是宗白华先生所说的中国文化的"美丽精神"。在《红楼梦》中，我们也可以看到它在楚辞的影响下，表现出的对洁净精神的珍爱。

李贺《咏竹》诗云："斫取青光写楚辞，腻香春粉黑离离。无情有恨何人见，露压烟笼千万枝。"他从楚辞中窥出了清洁精神。李商隐《木兰花》小诗云："洞庭波冷晓侵寒，日日征帆送远人。几度木兰舟上望，不知元是此花身。"驾着一叶小舟，日日在凄冷的洞庭湖上远行，去追求理想中的木兰花。然而自己所驾的就是木兰小舟，自己原来就在这木兰舟中。这首诗表达的就是楚辞中清香的精神境界，那种对真实生命的信心。

赵子昂在《洞庭东山图》上跋诗云："木兰为舟兮桂为楫，渺予怀兮风一叶。"他以楚辞的格调来作画，以楚辞的精神深化画意。为什么以木兰为舟，以桂花为楫，很显然，香木香花表达的是对性灵护持的态度。在中国很多艺术家那里，艺术创造，其实就是精心结撰起性灵的木兰舟。一如辛弃疾词云："千古离骚文物，芳至今，犹未歇。都休问，但千杯快饮，露荷翻叶。"

楚辞的精神，化为中国艺术的芳菲世界。楚辞吮吸着楚风中的爱香传统，楚辞的爱香传统又影响着中国艺术的香世界。"但千杯快饮，露荷翻叶"，艺术家何尝不是这样吮吸着楚辞的精魂！两晋时期士人的清逸追求，元代艺术家心目中的清清世界（在他们那里，"清"成为一个反映时代思想倾向的关键词），明末清初士人以楚辞的香意精心呵护着内在的灵蹊，都受到了楚辞香意的熏陶。

辛弃疾《蝶恋花》词云："九畹芳菲兰佩好，空谷无人，自怨娥眉巧。宝瑟泠泠千古调，朱丝弦断知音少。　冉冉年花吾自老，水满汀洲，何处寻芳草。唤起湘累歌未了，石龙舞罢松风晓。"宝瑟泠泠，芳草萋萋，真是一个很好的象征。它展示了这位乱世诗人的性灵追求。谭嗣同《洞庭夜泊》："帝子遗清泪，湘累赋远游。汀洲芳草歇，何处寄离忧。"芳草，是楚辞的精魂，他将忧愁寄在潇湘的芳草中。

楚辞的香草美人传统，对中国艺术的发展也产生潜在影响。如花鸟画作为独立画科是在中唐以后，两宋时已然与人物、山水鼎立而三。从花鸟画发展的整体情况看，大致可以分成两类，一是写实型的，如五代时黄家富贵之作；徽宗朝的写实花鸟等；一是寄托型的，就是通过花鸟寄托精神。在后一点上，楚辞的影响至为明显。

苏轼《春兰》题画诗云："春兰如美人，不采羞自献。时闻风露香，蓬艾深不见。丹青写真色，欲补离骚传。对之如灵均，冠佩不

敢燕。""丹青写真色，欲补离骚传"，可以说是中国艺术的一种传统。中国艺术家的花鸟情思，和追求高洁的情怀密不可分。元人张翥《楚兰》："鹈鴂声中花片飞，楚兰遗思独依依。春风先自悲芳草，惆怅王孙又不归。"他所申说的就是这种精神。

南宋赵孟坚是王室画家，擅画花鸟。他将自己的故国旧梦，融进了他颇为擅长的墨梅、兰、竹、石之中。他的画的主调就是楚辞的清净精神、唯美情怀。元邓文原《题赵子固墨兰》诗云："承平洒翰向丘园，芳佩累累寄墨痕。已有怀沙哀郢意，至今春草忆王孙。"元韩性《题赵子固墨兰》："镂琼为佩翠为裳，冷落游蜂试采香。烟雨馆寒春寂寂，不知清梦到沅湘。"他们的点题中，抓住了楚辞的精神，点出了子固梅兰等的清魂。

郑思肖也是南宋时期的一位花鸟画家，他的画寄托的也是故国情思。倪云林《秋风蕙兰》："秋风蕙兰化为茅，南国凄凉气已消。只有所南心不改，泪泉和墨写离骚。"以香意表现故国之思，传达了故国虽不在、精神却长存的清净气质。他画画，就是在写《离骚》。

扬州八怪多以花鸟称世，金农、郑板桥、李方膺、李鱓等都是画兰画梅的高手。楚辞的内美精神成为他们的共同追求。李方膺《兰友》诗云："平生交友数兰亲，潦倒风尘情更真。作客廿年寻旧梦，往来多在楚江滨。"李鱓《清影》诗云："清影相看墨数痕，是谁能返屈骚魂。此生若在山中住，勾引兰花长到门。"他们是以骚人风韵来作画，画的是心中的内美、自己的清净精神。他们的精神永远徘徊在楚江之滨。

三、远游

楚辞的"自怜"还深藏着一种超越情怀，在超越的境界中延伸生命、寄托理想。

宋人费衮说："痛饮读离骚，可称名士。"楚辞是狂放的、飘逸的。如果仅从哀惋的角度看楚辞是不够的，楚辞满溢着飞越的情怀。前人有云："上马横槊，下马作赋，自是英雄本色；熟读《离骚》，痛饮浊酒，果然名士风流。"说的就是楚辞的狂放精神。王逸《楚辞章句》说《远游》一篇"托配仙人，与俱游戏。周历天地，无所不到"，王国维评楚辞为"凿空之谈"，都触及到这一点。楚辞蕴涵着一种放旷高蹈的精神。

楚辞重"远游"，"远游"反映了一种独特的人生境界，一种穿透世界的方法。楚辞有大量关于神游远观的描写[13]。"神游远观"是屈赋的一大特点，屈原要摆脱"竞进贪婪"的浊世而荒天求女，不畏漫漫之长路，执著地作精神的远足。"驷玉虬以乘鹥兮，溘埃风余上征"，楚辞中多有这种跃跃于飞的格调。楚辞有云："将往观乎四荒"，"远逝以自疏"，"荒忽兮远望"……通过远游，给寂寞的灵府以从容舒展的空间，在纵肆烂漫中抚慰痛苦之心灵。

明末清初画家陈洪绶有《痛饮读骚图》，绢本设色，立轴，现藏于上海博物馆，成于明代灭亡前夕。图画一人于案前读《离骚》，满目愤怒而无可奈何，右有花盆，中有梅竹，右手酒杯在握，似乎要将杯捏碎，左手持案，手有狠狠向下压的态势，分明是强忍着内

❀〈明〉陈洪绶
痛饮读骚图
痛饮浊酒,狂
对《离骚》,把
几案拍遍,玉
壶击碎,无人
会,此时意。

心的痛苦。两目横视，须髯尽竖，大有辛弃疾"把吴钩看了，栏杆拍遍，无人会，登临意"的气势。老莲的这幅画以痛饮读骚为意，抒发了沉郁顿挫的情怀。此图本为康熙年间的孔尚任所珍藏，孔尚任是《桃花扇》的作者，画上有孔尚任四跋，从跋中看，此画几乎伴随着他的整个人生。他在跋中说，自己常常"兀坐空堂"，郁郁对图，不禁怅然。画中所体现的孤往而慷慨的气象，给了他极大的安慰。

屈赋中的远游是一种心灵的"流观"，不滞一点，不着一相，目光如霞云流动，远览近收，此尽彼现。或者是身置想象中，乘飞鸟、云车而遨游太虚，从远处投视大千世界。

南方的楚文化其实就有这种"游观"意识。如1973年5月长沙东南子弹库楚墓出土的帛画《御龙人物帛画》，画面中央为一男子，着冠，有须，身穿袍服，腰佩长剑，手执缰绳，其脚下有一巨龙，正被缰绳牵引，巨龙呈飘飞状态，龙头高昂，龙身平伏，龙尾翘起，上方为一舆盖，人被置于"龙车"中，三条飘带迎风摆拂，和人物衣裙飘动方向一致，体现出龙车运动的特征。画面表现的是乘龙使灵魂升天的内容。此图与楚文化的"游观"精神颇相合。屈原所说的"驾八龙之婉婉兮，载云旗之委蛇"，我们通过此图获得了直观的印证。此图体现了"周流乎天"的精神，反映了楚人突破身观、向往无限的理想。

楚辞的这一超越意识，在先秦作品中，只有《庄子》可与之媲美。明陈继儒说："骚比于阴，故孤沉而深往，庄比于阳，故奔放而飘飞。"刘师培在《南北文学不同论》中说：楚辞"叙事记游，遗尘超物，荒唐谲怪，复与庄列同"。遗尘超物，奔放飘飞，这是庄屈最重要的共同点。"其思甚幻，其文甚丽"，可用来评庄，也可用来论屈。

楚辞的这一超越精神，受到道家哲学的影响。这在《远游》中表现至为明显。此篇之要旨则在"览方外之超忽"。诗中写道："道可受兮，不可传；其小无内兮，其大无垠；毋滑而魂兮，彼将自然；壹气孔神兮，于中夜存；虚以待之兮，无为之先；庶类以成兮，此德之门。"这段话几乎全是道家的口吻。悟道是由内在心性发出,必须虚以待物,顺乎自然,使内德充盈。在道的宇宙中,至大无外,至小无内,齐同万物,上下与天地同体。远游,就是性灵贴近自然的心路旅程。

远游的历程,意味着性灵的解放。与《庄子》一样,屈赋同样将性灵的自适作为根本的追求。如《离骚》中所说的"折若木以拂日兮,聊逍遥以相羊","和调度以自娱兮,聊浮游而求女。及余饰之方壮兮,周流观乎上下"。不过这样的逍遥,不像《庄子》那样超迈,带有"孤沉而独往"的意味。

我想就以这"孤沉而独往"为切入点,来谈谈楚辞和庄子乃至儒家的不同超越精神。

中国哲学是生命哲学,强调内在的超越。儒道两家有不同的超越途径,儒家是君子之道费而隐,造端夫妇,至于天地,这是一种不脱人伦日用之超越。道家追求逍遥无待的境界,方东美先生说,这是一种类似"太空人"式的超越。而楚辞提供了一条独特的超越道路,我将其称为"悬在半空"式的超越。

什么叫"悬在半空"式的超越呢?《思美人》说:"登高吾不说(悦)兮,入下吾不能。"九天求女,上而不可,下也不能,在飞旋和现实之间流连。挣脱现实,又不离现实;志在飞旋,又不在飞旋本身。

张世英曾借康德语,将超越比喻为一种鸽子,他说:"真正哲人的鸽子应该既不安于作洞穴中的爬虫,也不要为真正的自由而诱惑,哲人们还是作一个现实的鸽子吧,在天和地之间乘着气流飞翔。"[14]号称为"登高而赋"的楚辞,却是一只苦难的鸽子。这只鸽子的魅力在于,它不是以挣脱现实苦难作绝尘之飞为特点,而是在飞翔中眷顾,在眷顾中又落到生命的枯枝上。《远游》云:"经营四荒兮,周流六漠;上至列缺兮,降望大壑。下峥嵘而无地兮,上寥廓而无天。视倏忽而无见兮,听惝恍而无闻。超无为以至清兮,与泰初而为邻。""下峥嵘而无地兮,上寥廓而无天",他被悬在了半空,理想无法安慰现实,宗教的超越、哲学的超越都不能解脱他的现实之苦,他是

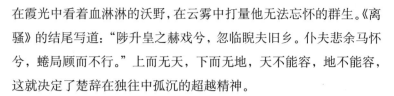

在霞光中看着血淋淋的沃野，在云雾中打量他无法忘怀的群生。《离骚》的结尾写道："陟升皇之赫戏兮，忽临睨夫旧乡。仆夫悲余马怀兮，蜷局顾而不行。"上而无天，下而无地，天不能容，地不能容，这就决定了楚辞在独往中孤沉的超越精神。

梁启超说："屈原脑中，含有两种矛盾元素，一种是极高寒的理想，一种是极热烈的感情。"这说法很好。壮志烟高的楚辞就是以这两种元质为基础展示其艺术魅力的。屈赋的感情热烈，如火山般迸发。而屈赋的理想又是高远、冷峻的，梁启超所谓"高寒"即就此而言。梁启超说："若屈子一面既以其极莹彻之理性，感天地之无穷；一面又以其极热烈之感情，念民生之长勤，而于两者之间不得所以调和自处，故在苦闷中乃不可状，屈子固饫闻老氏之教者，常欲向此中求自解放。"楚辞带有强烈的自我解放意识，一方面诗人如困兽在笼中嘶鸣，一方面又如云雀在高天轻飞。二者是联系在一起的。楚辞的超越与飞舞情怀是由冷酷的现实这一引擎启动的。汉人说屈原之作"蝉蜕秽浊之中，浮游尘埃之外"，就是就这两方面而言的。一方面是极热烈的现实挣扎，一方面是极高寒的理想期待。"上下而求索"，下，指现实人生，上，天地宇宙。正因此楚辞才显示出独特的审美追求。所以说，楚辞之美不仅有一种哀怨凄丽的美，还有一种奇幻纵肆的格调。

楚辞中所描绘的现实世界是"雷填填兮雨冥冥"，"风飒飒兮木萧萧"，一片凄厉，风刀霜剑，雷电闪烁，众芳芜秽。诗人在现实的挣扎中，作性灵的飘飞。《山鬼》开始写道，一个巫山神女出现了，就在山的那边，身上披着薜荔，腰上束着女萝，含情脉脉地微笑着，等待着她的幽人。诗人写道："余处幽篁兮终不见天，路险难兮独后来。表独立兮山之上，云容容兮而在下。"这四句诗可以说是屈原精神状态的写照。诗人就处在一个路险绝而不见天日的现世，但他有独立不迁之意志。因而能不为世染，作性灵的远游，自我腾迁，如独立于高山之上，下有云霭漫漫，诗人荡着万顷波涛，感受意绪的天花自落。

《卜居》一篇，意在寻找生命的归处，诗人提出很多问题请占卜师詹尹为之占，其中有："宁昂昂若千里之驹乎？将氾氾若水中之凫乎，与波上下，偷以全吾躯乎？宁与骐骥亢轭乎？将随驽马之迹乎？宁与黄鹄比翼乎？将与鸡鹜争食乎？"虽然詹尹并未为之占，但问者的态度则是明确的，他要作一匹千里之马，纵横驰骋；作一只高飞的黄鹄，翻飞于高空。所谓"形穆穆以浸远兮，离人群而遁逸"（《远游》）。这是楚辞"登霞"的动力，飘飞的依据。

"登高吾不说（悦）兮，入下吾不能"，楚辞的超越包括希望的升腾和绝望的摩挲，它没有《庄子》的忘己、忘物、坐斋、坐忘式的心灵解脱，而是在寻求解脱、在无限的拓展中，掷入痛苦的深渊。这样的超越有慷慨悲凉的气氛，不胶滞，也不空茫。

楚辞的超越精神，对后代影响深远。司马相如的"大人先生"式的超越、郭璞式的游仙历程，都多少打上了楚辞的烙印。但我以为，楚辞这种带血的超越、"悬在半空"的超越却为中国人的审美生活带来了崭新的气象。像刘邦《大风歌》所云："大风起兮云飞扬，威加海内兮归故乡，安得猛士兮守四方。"既超迈阔远，又慷慨悲凉，很有骚人之风。我们在三曹的作品中看到了这样的境界。这种超越是带有风骨的超越，楚辞之所以被李白称为"大雅"，即与这独特的超越精神有关。

四、物哀

自怜是人生命的觉悟、自我警醒，由哀我，到哀人生，哀天地，哀万物，自怜中传达的不仅是现实之叹，更是宇宙之沉思。从哲学和艺术观念上看，楚辞对后代的重大启发之一，是关于时间的咏叹。此称为"物哀"意识。

日本江户时代的儒家学者室鸠巢（1658—1734）《骏台杂话》中有《离骚秘事》一节，他说读到屈原"往者余弗及，来者吾不闻"，深会屈子之心，不禁感慨系之，他觉得屈原这两句诗中含有深沉的宇宙悲歌，直接的人生咏叹。他所发现的就是楚辞关于时间的觉悟。

　　楚辞的感伤，是一种时间性的感伤。我觉得这个问题可以分为两个层次来看，一是在急速流转的时间中，诗人由美政理想无法实现所引起的悲剧性感受。这是屈赋的基调，屈赋中有关这方面的内容极为丰富。《离骚》中吟道："日月忽其不淹兮，春与秋其代序。惟草木之零落兮，恐美人之迟暮。"时光流淌，"恐年岁之不吾与"，故而化为性灵的上下求索，急速地行进。理想不可实现，时光则空蹉跎，进而悲从中来，像一匹疲惫的老马，最后踯躅在历史的时空中。但我觉得仅仅停留在这个层次是不够的，楚辞往复回环的咏叹调子并非都是为了现实政治而发，楚辞的时间性咏叹还有第二个层次，就是对人的存在命运的咏叹，在个人与宇宙的直接对峙上，显示人的生命张力和生命趣味。楚辞是一种现实的焦虑，更是一种存在的焦虑。而且以后者更根本、更隐在。

　　楚辞中充满了急促的时光流转的调子。细心体会屈赋，发现其中有强烈的压迫感，就是时间对人的压迫，时间的步步进逼和人对时间延长的渴望，构成强大的张力，形成屈赋独特的节奏。在楚辞中，以"朝……夕……"构成的句式多见[15]。这一句式，动态性很强，紧迫如鼓点阵阵。楚辞将人放到时光的急速流转中回旋，正像魏晋诗人在诗中反复使用的一个意象"转蓬"一样——在楚辞看来，人生就是这样的转蓬，西风摧折，恍惚幽渺，命运不可厘测，没有个安顿处，正是所谓欲问归鸿向何处，不知身世自悠悠。楚辞将人放到浩淼宇宙之中，与其直接照面，在时光的鞭打之下颤抖、痛楚，也在这样的力的作用下，与之沉浮，受其冲击，逆之而争进，顺之而飞旋。

　　楚辞中突出时光流转带来的恐怖感。时间的帷幕布下了弥天的网，让你无所逃脱。陶渊明有诗云："古人惜寸阴，念此使人惧。"人在时间面前的这个"惧"字，被楚辞渲染得非常浓重。"惟草木之零落兮，恐美人之迟暮"，这是怕美好的事物衰落的恐惧；"老冉冉其将至兮，恐修名之不立"，这是怕美名不立的恐怖；"恐鹈鴂之先鸣兮，使夫百草为之不芳"，这是在与时光的冲击中，怕丧失自己的恐怖；"岁忽忽而遒尽兮，恐余寿之弗将"，这是年岁不吾与的恐惧；

"欲容与以俟时兮，惧年岁之既晏"，这是怕打破人与宇宙和谐节奏的恐惧，等等。

人随着时间流转而茫然不觉，因这惊异，从时间之门中，探出头来，打量这陌生的世界，虽然是痛苦的，但却是由茫然走向醒觉的关键。时间触动着人深心的感悟，唤醒那些被厚厚事务沉埋的个性自我，勾起人最隐微的渴望。人是未来筵席中永远的缺席者，楚辞把玩着人存在的命运，在时间的维度上叩问人的存在价值。

《悲回风》写道："悲回风之摇蕙兮，心冤结而内伤。物有微而陨性兮，声有隐而先倡。"在诗人的心目中，世界就是一阵回旋的风，凄冷、盘旋、迷离，不可把握，才视处有，忽而则无，秋风起，萧瑟、肃杀，回风摇动着纤弱的芳草，呼啸着，摧折着大自然中的一切。昨日里韶华满眼，转眼间满目衰城。《悲回风》吟道："岁忽忽其若颓兮，时亦冉冉而将至。蘋蘅槁而节离兮，芳以歇而不比。""颓"、"槁"、"歇"等字眼，都在突出万芳芜秽的景象。岁月流逝，而人短暂的生命就要走到尽头，众芳摇落之中，突出了人生无常的感叹。"似这般都付与断墙颓垣，良辰美景奈何天，赏心乐事谁家院"——人在急速流动的时光面前如何展现自我的生命！在楚辞看来，人的存在命运，就是这样的悲回风。

楚辞之伤，伤的不是一己的利益，也不仅是一国利益，扩而广之，应是生命的张扬、宇宙的和谐，真可以说是为天地而悲怆。

明人汪瑗评《九章》中的《悲回风》说："此篇因秋夜愁不能寐，感回风之起，凋伤万物。""凋伤万物"这四个字可以说是对楚辞精神的概括。哀众芳之芜秽，是理解楚辞的一大关键。世界在与一种不可抗拒的力量回旋中，阳衰翠减，如同藏舟于壑，藏山于泽，有大力者将其负去，楚辞的精神也是这样，这里没有无往不复的从容和坦然，有的是绝望的意绪回旋。

楚辞将个人的命运、人类的命运、存在的命运放到时间中审视，从而探讨人生的价值。楚辞时间性咏叹极富意义的方面是，在过去、现在、未来的时间流中打量人生。一手拉着过去，一手拉着未来，来作现世的思索。其云"吾怨往昔之所冀兮，悼来者之狄狄"，"往者余弗及，来者吾不闻"，正是思往世，悼来者，知当下。"凋伤万物"，是为宇宙而痛惜，不是一种简单的爱人爱物的精神，而是生命的深沉思考。

屈原说："目极千里伤心"。而踵武其后的另一位骚体诗人宋玉，则是以悲秋而名世，"宋玉悲秋"，成为中国文化中感动无数人的母题。才华盖世而又敏感脆弱的诗人宋玉一曲《九辩》，不知感动了历史上多少文人，将他们由墨客变成了骚人——多愁善感的人。杜甫诗云："摇落深知宋玉悲。"[16]此之谓也。

在《诗经》中，由物起兴，自然世界并没有多少哀痛的色彩；而在楚辞中，自然万物每每成为触动人深层隐微的媒介，诗人笔下的万物带有浓厚的叹逝意味。由时光的流逝，而引起人生的关注、对生命不永的感叹，从而构成一种意度回旋的韵律。叹逝，其实就是抚慰生命。楚辞这种物哀精神，在中国艺术中化为深沉的时间性咏叹。

透过时间来思考人生，就像将人置于荒天迥地之中，上下一碧，四面阒寂无人，剥去了人身上附加的一切，人忽然感到强烈的孤独感。在中国诗人看来，这是最真实的感受，是人本来应有的处境，只是被外在文化罩上虚假外衣而茫然不觉罢了。陈子昂"前不见古人，后不见来者。念天地之悠悠，独怆然而涕下"这首著名的关于时间之思的诗歌中，就突出了这种孤独感。三曹的作品颇富楚风。曹丕《大墙上蒿行》云："阳春无不长成，草木群类随大风起，零落若何翩。中心独立一何茕。四时舍我去驱驰，今我隐约欲何为？人生居天壤间，忽如飞鸟栖枯枝。我今隐约欲何为？"这是一首涵义丰富的诗，诗中由时光流逝而思索人的存在，那是渺渺天地浩浩古今中一个孤独者的形象。由观物而兴叹，叹天地，叹人生、人的命运。

《古诗十九首》最得楚辞情调，它用繁弦急管哀呼人的生命的短促和脆弱，其中有云："奄忽如飚尘"[17]。"飚"用疾风形容人所占时间之短暂，"尘"形容人所占空间之微小，人只不过是无限绵延时空中的一点。这里充满一种"剥离"的思考，诗人把人从时空中剥离出来，人的肉体存在是空间中的自然位置，人在群体中存在，那是人的社会位置，人实际上就生活在由"位置"所构成的网络之中，生活在一个个场景情境之中，自然位置的阻隔和社会位置的束缚，使人很容易丧失真实的空间感。人的生命是注定要走向终极的快速展示过程，人往往沾滞于时间绵延的细节中，沾滞于过去的眷恋和当下的迟钝中，在一条由古今构成的充满了无数历史事件的洪流中泅渡，找不到自我生命的岸。楚辞这一存在之思，撞击着中国诗人的灵府。

游仙诗，是古诗中的重要类型，《昭明文选》列有"游仙之目"。游仙诗中除了少部分表达的是想成仙长生不老的臆想之外，大多表达的是关于时间的遐想、精神的游历。它的思维路径往往是：诗人感生年不永，伤世道屡迁，心中郁闷，不能解脱，于是想挣脱时空的束缚，生命既被拘限在牢笼里，那么就作一次精神的远足，聊以慰藉痛苦的心灵。或托意高门，遁迹神府，心同仙鹤，志托王乔；或超迈腾踔，逍遥相羊，心骛八极，神游万仞。用幻化的境界，表达心中的企慕。

游仙诗肇始于楚辞。《远游》乃游仙诗之祖。朱乾《乐府正义》云："屈子《远游》为游仙诗之祖。"近人黄节《曹子建诗注》云："游仙之作始自屈原。"王夫之在对此诗的解题中有一段非常精彩的诠说："幽静之中，思无所寄，因念天地之悠悠无涯，前有古人，后有来者，皆非我之所得见，寓形宇内，为时凡几，斯即生人之大哀矣。况素怀不展，与时乖违，神将去形，枯鱼唧索，亦奚以为，不如观化颐生，求世外之乐也。"[18]船山点出了世外之游原本来自时间之叹。

《远游》中写道："惟天地之无穷兮，哀人生之长勤。往者余弗及兮，来者吾不闻。意荒忽而流荡兮，心愁凄而增悲。"在楚辞的描绘中，人真是一个凄凉的动物，百年前没有我，百年后没有我。就是在这短暂的百年中，也充满了磨难和挫折，诗人吟道："超氛埃而淑尤兮，终不反其故都。免众患而不惧兮，世莫知其所为。恐天时之代序兮，耀灵晔而西征。微霜降而下沦兮，悼芳草之先零。"众芳

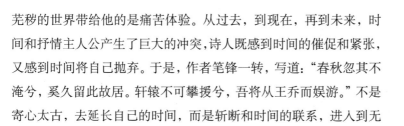

芜秽的世界带给他的是痛苦体验。从过去，到现在，再到未来，时间和抒情主人公产生了巨大的冲突，诗人既感到时间的催促和紧张，又感到时间将自己抛弃。于是，作者笔锋一转，写道："春秋忽其不淹兮，奚久留此故居。轩辕不可攀援兮，吾将从王乔而娱游。"不是寄心太古，去延长自己的时间，而是斩断和时间的联系，进入到无古无今无时无空的仙游世界。

屈子之后，汉末到六朝时期仿屈子远游之作很多，其中最得《游仙》精神气质的当推阮籍的《咏怀诗》。阮籍《咏怀诗》是一组关于时间的咏叹调。在这组诗中，诗人虽然用语隐晦，但是总不脱"感时兴思"的思维路径。诗人充满了忧愁，诗人之忧，有时代之忧，更有生命之忧。"感往悼来，怀古伤今；生年有命，时过虑深"，他咏叹道，生命是脆弱的，时间的车轮将碾碎一切美好的东西，一切人们所倾心的对象，都在时间的流转中发生了变化："朝为媚少年，夕暮成丑老"，容颜无可挽回的凋损；"视彼桃李花，谁能久荧荧"，落花流水带走了人们无尽的怅恨；"哀哉人命微，飘若风尘逝"，摧毁一个充满企望的美丽生命竟然是这样的容易……诗人瞪着双目惊异地打量瞬息万变的对象，充满了茫然和无奈："盛衰在须臾"，何其速也！"日月逝矣，惜尔繁华"，瞬间的美妙体验只能留在记忆当中。他多么想留住时间："壮年以时逝，朝露待太阳，愿揽羲和辔，白日不移动"。然而，想抓住时光飞逝的翅膀，只是徒然空想，因为诗人知道，"自非凌风树，憔悴乌有常"？生命就是这样脆弱，时光就是这样无情。时间就这样抛人而去，摧残着人的灵性。咏怀组诗侧重表现在时间面前人的理想，人的选择。时光无法躲避，那只有挣脱时光，超越时光，时光可以摧毁人的肉体生命，截断向远处延展的欲望，但却无法阻滞人的精神的延展。"游仙"——作精神的远足，就是作者的选择。郭璞继承屈子传统，以清新的游仙诗作享誉诗坛。而唐人借游仙发时间之思，最突出者当推李白和李贺。唐人中最得骚人精神亦当称李白与李贺，二人皆善发浪漫奇想，抽心中锦绣，白明快，贺深幽，白放逸，贺冷峻，白沉着痛快，贺诡谲奇蟠。二人的游仙诗都包含时间意识，白的时间之思仍归之于道家，所谓"世

〈明〉陈洪绶
拈香图
一点残红手自拈，
人自怜花人谁怜？

间行乐亦如此，古来万事东流水”，在梦游仙境之后，他得到了解脱。而贺像杜鹃啼血一样，仙游非但没有给他带来任何快乐，却使他走向绝望和破灭。

楚辞触动着中国艺术琴弦的最隐微之处，中国艺术的唯美传统、超越情怀、感伤气质以及对生命意义的追问、存在价值的追寻等，这些艺术世界的核心内涵，都与楚辞有密切的关系。楚辞的精彩绝艳，不仅在其外在形式上，更在精神上。中国艺术在骚人情韵的影响下，出落为一种独特的风韵，中国美学也在这样的精神影响之下，培植成一种独特的气质。

注 释

1 这里的楚辞（或名"楚词"），一指屈原所开辟的在战国后期流行的诗体，一指诗集之名。作为诗集之名，本为西汉刘向所校定，后为王逸选定，包括离骚、九歌、天问、九章、远游、卜居、渔父、九辩、招魂、大招、惜逝、招隐士、七谏、哀时命、九怀、九叹、九思等。

2 楚辞的崇高艺术成就和所显示的境界之美，前人多有所论，如苏轼说："吾平生所学，不能企其万一者，屈平一人而已。"梁启超说："凡为中国人者，须获有楚辞欣赏之能力，乃为不虚生此国。"楚辞提供了一种独特的看世界的方式。

3 关于楚辞在中国美学研究中的价值，虽也有学者提及，如李泽厚认为，中国美学有儒道禅屈的传统，但对其与中国美学的深刻关系，并没有给予足够的重视。

4 《九怀》："惆怅兮自怜。"《九辩》："私自怜兮何极。""惆怅兮私自怜。"

5 《史记·屈原贾生列传》。

6 在中国艺术史上，情和骚几乎同意，楚辞的传统，就是以情融物的传统。杜甫《奉先刘少府新画山水障歌》云："堂上不合生枫树，怪底江山起烟雾。闻君扫却赤县图，乘兴遣画沧洲趣。画师亦无数，好手不可遇。对此融心神，知君重毫素。岂但祁岳与郑虔，笔迹远过杨契丹。得非玄圃裂？无乃潇湘翻？悄然坐我天姥下，耳边已似闻清猿。反思前夜风雨急，乃是满城鬼神入。元气淋漓障犹湿，真宰上诉天应泣。野亭春还杂花远，渔翁暝踏孤舟立。沧浪水深青溟阔，敧岸侧岛秋毫末。不见湘妃鼓瑟时，至今斑竹临江活。"

7 《澄秋阁诗集》卷三。闵华，字廉风，清初画家。

8 石涛晚年名其堂为"大本堂"，而此名正是朱元璋之堂名。

9 姜实节（1647—1709），号鹤涧，清初著名山水画家，为石涛生平至友。

10 语见张诗所作《屈子贯》，这里的盲之文，指左丘明作《左传》；腐之文，指司马迁作《史记》；班之文，指班固之《汉书》。

11 此段所述董其昌、李日华是明代画家，恽南田、戴熙是清代画家。

12 唐沈亚之《屈原外传》。

13 如："忽反顾以游目兮，将往观乎四荒。""览相观于四极兮，周流乎余乃下。""何离心之可同兮，吾将远逝以自疏。"（以上《离骚》）"忽忽兮远望，观流水兮潺湲。"（《湘夫人》）"曼余目以流观兮，冀余反之何时？"（《哀郢》）

14 《进入澄明之境》，100 页，中华书局，1998 年。

15 如："朝搴阰之木兰兮，夕揽洲之宿莽。""朝饮木兰之坠露兮，夕餐秋菊之落英。""朝发轫于苍梧兮，夕余至乎县圃。""夕归次于穷石兮，朝濯发乎洧盘。""朝发轫于天津兮，夕余至乎西极。"(以上《离骚》)"朝骋骛兮江皋，夕弭节兮北渚。"(《湘君》)"朝驰余马兮江皋，夕济兮西澨!《湘夫人》)"朝发枉渚兮，夕宿辰阳。"(《涉江》)"朝濯发于汤谷兮，夕晞余身兮九阳。""朝发轫于太仪兮，夕始临乎于微闾。"(以上《远游》)

16 悲秋之思，在楚辞中多见。如《抽思》："悲秋风之动容。"《九辩》开章亦吟道："悲哉! 秋之为气也。萧瑟兮，草木摇落而变衰。憭栗兮，若在远行。登山临水兮，送将归。沆寥兮，天高而气清;寂寥兮，收潦而水清。"

17 《古诗十九首》中类似的咏叹很多：如第十五首云："生年不满百，常怀千岁忧。昼短苦夜长，何不秉烛游! 为乐当及时，何能待来兹? 愚者爱惜费，但为后世嗤。仙人王子乔，难可与等期。"第十三首云："驱车上东门，遥望郭北墓。白杨何萧萧，松柏夹广路。下有陈死人，杳杳即长暮。潜寐黄泉下，千载永不寤。浩浩阴阳移，年命如朝露。人生忽如寄，寿无金石固。万岁更相送，贤圣莫能度。服食求神仙，多为药所误。不如饮美酒，被服纨与素。"

18 《楚辞通释》卷五，350 页，《船山全书》第十四册。

气化宇宙

以上列专题侧重谈道、禅、儒、骚
有关的美学思考，若论中国美学形成
的思想文化基础，便不能忽视"气"，
"气"是体现中国哲学特点的核心范畴
之一。中国美学与艺术长期发展中，也
贯穿着气化哲学的基本精神，或许可
以这样说，没有气化哲学，也就没有中
国美学和艺术的特殊形态。

中国哲学认为，天地万物由一气
派生，一气相联，世界就是一个庞大的
气场，万物浮沉于一气之中。中国人视
天地自然为一大生命，一流动欢快之
大全体，天地之间的一切无不有气荡

乎其间，生命之间彼摄互荡，由此构成一生机勃郁的空间。我们的世界是一气化的世界。气使得时令、物候、人情、世事等都伴着同一生命节奏，气的消息决定了生命的有序律动。《庄子》说"通天下一气耳"，《淮南子》说"天地之合和，阴阳之陶化，万物皆乘一气者也"，说的就是这个意思。

气化流行，反映了中国人根本的宇宙观。中国哲学的关键词是"生命"，而不是知识。我们生活在一个气化的世界，这气化的世界，就是生命的世界。一气流行，故生命是整体的、浑沦的；无不有气贯乎其间，故生命之间是相通的，世界因气而相互联系；世界在气化中存在，决定了生命是一个"过程"，一个无限变化着的生命流程；世界因气而浮动了起来，没有绝对孤立的存在，也没有绝对静止的实体。总之，生命都在气中生存、流动、变化、生灭。

气化哲学也决定了人的本质属性。人得气而生，因气而存，与万物处于一气浮沉之中。朱熹说得很形象："天地之间，二气只管运转，不知不觉生出一个人，不知不觉又生出一个物。即他这个斡转，便是生物时节。"王夫之说："天人之蕴，一气而已。"人与世界具有生命的统合性。人的生命也是一个气化的世界，是一种过程式的展开，人的心灵是个气韵流荡的世界。人与世界的合一，不是通过感官去认识这个世界，而是以"气"去合于这个世界。以气合气，以生命合生命。

中国美学的发展，深受气化哲学影响。人以气而生，文以气为主。气化哲学的影响，决定了中国美学的发展方向；在气化哲学基础上，产生了中国美学独特的重视生命的倾向；也是在气化哲学基础上，出现了以表现宇宙节奏为根本目的的美学观念，并形成了中国美学独特的生命体验理论。我这一讲侧重从艺术形式创造方面，谈气化哲学对中国美学与艺术的影响。

一、气韵

中国美学重"气",到了六朝时,与"韵"结合起来,凝固成"气韵"这一重要范畴。在谢赫"六法"中,"气韵生动"高居第一,这是在气化哲学影响下所形成的重要审美标准。没有气化哲学的思想,也就不会有"六法"的出现。谢赫的六法说[1],是一个远远超越于绘画的中国美学根本大法。"六法精论,万古不移",六法为中国艺术的最高原则,气韵生动为六法之精髓,重六法的核心就是重气韵。五代荆浩《笔法记》提出"六要"(气、韵、思、景、笔、墨)之说,也以气、韵为"要"中之要。

气韵生动强调艺术要有活泼泼的生命感。明汪砢玉说:"所谓气韵者,乃天地间之英华也。"(《珊瑚网》)这诠释颇得气韵生动之要义。中国艺术以气韵生动为尚,强调的就是活泼泼的生命感。在谢赫的时代,气韵生动主要针对人物画,至唐宋后,它扩大到整个绘画,并化入中国气化哲学的内涵,使其由生动传神的要求发展为表现宇宙生机的重要命题。我们表现的任何对象,都是在气化世界中浮沉的,都是一个"活"物。无论是看起来"活"的东西,还是不"活"的东西,都是一个"活"物。即使是枯木怪石,在艺术家的处理中都会转化为一个"活"物。艺术就要展现这世界活的生机、活的精神。天地因气而生生不息,艺术家的创造也应该永远为生机所润泽。

中国艺术以气韵为尚,体现出对"生生而有节奏"的生命精神的追求。生生是"活"的,而且是有节奏的"活",气化世界生机流荡,同时又是富有节奏的流荡,体现出一种独特的音乐精神。宗白华先生所说的一个充满音乐节奏的宇宙,是中国艺术追求的魂灵,正是抓住了这气化哲学的特点。恽南田说:"《雍门琴引》云:须坐听吾琴之所言。吾意亦欲向知者求吾画中之声。"画是造型艺术,他将这空间形象放到气化中浮沉,放到有节奏的气化世界中,所以,他在空间艺术中听到生命的妙音。艺术之秘,在于哀弦急管声情并集,具生生而有节奏的无上之音。

　　"气韵"一语由"气"和"韵"合成，这个概念其实就反映了这样的倾向性。气侧重指天地生生之气，凡为艺者必以气为重，气化氤氲的世界是艺术的根源。清唐岱说："画山水贵乎气韵。气韵者，非云烟雾霭也，是天地间之真气。"凡物无气不生，气是天地中的真气，即生生不息的宇宙精神和生命情怀。韵，则是形式中所蕴之音乐感。宋范温说："韵者，美之极也。"中国艺术以韵为艺术之至高境界。黄山谷说："书画当观韵。"明李日华评画云："凡状物者，得其形，不若得其势，得其势，不若得其韵。"韵为至尚之法。气与韵合，气韵飘举，风神晔晔，气以包韵，韵以体气，生生而有节奏。

　　气韵托形而存，无形则无气韵，然而气韵是形式的统治者。中国艺术有"重气韵轻位置"的传统。这个传统，首先重视的是虚灵不昧的美感。气是一个介于物质和精神之间的概念，从语源上看，它本指一种虚化的物质形态，《说文》中将"气"解释为云气的象形符号。大自然中实存的、可以通过感官把握的对象称为"象"或"形"，而那些飘渺不定、若有若无的对象，如风、云、烟、

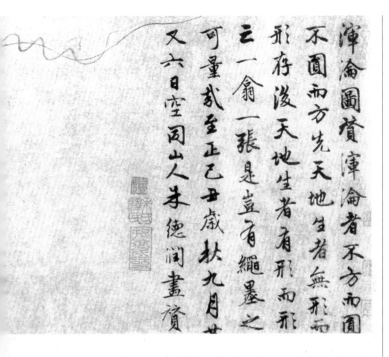

渾淪圖贊 渾淪者不方而圓
不圓而方先天地生者無形而
形存歿天地生者有形而形
三一翁一張是豈有繩墨之
可量哉至正乙丑歲秋九月廿
又六日空同山人朱德潤畫贊

雾、气息、气味等等，往往被称为"气"。《庄子》中就有"大块
噫气，其名为风"的话。而中国哲学将人的自然生命分为形、气、
神三者，气介于形、神之间，形之包气，气是人的生命气息，也
具有物质的成分。显然，"气"是有物质基础的。即使作为物质存
在的气，它和形也有根本不同，形实而气虚，如就人来说，气是
生命存在的基础，也是附着于人形貌之上的风神气度，虚灵是其
根本特点。在另一方面，从先秦时期，气就被赋予精神性的内涵，
像《庄子》中既将气用为物质存在的风，又将其作为精神性的因
素，"气者，虚而待物者也"，气就是一片虚灵空廓的心灵。中国
艺术的重气韵轻位置的传统，其实就是重视超越于形式之外的虚
灵不昧的活泼韵致。

　　其次，这个传统还体现出重视运动的风神。像书法美学中所
说的"资运动于风神"，就是有气韵之作。气韵是活泼的、生动的。
从气的语源上看，气所指之气息、气味、风、云等等，都是运动
的，与相对固定的存在不同。从人来说，人的内在血气也是运动
的。正是在这个意义上，在六法中，以"生动"来规范"气韵"，

中国古代美学常以"活泼泼地"来释气韵，都体现了这一点。固定的存在是形，形没有气，就没有灵动，就是死的。中国艺术最忌讳的就是"死搭搭地"。中国艺术强调表现出世界的"生香活态"。传统哲学的动静理论强调静者动之。无动，静则空有其静，等同死物；无静，则动也无落实。动静结合，静者动之，形者活之。表现活的世界、动的世界，此为中国艺术的天则。像英国18世纪末到19世纪初年风景画家透纳（Joseph Mallord William Turner）画一只死的野鸡，在中国绘画中是不可想象的。气是中国艺术的源头活水。

气韵为上，还体现了中国艺术的形上思考。气韵为天地生生之气，乃宇宙之真气，是人的生命所透升上去的精神，是生命所蕴涵的微茫惨淡的韵致。所以，对气韵的把握，必须以生命去契合，而非靠学而至。中国美学史上有"气韵不可学"的理论。北宋郭若虚说："六法精论，万古不移。然而骨法用笔以下五者可学，如其气韵，必在生知，固不可以巧密得，复不可以岁月到，默契神会，不知然而然也。"董其昌也以为："画家六法，一曰气韵生动，气韵不可学，此在生而知之，自然天授。""元季高人，国朝沈启南、文征仲，此气韵不可学也。"李日华说："绘画必以微茫惨澹为妙境，非性灵澄彻者，未易证入。所谓气韵在于生知，正在此虚澹中所含意多耳。"当然，这里并不是说气韵生动是生而知之的东西，气韵的核心是生命意义的传达，它虽有赖于形，但专注于形则不可得。所以，须要以生命去契会。通过默契神会，静默地参悟，以气合气，合于天地之节奏，独得自然之精神。这就是董其昌所说的"自然天授"。在中国哲学中，知识和智慧是两个不同的概念。在艺术活动中，重要的是智慧，是那种不可言传的悟性，而不是知识，这绝不是神秘主义思想，而是发自于生命深层的体验力量。

二、吞吐

晋人说："吞吐大荒。"杜甫诗有云："四更山吐月，残夜水明楼。"明李日华有题画诗道："蓄雨含烟五百峰，吞吐常在老夫胸。"说到气，我们不能忘记"吞吐"二字。其实，在中国美学中，审美活动多强调人与世界相吞吐，人的生命与气化的世界相优游。灵襟空阔，风云吞吐，自是一种美的境界。吞吐，是心的吞吐，是气的推宕。"月到风来"，是中国艺术之一境，风月何以来，在你的心灵吞吐中招来。

《周易·系辞下》说："日往则月来，月往则日来，日月相推而明生焉。寒往则暑来，暑往则寒来，寒暑相推而岁成焉。往者屈也，来者信也，屈信相感而利生焉。"大千世界，生烟万象，都是灵气的往来，都是生命的吞吐。一推一挽，一舒一卷，一往一来，构成生机勃郁的世界。庞大的宇宙就是个气场，你在这个世界存在，不是一个定在，而是一个飘动者，一个有机的活动体，一个世界的参与

Fifteen Lectures On Chinese Aesthetic

一窗揽尽西山风。

者，自然生命在这气场中吞吐，心理生命也在这气场中优游。

画栋朝飞南浦云，珠帘暮卷西山雨。艺术是灵的世界，这世界是为揽天地之云气而设的，同时也是为人的心灵而设的，它要舒卷西山的云雨，更要舒卷人心灵的烟云。对于外在世界来说，艺术家所创造的世界是收摄，是凝结，以微景而囊众景，以一气通大千。对于赏鉴者来说，艺术世界又是一个渐次打开的世界，将你心灵中的烟云风暴推出，你的记忆、想象，你的生命体验，都在这艺术的空间中舒卷。也就是说，大千世界，相与吞吐，俨然而成生命世界。艺术创造过程也就是与外在气化世界相与吞吐的过程，艺术家的创造就是表现这样的生命之吞吐。你来观，你便加入这样的世界，你加入了这世界的气场，你与这世界流荡起来。所以，对于中国艺术来说，既随物以婉转，亦与心而徘徊，是整体生命的跌宕浮沉。瞧地下花开花落，看天上云卷云舒。这样的达观，就是在气的吞吐中产生的。你在这世界的气中浮沉，你的命运也交给这气场了，无法摆脱，还不如因应它的风云际会。

清郑板桥诗云："流水溘然去，孤舟随意还。"他写的不光是

114

流水和孤舟，写的是他的心灵的优游，写心灵在气的世界中浮荡。随着水流，他的心被拉得很远很远；望着归舟，他又回到眼前，回到自身。在气的荡漾下，心灵回环裕如，无所滞碍。杨万里有诗云："流水落花春寂寞，小风淡日燕差池。"在寂寞的春日，寂静的水边，微风轻卷，澹水遥施，杨花飞舞，燕翼差池。我们知道，这不是简单的写景诗，人没有出现，人在何处，在轻风的淡宕中，在柳絮的缠绵中，在春燕的细语中，在流水的悠然中，因为诗人的生命之气正与世界相吐吞。明艺术家李日华文心如发，他那敏感的心灵能捕捉这宇宙的妙意，他有诗云："独鹤忽不见，悠云自来去。""虚亭落日沧浪远，伴我清吟有白鸥。""水落河渚寒，烟空远山碧。回首夕阳中，树树皆不见。"这里透出的就是生命契入宇宙节奏之后的怡然，外在的"官知止"，而心灵的眼则在这流动的世界中逡巡，与宇宙共呼吸，随悠云自往来。

　　明代画家沈周对此有很深的体验。他在一组题画诗中写道："青山间碧溪，人静秋亦静。虚亭藏白云，野鹤读幽径。""山木半落叶，西风方满林。无人到此地，野意自萧瑟。""石丈有芳姿，此君无俗气。其中佳趣多，容我自来去。""野树脱红叶，回塘交碧流。无人伴归路，独自放扁舟。""绿树如绿雾，青山生白云，自天生此景，平与画家分。""扁舟不可泊，任随流水流。东西与南北，人物两悠悠。"一推一挽，一开一合，盎然演成一生机宇宙。推而远，远则乾坤广大，玄道空渺，无垠的世界都处于我心灵的照射之中，我心随鸟迹、白云、独鹤、流水、虚亭、落日飘渺游荡。同时，又挽而近，生命复返，一任心灵在远阔的境界中流淌。推之于挽，使远则更远，近则更近。空灵又寂寞，心如冰痕雪影，飘渺无着，盎然的生意和无边的春情就在这境界中回荡。我们在无边的天际中看到了归鸦，在寂寞的空间中听到差池的燕哨和白鹤的清吟，心灵游于无何有之乡，到头来，则是溪云独载一舟回。生命在近和远中徘徊着，在一气运化的节奏中吞吐着。

　　中国艺术家说造艺乃在"卷舒苍翠"，不是要将这苍翠席卷而去，而是以性灵的眼抚摩万物，以性灵的气吞吐大荒。世界与我构成了相与回环的关系。世界吞吐着，中国艺术就是为你造一个吞吐之相。

如在中国园林赏鉴中，你来到园林，此时此刻，你就是一个点，这是其有限性，但这又是一个可以延伸的点，由这一点推开去，推到广远的世界，推到心灵与其缱绻往复的世界，无边的世界都囊括在此在的心灵中。由一点推至远处，又由远处回到自身，正是"山翠万重当槛出，水光千里抱城来"（许浑）。

中国的园林多是小园，园虽小，但其命意却不小。每一个园都是这宇宙庞大气场的一个点，是世界网络中的一个纽结。于此一园，而推万千天地，一俯一仰，一推一挽，往复回环，骤然可得宇宙真实形象。宇宙乃一洪流，从一园中而汇入此洪流中。中国人说"江山无限景，都聚一亭中"，这就是推挽之力。在一亭中，而坐观万景；我们的眼向远方推去，推到渺不可及的地方，这是推；万千世界的景象又归于一亭之中，这是挽。由近及远，由远及近，彼摄互荡，成一流荡世界。

亭子就好比一个气口，高明的造园者，总是将亭子建立在"最宜置亭处"，如拙政园十多个亭子各各得其所在。它是点缀，也是引领；它是游览线上的一个关节点，收摄众景，使松散的园景有了主题；它是游人休憩的地方，坐于亭中，呼吸着，使疲劳的步子得到缓解，使迷茫的心结得以解开。在一个亭子里，看着众景，你忽然在不知不觉中，复原着创造者隐藏的世界，并扩大它的世界，你借着景，心灵浮现出潜藏的妙色，大脑里暗合天地的声音。你在看，在休息，在呼吸，忽而你感到不是以鼻与肺来呼吸，而是以心来呼吸，你就在这气场呼吸，呼吸天地之精气。好的亭子就是让你这样呼吸的。

前人言，造园要得吐纳之术，这话很值得揣摩。进好园，如进一个好的气场，随之而吐纳自如。若坐亭中，此静也，但见得鸟鸣树巅，花开扑地，此动也，一动一静，见其深矣。桥者静也，然徘徊曲桥，但见得水中红鱼点点，来往倏忽，此动也，心与之往来，境随之愈深。坐在颐和园的长廊中，那昆明湖就是你的吐纳之所，"窗含西岭千秋雪，门泊东吴万里船"，此之谓也。姜白石《扬州慢》词最后云："二十四桥仍在，波心荡，冷月无声。念桥边红药，年年知为谁生。"冷月荡波心，我心荡冷月，我心随众景而荡漾，化为层层波纹。秋波穿透横塘路，但汇入，无边苍穹。

所以，我以为，中国的园林不仅在于使你游得闲适，游得快乐，游得合乎心性，还要一石激起千层浪，秋波起，冷月无声。好的园林之景，都有丰富的层次。层层推开，如掷石水中，涟漪一层一层推开。自己的心灵就在那涟漪的中心，你就是那个漩涡处。所以，赏园荡漾其情。如站在个园四季假山之前，从水中的影，岸边的花，假山，假山背后的屋宇，再上去蓝天，一层一层推开去，心意随之而展开，再展开，心意如涟漪荡开。吐胸中之晦气，收天地之精华。观园可使月到风来，可使云荡花开。这吐纳之术，如同好的戏文让人一唱三叹。清钱泳在《履园丛话》中说："造园如作诗文，必使曲折有法，前后呼应。"层层推开，前呼后应，此起彼伏，此之谓园林之妙也。

陈从周先生谈到园林俯仰之法的运用时说："园林景物有仰观、俯观之别，在处理上亦应区别对待。楼阁掩映，山石森严，曲水湾环，都存乎此理。'小红桥外小红亭，小红亭畔、高柳万蝉声。''绿杨影里，海棠亭畔，红杏梢头。'这些词句不但写出园景层次，有空间感和音声感，同时高柳、杏梢，又都把人们视线引向仰观。"这不仅在于视线的转换，更在于调整观赏者的心灵，"小红桥外小红亭，小红亭畔、高柳万蝉声"，站在小红桥上，在吞吐中汇入到宇宙洪荒之中。姜白石《法曲献仙音》词有句云："虚阁笼云，小帘通月，暮色偏怜高处。"暮色苍茫，淡云微度，初月才起，软风略过，此境寂寞，也飘渺得如烟如雾，最是画处。关键在于表现出云烟的吞吐。

在画中亦复如是。中国画家将自己加入到大化流衍的节奏中去，与世界共优游。清恽南田有《古木寒鸦图》，此为仿五代画家巨然的作品，这是一幅很有意思的作品。在深秋季节，一个微不足道的角落，一些习以为常的情景，古树、枯藤、莎草、云墙和寒鸦，但在南田的特殊处理下，却有独特的意味。右上有南田一诗："乌鹊将栖

●〈清〉恽南田
古木寒鸦图
低徊留得无边在，
又见归鸦夕照中。

处，村烟欲上时。寒声何地起，风在最高枝。"落日村头，断鸿声里，晚霞渐去，寒风又起。地下，衰草随风偃伏；树上，枯枝随风摇曳。这幅画中的一切似乎都在寒风中摇荡，他所画的古木枯树，树干没有一般所见的直立僵硬，树枝也没有习见的森然搏人的样子，在画家柔和的笔触下，干蜿蜒如神蛇，枝披拂有柳意，再加上盘旋的藤蔓，若隐若现的云墙篱落，树下曲曲的小路，逶迤的皋地，远处飘渺的暮烟，都是曲笔。这曲曲的景致，不是曼妙的轻歌，却是哀惋的衷曲。九曲回肠，委婉曲折，飘渺而不可测。所以，这幅画有一种神秘气息。其中对光影的处理，非常细腻。这幅画体现出特殊的音乐感，它的长处正在节奏上用工夫。清初画家庄澹庵的一首诗中的两句话评此画正合适："低徊留得无边在，又见归鸦夕照中。"旋转而飞动的笔致，影影绰绰的形象，似乎真的将人带入到宇宙之中去。虽是枯树，但却有嶙峋峥嵘之意；虽是寒鸦，也不乏燕燕于飞之态；莎草扑地，似有草上之风必偃的意味；云墙蜿蜒，似将人带入渺不可知的世界。这幅画是神秘的，其意在莽远；这幅画又是亲切的，它传递的正是艺术家所感受到的宇宙清音。此画最得"吞吐大荒"之妙，南田真正是卷舒苍翠了。

三、氤氲

清人何绍基说："氤氲"二字最得中国艺术之韵。

中国艺术家面对的是一个气化的世界，他与气化世界相优游，又以艺术表现这个世界。如在中国画中，画家与其说在画画，倒不如说在画气。唐代以来，绘画十三科，山水画高居最上，中唐以后花鸟画也异军突起，这都与中国人的气化哲学思想有关。或许可以这样说，中国画不以人物画为主，而独重山水花鸟，即因为山水花鸟与人物画相比，更能体现气化哲学的精髓。

在中国画家的心目中，世界充满了气化氤氲的生命。北宋著名绘画鉴赏家董广川说："且观天地生物，特一气运化尔。"清代画家、绘画理论家沈宗骞说："天下之物，本气之所积而成。即如山水，自重岗复岭，以至一木一石，无不有生气贯乎其间。"这很能反映中国画家对气化世界的认识。清代绘画教育家布颜图说："庄子曰：'野马也，尘埃也，生物一息相吹也。'夫大块负载万物，山川草木动荡于其间者，亦一息相吹也，焉有山而无气者乎？如画山徒绘其形，则筋骨毕露，而无苍茫絪缊之气，如灰堆粪壤，乌是画哉？又何能取赏于烟霞之士？"万物都有形，这是外在的；更有气，这是内在的。山水，乃天地之大物，乃天地之间最有灵气者，如果仅仅停留在形的层次上，徒绘其形，筋骨毕露，就不能领略山川之大旨，不能发现山水之意韵。布颜图认为，仅有外在之形的山水画，不是山水。他所说的"苍茫絪缊之气"，不是"烟霞之士"的癖好，是决定艺术成败的关键。他的意思是，画画，要画出气，这气不是物质之气，而是生命感。

布颜图还有如下高论："物有死活，笔亦有死活。物有气谓之活物，无气谓之死物。笔有气谓之活笔，无气谓之死笔。峰峦葱翠，林麓蓊郁，气使然也，皆不外乎笔，笔亦不离乎墨。……有气谓之活笔，笔活画成时亦成活画。"有气谓之活物，有气谓之活笔。

中国艺术所表现的世界是一个活的世界，一个生机流动的世界。表现这样的世界的手段，必然是要反映生命的内在节奏，而不以表现外在形体为满足；不能孤立地展示物体，如对形体进行分割，而是表现世界密合无际的特点。庄子的混沌哲学，就反对"际"的分割。际就是分，而整体的生命没有分际，没有界限，所以浑成。生命就是整体，分割就不是生命。世界万物生生相联，生生无际。此就空间言之。若就时间言之，庄子说："变化密移，畴觉之钦。"一切物的变化，是于无形中密密地迁移的，前前灭尽，后后新起，总是迁移不住，因其过于密移，谁也不能觉得。这就是生灭无间。所以中国艺术所要表现的这一生命世界是气化氤氲、密合无际的世界。当然，密合无际不是整块的物，而要体现气化的整体。

我们就从中国画的一些具体构图原则和基本技法入手，来看氤氲之韵。

1.云烟飘动。董其昌说得好："画家之妙，全在烟云变灭中。"所以中国画家又自称"耕烟人"，绘画功能被说成是"烟霞痼疾"，甚至以"云烟"来指代山水画。清盛大士《溪山卧游录》引郎芝田一段著名的话说："古人以'云烟'二字称山水，原以一钩一点中自有烟云。"山水画不是徒写外在之形态，而要得造化之真气。云烟是造化真气的最好表现形式。

山水在云烟之中腾挪飘渺，出落得灵动活络；山水也在云烟笼罩中，俨然而成一个整体，云烟成为串联细碎山川的隐在之线；又因云烟的遮挡、氤氲而显示出特殊的气势，使内在世界激荡起来。《过云庐画论》说："至烟云遮处谓之空白，极体会其浮空流行之气。"可见，中国画家以云烟代山水，不是重云烟本身，而是重整体的生命感。

元画家商琦《春山图卷》是一幅青绿山水长卷，画的是山，但给人的强烈感觉，就是飘了起来。图画早春之景，群山叠翠，起伏

连绵，山脚雾霭迷朦，山上平坡间绿树成林，清泉滴落，溪涧弯弯曲曲，向远处伸去，茅屋、人点缀其间，山石钩皴严谨精到，淡墨汁绿渲染，层次分明，阴阳向背，富有体积感。树木勾勒点染并用，疏密远近恰当。作者以平远的构图、精丽古雅的笔墨，表现出清旷幽深的意境。一切都在云烟中飘动。这哪里是一幅山水，而是一幅"云烟"。

　　元画家方从义深受道家思想影响，其画多云烟腾挪，很有韵味。如《云山图》长卷，是一幅很有意思的作品，画面云雾飘渺，山色空蒙，山体卷旋，有一种随云烟飘动的质感。此画笔力细碎，但颇有整体感，有一种碎而不分的感觉。同时，又能将迷朦氤氲和空阔悠远结合起来，画面的朦胧并不影响其幽深。

　　2.元气淋漓。"元气淋漓障犹湿"是杜甫一句题画诗，它表现的境界为宋元以来画家所重视，成为中国画中一境，一种气化氤氲的生命呈现。它强调潇洒磊落，画面多水气重、雾霭浓，有鲜活韶秀的生命感。在迷濛中，回到生命原初。所谓浮游于物之祖、

◉〈元〉商琦
　春山图（局部）
　群山在岚气中
　飘荡起来了。

121

〈宋〉米友仁
潇湘奇观图
山中何所有，
岭上多白云。
只可自怡悦，
不堪持赠君。

〈元〉方从义
云山图
笔力细碎，在
细碎中见整体。
山体坚挺，在
坚挺中出卷旋。

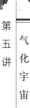

物之初。清方薰《山静居画论》说："气韵生动为第一义，然必以气为主。气盛则纵横挥酒，机无滞碍，其间韵自生动矣。老杜云：元气淋漓幛犹湿。是即气韵生动。"元气淋漓彰显了气韵生动的美学观念。

元气淋漓为画界所重，与气化思想有关。在一定程度上，以湿笔渲染的这类图画是模仿天地混沌迷离的特点而创作的，它表现的不是天地中固定的形象，而是虚空流荡的景致。对鉴赏者来说，扑面而来的就是一个"气"字，雨点翻飞，雾霭笼罩，满纸蒸腾，别有滋味。

在中国山水画史上，北宋二米（米芾、米友仁父子）山水最得元气淋漓之妙。二米云山墨戏在中国画史上别立一格，别出境界。其画多为云山烟树，总是迷离模糊，视其画，如同置于鸿蒙初开的世界中，有灵魂震颤之感，历来被当作"云气淋漓障犹湿"的典范。

陶渊明有诗云："山中何所有，岭上多白云。只可自怡悦，不堪持赠君。"据说米友仁对此诗非常着迷，他说他的云烟图就是受此诗影响的。画山水，要画出云气，画出心里的感觉。如米友仁的《潇湘奇观图》，为一著名的云山墨戏图。《芥子园画传》评道："友仁盖变其父之家法，而于烟云奇幻，飘飘渺渺，若有楼阁层层藏形于内，一洗宋人窠臼。"这幅画富于创格，向左烟云迷幻中露出山顶，似隐若露，又渐渐被厚厚云烟所覆盖；中段云烟中崛起几座山峰，愈左愈高；再向左，烟云渐淡，次第露出树林屋舍，长卷就此打住。云烟山峦起伏迭荡，蔚为潇湘之奇观。虽称墨戏，实具匠心。云烟点点，草草而成，不求形似，唯露性情而已。其画不为笔墨所拘，长天云物，怪怪奇奇，得自然之真趣，一派元气淋漓面目。元人邓文原说小米之画有"氤氲无限意"，正道出了小米山水元气淋漓的特点。

二米的元气淋漓画风具有很大的影响，董其昌以南北宗论画，就以二米的元气淋漓为山水画的范式之一。元高克恭师二米之法，以元气淋漓而著称于画坛。他善于画云、烟、岚、雾、霭，他的画有春山白云、春云晓霭、雨后烟霏、云峦飞瀑、林峦烟雨等，溪流坡渚，烟树迷离，山峦晦暗，一切都在雾霭迷蒙中。赵子昂曾和他一起游西湖，对高克恭谈西湖烟雨的体会印象很深，有一诗纪其事：

"疏疏淡淡竹林间，烟雨迷蒙见远山。记得西湖新霁后，与公携杖听潺湲。"有人评他的画说："淋漓元气犹带湿，收拾万象无能逃。"高克恭的代表作之一《春山晴雨图》，画春山雨后之景，山岚起伏，云烟蒸腾，溪水潺潺，乔木森森，用笔很含蓄，乍一看就有云影满山的感觉。

3.气象浑沦。北宋王晋卿评范宽画说："峰峦浑厚，气状雄逸。"清王原祁说："董巨全体浑沦，元气磅礴。"四王的画其实是以"峰峦浑厚，草木华滋"为最高追求。现代画家黄宾虹就以"浑厚华滋"为最高画境。清布颜图说："苍莽者，山之气也；浑厚者，山之体也。画家欲取苍莽浑厚，不外乎墨之气骨。"他将气象浑沦和画的气骨联系起来，这是很有见地的。

中国画为何以气象浑沦为高格？第一，气象浑沦体现了整体的生命美，如董逌所说的"一气浑莽"，一气贯通，气象严整，浑然不可分割，收摄众景，化为一气流荡之世界。中国艺术强调气象浑沦，其实就是强调生命的整体性。其次，如陈白沙所说"吾观天地间，万古常周流"，气象浑沦体现了元气周流贯彻、无所滞碍的生命精神，劲气充周，旁通互贯，从容东西，生命之气流荡于在在有别的山川之中，形成往复回环的生命世界。第三，气象浑沦反映出一种创化之初的鸿濛境界，体现出"元气"流淌的内在脉络，有一种苍莽的意味。第四，气象浑沦加强了物与物联系之的层次感，因而厚而不薄。

五代画家董源是一位以气象浑成为特点的画家，其画颇得南宗画空灵淡远的意味，多画南方山水面貌，如其传世名作《龙宿郊民图》（或作《龙袖骄民图》），是董源生平的杰构。皴以大披麻，大开大合，线条秀润，颇得烟峦出没、云烟显晦之趣。董源的画可以说是气化哲学的衍生物，没有气化哲学，就没有董源的画风。董源非常擅长的"烟景"，所重即在气，将气象浑沦的境界推向新的高度。董源不是在画山水，其实是在画气。

黄公望的山水画以气象浑沦称盛。黄公望，号大痴，元四家之一，是元代很有个性的画家，论者以为他的作品价值在倪云林之上。

〈元〉黄公望
富春山居图（局部）
大痴真是人中豪，
浑厚华滋含天矫。

他也是一个有魅力的人。正像他的号一样，他为人的确有些痴，据说他整天意态忽忽，在荒山乱石、丛竹深林中奔跑，有时候突然来了风雨，他全然不顾。常常在夜晚，一人驾着小舟，顺着山溪而行，独自沐浴着冷月，忽然大哭起来。他在常熟虞山隐居的时候，每到月夜，喜欢携一瓶酒，一人坐在湖桥上，独饮清吟，酒罢，投瓶水中。人以"大痴真是人中豪"评之。他辞世后，人们思念他，有很多关于他的传说，有人说在月夜中看到他吹着横笛，出城关。

王原祁说："大痴画，以平淡天真为主，有时而傅彩粲烂，高华流丽，俨如松雪，所以达其浑厚之意，华滋之气也。"王原祁极重大痴山水的峰峦浑厚、草木华滋的特点，一生大量模仿大痴画，到了如醉如痴的地步。他在临摹中梦寐希冀的就是大痴气象浑沦的境界美。他认为，大痴画可以神遇而不可目求，他的荒率苍莽之致、平淡天真之趣，都缘于内在气脉的特殊处理，都有一团元气在其中激荡，所谓"气运生动，墨飞色化，平淡天真，包含奇趣"。

黄公望的《富春山居图》，在画坛有较高的声望，人以"画中兰亭"来比之。此画入明之后，先后为沈周、董其昌所得，后归一收藏家吴之矩，他死后又传给其子吴洪裕。吴洪裕生平喜爱智永的《千字文》和黄公望这幅《富春山居图》，临死时，嘱家人焚之以祭。他在死前的前一天，亲手将《千字文》烧掉，后烧《富春山居图》，祭完酒，点着了火，看到这稀世珍宝在熊熊大火中，他痛哭失声，当时站在旁边的吴氏之侄实在不忍此宝就这样烟消云散，冲到火中，抢出此图，此图当时已经烧成两段。现在世间流传的《富春山居图》就是个残本，两部分，主体部分藏于台北故宫博物院，一部分藏于浙江省博物馆，俗称《剩山景》。据画中题跋称，作者寓居富春山时，有感于这里的山川秀色，整天"云游在外"，画了这幅画。画面上，峰峦起伏，云树苍苍，村落隐映，白帆、小桥以及远处的飞泉历历可辨，境界阔大，气势恢宏。绿水环绕，水断山腰，雾笼峰侧，山竞天而上，欲与天公试比高；水消失于山脚，迢递无尽，与莽莽原畴统为一体；一峰一伏，曲折有致，一山一水，山水相依。整个画面在闲适中透露出勃动，在苍莽中映衬出韶秀，在平淡处见出天真，在沉稳中伏脉龙蛇，气吞万里。线条柔和而有弹性，大开合，有董源之空阔韶秀之态，又多了一种浑成恣肆的意味。

四、龙脉

中国艺术不仅表现出生命的气化氤氲之态，一种蓬蓬勃勃的生命感，同时，还有一种重气脉的思想，就是强调形式内部一条颤动不已的线在绵延，一泓永不断绝的清流在流淌，伏脉龙蛇，气通万里，表现出独特的生命律动。中国艺术这种重视绵延感的思想，就体现在龙脉等学说中。

中国历史上有笔书、一笔画的说法。《历代名画记》云："或问余以顾、陆、张、吴用笔如何？对曰，顾恺之之迹紧劲联绵，循环超忽，调格逸易，风趋电疾，意存笔先，画尽意在，所以全神气也。昔张芝学崔瑗、杜度草书之法，因而变之，以成今草书之体势，一笔而成，气脉通连，隔行不断。唯王子敬明其深旨，故行首之字往往继期前行，世上谓之一笔书。其后陆探微亦作一笔画，连绵不断，故知书画用笔同法。"

王献之的一笔书和陆探微的一笔画，在飞舞的线条中，重视一气流动、一脉相通的气势。有气则笔断势连，无气则如断线残珠。一条颤动不已的线，时断时续，但气脉展张，未尝有一丝衰竭。一切都根源于"意存笔先"之妙。中国艺术讲意在笔先，不是说在下笔之前，就有先入的意念，这个"先"，不是时间在先，而是位置上为重，意在笔先，即以意运笔，意为重，笔次之。意非概念，而是艺术创作时的生命状态，即生命的张势。意在笔先，即以生命为重、气势为重，笔断势连的一笔书一笔画，来自心灵中的一脉清流。《图画见闻志》接引张彦远之论，又予以推展："凡画，气韵本乎游心，神彩生于用笔，用笔之难，断可识矣。故爱宾称唯王献之能为一笔书，陆探微能为一笔画。无适一篇之文，一物之像，而能一笔可就也。乃是自始及终，笔有朝揖，连绵相属，气脉不断，所以意存笔先，笔周意内，画尽意在，像应神全。夫内自足，然后神闲意定。神闲意定，则思不竭而笔不困也。"神闲意定，意在修得内在气脉畅通、内气旺盛、灵气飞动。郭若虚的这番生发，是深通中国艺术的行家之言。

一笔书一笔画的"一"，是一泓生命的清流，一脉生命的律动，所重在"气脉"二字。如孙过庭《书谱》在用笔上最重气脉，其笔画多断，但气势流转，一气呵成，真如水流般的畅然。跌荡俯仰，别有姿态，俨然而成一生命整体。常而不断，为中国艺术定则。

明清以来，这种气脉学说又发展为独特的"艺术龙脉说"。清代画家王原祁、王翚以及四王的后学论画重龙脉，他们从北宋以来的儒家哲学中，得到气化哲学的滋养，又从元人绘画中体会到一种独特的绘画传统，龙脉说是体现他们这方面思考的重要观点，是一笔

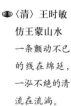

〈清〉王时敏
仿王蒙山水
一条颤动不已
的线在绵延，
一泓不绝的清
流在流淌。

书一笔画在新时代的表现。

王原祁说："画中龙脉开合起伏，古法虽备，未经标出，石谷阐明，后学知所矜式。然愚意以为，不参体用二字，学者终无入手处。龙脉为画中气势，源头有斜有正，有浑有碎，有断有续，有隐有现，谓之体也。开合从高至下，宾主历然，有时结聚，有时澹荡，峰回路转，云合水分，俱从此出，起伏由近及远，向背分明，有时高耸，有时平修，倚侧照应，山头、山腹、山足，铢两悉称者，谓之用也。若知有龙脉而不辨开合起伏，必至拘索失势，知有开合起伏而不本龙脉，是谓之顾子失母，故强扭龙脉则生病，开合逼塞浅露则生病，起伏呆重漏缺则生病，且通幅有开合，分股中亦有开合，通幅有起伏，分股中亦有起伏。龙脉在过接映带间，制其有余，补其不足，树龙之斜正、浑碎、断续，活泼泼地于其中，分为真画，若能从此参透，则小块积成大块，焉有不臻妙境者乎。"

王原祁从中国哲学的体用之方中来阐释龙脉。龙脉是一种隐藏在有形世界背后的潜在气势，是天地中孕育的开合起伏的潜在动感，或者说是一种创造精神，一种生命勃动，此之谓体。而外在的峰回路转、起伏飞腾、结聚澹荡的形式，则是其用。艺术的外在形式虽是松散的，但必须表现出内在的体势，只有这样的气脉才能使形式具有联系之脉、回荡之势。所以，作画不要拘泥外在的形式是似还是不似、景美还是不美，关键有这个内在气脉。气脉是艺术之魂。如他所说："奇者不在位置，而在气韵之间，不在有形处，而在无形处。"

龙脉本是堪舆学术语，所谓"地脉之行上起伏曰龙"，"龙者，山之脉也"。龙脉是一个表示地脉起伏的术语。《徐霞客游记》卷七说："起伏乃龙脉之妙。"又该书卷十三说："不审龙脉，不辨江源。"山川之走向、起伏、蜿蜒、流转等等，都有龙脉在，龙脉是山川脉动的根源。正因有这条内脉在，故山有腾挪之势，水有绵延之流。龙脉是一条隐在的生命之线。艺术家抓住这条龙脉，就是抓住生命之线。龙脉者，一脉虚灵生命之流也。

龙脉是一种活泼泼的精神。《石涛画语录》说："水源龙脉，推而知之。"他以为，山川之作，要得龙脉之妙。清华琳《南宗抉秘》

◎◎〈清〉王翚　仿古山水图

有断有续，有隐有现，有时结聚，
有时滹荡，峰回路转，云合水分。

论画重龙脉，他认为画山水重龙脉，他说："凡山石轮廓，皆笔笔相搭而生，不可层层罗叠而上，使之状似叠蚌壳，排鱼鳞。以画理论，止是单片，不成深山。以形状论，亦板滞可厌。相搭而生，则大小相间，前后相掩，有起伏，有隐现，参伍错综，主宾顾盼。纵块数甚多，总要连络有情，毋令块块可以单取出也，方是深山，方有龙脉。"又说："且于通幅之留空白处，尤当审慎。有势当宽阔者窄狭之，则气促而拘；有势当窄狭者宽阔之，则气懈而散。务使通体之空白毋迫促，毋散漫，毋过零星，毋过寂寥，毋重复排牙，则通体之空白，亦即通体之龙脉矣。"这所指的就是生命的内在联系性。他谈到了空灵和实在之间的辩证关系。

龙脉体现为一种阴阳开合之势，对此唐岱的论述最为明晰："自天地一阖一辟而万物之成形成象，无不由气之摩荡自然而成，画之作亦然。古人作画也以笔之动而为阳，以墨之静而为阴，以笔取气为阳，以墨生彩为阴，体阴阳以生笔墨，故每一画成，大而丘壑位置，小而树石沙水，无一笔不精当，无点不生动，是其功力纯熟，以笔墨之自然合乎天地之自然。"于是，"分龙之脉"成为山水之大要。

中国艺术的龙脉说，是一条虚灵的生命之线。我们知道，中国艺术重视线条，大自然中没有线条，线条是人对外在物象的抽象。中国艺术重视线条的表现力，是虚灵不昧的哲学精神影响所致。飞舞的线条永远是追踪超越形式的中国艺术的命脉。就像张旭观公孙大娘舞剑而悟草书之妙一样，公孙大娘的剑影游动，若隐若显，在空间中划出一条虚灵的痕，似断实连，似有若无，一脉绵延，难以测知。目不可视，但心可会之。张旭悟出的正是剑之气，公孙剑气久驻于中国艺术的天地中。

注 释

1　有关六法说的论述，请参第十四讲《形神之间》。

落花无言

　　以上几讲在谈到道、禅和儒家美学思想时，涉及到一个共同问题，就是对无言之美的推崇。在《游鱼之乐》中，我们谈到庄子所推宗的浑然整全的美，乃是无言之境。在《不二法门》中，我们谈到禅宗不落两边的无分别见，是"一"之美，"言"受到排斥。在《逝者如斯》中，又涉及到儒家以创造、新变的无言之美为天地之大美。本讲拟对这一问题作专门讨论。

　　《二十四诗品·典雅》品写一种无言独会的境界："玉壶买春，赏雨茅屋。坐中佳士，左右修竹。白云初晴，幽鸟相逐。眠琴绿阴，上有飞瀑。落花无言，人淡如菊。书之岁华，其曰可读。"在惠风和畅、竹影森森的氛围中，诗人放弃了目的、知识、欲望的追求，如落花般无言，似秋菊一样恬淡，在无言中独会，淡然中饮领自然冲和之气，致使心灵随意所适，洒洒脱脱，一切过去相、现在相、未来相，一切正确因、错误因都随风荡去，只有一颗平常心去印认万物。这一品是对无言之美的很好概括。

在中国传统美学中，无言之美，被作为最高的美、绝对的美，无言之境，是人去除外在干扰所切入的幽深生命体验境界，是在非知识、非功利的体验中所激起的生命飞跃。如庄子说："渊默而雷动。"在无言的深渊中有惊雷滚动，有审美的飞跃。

一、大美不言

无言之美，不是以沉默的方式去体物，无言不是不说话，无言乃是放弃"人之言"，而达到"天之言"的境界。"天之言"乃是不以人的知识去言说，而以生命的本然相去呈现。

庄子说："天地有大美而不言。"这句话是传统美学不言之美的一个代表性观点。这句话有几个理论层次：其一，不言之美作为一种"大美"，不与"小美"相对，它是根本的美，是美的本体，一切森然毕具的美的形态都是其形相。其二，天地以"不言"为美的根本特点，美的创造就是归复自然之道，故以"不言"之美为美的最高准则。"不言"是与人为相对的，人为的美是局限的、片面的，它产生于"言"，由知识所控制，它是相对的美，无言之美是绝对的美。其三，天地之美并非与人的世界无涉，我们千万不要将此理解成：中国美学强调自然是最美的，人创造的东西不如自然。因为，在中国哲学中，天地不是纯然外在的物质世界，不是西方美学中所说的

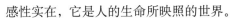

感性实在，它是人的生命所映照的世界。

"天地有大美而不言"，一言而有三，确立了不言之美作为美的本体的地位，确立了天地是不言之美的体现者，确立了以不言为美的美的判断标准。

儒家哲学虽然关心人伦的建构，但总是将人的道德努力归之于天。天是创造的本体，也是美的本体。在儒家，如果说有个大美的世界，这个世界不在主观，不在客观，也不在主客观的结合，而在天。天是什么？天不是自然对象，也不是遥在天国的至上神，天为绝对之创造本体，显而为万物，从而生生化化，有物有则。在儒家，天是不言的，默然而创造。冲漠无朕，寂然无形，而森然已具。故天之无声无息，是就其本体而言的。"有言"之世界，万物之"假名"，乃是"无言"本体之显露。无言的冲漠无朕、寂然无形的本体界为一体，而生生化化的生命世界则是"一体之灿著"，一切灿烂的美的形态都是这一体之体现。

当孔子说"予欲无言"，弟子以如果先生不言，何以领教询问时，孔子以"天何言哉，四时行焉，百物兴焉"来作答。在他看来，无言可以合天，天不言，而创造不已。他对逝者如斯的感叹也包含这样的思想。天是一无言的创造本体，正所谓江山浑在眼，宇宙付无言。

《周易·系辞传》云："寂然不动，感而遂通天下之故也。"寂，空寂，寂寞，无言的渊深。不动，绝对静止也。寂然不动，言道体，道体为无声无息、无形无相、静而不动。感而遂通天下，即一体之灿著，天下万事万物生生化化，因一体而生，因一体相连。一体为本，万化为相。一体有寂然之美。这是一种本体的美，乃大美不言之体。《诗·周颂·维天之命》说："维天之命，於穆不已。"这两句诗为儒家所重视，《中庸》将其作为"天之所以为天"的根本特点。天，即本体。命，即本体之流行。"於穆"含有深远、深奥、深透、静穆之义，是对天之本体的形容。正如《中庸》结篇时所说的"上天之载，无声无臭，至矣"，天地无声无息，创造不已，是至深之道，有至美在焉。天之美，是绝对之美，是美本身。绝对之美，乃无言之美。一切"有言"之美，都是一体之灿著。儒家树立了一个无言的美的本体，突出其创造特性，也突出对这种美的把握，只能走默然体验的道路。

老子所说的"大音希声"，也是一个关于美的本体的学说。什么叫"希声"？依老子："听之不闻名曰希。"希声，也就是听而不闻其声。听之不闻其声，这就有个天地本来无声，还是人听而不闻其声两个不同的角度。在老子，并非强调天地无声，老子并非置世界的丰富音声于不顾，而专对于无声的世界感兴趣。如果这样，老子真可以说是哑谜的爱好者。

老子所说的大音，即道的音乐，或者说是至高的音乐、至美的音乐。至高至美的音乐寂然无音，听之不闻其声。它是"乐本身"，一切音乐皆所由生，也即是美的本体。有声之音乐则是具体的音乐，而非"大音"。《淮南子·原道训》："无音者，声之大者也。"范应元云："大道无声，而众音由是而出，乃音之大者也。"[1]一切音乐皆由大音而出，强调的就是大音本体的特性。老子强调，契合这道的音乐，或者说契合这大美的世界，就应以"无言"的心灵相对，以"无声"的体验切入。老子说："希言自然。"自然不言，意思是，自然不像人那样言，也即庄子所说的"天籁"。这"天籁"是自然天成之声，它无机心，无智巧，不矫饰，无涉于欲望，不劳于理智，四时行，百物生，不为，不言。音乐的本体世界是无声的，而万籁声响，乃是这本体音乐的体现，故而自然而然，像那山前的景色，风来云起，日出雾收，不劳人虑，无为无作。这便由一个寂然无音的本体界，转而为天籁之音的"无言"的世界。"无言"的世界是具体的。

老子强调这无言的世界，不在于世界本身，而在于观者的态度；不在世界无声无言，而在观者超越言说的欲望。在他看来，知识不真，它是世界虚假的反映；不美，美在于自然而然的显现，所谓"信言不美，美言不信"；依赖这种知识去认识世界，也不符合自然道德的准则，是不"知"（智）的，所谓"知者不言，言者不知"。世人所说的美和丑都是相对的，老子否定这样的美存在的可能性，老子推崇的是一种绝对的美。这绝对的美就是无言之美。

《庄子》一书共使用"美"52次，其中多处含有哲学意义[2]。在《庄子》，它将美分成两种类型，一是一般的美，这是相对的；一是道之美，这是绝对的美。前者它称其为小美，后者被称为大美，或者至美。前者属于人的理性的视界，是人的语言可以表达的。而后者不涉人的理性，是人类语言所不可分别的浑全之美，是无言之美。前者是暂时的，派生的，有限的；后者是永恒的，本原的，无限的。前者为人为之美，后者为造化之美。在《庄子》看来，美是一个自然呈现的世界，美是不可说的，可说则非美。有言的世界是语言可以描述的世界，语言的有限性决定它无法真实反映这个世界；语言的僵化固定的指称，是对世界意义的破坏。所以《庄子》认为有言之美，如果还有美的话，它一定是有限的、相对的、不完全的、片面的。而在不言之美中，没有外在的审美，有外在的审美，就是认识，是观照者对对象的认识，不言之美排除这样的对象存在的可能性，它不能经由外在观照者的"审美"活动而获得，它自己以存在言说，以存在的意义显示自身的美。这样的美只能通过体验妙悟而获得，人只有没入存在之中，才能领略其大美。人不是通过"思"（概念的知识的把握）认识这个世界，而是没入这个世界，拥有这个世界，与世界同在，从而发现世界的意义。当人融入这个世界时，人不是在这样的世界中发现其普遍性，从特殊中概括出一般，而是就在这世界本身感受其意义。

在《庄子》看来，一般美受制于分别智，它是知识的判分，而大美则是超越知识的，是一种无分别的美。一般美不脱主观性，而主观视界下的美则不是真美。《山木》篇说："阳子之宋，宿于逆旅。逆旅人有妾二人，其一人美，其一人恶，恶者贵而美者贱。阳子问其故，逆旅小子对曰：其美者自美，吾不知其美也；其恶者自恶，吾不知其恶也。"美丑的判分受制于主观的情感、知识，所以说是"美者自美"，这样的美"吾不知其美"，其实并不是真正的美。一般美受制于主体知识的局限，那位因大雨高兴而跳跃的河伯，"以天下之美为尽在己"，这样的美的结论带有虚幻不实性。一般美是一种局部的、片面的美，而不能达到"共美"。《天下》篇说："天下大乱，贤圣不明，道德不一，天下多得一察焉以自好。譬如耳目鼻口，皆有所明，不能相通。犹百家众技也，皆有所长，时有所用。虽然，不该不遍，一曲之士也。判天地之美，析万物之理，察古人之全，寡能备于天地之美，称神明之容。"一曲之士，本一曲之心，所说之美，只能是曲偏之美，不具有共同性，所谓"寡能备于天地之美"。一般美都有标准，而无言之大美是没有具体标准的。庄子说：人睡在潮湿的地方时间长了，就会患腰痛乃至偏瘫，泥鳅却不会。人住在高处的树木上就会恐惧不安，猿猴却不会。我们到底怎样来判别舒适的标准呢？毛嫱和丽姬，是人们共同认为最美的，而鱼见了就潜进水底，鸟见了却高高飞起，麋、鹿见了又快速奔避，这四类动物到底谁能知道天下真正的美的标准呢？一切有标准的美，都是知识之美，都是"言"之美。

从根本上说，庄子以不言之美为绝对之美，为美的本体，援此以诊治人溺于知识理性的痼疾。以知识去解说天下，到底是"小识"，而"危然"独立，无知无识，心中混茫，葆纯全之志，这就是大识。大识就有大得，大得有大美。大美便只在无言中（排斥知识的情况下才能出现）。无为和有为为道家一对重要概念。《庄子》所说的一般美是有为的美，而大美是一种无为之美。

在以上所言儒道的大美思想看，儒道两家都承认有一个绝对的美的本体，而美的创造应该循此为道。这个大美被许之于天地，天地何以有大美，在于天地以"不言"而得此名。所谓天地之"不言"，乃是以天言，而不以人言，人言者，知识的角度也；天言者，自然而然之显现也。一切自然显现的都是美，而这美都根源于"不言"的美的本体。

南宗禅其实也肯定一个无言真美的世界。不立文字，自性显露，闭起知识的口，开启生命的眼，这是南宗禅的根本指向。但南宗禅没有体用之思路，它没有在本体之美与一般之美中作区隔。无言之美在禅宗就是自在兴现的世界。没有一个抽象的绝对的本体存在。一切大美、小美、大音、小音都是分别见。禅宗在这样的角度谈它的不言之美。

◉〈清〉石涛
兰
中国艺术的境界，
如高山大川中几朵
幽兰，散发出淡淡
的幽香，似有若
无，似淡实浓，无
言地传递着她的
奥韵。

临济宗实际宗师黄檗希运的一段话，可以说是这方面思考的概括。他说："语默动静，一切声色，尽是佛事，何处觅佛。不可更头上安头，嘴上加嘴。但莫生异见，山是山，水是水，僧是僧，俗是俗，山河大地，日月星辰，总不出汝心，三千世界都来，是汝个自己。何处有多般？心外无法，满目青山。虚空世界皎皎地，无丝发许与汝作见解。所以一切声色，是佛之惠。法不孤起，仗境方生。为物之故，有其多智。终日说，何曾说。终日闻，何曾闻。所以释迦四十九年说，未曾说着一字。"

这段话有四个逻辑点：一是佛不说。佛说法四十九年没有说一字，不是他的嘴没有张过，他"终日说，未尝说"，是说他不以知识去说，没有落入概念。禅宗以"不立文字"为宗门铁限，强调"说似一物即不中"。佛是不可言说的，说一声佛，都要漱漱口。禅门中有这样的话："不堵你口，你说什么，不塞你耳，你听什么。"所谓言无言，不言言。禅宗道："妙高峰顶，不容商量。"一"商量"，即是言说，即破坏了诸法实相。"维摩一默"，才是根本的致思之道，所谓"悟则当下便悟，拟思便差"。拟思，就是知识活动，就是言。

第二，世界自在说。满目青山，皎皎自在，它们终日在说，但却没有说一字，山是山、水是水地说，无概念无分别地说，即"无丝发许与汝作见解"。

第三，以世界之说为说，则是这段话重要的落脚点。就是"一切声色，是佛之惠"，佛不说，佛以世界之说为说，满目青山，皎皎自在，都是在为佛说，法不孤起，仗境方生。这就是与佛之"惠"，佛不说，以世界为说，世界是佛之代言者。

第四，这虚空世界皎皎地说，"皎皎"二字值得注意，即世界自在说，是灿烂地说。世界之说是一种美的发现。如南朝一位画家宗炳所说的，山水"以形媚道"，以美的形式呈现道。黄檗继承了洪州禅的思想，将洪州禅平常心是道的思想，从侧重于坐亦道、行亦道、担水是道、打柴也是道等具体的生活本身，而引向全体生机活泼的世界的呈现。悟入无言之境，是去除心灵的遮蔽，对世界的遮蔽，对存在本身的遮蔽，而彰显了处处通灵、处处玲珑的新的世界。悟是发现和创造，悟发现了一个自在显现、梅花香味四溢的新世界。"三十年来寻剑客，几度发芽几抽枝。自从一见桃花后，直至如今更不疑。"灵云悟桃花，就是悟出了一个灿烂的美的世界，将生命由晦暗引向清明。

因此，黄檗的思路，不仅是确立生活本身，更是确立世界本身。山河大地、水鸟树林，自在活泼，不受妄念的支配，只是自由地自在地呈现。这自在显现的境界是脱离了人的言说的境界，是美的自在呈现的境界。虽然希运这里讨论的不是美学问题，但其最终导入一个结论：最高的美就是不言的美。无言之境，是为佛境，也为美境。南禅受大乘空宗影响，又扬弃了大乘空宗一味空寂、无为无造的思想，在这方面吸收了儒学生生化化的哲学，很有创获。

二、妙契无言

中国美学以无言之大美为绝对之美，这样的美，是无法通过知识去把握的，唯有以心灵去体验之一途。王阳明说："无声无息独知时。"对待无言之大美，即需要这样无言的冥会。无言，说的是要关闭知识之途；冥会，说的是无分别的独自默然证会。思辨乃证会之乱源，独认是契合之坦途。

老子说："知者不言，言者不知。塞其兑，闭其门，挫其锐，解其纷，和其光，同其尘，是谓玄同。"真正知的人不说，而说的人却不知。堵塞欲望的孔隙，关闭视听的门户，挫掉争辩的锋芒，解除分别世界的欲望，从而玄同物我、默契大道。老子的"涤除玄鉴"说，说的就是这个意思。

老子所描绘的以无言之心和光同尘的方式，就是中国美学中典型的纯粹体验方式，以无言的体验方式去契合无言之大美。天地以不言为美，人以不言应之。对无言之美的体认，就是以生命契合生命，而不是以知识去分解。"无言"的体验方式，其实就是以恬然澄明之心去映照，一丝不挂，虚静空廓。中国审美体验理论中的澡雪精神、疏瀹五脏，就是荡涤"言"，虚则静，静则动，动则得。得什么？得生命的飞跃。再者，以无言契合无言之大美，乃是落花无言般的契入，是冥然无间的融入，因为解除了"言"，便解除了人与世界的冲突，于是化归于宇宙的大生命。这是中国审美体验理论的基本思路。

清代画家戴醇士是一位极为敏感的艺术家，他对无言之境的体会堪称深刻。他以为，无言之纯粹体验为艺道的关键。他说："心与造物者游，故动即相合，一落语言文字，便是下乘。"[3]他在一幅墨荷大幅图上题道："彼肆其幻，吾面吾壁。彼矜其捷，吾伏吾枥。蠢然峰起，吾安吾默。轰然雷动，吾守吾寂。兹山之德，吾抱以为式。"[4]

〈元〉盛懋 秋舸听夏图

高山雄尊，流水潺湲。徜徉其间，心契无言。

艺术家抱素守寂，在无言之中，妙契大道，感受到"渊默而雷动"的境界。他还以动人的诗境传达对无言妙境的向往："高山雄尊，流水潺湲。徜徉其间，心契无言。""山翠袭衣，溪云参座。高人无言，松倡竹和。"[5] 以无言之心，融入到世界之中，山光水色都是人的性灵显现。

戴醇士有一首题画诗写道："万梅花下一张琴，中有空山太古音。忽地春回弹指上，第三弦索见天心。"[6] 艺术家说的是一个无言的化境。梅花如雪，一人于如雪的梅花丛中援琴弹拨，弹出了清泉滑落，弹出了淡云微收，弹出了一片生机鼓吹的世界，弹出了沉积在自我生命深层的声音，弹着弹着，似乎整个宇宙的声音都在梅花丛中回荡，空灵的山在回荡，万古之前的声音也来这花海中回荡，弹琴者融入了这一片梅魂花影之中，他淡去了"人心""人乐"，融入了"天心""天乐"中。是所谓妙契无言之境界。

明代画家李日华题画诗云："世缘空尽身无缚，来往翛然似孤鹤。有耳不令着是非，挂向寒岩听泉落。"[7] 看来，李日华是用庄子所说的那双耳朵去听的，不着是非，不下判断，世缘空尽，无缚无系，将这双不染世念的耳朵挂向寒岩，一任飞泉溅珠玉。石涛在给八大山人的一幅画上题诗道："一念万年鸣指间，洗空世界听霹雳。"[8] 他也听出了和李日华、庄子同样的声音。

"落花无言，人淡如菊"。淡去尘世的羁绊，淡去知识的乱源，出一片平淡之心。淡不是木然，而是荡却一切尘网世念，养素葆真，契合大道。《二十四诗品》有丰富的内容谈无言契合。诗道不关知识，而关生命体验，受知识、欲望左右，就会分别对象、占有对象，与世界相冲突。作者写道："是有真迹，如不可知"（《缜密》），"俯拾即是，不取诸邻"（《自然》），"取语甚直，计思匪深"（《实境》）。知识的活动是逻辑的、理智的、推理的，而诗是别样的形态，需有别样的衷肠。无言的契合是非知非思的，它如无言的落花、无虑的清风、无思的明月，只是自然而然地运动，只是"俯拾"，只是"直取"。诗悟无须"取诸邻"——在时间上为过去、现在、未来所缠绕，在空间上为相互对待而裹挟。作者强调，就将一片芳心寄于当下直接的感悟。因为一涉知识，即是伪。《超诣》一品对此阐释最为细微："匪神之灵，匪几之微。如将白云，清风与归。远引若至，临之已非。少有道契，终与俗违。乱山乔木，碧苔芳晖。诵之思之，其声愈希。"也不是神，也不是几，那是宗教之境。无言契合的方式并非是玄不可测的，它就是平常自然地契合，清风自清风，白云自白云，乔木森森，就是我的性灵，青苔历历，就是我的心衷。在这样的氛围中，没有了自我，没有了和外物的隔阂，所谓"诵之思之"，其实是什么也不思，什么也不想，因为在"诵之思之"中，其诵归于"希"，归于一片庄严的静寂，其思也归于一片空无。这就是《诗品》的态度。大音希声，故以一片"希"的心灵归之。

无言总是诗。中国艺术家极重这无言独化的境界。言语残缺不全，唯有体验才是最真实的。李白《赠清漳明府侄聿》："琴清月当户，人寂风入室。长啸一无言，陶然上皇逸。"无言中有真美。白居易《酬和元九东川路诗十二首·嘉陵夜有所怀二首》之一："露湿墙花春意深，西廊月上半床阴。怜君独卧无言语，唯我知君此夜心。"在无言中体会大化优游之境。杜荀鹤《赠临上人》："不计禅兼律，终须入悟门。解空非有自，所得是无言。"许浑《病中二首》之一："一身仍白发，万虑只丹心。此意无言处，高窗托素琴。"诗人要把握这无言的妙韵，无言最是充满，最是销魂，最是动心处。长啸一无言，忘己又忘物。

诗道如此，书道也复如是。张怀瓘将无言妙境和智识之途相对而论。他以为，艺术"不可以智识"，唯有以心会。《书断》评张芝书法云："（张芝）创为今草，天纵尤异，率意超旷，无惜是非，若清涧长源，流而无限，萦迴崖谷，任于造化，至于蛟龙骇兽、奔腾拿攫之势，心手随变，窈冥而不知其所如，是谓达节也已。精熟神妙，冠绝古今，则百世不易之法式，不可以智识，不可以勤求，若达士游乎沉默之乡，鸾凤翔乎大荒之野。"[9]领悟艺术的高妙之境，和"达士游乎沉默之乡"一样，艺术是一"沉默之乡"，在这片天地中，只能以心会，不能靠外观，不能以喧嚣的心去会，而要以宁静渊澄的心去会。因为这片天地是不可说的，可说即非真，所以对于不可

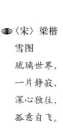〈宋〉梁楷
雪图

琉璃世界，
一片静寂，
深心独往，
孤意自飞。

145

说的东西，唯有沉默。知识沉默了，思虑沉默了，语言沉默了，永恒的沉默则是达到艺术高妙境界的途径。在这片天地中，"窈冥而不知其所如"，随意东西，从容飘游，不粘不滞，率意而为。张氏将这样的艺术家称为"达节士"，这样的艺术创造过程称为"达节"的行为。所谓"达节"，即无言契合。

张怀瓘还提出："可以心契，不可言宣"[10]。这是中国艺术理论中的一条重要原则。言宣为识，心会为悟，言者存粗，悟者存精。文学需要语言来表现，书画等艺术也需要自己的语言，中国艺术并不是摒弃语言，没有语言（广义之语言），艺术成立的基础也就没有了，它反对的是可能导致理智概念欲望产生的语言。所以对于语言，中国艺术论中秉持一种"不立文字，不离文字"的道路。在这一点上，庄子的得鱼忘筌、得兔忘蹄的思想以及禅宗舍筏登岸的思想有很大影响。语言无非为示机之方便而设，如以指指月，使人因指而见月，意在月，而不在指。以言教而显示实相，然而语言本身并非实相，舍筏登岸，得月忘指。苏轼诗云："殷勤稽首维摩诘，敢问如何是法门。弹指未终千偈了，向人还道本无言。"[11] 赵子昂说："始于不言，而至于无所不言，无所不言，而至于无言。夫道非言不传，传而不以言，则道在言语之外矣，是为佛法最上上乘。"[12] 无言契会，就是不能为外在的形式所拘牵，一任心灵自由腾越。

张怀瓘推崇一种"独闻""独见"的无言独化方式。他说："玄妙之意，出于物类之表；幽深之理，伏于杳冥之间；岂常情之所能言，世智之所能测也。非有独闻之听，独见之明，不可议无声之音，无形之相。"[13] 至高的书法境界如同"无"声的天籁之音，只能通过心知，不能以言去究诘。在这里，张氏提出"常情"和"世智"两个概念。所谓"常情"就是一般的认识方式、习以为常的价值评判标准，"世智"就是寻常的知识系统。"常情"是我们认识世界时不自觉地运用的标准，强调其习以为常；"世智"是我们把握世界所惯用的分析方法，强调其信以为真。我们面对外在世界，总是情不自禁地去"说"，"说"所运用的就是这"常情"和"世智"。我们满以为这样的认识便把握了对象，其实这只是误说、妄测。习以为常的原是如此不可靠，信以为真的原是一腔妄念。张氏所说的"独闻之听，独见之明"，与"常情"、"世智"截然相反，它闭起知识的眼睛，睁开真知的灵明。"独闻"、"独见"，强调无对待，无知识羁绊，自由空灵，用心灵的耳朵去听，以心灵的眼睛去见，与对象臻于一片气化和合的境界，从而把握其妙处。僧肇说："然则玄道在于绝域，故不得以得之；妙智存乎物外，故不知以知之；大象隐于无形，故不见以见之；大音匿于希声，故不闻以闻之。"[14]这里的不见之见、不知之知、不闻之闻正是中国艺术论中的"独见之见"等之所本。所谓独见云云，就是不见，以不见为见，由外观而内悟，官知止而神欲行。

明代书论家项穆还将无言视为一种神化之妙。他说："是知书之欲变化也，至诚其志，不息其功，将形著明，动一以贯万，变而化焉，圣且神矣。噫，此由心悟，不可言传，字者孳也，书者心也，字虽有象，妙出无为，心虽有形，用从有主。初学条理，必有所事，因象以求意，终及通会，无所无事，得意而忘象。故曰由象识心，徇象丧心，象不可着，心不可离。"悟就是无言，无言妙境只能于悟中得来。这神化的境界，当然不是宗教境界，而强调其微妙的契合。

三、创造无言之美

不言之大美为美的本体，中国艺术家以无言之心体验这幽绝的世界，创造无言之艺术世界。这里以八大山人和石涛为例，通过他们的艺术创作的解剖来谈这个问题。

据史料记载，八大山人父子都有语疾。陈鼎《八大山人传》说八大山人的父亲"亦工书画，名噪江左，然暗哑不能言"。关于八大山人口吃甚至哑于言的记载很多。陈鼎说："甲申国亡，父随卒，人屋承父志，亦暗哑。"意思是明亡之后，其父去世，八大山人继承父志，也哑于言。不过是因国亡而哑口无言，还是因生理哑不能言，陈鼎并没有说清。从他记载的情况看，"左右承事者，皆语以目，合则颔之，否则摇头，对宾客寒暄以手，听人言古今事，心会处，则哑然笑……"八大山人并非是聋哑残疾，只是能听不能说。即使这不能说，也不能遽然而定。与山人同时并曾向山人索画的张潮说："又闻其于便面上，大书一'哑'字。或其人不可与语，则举'哑'字示之。"这处记载透露出一个消息，山人并不是真正哑于言，而是愿意谈话的，就不哑，不愿谈话的，就挂出免于言的招牌。

八大山人晚年画中常有"个相如吃"的款，"个"指的是八大山人（雪个）自己，相如指司马相如，史书载司马相如有口吃的毛病。山人的意思是，自己与司马相如一样，都有口吃的毛病。按常理，一个有身体残疾的人，不会有意张扬，但八大山人却相反，他似乎非常喜欢张扬这仅仅是口吃的并不太重要的毛病，莫非他另有意图？

以前的研究为他找原因，多从政治的角度入手，正像陈鼎记载所显示的，他是以不语来表达易代所带来的痛苦和愤懑，像张潮所说的，合于心者与之言，不合于心者则沉默，就是一种政治考量。但在我看来，这些原因都不是最重要的，最重要的是通过这样的身体行为所表达的哲学思考，这与禅宗有密切的关系。江西是洪州禅的发源地，马祖大师驻锡江西开元寺，宗风大盛，被称为洪州宗。唐代著名的居士庞蕴一天问马祖道："禅宗不重万法，是什么意思？"马祖说："等我一口吸尽西江水，就来向你说。""一口吸尽西江水"于是成了洪州禅最重要的话头。八大山人有《题画西瓜》诗道："无一无分别，无二无二号，吸尽西江来，他能为汝道。"即是洪州禅禅意。他的朋友胡亦堂说他："浮沉世事沧桑里，尽在枯僧不语禅。""不语禅"正是八大山人毕生所奉行的，即使他离开佛门，禅的血脉仍然在影响着他。他的画就是这"不语禅"的体现，他不以语言、知识、理性来分析这个世界，而是用生命来感悟这个世界，他的画就是他的禅、他的哲学，其中所蕴藏的就是他无法用语言来表现的亲知。

有趣的是，八大山人本就有说话不是很利索的毛病，偏偏他又是个禅僧，而禅门又是一个不立语言的宗教，所以，他的"不语"的一面被突出了出来，他故意张扬自己的"哑"，不是宣扬自己的缺陷，而是表述自己的哲学。而他又是个前朝遗民，不说话又有沉默抗争的意味，等等。这种种事实奇妙地结合到一起，使得哑成了八大山人的一个徽记。八大山人以哑会归于中国哲学和艺术智慧中的无言之美。

八大山人有一枚闲章"口如扁担"，这是他这方面思考的鲜活写照。禅宗说："不蒙你眼，你看什么；不捂你嘴，你说什么。""口如扁担"，就是闭起口来说。[15] 八大山人牢牢把握住这根扁担，闭上知识的口。

八大山人深通南禅一而不二的思想，用他的话说，就是"无一无分别，无二无二号"。"一"不是数量上的"一"，一是无分别，无对待，无高下之分，无人我之别；一是我与世界彻底合一的绝对境界，是个浑全的世界。

八大山人喜欢画假山，他有一幅玲珑石图，画面中怪石兀立，上面有一首诗："击碎须弥腰，折却楞伽尾。浑无斧凿痕，不是惊神鬼。"须弥山是佛教传说中的世界之巅，即妙高山。而佛教传说中的楞伽山光明灿烂，山中有无数花园香树，微风吹拂，枝叶摇

◉〈清〉八大山人
瓜鸟图
这护法的鸟，
护持的是一片
光明的混沌。

曳，妙香远闻。八大山人以假山来表现浑成而无斧凿之痕的境界，这样的境界不求惊天地泣鬼神，而是浑然一片，自是一片圆足。

八大山人喜欢画瓜，其中有一幅图，墨笔画了个大南瓜，其上安闲地卧着一只鸟，他在题跋中说，这鸟是"护法"者，他所护的就是这整体的真实的世界。其实，他就是将西瓜作为浑然的"一"的世界。这个沉默的西瓜，没有开口处，浑圆地、整体地在向世界说。原来，他画西瓜，是在画他的无言哲学。

八大山人自题《个山小像》有段这样说："没毛驴，初生兔，勃破面门，手足无措。莫是悲他世上人，到头不识来时路，今朝且喜当行，穿过葛藤露布，咄！"前四句是说自己进入佛门，为世上人不识来时路而悲伤。八大山人为什么这样说呢？在禅宗看来，人来到世界，欲望、知识、习惯、目的等等的内容，很容易将心灵的白纸上涂上颜色，人失去了他的本色，忘记了他来时的路。从权威中走出，从知识中走出，从习惯中走出，做个自由人，做个透脱之人，做个真实的人，这才回到真实的生命之路上。禅宗认为，妙悟是回到生命之路的唯一途径。这里的"当行"，乃禅门用语，所谓"本色当行"，指妙悟。

而"穿过葛藤露布"，指超越理性知识。禅宗将人的知识活动称为"葛藤下话"，这个比喻很形象，知识的活动，是啊非啊，有啊无啊，就像葛藤纠缠，没有个止境，没有个准则。赵州大师有段话说得痛快淋漓："如今黄口小儿，向十字街头说葛藤，博饭噇、觅礼拜，聚三五百众，云：'我是善知识，你是学人。'"意思是，如今一些人，小年轻的，就喜欢摆弄口舌，说是说非，就像一个人站在十字街头说着葛藤一样永无结果的话，博得一些吃喝，寻到一些人向他礼拜，聚集一些人，就说："我是老师，你们是学生。"真是冷峻至极。"露布"，古代打仗胜利后，在布帛上写上胜利的文告，挂在竿头，昭告天下，有点类似今天的广而告之。禅宗说："我宗无语句，徒劳寻露布。"露布就是宣扬自己有知识。八大山人的"穿过葛藤露布"，就是穿过知识的分别的陷阱。

研究者认为，"八大山人"的落款连书成"哭之笑之"之样，这是不假的。据说他在朋友胡亦堂家做客，"忽痛哭，忽大笑竟日"。一般认为，八大山人这样做，是哭笑不得，以此表达失去旧朝的痛苦和愤懑。其实，这也透露出禅家的观点。百丈怀海有一次和老师马祖一道出去散步，看到有一群野鸭飞过。马祖问："这是什么？"怀海说："野鸭子。"马祖说："飞到什么地方去？"怀海说："飞过去了。"马祖就狠狠拧了怀海的鼻子，怀海痛得大叫起来。马祖说："你说它飞过去了，我看它还在这里。"怀海回到房间，嗷嗷大哭。有的人就将此事告诉了马祖，马祖说："他一定是悟了，不信你去问他。"那人回告怀海，怀海又呵呵大笑。同事就奇怪了："刚才哭，怎么现在就笑了？"怀海曰："刚才哭，现在笑。"那人弄得一头雾水。八大山人的哭哭笑笑，意似疯狂，其实表达的是，超越俗世的是是非非，超越俗世的知识理性，也是"口如扁担"的另一种表现形式。

八大山人将这无言之境目为"天心"自张的境界。八大山人有"天心鸥兹"之印。1692年，他作有16开的册页，在荷花一图中，他题了"天心鸥兹"。《列子》中一个故事，从前有一个住在海边的

●●〈清〉八大山人
　枯鸟图
　今朝且喜当行，
　穿过葛藤露布。

人，喜欢鸥鸟，每天早晨到海边，和鸥鸟在一起玩乐，成百上千的鸥鸟都落到他的身边，一点也不害怕。他父亲知道后，就对儿子说："为我抓一只来，让我玩玩。"第二天早晨，此人照例到海边，但鸥鸟在他的头上飞来飞去，不再落下。这人非常奇怪。因为此人这时有了机心，有了贪欲，有了目的，而鸟儿是忘机的。八大山人要做一只有"天心"的鸥鸟，与世界自在地游戏。

八大山人的画中就充满了一种天心，充满了童趣和幽默，充满了对大自然中的一草一木的爱。他在《题梅花》诗中写道："泉壑窅无人，水碓春空山。米熟碓不知，溪流日潺潺。"他有一首《无题》诗道："深树云来鸟不知，知来缘想景当时，小臣善谑宿何处，庄子图南近在兹。"云来鸟不知，水来树不知，风来石不知，庄子所描绘的那个"咸取自己"的世界就在这里，因为我无心，世界也无心，在无心的世界中，溪流潺潺，群花绽放。他有诗道：

春山无远近，远意一为林，未少云飞处，何来人世心。

（《题山水册》）

无心随去鸟，相松野塘秋。更约芦华白，斜阳共钓舟。

（《无题》）

侧闻双翠鸟，归飞翼已长，日日都无心，那得莲花上。

（《题莲花翠鸟》）

人心退去，天心涌起，此时但见天风浪浪起长林，芦花飘飘下澄湖。

八大山人的朋友石涛也是一位深通无言至境的艺术家。他曾画有《睡牛图》，自跋云："牛睡我不睡，我睡牛不睡。今日清吾身，如何睡牛背？牛不知我睡，我不知牛累。彼此却无心，不睡不梦寐。"无心就是石涛的大法，于念而不念，牛无念，我无念，无念处大千，不睡不梦寐。我作画如牛儿吃草，自在运行，不秉一念，不受一拘。他的一首小诗写道："流水含云冷，渔人罢钓归。山中境何似，落叶如鸟飞。"多么的悠然，多么的超逸。用八大山人的话说，就是"大是懵懂"。上海博物馆藏有石涛《松柯罗汉图》，上有两句诗跋："迷时须假三乘教，悟后方知一字无。"这是石涛对南禅法最真确的把握。言三乘教门，说祖师法典，动辄某经某典，动辄谁谁谁曾言，这都是拉大旗做虎皮。这样的人是"迷人"，没有得禅之妙法。妙悟之人，通透一切，一法不存，一言不立，《法华》呀，《楞严》呀，统统都置诸脑后。这就是"一字无"。"我今壁立千峰外，无发无名寄一枝"，无发无名都是外在的形式，关键在于心灵中的"无言"、"不作"。他壁立于千峰之外，无拘无束，高卧横眠，得大自在。他常用"一字钝根"的落款之语，他的"一字钝根"，就是"无字灵根"！

在石涛的题画诗中，我们看到他常常优游在这无言之艺境中："露地奇峰平到定，听天楼阁泉受风。白云自是无情物，随我枯心飘渺中。""流水含云冷，渔人罢钓归。山中境何似，落叶如鸟飞。""落叶随风下，残烟荡水归。小亭倚碧涧，寒衬白云肥。""小亭大于豆，高置幽岩巅。镇日来无人，水木空清妍。""寄卧虚堂寂，月明浸疏竹。冷然洗我心，欲饮不可掬。"一向狂狷的石涛在这里表达了如此悠然从容的心境，枯心随云荡，独意任鸟飞，似陶潜的恬淡、王维的清幽。石涛认为，这种心灵境界就是无念之境，在这样的境界中，法是难觅着落之地的。不过，石涛所要达到的无念之境有两种方式，一是浪漫的，放意直扫，意绪狂飞，脱略规矩，迥然高蹈，如上文所引石涛诗"大叫一声天地宽，团团明月空中小"；一是落花无言、人淡如菊的境界，悠然地渗入，宁静地参悟，叶落无声，皓月无痕。

八大山人和石涛以及中国很多艺术家，都是"往口中横下一根扁担"，去除"人心"，而修得一颗"天心"，像一只忘机的海鸥在天地间自由自在飞翔，从世界的观照者回到世界之中，从世界的对岸回到生命的海洋。在这样的境界中，山是山，水是水，长空不碍白云飞，八大山人有诗道："空林一叶飞，秋色横天地"；他感到"闻得山人来，正与白云往"，觉得世界的一切彰然在目。八大山人的老师释弘敏有诗道："往事不须重按剑，乾坤请向树头看。"八大山人正是从遮蔽的世界走出，在树头、在石上、在微花丛里、在五里云中、在林中的鸟鸣声中，感受到一个乾坤。八大山人有段题画跋道："静几明窗，焚香掩卷，每当会心处，欣然独笑，客来相与，脱去形迹，烹苦茗，赏文章，久之霞光零乱，月在高梧，而客在前溪，呼童闭户，收蒲团，坐片时，更觉悠然神远。"我分明在山人的一草一木、一瓜一芋中，看到了霞光零乱、月在高梧。

注 释

1 《老子道德经古本集注》，《续古逸丛书》景宋刊本。

2 若说到美，先秦时期，"美"这个词已上升为一个哲学概念，从孔子的"尽善尽美"，孟子的"充实之谓美"、"不全不粹不足以为美"等来看，"美"已经成为一个具有丰富内涵的理论概念。从讨论的美善区别来看，"美"这个概念所思考的问题，应该属于美学所讨论的范围。在道家哲学中也是如此。老子说："天下皆知美之为美，斯恶已；皆知善之为善，斯不善已。"将美看成与恶（丑）相对的概念，又和善相区别。从"信言不美，美言不信"、"美之与恶，相去若何"、"甘其食，美其服"诸语中还可以看出，美在当时已经包含形式美感的内容。故此，我以为讨论中国美学不能局限于"美"这个概念，但也不能忽视这个概念。

3 《习苦斋画絮》卷二。

4 《习苦斋画絮》卷五。

5 《溪山卧游录》卷六。

6 《习苦斋画絮》卷六。

7 《竹嬾画媵》，见美术丛书本。

8 题八大山人《大涤草堂图》，见《石涛书画全集》，天津人民美术出版社，1996年。

9 据《法书要录》卷八引。

10 《书议》，引自张彦远《法书要录》。

11 《和文与可洋川园池三十首·无言亭》，《苏轼文集》卷七。

12 《临济正宗之碑》，《松雪斋文集》卷九。

13 《书断》，引见张彦远《法书要录》卷7。

14 《涅槃无名论》，见《大正藏》卷四十五。

15 据《五灯会元》记载，大愚的弟子文悦禅师上堂说法道："口似扁担，你这些人还要争论干什么？"禅宗强调"妙高顶上，不容商量"。一商量，一理论，就是理性，就是知识，就没有禅了，禅强调如人饮水，冷暖自知。江西洪州的光寂禅师说："眼似木突，口如扁担，无问精粗。"

灵 的 空 间

　　宗白华先生对艺术的空间意识非常重视，曾撰有《中西画法所表现的空间意识》、《中国诗画中所表现的空间意识》等多篇论文，致力于揭示中西艺术在空间意识上的差异。他认为，中国艺术具有一种独特的空间意识，一个充满音乐节奏的宇宙（时空合一体），是中国艺术家追求的魂灵，中国艺术创造的空间不是现实空间（科学意义上的"空间"），而是一种"灵的境界"。宗先生这些极富启发的观点，揭开了笼在中国艺术上的一层面纱。我这一讲便是在宗先生的启发下，对涉及中国艺术空间意识的相关问题作进一步讨论。

恽南田在评他的一位朋友唐洁庵的画时说:"谛视斯境,一草一树,一丘一壑,皆洁庵灵想之独辟,总非人间所有,其意象在六合之表,荣落在四时之外。"中国艺术家以自己的"灵想"来铸造时间和空间,他们所创造的时空并非"人间所有",不是现实时空,而是超越具体存在的心灵时空。从时间上说,所谓"荣落在四时之外",在人们的时间之外把握一种生生不息、荣落兴衰的生命时间。从空间上说,所谓"意象在六合之表",就是在六合(上下四方)的空间之外,把握一种创造的空间,这空间可以称为"灵的空间"——在生命的"灵想"中回荡的空间。这一讲讲超越空间,下一讲讲超越时间。

一、疏处走马

对空白的关注,是中国美学空间意识的核心组成部分。

侯宝林相声中有这样一段,有一个土画家,什么都画不像,还喜欢买弄。一天一个人拿个纸扇,上等宣纸做的,是个好扇子,想请他画个画。那人说,我给你画个美人吧。好,那就画吧。他画了半天,画好了。一看,不太像。他说:"那我给你改张飞吧。"好,那就画张飞。张飞画好了,那画家说:"这张飞胡子画得太多了,我给你改个怪石吧。"怪石改好,请他画扇的人瞧瞧,说道:"这也太怪了吧。"又不太像。那画家倒干脆,说:"得,我给你涂黑了,你找人写金字去吧。"

这个笑话讽刺一位笨拙的画家,画家犯了中国画的一个大忌,就是太实了,塞得太满了,由美人到改怪石,由怪石再涂黑,越涂越满,终究没有用了。元饶自然有《绘宗十二忌》,第一忌就是忌"布置迫塞",作画要上下空阔、四面疏通、潇洒通透,自有玲珑之妙,如果充天塞地,满幅画了,便无风致。一个生命体就是一个气场，塞满了，填实了，就没有生气流荡的地方了，这样的艺术就没有活致，就死了。空为活道，塞为死路，"空则灵气往来"。就像下围棋，我们不但要有做实的功夫，更要有做虚的功夫，那回荡无已的宇宙流，是需要我们在虚实二者之间细致斟酌的。

虚实是中国美学一对重要概念，虚实结合，虚中有实，实中有虚。在虚实二者之间，中国艺术对虚更为重视。这一理论认为，实是从虚中转出的，想象空灵，故有实际；空灵澄澈，方有实在之美。在艺术创造中，强调关心那个无形的世界，有形的世界只是走向无形世界的一个引子、一个契机。强调那个无色的世界，无色的世界蕴涵着世界的绚烂。强调那个无声的世界，大音希声，无声的世界隐含着大音。虚实相生，无画处皆成妙境（清笪重光语），这是画家的感受；密处不透风，疏处可走马（清邓石如语），这是书法家的感受；非园之所有，乃园之所有，非山之所有者，即山之所有（清袁枚语），借景成为园林家的拿手好戏。利用程式的隐含表达世界的丰富，这是戏剧家探讨的重要道路，就像京剧中的荡马，没有马，没有布景，一人手执鞭子，一招一式，就走遍了千山万水。词宜清空，清者不染尘埃，空者不著色相。清则丽，空则灵，如月之曙，如气之秋，这是诗人的观点……

清恽南田说得好："今人用心，在有笔墨处；古人用心，在无笔墨处。倘能于笔墨不到处，观古人用心，庶几拟议神明，进乎技已。"艺术的妙境在无笔墨处，在无画处，在清空处。一句话，在白处，白处涵括了一个有意味的世界。

老子谈空，是具有大用之空。他说："三十幅共一毂，当其无，有车之用。埏埴以为器，当其无，有器之用。凿户牖以为室，当其无，有室之用；故有之以为利，无之以为用。"[1]三十根辐条汇集在一个毂中，正因为有空虚的地方，才有了车子的用处；揉和陶土做成器具，正因为中间有空虚，才有了器具的用处。开凿门窗以建成房屋，也是因为有了空虚之处，才有了房屋的用处。所以说：实体之所以有用处，那是因为空虚在其中起的作用。老子告诉人们，请注意那个空无的世界，人们都习惯于知道有的用处，其实有的用处是在无的基础上产生的，在有无二者之间无才是最根本的。如围棋中，妙处往往不在有处，而在无处，在那个空灵的世界中。老子说，他的道就是无。他说"道冲，而用之或不盈"，"冲"就是"空"，道虚灵而不昧，因其无，所以空，因其空，故能涵容一切。

中国哲学认为，大自然中的一切有形形态，山水草木，都是生生化化真实流的迹象，世界隐藏着流动不已、生生不息的真实流，万物不是固定的形态，而是这"流"中的一个"点"。所以，我们把握这样的生命世界，不能只看到这一个个"点"，更应注意其内在的"流"。中国艺术家说以一条颤动不已的线界破虚空，其实就是突破表相的"点"，去表现那内在的"流"，若有若无的线，

〈清〉八大山人
鸡雏图
空则灵气往来。

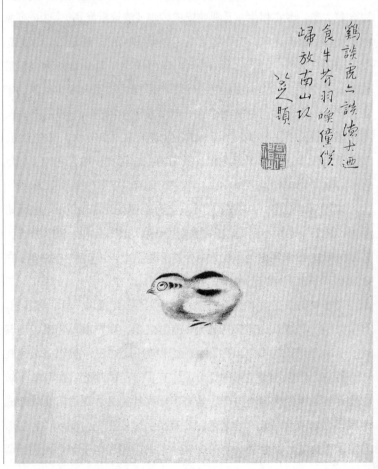

158

是在"点"与"流"中盘桓的幻影。正因这个"流",世界如同从我们的眼前飘忽的一个个点,世界被虚灵化,我们在"点"和"流"中,感受到世界的虚实互动的关系。

中国艺术可以说展尽白的妙用。艺术创造是从无到有的功夫,一张白纸,能画最新最美的图画。前人说"以一管之笔,拟太虚之体"(刘宋王微语),真是说得好。我们用笔,或用斫木的斧头、砌墙的刀具等等,在茫茫虚空之中,划出痕迹,划出自己对世界的理解,划出自己的生命精神,从而流出一段生命的悠长。所谓"笔迹者界也,流美者人也"(书法家钟繇语)、"出笔混沌开,入拙聪明死"(石涛语)。我们的创造依托虚空而出现,我们的生命因有这大白而有追求至美的可能。就像我们打太极拳,身体在太空中划出一条闪烁不已的痕,这条颤动的线若断若续、若有若无,在虚空之中绵延着。我们的身体和虚空世界共同创造一个有意义的世界。

当我们开了混沌,凿了虚空,出了太白,那个无的世界是不是就和我们无关了呢?"用笔者天也,流美者地也"[2],这句话包含了很深的道理。中国人有天圆地方的说法,圆而神者谓之天,方以智者谓之地,天乃无形,地乃有形。下笔乃有痕迹,所谓地也,而此迹线乃依托于天而存,即是说,艺术有形之迹线是为表现无形之生命而存。一句话,为那个空空世界而存。

下笔自有凹凸之形。董其昌说,这句话意味幽永,值得终生受用。清华琳《南宗抉秘》道:"轮廓一笔,即见凹凸。"即申述此理。下笔即有线的跌宕、形的顿挫,有墨的氤氲、色的蹉跎,下"笔"即从这虚空的世界"凸"了出来,昂然的生命在沉默的渊海中飞扬,在寂寞的世界中奔腾。"下"笔即"下"了我们精神的定单,为我们的生命找安顿,悠远的情愫、丰盈的感受、深邃的哲思,在笔的凹凸中展露。混沌开,并不等于智慧死,当我们不以知识的眼打开这个世界,而以生命契合这个世界时,藏舟于舟,藏山于山,藏天下于天下,我们便随着这虚空的世界流动,虽划出了创造的线,却没有创造的痕。一条颤动不已的线在虚空里绵延,一泓生命的清流在太白中流淌,我们化虚空为实有,转实有为虚空,虚空与实有相与滋育。于是，虚室生了光明。

中国美学认为，大白的世界有大美。我们界破虚空，创造实有，虚空并非仅构成背景，也不仅标示着实有所从来的处所。在实和虚二者之间，正因有实，虚空世界才不落于无意义的顽空，空的意义因有实而彰显出来；正因有空，实有世界才有生命吞吐的空间，有了气韵流荡的可能。虚实相生，非虚则无以成实，非实则无以显空。

如在中国园林创造中，那个虚空的世界永远在造园和品园者心中存在着，惟其空，故有灵气往来，非园中之所有，即园中之所有。园林创造或许可以说就是引一湾溪水、置几片假山，来引领一个虚空的世界，创造一个灵的空间。我们目之所见的对象，在虚空的氤氲中显示出意义。如苏州留园的冠云峰，是这座园林的魂灵。站在这个景点前，我们看到的并不仅是这假山的瘦影，我们看到造园者在这里潜藏了一个无限灵韵的空间，在冠云峰的实景和虚空之间构成了丰富的层次，冠云峰的瘦影颔首水面，戏荡一溪清泉，将它的身影伸到了渺不可及的深潭，潭中假山就是一个有意味的世界。真有苏东坡"庭下如积水空明，水中藻、荇交横，盖竹柏影也"的韵味。假山脚下是或黄或白或红的微花细朵，烘托着一个孤迥特立的灵魂。山腰有一亭翼然而立，空空落落，环衬着它。再往上去，是冠云峰在空阔的天幕中的清影，再上去，是冠云峰昂首云霄。虽一假山，造园者给我们创造了一个"层累的世界"，从水底、水面、山脚、山腰，直到天幕、遥不可及的高迥的天际，虽一山也，汇入到层层的世界中去，汇入到宇宙的洪流之中，我们在此感受到空潭清影、花间高情、天外云风。暮色里，浣水沼收了云峰的瘦影；晨雾中，一缕朝阳剪开了云峰的苍茫，朝朝暮暮，色色不同；春来草自青，秋去云水枯，四时之景不同，而此山有不同之趣也。我们在冠云峰这个"点"中，看到了世界的"流"。

再如苏州同里退思园，主人在空灵中退而思之。唐刘禹锡有"欲知花乳清冷味，须是眠云卧石人"诗句，此园用其意。退思园是一个以水见长的园子。中有一汪水池，水里有锦鳞些许，红影闪烁，若有若无，若静若动，湖的四边驳岸缀以湖石，参差错落，石上青苔

●●留园冠云峰
　冠云峰的瘦影戏
荡着一溪清云。

历历，古雅苍润，驳岸边老木枯槎，森列左右，影落水中，藤缠腰上，与园中诸景裹为一体。岸边又有水榭亭台。这是一个微型的空间，但却是一个活的空间，到此一顾，顿觉凡尘尽涤。正如高明的画家，画得满纸皆活。亭或作舫形，所谓"闹红一舸"，带着人凌虚而行。水澹荡，轻抚驳岸；鱼潜跃，时戏微苻。檐檐皆有飞动之势，蹈空而蹑影；树树皆有昂霄之志，超拔而放逸。至如云来卧石，风来缱绻，菰雨生凉意，淡月落清晖，更将这小小的空间在宇宙之手中展玩，玩出一片灵韵。真可谓当其空，有园之用。初视此园，处处皆是实景，但造园者的用心在在都落空处，水空，石空，亭空，向高处，高树汇入高空，低视处，苔痕历历，忽然将你带到莽莽远古的空。空为此园之魂，此园因空而活。

161

◉◐◑退思园

水潆荡，轻抚驳岸；
鱼潜跃，时戏微荇。
檐檐有飞动之势，
树树含昂宵之态。

陈从周说："我国古代园林多封闭，以有限面积，造无限空间，故'空灵'二字，为造园之要谛。花木重姿态，山石贵丘壑，以少胜多，须概括、提炼。曾记一戏台联：三五步行遍天下；六七人雄会万师。演剧如此，造园亦然。"他还用色空观念来解读江南园林。他说："白本非色，而色自生。色即是空，空即是色，池水无色，而色最丰。"这两段论述，真非大方之家不能道。由此也可以说，小亭无景，而景最夥；假山非山，而最巍峨；溪涧非海，而有海深。回廊多拥挤，你看它引领你走向宇宙纵深；小桥多可怜，且让它将你度向另外一个世界。

中国画极尽空白之妙。如八大山人的画，往往画一鸟、一荷、一鱼等等，满幅皆空，但活意盎然。画史上的减笔画，其实就是造空的手段。南宋梁楷是一位减笔画的高手，如其《李白行吟图》。画家将一切可有可无的东西全部减去，剩下的就是一个人的轮廓，没有背景，别无长物，但却感到满幅活络。

清乾隆年间的华琳，是一位落泊画家，其画世不多见，但其一

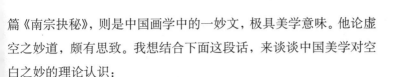

篇《南宗抉秘》，则是中国画学中的一妙文，极具美学意味。他论虚空之妙道，颇有思致。我想结合下面这段话，来谈谈中国美学对空白之妙的理论认识：

> 黑浓湿干淡之外，加一白字，便是六彩。白即纸素之白。凡山石之阳面处，石坡之平面处，及画外之水天空阔处，云物空明处，山足之杳冥处，树头之虚灵处，以之作天作水，作烟断，作云断，作道路，作日光，皆是此白。夫此白本笔墨所不及，能令为画中之白，并非纸素之白，乃为有情。否则画无生趣矣。然但于白处求之，岂能得乎！必落笔时气吞云梦，使全幅之纸，皆吾之画，何患白之不合也！挥毫落纸如云烟，何患白之不活也！禅家云："色不异空，空不异色。色即是空，空即是色。"真道出画中之白，即画中之画，亦即画外之画也。特恐初学未易造此境界，仍当于不落言诠之中，求其可以言诠者，而指示之笔固要矣。亦贵墨与白合，不可用孤笔孤墨，在空白之处，令人一眼先觑著。他又有偏于白处，用极黑之笔界开，白者极白，黑者极黑，不合而合，而白者反多余韵。譬如为文，愈分明，愈融洽也。吾尝言有定理，无定趣，此其一端也。且于通幅之留空白处，尤当审慎。有势当宽阔者窄狭之，则气促而拘；有势当窄狭者宽阔之，则气懈而散。务使通体之空白毋迫促，毋散漫，毋过零星，毋过寂寥，毋重复排牙，则通体之空白，亦即通体之龙脉矣。凡文之妙者，皆从题之无字处作来，凭空蹴起，方是海市蜃楼，玲珑剔透。

这段文字，论述艺术中色即是空、空即是色的道理，有几点值得注意：

第一，有"有情之白"，有"无情之白"。有情之白者，乃是有生趣之白，是生命世界的有机组成部分，是艺术构成的重要环节，虽无形可见，但却是空间组成的不可忽视的部分。"无情之白"，如一

慰，吴江枫落
時長天秋水
勒運消招：
舟子横塘畔

◎◎〈元〉盛懋

秋江待渡图

长天秋水，一片空廓；色即是空，黑即是白。

中国美学十五讲

Fifteen Lectures On Chinese Aesthetic

张白纸，那是绝对的空，是无意义、无生命的。如同佛学中所说的顽空一样，是死寂的。华琳所说的有情之白，就是生命之白。他说："凡文之妙者，皆从题之无字处作来，凭空蹴起，方是海市蜃楼，玲珑剔透。"在意想中，构造一个艺术的海市蜃楼。灵的空间由此显现。

第二，这有情之白，如绘画中的无画处，作水，作天，作云断，作杳冥之山势，如园林之弱水、之空亭，等等，都是流动气节奏中的一个环节，都归于"通体龙脉"之秩序中。艺术的虚实之道，并非多留虚空就可生出灵气，关键是视此白是不是生命整体的有机组成部分，若做不到这一点，空则显其贫乏、单薄和散漫，空空落落，没有实诣。如果处理得好，即使于实中也能见空。尚简逸的南田对此有很深体会，他说："古人用笔，极塞实处，愈见虚灵。今人布置一角，已见繁缛。虚处实则通体皆灵，愈多而愈不厌。"如果处理得好，实处也有虚处，处理不好虚处亦有堵塞。他又说："文徵仲述古云：看吴仲圭画，当于密处求疏；看倪云林画，当于疏处求密。家香山翁每爱此语，尝谓此古人眼光铄破四天下处。余则更进而反之曰：须疏处用疏，密处加密。合两公神趣而参取之，则两公参用合一之元微也。""香山翁曰：须知千树万树，无一笔是树；千山万山，无一笔是山；千笔万笔，无一笔是笔。有处恰是无，无处恰有，所以为逸。"此所谓疏处可走马，密处不透风。不在于疏密，而在于艺术的生长点、气的滋化处。

第三，黑处见白，白处显黑，黑白交相韵和，白和黑构成一推一挽的节奏，黑显而白隐，隐处为挽、为吞，显出为推、为吐，吞吐自如，推挽有致。清人布颜图说得好："大凡天下之物莫不各有隐显。显者阳也，隐者阴也。显者外案也，隐者内象也。一阴一阳之谓道也。比诸潜蛟之腾空，若只了了一蛟，全角毕露，仰之者咸见斯蛟之首也，斯蛟之尾也，斯蛟之瓜牙与鳞鬣也，形尽而思穷，于蛟何趣焉？是必蛟藏于云，腾骧夭矫，卷雨舒风，或露片鳞，或垂半尾，仰观者虽极目力而莫能窥其全体，斯蛟之隐显叵测，则蛟之意趣无穷矣。"虚和实，一阴一阳，阴阳互摩互荡，盎然而成一生命空间。正像老子所说的，"当其无，有器之用"。无为有之无，有为

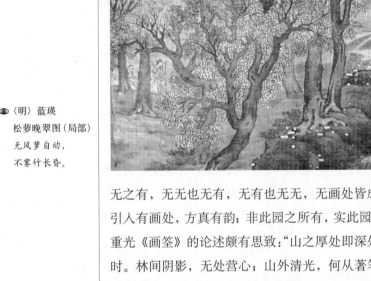

〖明〗蓝瑛
松萝晚翠图（局部）
无风萝自动，
不雾竹长昏。

无之有，无无也无有，无有也无无，无画处皆成妙境，由无画处引入有画处，方真有韵；非此园之所有，实此园之所有。对此，笪重光《画筌》的论述颇有思致："山之厚处即深处，水之静时即动时。林间阴影，无处营心；山外清光，何从著笔。空本难图，实景清而空景现；神无可绘，真境逼而神境生。位置相戾，有画处多属赘疣；虚实相生，无画处皆成妙境。"王石谷、恽南田认为这段论述揭示了中国艺术的深刻道理："人但知有画处是画，不知无画处皆画。画之空处，全局所关，即虚实相生法。人多不著眼空处，妙在通幅皆灵，故云妙境也。"此评当为不诬。

二、蹈虚蹑影

中国艺术这灵的空间，还是一个影的空间。

庄子讲过一个关于影子的故事。有一个人讨厌自己的影子，他动，影子跟着他动，他跑，影子跟着他跑，他拼命地跑，想摆脱影子，但就是摆脱不掉，最后累死了。庄子说，你为什么不到大树底下去悠闲地休息，在大树下还有影子吗？在庄子看来，世界原来是虚幻的，世人其实就是与影子比赛，与一种虚幻不实的力量角逐。人生天地之间，就像"白驹之过隙"——高山缝隙中透出的一缕光影，不可把握，瞬间即逝。人生为天地间一个匆匆的过客，只是"忽然而已"。疲敝的争斗，无休止的追逐，其实是没有意义的。庄子说，你就随世界同在吧，像水一样流淌，像云一样飘渺。没有执著，就有自由。

这样的思想对中国艺术影响太深了，我觉得研究界对它的注意还不够。道禅哲学的色空思想、无住观念，视世界如幻象的思想，对中国艺术的影响极为深远，这不仅是一个虚实问题，它是一种人生态度，一种看世界的方法。中国艺术家将世界虚化，抟实成虚，蹈光蹑影，中国艺术中充满了太多的梦幻空花、苔痕梦影。那云烟飘渺、雾霭蒸腾的艺术中藏着的正是这样的哲学深心。画出世界之"戏影"，石涛评八大山人画所说的这两个字，其实正反映了这样的思考。《维摩诘经》说："是身如影。"庄子说人生如影，艺术家就要将这影子的体会写出来，把不粘不滞的感觉写出来。吴历说："人世事无大小，皆如一梦，而绘事独非梦乎？然予所梦，惟笔与墨，梦之所见，山川草木而已。"他作画，就是在写梦。世相如梦幻泡影，画也如此。中国艺术家正是在做"蹈虚蹑影"之事。

《二十四诗品》有《形容》一品，它说："绝伫灵素，少回清真。如觅水影，如写阳春。风云变态，花草精神。海之波澜，山之嶙峋。俱似大道，妙契同尘。离形得似，庶几斯人。""形容"意即描绘外在世界。此品提出写诗要超越具体的形象，离形得似，寻求真实生动的传达，将对象的精气神表现出来。所谓如觅水影，如写阳春，风云变态，花草精神，山的嶙峋气势，水的波澜跌宕的韵味，这些艺术家要追摹的对象，都是虚而不实的，都是"影"。艺术创造要超越表象，要有"如觅水影"的工夫。艺术不是写"实"，而是写"影"。为什么要写影？因为影比质实的世界灵动、更有风神意味，因为影是对世界真实相状的表现。南田说："徂春高馆，昼梦徘徊，风雨一交，笔墨再乱，将与古人同室而溯游，不必上下千载也。"在影影绰绰的世界优游，以梦的眼光徘徊在实在的空间中。

在中国画中，我们看到了人生雪泥鸿爪的生命叹息。闻一多曾说，唐代孟浩然的诗，是淡到看不见诗，在中国画中，有的画也淡到了看不见画的地步。苏轼说画之妙在"孤鸿灭没于荒天之外"，将有形空间送到寂寞、幽远、深邃的世界中，闪烁不定，如影绰绰。

倪云林的画可以称为"影之画"，他要写出"一痕山影淡若无"的妙处，世界被他幻象化，他将心灵化为虚灵不实的线条律动。清代山水画家沈灏在《画麈》中说："称性之作，直操玄化，盖缘山河大地，器类群生，皆自性起，其间卷舒取舍，如太虚片云，寒潭雁迹而已。"空灵如闲云野鹤，去来无踪；如太虚片云，飘渺恍惚，难以确定；如风，如云，如气，似空无一物，又似处处即是，才触处有，一放手无。

我曾说，中国艺术的迥绝处，如空谷幽兰，在高山大川之间的一朵兰花，不起眼，它的谦卑和微小难以让人们注意它，但却散出淡淡的幽香，似有若无，似淡若浓，神秘而不可把握。空灵之至，飘渺之至，它是天际的一点鹤影，是山林中的一缕云烟。明徐渭在评南宋夏圭的一幅画时说："观夏圭此画，苍洁旷迥，令人舍形而悦影。""舍形而悦影"这五个字，可以说在相当程度上反映了中国画创作的规律。日本当代学者松冈正刚认为，中国和日本艺术都深受"无常"哲学的影响，如日本芭蕉、芜村的诗歌、雪村的山水画中，都透出浓厚的生命无常的思想，故以流光幻影的观念看世界。他的这一看法是有道理的。[3]中国艺术家眼中的世界就是一个幻影的世界。

南宋禅僧玉涧是一位诗人画家，他的画多表现禅不粘不滞的特点。如现藏于日本德川美术馆的《远浦归帆图》，用淡墨染出山影，再用浓墨点出参差迷离的树木，用细笔轻勾出一叶小舟。此画初看漫漶一片，细视却别有意味，幽淡、空灵、闪烁，正所谓只存下世界之影了。上自题一诗曰："西边刹境入毫端，帆落秋江隐暮岚。残照未收渔火动，老翁闲自说江南。"这真是将禅的无住的刹境摄入了画端。另现藏于日本冈山县立美术馆的《庐山图》，是玉涧代表作品之一，也是极尽幽微恍惚之妙。上有一诗曰："过溪一笑意何疏，千载风流入画图。回首社贤无觅处，炉峰香冷水云孤。"

〈宋〉玉涧
庐山图
巍峨的庐山
在画家的笔
下，脱略为
几丝柔痕。

　　南田说，江树云帆，于窗棂戏影中见之，取其影之妙。倪云林画以高逸而著称，其思想中有浓厚的空幻感。他有诗道："戚欣从妄起，心寂合自然。当识太虚体，心随形影迁。""身世一逆旅，成兮分疾徐。反身内自观，此心同太虚。"所言合于庄禅，世界只是人的旅店，艺术要反映人的生命感受，归于太虚才是艺术体验之道。他反复嘱咐自己要以"性印朗月，身同太虚"的观念去做人、为艺。生命的短暂和色相世界的空幻，使他悟到禅家色空和道家寄客的智慧，他说"踏雪飞鸿迹飘渺"——要做一只在荒天中灭没的飞鸿，似有若无，无住无定，悠远地飘渺着。他有诗道："鸿飞不于人间事，山自白云江自东。"灭没的飞鸿是寂寞的，但却是自由的。他的心，不是随形而迁，而是随影而迁，他的画，就是他所悟出的世界的影。

云林的画有强烈的太虚感，似画非画，似色非色，似形非形，一痕、一影，无言地诉说着宁静而超越的世界。他笔下的山水，疏林特立，淡水平和，遥岑远岫，淡岚轻施，一切似乎都在不经意中。他用淡墨中锋，轻轻地敷过，飘忽而潇洒，既不凝滞，又不飞动，笔势疏松而灵秀；他的皴法苔点，控笔而行，划过纸素，似落非落，如鸟迹点高空；这世界似乎离我们很近，似又离得很远，像是人平素所见之山水，又像是纯然陌生的世界。云林为我们描绘的世界，没有一点沾滞，没有一点情感的波澜，留下的就是空虚的寂寞的时空，迥绝于人寰的时空。他的心灵既不为之哀惋，又不为之爱怜，他以"戚欣从妄起"的观念结撰这样的世界，生怕被爱恨之情沾滞了。南田以李白"落叶聚还散，寒鸦栖复惊"来评黄公望的画，其实移以评云林最是确当。将栖未栖，将聚还散，他的笔墨似落非落，他的心灵也似往非往。云林的山水是道禅梦幻空花哲学最高妙的视象。

云林说，自己作画是"醉后挥毫写山色，岚霏云气淡无痕"，他醉心于这飘渺无痕的表达。现藏于台北故宫博物院的《江亭山色图》，如写一个依稀的梦境。一河两岸的构图有空茫感，一痕山影在远处绵延，把鉴赏者导入一个悠远的世界，疏林阑珊，逸兴高飞，山在溪中，溪围山在，山水都在流荡中，没有一个定在，似乎那树、那亭，都随着水流荡去。画家以疏松之笔触，轻轻地划过绢素，似乎像飞鸿轻点水面，哪里有一丝一毫的落实，哪里有一丝一毫的执著！浮动着，飘荡着，轻轻地飞旋着。明代以来，仿照云林的人太多了，但很少能将云林写影的妙处学到手，即使是像沈周、渐江这样的高手，他们对云林的仿作也稍隔一尘，他们的处理多比较实，缺少云林飘渺天际的韵味。南田说："迂老（志按：指云林）幽澹之笔，余研思之久，而犹未得也。香山翁云：予少而习之，至老尚不得其无心凑泊处。世乃轻言迂老乎？"这个无心凑泊处，正是其蹑影的功夫。

明李日华是一位有很高水平的鉴赏家，他论画极重孤鸿灭没的境界，他用如幻的眼光打量世相，荡去欲望的占有，置入清新的把玩。他的题画诗极精妙，如：

〈元〉倪瓒
江亭山色图

笔轻轻地敷过，飘
忽而潇洒，既不滞
涩，又不飞动，疏松
灵秀，似落非落，得
不粘不滞之美。

竹光浮砚春云活，花气熏衣午梦轻。

云停雨歇翠茫茫，水落蒹葭未有霜。

一片林香浑不忘，问村知是橘州傍。

溪影带云动，虚明荡我胸。

渚花香入梦，沙树远支筇。

身似苍波一点鸿，飘萧云影恁西东。

江南洞壑幽寻遍，松叶藤枝只此中。

梦回不信秋期近，水影蘋香正入窗。

他在一幅仿黄公望的画上题有"不是春山淡欲无，江空沙落眼模糊"之句，在空灵的观照中，山也淡淡，水也绵绵，沙净天阔，一切都迷离了。他有诗道："雁影迷离海气重，月痕初上水溶溶。不须更染芙蓉粉，只取秋来淡淡峰。"色与空不二，色相世界被淡淡的笔墨所取代，以无色的世界表现色，无色的世界照样有芙蓉美意，有芍药芊绵。在淡到可不见形的世界中表现形，若有若无的形中照样有华舍丽阁。淡月无痕，平湖无痕，海边的雾气无痕，静谧的夜晚也无痕，此之谓无住了。他有跋语道："扁舟无去住，戏荡一溪云。"这无住的扁舟，其实正是他不粘不滞的心灵。

李日华将心灵置入无痕的世界中赏玩。他有题画诗道："落日万山紫，虚亭一叶秋。新诗吟未稳，注目数江鸥。"在傍晚微茫寂寞的时分，在江天空阔的清秋时节，艺术家傍着虚亭，沐浴着落日余晖，在内心组织着新诗，数着若隐若现的江鸥。如此的静谧，如此的空灵，而且一切都流动着，诗在心中流，鸥在空中飞，叶在萧萧地飘，江水在无声地倾诉，而在遥远的世界中，一抹山影也在夕阳的余晖中流动着。一切都在微妙地"戏荡"。世相如幻影，世相在流动。他有诗道："山中无一事，石上坐秋水。水静云影空，我心正如许。""树影覆身如厦屋，溪流荡目有余清。南华读罢浑无事，数得湘中几点青。"无心于万物，而万物自在兴现，正是他所谓"蓄雨含烟五百峰，吞吐常在老夫胸"。

三、无色之色

中国艺术的空间意识中，有一种无色为绚烂之色的思想。

色空观念虽然由佛学所提出，但从广义上说，中国哲学存在一种根深蒂固的色空思想，主要强调外在有形世界的虚幻不实性。中国哲学强调于"空中见色"，色的世界是表象的、欲望的，而无色的平淡素朴方是大道之本真。[4]中国在先秦时期就进入了所谓"色彩绚烂的时代"，孔子"恶紫之夺朱也"的感叹，就是针对当时迷恋于色彩绚烂的形式之风所发出的。老子从他的自然无为哲学出发，对色的世界进行猛烈的抨击："五色令人目盲，五音令人耳聋，五味令人口爽"——色、音等作用于人的感官，使人成为欲望知识的俘虏。禅宗在佛学色空哲学影响下，发扬老庄素淡哲学思想，高扬一种无色的哲学，认为："不捂你眼，你看什么，不堵你耳，你听什么"。无色是谓天下之本色，以色追色，并不能带来真正的绚烂，而无色之色，才是根本之色。中国艺术的空间观念，深受这一哲学的影响。

有色的世界是表象，空幻不实，而无色的世界才是本色。中国艺术在空间意识上，对无色之妙颇多注目。这在各门艺术中都有体现。如在建筑艺术中，南国乡村传统的建筑多是"黑白世界"，粉墙黛瓦，在青山绿水之中，勾出淡淡的素影，有一种令人难忘的美。

中国艺术对无色意义的认识莫过于绘画中水墨的创造。传统绘画被称为"丹青"、"画缋"（先秦时称绘画为"画缋之事"），意思是，绘画是运用丹青妙色图绘形貌的造型艺术。六法中的"应物象形"和"随类赋彩"谈的就是形和色。以形写形，以色貌色，成为中国早期绘画的基本原则。绘画是运用五色之妙来创作的。中唐以前，中国画追求镂金错彩的美，如顾恺之的作品色彩富丽，在追求线条的流动之外，也追求色彩的流丽繁缛。但中唐之后，随着道禅哲学的流行，却改变了这一发展方向。

唐代绘画的重要事件是水墨画的出现。水墨画是用墨在宣纸或白绢上直接作画，没有任何色彩，后来将以水墨为主要表现手段，加以少量颜色的画也叫水墨画。水墨画的出现，在世界艺术史上的价

〽〈明〉蓝瑛
溪山雪霁图
一纸淡淡的素影，
胜过色彩富丽的
灿烂。

值不亚于油画之于西方绘画。在唐代，水墨画的出现曾经引起当时画坛的震动，但谁也没有想到这样一种形式后来成为中国绘画的主要表现手段，水墨画在一定的程度上成为中国画的代表。据说王维是中国第一位水墨画家，有的人干脆就将水墨画的发明权给予王维。在唐代，有很多画家为水墨画的创造作出过贡献，如当时一位叫张璪的画家，作画全用水墨，手执双笔，画出的画有烟霞流荡的气氛，成语"双管齐下"就出自于他。有一位叫王默的画家，创立了泼墨的方法，今天还有人用此法作画。他在画画之前，先喝得大醉，然后将宣纸铺好，手捧墨水往宣纸上泼，并用手在画面上直接涂抹。

水墨画作为重要的表现形式，也引发了理论上的思考：托名王维之作的《山水诀》说：水墨"肇自然之性，成造化之功"。水墨非但不是一种过于简单的表现方法，而且是达于世界本性的一种手段。因为，在中国哲学中，无色的世界为世界的本色。中国艺术与其说要抛弃色彩，倒不如说是归于本真。清恽南田对色彩的质疑，就很有代表性。他说："作画至于无笔墨痕者化矣，而观者往往勿能知也。王嫱丽姬，人所美也，鱼见之深入，鸟见之高飞，麋鹿见之决骤。又孰知天下之正色哉。"这段议论受《庄子》影响，南田强调，色的追求是无止尽的，也是没有意义的。美是相对的，像西施，人人以为其美，但鸟见而飞、兽见而走。艺术要超越相对，而追求绝对的美。作为无色的本源的世界，正是艺术家所应重视的。

南田好友笪重光《画筌》说："丹青竞胜，反失山水之真容；笔墨贪奇，多造林邱之恶境。……墨以破用而生韵，色以清用而无痕。轻拂轶于秾织，有浑化脱化之妙；猎色难于水墨，有藏青藏绿之名。盖青绿之色本厚，而过用则皴淡全无；赭黛之色本轻，而滥设则墨光尽掩。粗浮不入，虽浓郁而中干；渲晕渐深，即轻匀而肉好。间色以免雷同，岂知一色中之变化；一色以分明晦，当知无色处之虚灵。"

这一段关于用色的观点，王石谷和南田给予很高评价："此言一色中变化，已造妙境。至论及无色处精微之理，几于入道。"笪重光反对青黄缕出、丹青竞胜的色彩观，他主张清淡素朴。在用色和水墨之间，他以为水墨的表现力更强，所谓"猎色难于水墨"。而此一段论色，最终落在"当知无色处之虚灵"，无色之色是谓大色，无色之虚中有灵气飘卷。

无色的妙韵，唐代张彦远就已经注意到了，他提出"墨分五色"的思想："夫阴阳陶蒸，万象错布，玄化亡言，神工独运。草木敷荣，不待丹碌之采，云雪飘扬，不待铅粉而白，山不待空青而翠，凤不待五色而綷。是故运墨而五色具，谓之得意。意在五色，则物象乖矣。"墨本无色，何以有五色，此在于"得意"。这个"得意"，我理解有两层意：一是得色之本真；二是以意而得，在人的心灵中，绚烂的世界出现了。这样的无色世界，就是一个"灵的空间"。而以色追色，徒具表面之灿烂，其实不能真正表现世界，只能是"物象乖"。

黄公望是画雪的高手，北京故宫博物院收藏其《九峰雪霁图轴》，绢本，墨笔，画作于他八十岁之时，笔墨老辣中见温柔，不似王维平远的山势，而是画山峰林立，所谓"九峰"者，多峰也。山峰一一矗立，欲与有天公试比高。这幅画在构图上具有独创性，山如冰棱倒悬，境界超迈，令人魂惊魄悸。黄公望画的是一个琉璃世界，一个玉乾坤。大雪初霁，山峰静穆地沐浴在雪的拥抱之中。山峦以墨线空勾，天空和水体以淡墨烘出，以稍浓之墨快速地勾画出参差的小树，而山峰下的树枝如白花一样绽放，笔势斩截，毫无拖泥带水之嫌，法度谨严。雪是冷的，但大痴画来，却有玉的温润、玉的透灵。这通体透灵的琉璃世界，居然是用水墨画出，真是不可思议。石涛曾说："墨海里立定精神，混沌里放出光明。"这幅画正可当之。正是山空有云影，梦暖雪生香。在这样的冷世界中，使人体味到清香四溢的境界。

四、疾涩之道

中国艺术的空间意识中，还追求形式之内所包孕的"势"。

宋代山水画家郭熙，也是一位有很高造诣的理论家，他的《林泉高致》是中国艺术史上一篇广有影响的论作，不仅成为后世绘画

◍〈元〉黄公望
九峰雪霁图
用水墨居然能
创造出如斯通
灵透彻的世界，
真是不可思议。

177

之法式，而且对书法、园林、建筑等都产生了影响。郭熙有一段关于中国艺术的著名论述："山欲高，尽出之则不高，烟霞锁其腰则高矣。水欲远，尽出之则不远，掩映断其流则远矣。"意思是：你画山，要画出山的高峻，并不须在画面上一直向高处延伸，这样是无法成功的。你在山腰画一片云飘渺，挡住山体，于是，欲露还藏，山高峻的气势就出来了。你画水，要画出水的绵延，但画面是有限的，要在有限的画面将水一直向前画去，也是无法做到的。你画一丛树林挡住流水，于是，水的远态就出来了。郭熙所说的一"锁"一"掩"，便形成了艺术的张势，于是便创造出一个回荡不已的空间。古人有画诀云"路欲断而不断，水欲流而不流"（托名王维语），断而不断，流而不流，深藏的也是这种抑扬顿挫的哲思。黄公望说："山腰用云气，见得山势高不可测。"他说的就是这样的画理。

笪重光《画筌》说："宿雾敛而犹舒，柔云断而还续。危峰障日，乱壑奔江；空水际天，断山衔月。雪残青岸，烟带遥岑。"雾敛寒江、断山衔月等等，这些鲜活的意象，反映了中国艺术的独特追求，其根本要旨在欲露还藏、欲放还忍。如清晨的江畔，宿雾未收，晨光熹微，淡淡的轻烟笼罩在江面，似现非现，别具风味。这里隐藏着无限的可能性，有吟味不已的美。

东晋顾恺之谈到魏末晋初人物画家荀勖的一幅作品《孙武》，有这样的评论："二婕以怜美之体，有惊剧之则。若以临见妙裁，寻其置陈布势，是达画之变。"图画的是一个故事：孙武初见吴王阖庐，吴王想试试他的用兵之法，出了个损招，让孙子指挥后宫美女，看看他如何用兵，分明是给他出难题。孙子领命后，就以吴王两个宠爱的妃子为队长。演练开始，第一通鼓敲响，但这些宫女们嬉笑不已，哪里听他的调遣，吴王在看台上也大乐。孙武说："军令如山，再行如此，将治罪。"又敲了几通鼓，妇人还是大笑，队伍终究列不起来。于是孙武下令斩两个队长——吴王两个爱妃。吴王看孙武动真的，连忙下台求情，但孙武不答应，二妃最终被斩。这幅画画的就是二妇人被斩之前的惊恐娇柔之态。顾恺之评论这幅画说有"临见妙裁"，意思是构思上有独到之处。这个妙裁，就是抓住了富有表现力的片刻，在形式内部形成强大的张力。莱辛在分析古希腊著名雕塑《拉奥孔》时，强调创造一个富于包孕的片刻的重要性。在古希腊神话中，传说拉奥孔犯了重罪，天神派遣一条恶蛇将他和两个儿子一起裹住咬死，《拉奥孔》的雕塑并没有选择恶蛇咬后的痛苦呻吟来表现，而是表现极度痛苦之前一个片刻的神情——惊恐和茫然。这样的表现更具有包孕性。中国艺术家对"临见妙裁"的体会与此很相似。在西方，这种对包孕性的追求，是一种艺术手段。而在中国，潜藏的是我们民族独特的哲学智慧。

东汉崔瑗《草势》曾形容书法用笔的妙处，要像"狡兔暴骇，将奔未驰"——一只兔子突然被惊吓，正准备奔跑，但还没有奔跑，书法要把这一瞬间的妙处表现出来，因为这样的瞬间，将动未动，是最有张力的空间，具有最大的"势"。

乙瑛碑
将发未发，
似动非动，
笔笔有机锋。

"势"是中国美学中一个极为关键的范畴。康有为说:"古人论书,以势为先。"势通过形式构成因素内部相互的冲突,形成强烈的运动感。书法空间是静止的空间,有势在,静止的空间就有流荡的生命。中国早期的书法理论其实就是从讨论"势"开始的,如蔡中郎、卫恒、卫夫人、王羲之等的书势论。在书法,"势"是通过形式内部的避让、呼应、映衬等关系,造成冲突,形成张势。清画家唐岱说:"一木一石,俱有势存乎其间。"大自然中蕴含着无尽之势,势是一种生命的韵律。艺术所要展现的正是这样的韵律。《画筌》说:"得势则随意经营,一隅皆是;失势则尽心收拾,满幅都非。势之推挽,在于几微;势之凝聚,由乎相度。"无势则意尽,有势则味长,这是中国艺术家奉行不殆的道理。

在书法中,形式创造的最高原则就是造成"势",并使冲突达到待发待动待飞的极至,尽力寻求内在冲荡的最大值,从而给品鉴者留下丰富的玩味空间,未曾迸发的在心中迸发,未曾奔腾的在心中奔腾。

秦人蒙恬说:"若能用笔,当自流美。"用笔之道,即流美之道。书法乃形式之艺术,书法之妙尽在线条中。艺术家要流出一段生命之美,就要把握用笔之良方。孙过庭说:"一画之间,变起伏于锋杪;一点之内,殊衄挫于毫芒。"[5]一画之中有起伏,一点之内有机锋。直来横去,本可一笔而过,但却藏头护尾,包裹万千,一横如千里阵云,隐隐而来,铺天盖地,荡魂摄魄,一波有三折之过,一点有数转之功,一垂如万岁枯藤,一勾如长空之初月,机锋内藏,波翻云谲,奇幻而不可测。前人总结的用笔之法,如悬针法,指垂画末端如悬针。垂露法,指一垂收笔时势不露,如露水垂而未滴之势。二法均在垂而未垂,垂而复缩,正得无往不复之妙。悬针垂露,具有狡兔暴骇、将奔未突的蓄势。又有所谓锥画沙、屋漏痕,前者强调用笔时如锥画沙,声色不露,力掩其中,后者说的是用笔如屋漏之迹,若断若连,未可一泻而下,要有似露还藏的妙处,等等。一切都是为了将力孕育于其中,将发未发,似发非发,以取力的最大值,以取玩味不尽的美。

中国书法家可以说是制造矛盾的高手，他们为书，是在玩一种"捉对厮杀"的游戏。成公绥《隶书体》说："或若鸷鸟将击，并体抑怒，良马腾骧，奔放向路。"鸷将击而未出，马欲奔而未奔，内在冲突构成一种富有强烈动感的瞬间。崔瑗《草势》形容道："观其法象，俯仰有仪，方不中矩，员不副规，抑左扬右，兀若竦崎，兽跂鸟跱，志在飞移，狡兔暴骇，将奔未驰。"抑扬腾迁，推挽有度，致使形式内部"竦崎"起来——出现巨大的不平衡，于是得将行未行、将动未动、将驰未驰的奇效。梁武帝《草书状》形容草书道："泽蛟之相绞，山熊之对争"。此二句最得"形式厮杀"之要义，龙绞熊争将形式冲突推向高峰。

前人论书，有学书用兵之说。宋陈思说："夫书势法，犹若登阵。"明代书法家项穆说："夫字犹用兵。"王羲之的《笔势论》十二章，就是假托兵道来说书道的。"兵者，诡道也"，兵以诈立，声东而击西，攻其不备，出其不意，静如处女，动如脱兔。用兵之妙在一个"势"字："激水之疾，至于漂石者，势也。鸷鸟之疾，至于毁折者，节也。是故善战者，其势险，其节短。势如彍弩，节如发机。"[6]湍急的水流向下奔驰，它的力量可以将石头漂起来，这是因为水之势。鸷鸟迅速的搏击，以至于能捕杀到飞禽走兽，这是因为蓄了势。所以善用兵者，要善于造成剑拔弩张、一触即发的态势。书道就是要有剑拔弩张之妙，似动而飞动，将发而未发，蕴万钧之力，蓄不可一世之势。梁武帝评韦诞之书"龙威虎振，剑拔弩张"，此之谓也。

《易传》有"易者，逆数"之说，逆，就是往复回环。中国艺术的形式构成深受"逆"向哲学的影响。清沈宗骞说："笔墨相生之道，全在于势。势也者，往来顺逆而已。而往来顺逆之间，即开合之所寓也。"顺为劣，逆为优。逆玩的就是捉对厮杀，致使形式内部跌宕多姿。绘画的笔墨与书法是相通的。在书法中，"逆"几乎成为书道不言之秘。清笪重光在《书筏》中说："将欲顺之，必故逆之；将欲落之，必欲起之；将欲转之，必故折之；将欲掣之，必故顿之；将欲伸之，必故屈之；将欲拔之，必故擪之；将欲束之，必故拓之；

爨龙颜碑
控笔而行，
优游不迫，
深得疾涩
之妙韵。

将欲行之，必故停之。书亦逆数焉。"《易》在逆数，书道也在逆数。一开一合，一推一挽，一虚一实，一伸一屈，逆而行之，得往复回环之趣。

东汉蔡邕言书法之妙，得二字，一为疾，一为涩——"书尚迟涩"（《翰林禁经》）。疾和涩，是中国书法美学一对关键概念。王羲之在《记白云先生书诀》中提出："势疾则涩"。强调在疾中求涩，在飞动中求顿挫，骏马飞奔，突然打住，这就是疾而涩之。刘熙载云："古人论书法，不外疾涩二字。涩非迟也，疾非速也。"他将古代书论之秘密，就概括成这两个字。而清宋曹《书法约言》也提出运笔有"淹留疾涩之法"，将顿挫的美感和飞动的气势结合起来。

　　无论是逆而取势，还是疾而求涩，其理论依归即在"一阴一阳之谓道"的哲学。清人程瑶田说："昔人传八法，言点画之变形有其八也。问者曰：止于八乎？曰：止是尔！非惟止于是，又损之，在二法而已。二法者，阴阳也。"[7]永字八法是中国书法的空间结构之法，这八法最终被凝聚为阴阳二法上，无阴阳，即无八法。阴阳二法，即为中国书法美学中所藏之道。书道要斟酌疾涩顺逆之妙：疾为阳，涩为阴，疾涩之道就是阴阳之道；顺为阳，逆为阴，顺逆之道，蕴涵阴阳之精神。

　　书道之秘只在阴阳。古往今来书家将阴阳之理贯彻于书势、书体结构、点画、墨线等一切方面。如在用笔上方是阳，圆是阴；用墨上，燥为阳，湿为阴；结构上，实为阳，空为阴……从而形成了一开一合的内在运动之势。在字的空间结构上，朝揖、避就、向背、旁插、覆盖、偏侧、回抱、附丽、借换等，都是其表现。阴阳二法，就是变汉字相对静止的空间为运动的空间。有了阴阳，才有了回荡的空间。

　　中国艺术的空间意识强调阴阳互荡的动势，重视无色的世界、空灵的世界以及如梦如影的世界，空间被虚灵化、节奏化，虚灵不昧方为真实生命，虚空的世界方有大美藏焉，活泼泼的世界中方有生命的真精神。它说明，艺术的空间创造并非是写形出相，而是为内在生命超越提供一个阶梯。

注 释

1　辐（fú）：古代木车轮中连接轴心到轮圈的直木条。毂（gǔ）：车轮中心有圆孔的圆木。共：同"拱"。埏（shān）埴：揉和黏土。牖（yǒu）：窗户。

2　这是宋陈思所引钟繇之语。其真伪难考。但不论为何人所说，此语具有深厚的美学内涵则是事实。

3　松冈正刚《山水思想》，374—401 页，东京：五月书房，2003 年。

4　中国古代的色空观念很复杂，有不同的指谓，兹举其要者：第一，从现象与本体的角度来说，现象是真而不实的，它是绝对真理的显现。所以说现象是空，它的意义是本体所给予的。如王弼的本无说。第二，从心与物的关系看，物由心而生，心是根本，物是心的影相，所以从这个角度看，物是不真实的。它的意义是心给的，所以说是空的。第三，从因缘上看，万象都是因缘和合而成，其自身只是虚幻的表象，所以说是空的。第四，从心灵的状态来看，空就是将心灵中的染污荡涤，使内心不为外物所蒙蔽，这就是空。如"心无宗"的观点（支愍度）。第五，中观的空，它与一切空都不一样，它是不二之空，它不是现象与本体、主观与客观、因缘、有无的空，这些都是分别见，都是分别的空。

5　衄（nǜ）挫：此指顿挫，书法中有衄锋和挫锋，都是属于顿挫之技法。"殊衄挫于毫芒"，意为在毫芒运转之间显示出顿挫之变化。

6　《孙子兵法·势篇》。

7　唐孙过庭《书谱》说："岂知情动形言，取会风骚之意；阳舒阴惨，本乎天地之心。"天地之心，就在于阴阳惨舒之变化。万物负阴而抱阳，书道法象，就要酌取自然中的阴阳运行之理。唐虞世南说："然则字虽有质，亦本无为，禀阴阳而动静，体万物而成形。"得阴阳，即得万物之生命，即从玄奥难测的道的领悟落实为艺术生命。东汉书法家蔡邕说："夫书肇于自然，自然既立，阴阳生焉。"为什么要从自然开始，就在于摄得阴阳之气。有了阴阳，就产生了回互飞腾之势、相摩相荡之力。

四时之外

中国人有独特的时间观，我们在过程中看待生命，生命是一绵延的流，绵绵不绝，以时间统空间，世间的一切都在时间的流动中活了。中国人的时间观念中还有一种超越的思想，即所谓"荣落在四时之外"，就是悬隔时间，截断时间之流，撕开时间之皮，到流动时间的背后，去把握生命的真实，拷问永恒的意义，思考存在的价值。它是中国哲学内在超越思想的重要表现形式之一，是中国美学中极富价值的思想。

一、撕开时间之皮

不为时使，是中国艺术形上思考中的重要内容。董其昌说："赵州云：诸人被十二时辰使，老僧使得十二时辰。惜又不在言也。宋人有十二时辰中莫欺自己之论。此亦吾教中不为时使者。"[1]董其昌这段艺术哲思，受到禅宗赵州大师的启发。有一位弟子问赵州大师："十二时中如何用心？"赵州说："你被十二时使，老僧使得十二时，你问那个时？"有人说，赵州说出的话像金子一样闪光，这句话就闪烁着金子的光辉。在赵州看来，一般人为时间（十二时辰）所驱使，而他是驱使时间的人。他如何驱使时间？不是淡忘时间、控制时间，而是超然于世界之外。过去、现在、未来，佛学称为三际，就像他的谥号（真际）所显示的那样，他要建立一种真实的时间观，追求一种生命的"真际"。这样的时间观以超越具体时间为起点，以归复生命之本为旨归。

刘禹锡《听琴》[2]诗云："禅思何妨在玉琴，真僧不见听时心。秋堂境寂夜方半，云去苍梧湘水深。"琴声由琴出，听琴不在琴。超越这空间的琴，超越执著琴声的自我，融入无边的苍莽，让琴声汇入静寂夜晚的天籁之中，故听琴不在琴声。而夜将半，露初凉，心随琴声去，意伴妙悟长，此刻时间隐去，如同隐入这静寂的夜晚，没有了"听时心"，只留下眼前永恒的此刻，只见得当下的淡云卷舒、苍梧森森、湘水深深。诗中所说的"真僧不见听时心"，就是对时间的超越，在此在把握永恒。

"意气不从天地得，英雄岂藉四时推"[3]，这是禅门一幅有名的对联。禅宗认为，要做一个"英雄"——一个真实的、本然的人，就必须自己成为自己的主人，不要匍匐在万物之下、他人之下、既成的理念之下，更不要匍匐在欲望之下，要斩断时空的纠缠，从而高卧横眠得自由，不知有汉无论魏晋，才是真英雄。

时间性存在意味着一种表象的存在。对于中国艺术来说，艺术家不要做世界的陈述者，那是一种为时间所驱使的角色；而要做世界的发现者，有超然于时间之外的真实追求。艺术的主要功能在于

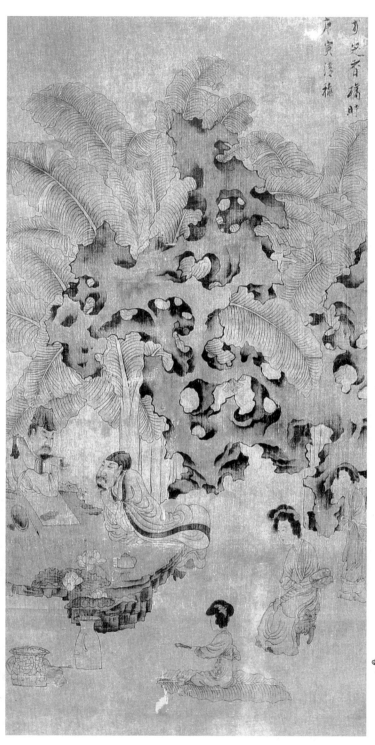

〔明〕陈洪绶
蕉荫丝竹图
蕉荫下的丝竹
声，声声传出
永恒调。

"发现"，而不在于记录。在常人的意念中，时间是无可置疑的，我们人人都有一颗听时心。但中国哲学和艺术却对时间产生怀疑。我们早已习惯于过去、现在、未来一维延伸的秩序，感受冬去春来、阴惨阳舒的四季流变，徜徉于日月相替、朝昏相参的生命过程。但对于赵州，对于中国很多艺术家来说，这些都是惯常的思维，正因这种意念根深蒂固，所以人们很容易被时间所驱使、所碾压，成为时间的奴隶。人们用时间的眼去认识世界，世界的真实意义从人们的心灵中不知不觉遁去了。

时间性存在是一种情理的存在。在时间的帷幕上，映现的是人具体活动的场景，承载的是说不尽的爱恨情仇。时间意味着秩序、目的、欲望、知识等等，时间意味着无限的一地鸡毛，时间也意味说不完的占有和缺憾。"昔我往矣，杨柳依依，今我来思，雨雪霏霏"，"昔年移柳，依依汉南；今看摇落，凄凄江潭。树犹如此，人何以堪"，时间记载了人们多少遗憾和缺憾、失落和茫然。中国艺术要撕开时间之皮，走到时间的背后，去寻找自我性灵的永恒安顿，摆脱时间性存在所带来的性灵痛苦。

中国画学中有"时史"的说法。清戴熙说："西风萧瑟，林影参差，小立篱根，使人肌骨俱爽。时史作秋树，多用疏林，余以密林写之，觉叶叶梢梢，别饶秋意。"这则画跋涉及两种看世界的方法：一是"时史"之法，时史，就是世界的叙述者；一是对时史的超越。关于"时史"，画史上多有所论。恽南田评董其昌画说："思翁善写寒林，最得灵秀劲逸之致，自言得之篆籀飞白。妙合神解，非时史所知。""时史"难以理解董思白处理寒林的秀逸高远之法。南田评当时二位画士说："吾友唐子匹士，与予皆研思山水写生。而匹士于蒲塘菡苕，游鱼萍影，尤得神趣。此图成，呼予游赏，因借悬榻上。若身在西湖香雾中，濯魄冰壶，遂忘炎暑之灼体也。其经营花叶，布置根茎，直以造化为师，非时史碌碌抹绿涂红者所能窥见。""以王郎之劲笔，乃与世俗时史并传。"醇士和南田所说的"时史"就是元明人所说的"画史"。董其昌《画禅室随笔》说："张伯雨题元镇画云：无画史纵横习气。"

"时史"（或曰"画史"），是受时间限制的艺术家，他以写实的方式来表达，只能"碌碌抹绿涂红"，不能超越物象，从而发现世界背后的真实。以写实为根本之法，即使画得再像，那也只是一个表面的真实，这样的创作者只是世界的描画者，而不是世界的发现者。在南田、醇士等艺术家看来，时史之人不能"妙合神解"——以心灵穿透世界的表象，契合大化的精神。他们有纵横之气，无天真幽淡之怀，斤斤于求似，念念于知识，时时不忘目的，处处隐藏斗心。

非时史的思维，是一种别样的胸次，它撕开时间之皮，感受生命的海洋深层的脉动。时史，所重在史，而艺术家所重在诗。没有诗，则没有艺术。真正的艺术不是陈述这个世界出现了什么，而是超越世界之表相，揭示世界背后隐藏的生命真实。艺术的关键在揭示。诗是艺术家唯一的语言。

我们看醇士的两则题画跋："青山不语，空亭无人，西风满林，时作吟啸，幽绝处，正恐索解人不得。"醇士似乎以手轻轻地撕开时间，为我们展现一个幽绝的世界，在这样的世界中，青山不语，空亭无人，偶尔风吹长林，作漫天的吟啸。无限的青山，空阔的原畴，在空亭中吞吐。他又说："崎岸无人，长江不语，荒林古刹，独鸟盘空，薄暮峭帆，使人意豁。"江岸无人，一片寂静，在幽寂中，但见得荒林古刹，兀然而立；而在渺远的天幕下，偶见一鸟盘空，片帆闪动，正如空山无人，水流花开，悠然显现。在这里，超越了空间，喧嚣的世界远去，夐绝的世界象征人超然孑立的情怀。时间也被凝固，古木参差，古刹俨然，将人的心理拉向莽远的荒古。当下和莽古构成巨大的空白地带，通过古"榨取"人对现在的执著，否定现在时间的虚幻性，通过当下的直觉和渺远的过去照面，当下和远古画面的重叠，创造一种永恒就在当下、当下即是永恒的心灵体验。"使人意豁"的"豁"是明亮，人的心灵在当下永恒的顿悟中一时明亮起来，从"无明"走向"明"，从物我了不相类的"寂"走向天乐自呈、天机鼓吹的境界。

醇士所描写的"幽绝处"，乃是一个新的世界。这个世界可用佛学香象渡河截断众流来比之。醇士的这个世界是"迥绝"的，"迥"

说其远，是对"时史"的超越；"绝"说其断，断的是一切外在的拘限。艺术的"迥绝处"，就是截断众流。它包括两方面，一是从空间上说的孤。孤和群相对，在中国道禅哲学看来，群是人的看法，世界的联系性存在于人的意识之中，世界本身并没觉得与他物有联系，世界的本来面目就是孤。当然这孤并非孤独感，人的孤独感，出自人有所依待，但世界本身却没有这样的依待，它的孤是孤迥特立，而不是孤独感。二是时间上的截断，没有了时间之流，三际已破，静和寂就是截断时间后所产生的心理感受。静表面上与喧闹相对，而所谓归根曰静，意思是，在生命的深层，有永恒的宁静。静是一种超越的感觉。在宁静中，悬隔了世界的喧闹，悬隔了物质的诱惑，悬隔了悲欣的感受，所谓静绝尘氛，将自己和人活动的欲望世界隔开。归根曰静的思想说明：我们在静中体味到本真世界，获得了终极的意义，在心灵的悬隔之中完成了形上的超越；从林林总总的表象中撤身，在这里和永恒照面。而永恒是一点也不玄妙的事。永恒就是放下心来，与万物同在。关于寂，空寂，寂寥，寂寞，没有声响，似乎是一个"无声"的世界，其实不是没有声音，而是无听世俗之音的耳朵，世界照样是花开花落，云起云收。我们似乎寂寞，但这寂寞就如同上面所说的孤独一样，与凡常的寂寞完全不同。凡常的寂寞，是一种无所着落感，寂寞是寻找一种安顿的家园，寂寞是没有安慰的空茫世界，忽然如置于荒天迥地之中，忽然间面对地老天荒，寂寞就如同那个在古道西风中徘徊的游子。寂寞是有所求，有所往，有目的地，有那个微弱的灯光映照着的家等待着。这样的寂寞是表象的。而在悬隔时间之后，万物自生听，太空恒寂寥。这寂寥不是心中有所期待需要安慰，不是心中有目的地需要跋涉，这就是终极的家园，在这家园中似乎撇开了一切安慰和照顾，它是无所等待、无所安慰的，是一个永恒的定在，一个绝对的着落，是生命的永恒锚点。所以这寂寞，空空落落，却给人带来绝对的平和。正因此，寂寞之静，为中国艺术家喜爱，南田有所谓寂寞无可奈何之境最宜着想，寂寞之静，为艺之极境。空山无人，水流花开，就是一种寂寞。一丸冷月，高挂天空，就是寂寞。皑皑白雪，绵延无尽，就是寂寞。

　　无住哲学，是中唐以来影响中国艺术最为深远的哲学观念之一。无住哲学一方面强调随物迁化，另一方面强调不粘不滞。在佛教，时间没有实在性，故要超越。龙树中观八不有"不来亦不出，不生亦不灭"之说，强调无生法忍的思想。《维摩诘经》说："我观如来，前际不来，后际不去，今则不住。"三际皆断，超越时间。又说："一切法生灭不住，如幻如电，诸法不相待，乃至一念不住。"一切法相，忽生忽灭，刹那刹那，都无暂住，都无定在，如梦如幻，如忽然电击，瞬间即过，无一丝停息。念念相住，则落时间罗网；一念不生，故而不住。《金刚经》也说："过去心不可得，现在心不可得，未来心不可得。"僧肇注云："过去已灭，未来未起，现在虚妄，三世推求，了不可得。"心法本来没有住处，所以时间也没有实在性。《金刚经》解释什么叫"如来"，颇有意思："如来者，无所从来，亦无所去，故名如来。"如来就是一种不沾滞于时空的无住心态。《坛经》更是以"无住"为立经之本，由此阐释它的无生法忍哲学。在禅宗看来，时间并没有动，而是"仁者心动"，才会有时间流动的感觉。心中感到时间流动，就是为时间所使，就是时间的奴隶。不逐四时凋，"性"才能自在显现。禅宗中有一个智门莲花的公案。有人问北宋云门宗僧人智门："莲花未出水时如何？"智门说："莲花。"这僧又问道："出水后如何？"智门说："荷叶。"[4] 未出是过去，已出是现在，未出是隐，已出是显，隐即显，显即隐，即现在即过去，自性并没有改变，时间和空间的变化只是幻象。

在中国哲学中，超越时间，是克服人类存在脆弱性的重要途径。超越时间，也就是超越人的局限性。在庄子哲学中，人是在"转徙之徒"中挣扎的群类，"人生天地之间，如白驹之过隙……已化而生，又化而死，生物哀之，人类悲之"，这是人无法摆脱的宿命。人如何保持性灵的平衡，唯有"解其天韬，堕其天袠"——其实就是解除人的物质性，解除时空的限制。

人生短暂，转瞬即逝，如白驹过隙，似飞鸟过目，是风中的烛光，倏忽熄灭，是叶上的朝露，日出即晞，是茫茫天际飘来的一粒尘土，转眼不见，衰朽就在眼前，毁灭势所必然，世界留给人的是有限的此生和无限的沉寂，人生无可挽回地走向生命的终结。人与那个将自我生命推向终极的力量之间奋力回旋，这场力量悬殊的角逐最终以人的失败而告终，人的悲壮的企慕化为碎片在西风中萧瑟。与其痛苦而无望地挣扎，还不如忘却营营，所以在庄禅哲学中，消解时间的压迫给人带来的痛苦成了主旋律。陶渊明说，人"寓形百年，而瞬息已尽"（《感士不遇赋》），时间无情地"掷人去"，宇宙多么广阔，时间无际，但留给人的是这样的短暂（"宇宙一何悠，人生少至百"）。作为时间的弃儿，人生"流幻百年中"。他说"黄唐莫逮，慨独在余"，拯救自己的手就在自身，人不可能与时间赛跑，无限也不可在外在的追求中获得，那么，就在当下，就在此顷，就在具体的生存参与之中，实现永恒吧。"即事如已高，何必升华嵩"，至高的理想就在当下的平凡参与之中，就在此刻的领悟之中。"纵浪大化中，不喜亦不惧"，无生亦无死，此之谓永恒。

"流光容易把人抛，红了樱桃，绿了芭蕉。"⁵时间一刻不停地流淌，亘古如斯，而时间背后隐藏的不变因素同样亘古如常。它是永恒的，不可更易的，青山不老，绿水长流，樱桃一年一年地红，芭蕉一度一度地绿，正如沈周题画诗所谓"荣枯过眼无根蒂，

◉◉ 拙政园一角

流光容易把人抛，红了樱桃，绿了芭蕉。

戏写庭前一树蕉"。天地自其变者观之，万物无一刻之停息，而自其不变者观之，山川无尽，天地永恒，春来草自青，秋至叶自红。中国艺术理论认为，与其关心外在的流动，倒不如关心恒常如斯的内在事实。对永恒的追求是中国艺术的一大特色。这永恒感是自然节律背后的声音，这声音，只有诗人之耳才能听到。

二、刹那永恒

苏州沧浪亭有一小亭，亭廊柱上题有一幅对联："未知明年在何处，不可一日无此君。"亭子不大，景致也无特别之处，但这幅对联却令人难忘，只是觉得放在这优雅的处所，格调似乎过于冷峻。前句是中国诗词中常见的感叹，如欧阳修《浪淘沙》词："把酒祝东风，且共从容，垂杨紫陌洛城东。总是当时携手处，游遍芳丛。聚散苦匆匆，此恨无穷。今年花胜去年红，可惜明年花更好，知与谁同。"这是代未来预想，今年很好，当下很好，但来日如何，明年如何？明年不知流转于何处，时间转瞬即逝，人是未来宴席的永远缺席者。后一句引东晋王徽之对竹子的感叹，强调当下此在的感受。两句又有密切的情感逻辑，正因为无法把握未来，正因为必将缺席，我们更应该珍惜这当下的人生盛宴。这幅对联有无奈，但更有惊悟。中国艺术强调，时间、空间带给我们的是拘限，应超越时空，领略当下的圆融。这里含有中国人对刹那永恒的思考。

禅家以"万古长空，一朝风月"为妙悟的最高境界。一个悟道者，在一个静寂的夜晚，享受山间之清风、湖上之明月，由当下所见一月，想到万里长空，天下是是处处，都由这一月照耀；由此刻，想到自古以来，无数人登斯山、登斯楼、望斯月，月还是以前的月，山还是以前的山，江湖还是以前的江湖。万古的时间和此顷，无限的长空和此在，就这样交织到一起。这里不是作短长之比、大小之较，也不是强调联想的广泛和丰富，而是在渺小和无垠、短暂和绵久之间流转，作时空的遁逃，强调妙悟就在当下的事实。

不可一日无此君

未知明年在何处

◉ 沧浪亭小亭

未知明年在何处，不可一日无此君。

被闻一多称为"泄露了天机"的刘希夷的《代白头翁》诗云："古人无复洛城东，今人还对落花风。年年岁岁花相似，岁岁年年人不同。"诗中表达了在如水的时光中如何抓住一些影像的思考。张若虚以他妙绝人寰的千古叩问震撼着人们的心扉："江畔何年初见月，江月何年初照人。人生代代无穷已，江月年年望相似。不知江月待何人，但见长江送流水。"而李白一首《把酒问月》传达了更为放浪的思考："今人不见古时月，今月曾经照古人。古人今人若流水，共看明月应如此。"这些天才诗人几乎是在神秘的颖悟中，和合物我，齐同古今，万古同一时，古今共明月。虽短暂并无局限，虽脆弱并不能随意摧毁，虽渺小并无缺憾，诗人们在超越中占有了无限，与过去晤谈，与未来商兑。正像沈周诗中所说的："天地有此亭，万古有此月，一月照天地，万物辉光发。不特为亭来，月亦无所私。"(《题天池亭月图》) 在颖悟中遁入了永恒。

《二十四诗品·洗练》云："流水今日，明月前身。"清人张商言说："流水今日，明月前身，余谓以禅喻诗，莫出此八字之妙。"这两句是互文，表面的意思是，今日所见之流水、水中之明月，就是亘古以前的流水明月。这是放到永恒处思考当下。而另一层意是，过去之流水明月，就在今日此顷我的观照中，就在我的目前呈现，这是强调永恒就在当下。这里突现的正是瞬间永恒的思想。

瞬间永恒是禅宗最深刻的秘密之一，也是中国艺术的秘密之一。"万古江山在目前"，大道就在今朝，就在此刻，就在此刻所见的十五圆月。明代心学家陈白沙说："道眼大小同，乾坤一螺寄。东山月出时，我在观溟处。"[6]关键在于"我在"，此在并不因为过去而失去意义，目前不因为广远而丧失可观之处，此顷我在此处，我就是世界的中心，圆满而无缺憾，"我在"，世界因而有意义。

松尾芭蕉的诗写得清新雅净、意味幽永。他的一首俳句道："蛙跃古池中，静潴传清响。"芭蕉自言其"'古池'句系我风之滥觞，以此作为辞世可也"[7]。诗人笔下的池子，是亘古如斯的静静古池，青蛙的一跃，打破了千年的宁静。这一跃，就是一个顿悟，一个此在此顷的顿悟。在短暂的片刻撕破俗世的时间之网，进入绝对的无时

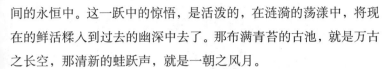
间的永恒中。这一跃中的惊悟，是活泼的，在涟漪的荡漾中，将现在的鲜活糅入到过去的幽深中去了。那布满青苔的古池，就是万古之长空，那清新的蛙跃声，就是一朝之风月。

我尝模仿汉译芭蕉诗"当我细细看，呵，一棵荠花，开在篱墙边"（顺便说一句，这译文真好），将陶渊明的"采菊东篱下，悠然见南山"戏改为："在东篱下采菊，悠然无意间，呵，我见到了南山。"陶渊明这句诗其实表现的就是这样的惊悟，在时间突围成功之后的惊悟。宋代临济僧人道灿将其改为"天地一东篱，万古一重九"，无限的时间都凝聚于当下重九的片刻，浩浩的宇宙都归于此在的东篱，无限和永恒在此消失了。这也是芭蕉的思路。

在禅宗中，刹那被用为觉悟的片刻。慧能说："西方刹那间目前便见。"西方就在刹那，妙悟便在此刻。悟在刹那间，并非形容妙悟时间的短暂[8]。在禅宗以及深受禅宗影响的中国艺术理论看来，一切时间虚妄不实，妙悟就是摆脱时间的束缚，而进入到无时间的境界中。所谓"透入"（即悟入）之法界，则是无时间的境界。刹那在这里是一个"临界点"，是时间和非时间的界限，是由有时间的感觉进入到无时间直觉的一个"时机"。迷则累世劫，悟则刹那间。

妙悟中刹那和一般的时间有根本的区别。一般时间是过去、现在、未来的一个时间段落，是具体时间。但在妙悟中，刹那却不具有这种特点，它虽然可以联系过去，但绝不联系未来，它是一个"现在"，是将要透入法界的"现在"，是将要进入无时间的"现在"。因为悟入的境界是不二的，绝对的，非时非空的。所以，刹那是由有时间到无时间的分界点。石涛说"在临时间定"，这个"临时间"，就是时间的临界点。所以，禅宗中说妙悟，是在"刹那间截断"，在忽然的妙悟中，放弃对虚幻不真的色相世界的关注，放弃起于一念的可能性。刹那的意思在截断。可见，刹那永恒，并非于短时间中把握绵长的时间，在妙悟中，没有刹那，也没有永恒，因为没有了时间。在刹那间见永恒，就是超越时间。

"无边刹境自他不隔于毫端，十世古今始终不离于当念"，这是一句在禅门很有影响的表述。其意思是：一念一切念，一月一切月，

●❀如幻的芭蕉

一时一切时，刹那就是充满，在时间空间上都没有残缺，也没有遗憾。佛法无边，真如无对，就在目前。临济义玄说："有心解者，不离目前。"有僧问兴善惟宽禅师："道在何处？"惟宽说："只在目前。"当下即可解会，西方只在目前。

瞬间就是永恒，当下就是全部。所谓当下，就是截断时间，当下并不是通往过去和未来的窗口，当下就是全部，瞬间就是永恒。妙悟只在"目前"。"目前"是就空间言。"目前"不同于眼前，"目前"并不是一个区别此处和彼处的概念，"目前"并不强调视觉中的感知。"目前"在当今学界常常被误解为惟目所见，鲜活灵动。其实"目前"不是眼中所"见"，而是心中所"参"，它是直下参取的。万象森罗在"目前"，并非等于在眼前看到了无限多样的物。如果这样理解，那么人仍然没有改变观照者的角色，仍然在对岸，没有回到物之中。实际上，在"目前"中无"目"，也无"目"所见之前，无"目前"之空间。

在一念的超越中，无时间，无空间，故而也无当下，无目前，无无边，无十世。刹那永恒，也就是没有刹那，没有永恒。目前便是无限，也就是没有目前，没有无限。因为，彻悟中，没有时空的分际，一切如如；解除了一切量的分别，哪里有时间的短长和空间的小大！

刹那永恒的境界，就是任由世界自在兴现。在纯粹体验中，并非脱离外在世界的空茫索求，而是即世界即妙悟。悟后，我们见到一个自在彰显的世界，它不由人的感官过滤，也不在人的意识中呈现。水自流，花自飘，我也自在。世界并不"空"，只是我的念头"空"，我不以我念去过滤世界，而是以"空"念去映照世界，这就是"目前"，就是"当下"。由此在的证会，切断时间上的纠缠和空间上的联系，直面活泼泼的感相，确立生活自身，看飞鸟，听鸡鸣，嗅野花之清香，赏飞流之溅落，……以自然之眼看，以自然之耳听，如大梅法常以"蒲花柳絮"来说佛一样，就是这么平常。

三、静里春秋

明末大收藏家卞永誉，博物通古，每评画，多有识见。他评北宋范宽的《临流独坐图》，认为此图"真得山静日长之意"。这个"山静日长之意"蕴涵着中国艺术的一篇大文章。他突出了"静"在中国艺术中的地位。中国艺术极力创造的静寂的意象，原是为了时间的超越，在静中体味永恒。

关于山静日长，历史上曾有热烈的讨论，始于宋代唐庚（字子西）的一首《醉眠》诗。诗这样写道："山静似太古，日长如小年。余花犹可醉，好鸟不妨眠。世味门常掩，时光簟已便。梦中频得句，拈笔又忘筌。"唐子西并不是一位太出名的诗人，但他这首诗却非常著名，它描绘的是艺术家期望超越的境界。宋代罗大经写道："唐子西云：'山静似太古，日长如小年。'余家深山之中，每春夏之交，苍藓盈阶，落花满径，门无剥啄，松影参差，禽声上下，午睡初足，旋汲山泉，拾松枝，煮苦茗啜之。……出步溪边，邂逅园翁溪友，问桑麻，说粳稻，量晴校雨，探节数时，相与剧谈一饷。归而倚杖柴门之下，则夕阳在山，紫绿万状，变幻顷刻，恍可人目。牛背笛声，两两来归，而月印前溪矣。味子西此句，可谓妙绝。然此句妙矣，识其妙者盖少。彼牵黄臂苍，驰猎于声利之场者，但见衮衮马头尘，匆匆驹隙影耳，乌知此句之妙哉！"他在唐子西的诗中识得人生的韵味，体会到独特的生命感觉，并以自己的生命来映证此诗境。真是深山尽日无人到，清风丽日亦可人。

时间是一种感觉，阳春季节，太阳暖融融的，我们感到时间的流淌也慢了下来。苏轼有诗谓："无事此静坐，一日是两日。若活七十年，便是百四十。"在无争、无斗、淡泊、自然、平和的心境中，似乎一切都是静寂的，一日有两日，甚至片刻有万年的感觉都可能产生。正所谓懒出户庭消永日，花开花落不知年。

清代安徽画派画家程邃画山水喜用焦墨干笔，浑沦秀逸，自成一家。他是名扬天下的篆刻大家，融金石趣味于绘画之中，其画笔墨凝重，于清简中见沉厚。上海博物馆藏有他的山水册页，十二开，这是他84岁时的作品，风格放逸。其中一幅上有跋云："山静似太古，日长如小年。此二语余深味之，盖以山中日月长也。"这幅画以枯笔焦墨，斟酌隶篆之法，落笔狂扫，画面几乎被塞满，有一种粗莽迷蒙、豪视一世的气势。这画传达了艺术家独特的宇宙体验。表面看，这画充满了躁动，但却于躁中取静。读此画如置于荒天迥地，万籁阒寂中有无边的躁动，海枯石烂中有不绝的生命。

艺术家山静日长的体验，其实就是关于永恒的形上思考，他们用艺术的方式思考。倪云林的《容膝斋图》，今藏台北故宫博物院，是他生平的重要作品。此画的构图并没什么特别，是云林典型的一河两岸式的构图，画面起手处几块顽石，旁有老木枯槎数株，中部为一湾瘦水，对岸以粗笔勾出淡淡的山影，极荒率苍老。这样的笔墨，真要滤尽人们的现实之思，将人置于荒天迥地之间，去体验超越的情致。一切都静止了，在他凝滞的笔墨下，水似乎不流，云似乎不动，风也不兴，路上绝了行人，水中没了渔舟，兀然的小亭静对沉默的远山，停滞的秋水，环绕幽眇的古木，静绝尘氛，也将时间悬隔了。此画之妙在永恒。

倪云林在题钱选《浮玉山居图》跋中有诗道："何人西上道场山，

● 〈清〉程邃
山水册之一
满纸风烟，
满眼躁动，
却有静寂的
期待。

山自白云僧自闲。至人不与物俱化，往往超出乎两间。洗心观妙退藏密，阅世千年如一日。"山静日自长，千年如一日，这就是云林理解的永恒。永恒感不是抽象的道、玄奥的终极之理，就是山自白云日自闲，心不为物所系，从容自在，漂流东西。云林有一诗写道："逍遥天地一闲身，浪迹江潮七十春。惟有云林堂下月，于今曾照昔年人。"他超越乎两间，感受到"人生代代无穷已，江月年年望相似"的永恒精神。

中国哲学强调于极静中追求极动，从急速奔驰的时间列车上走下，走入静绝尘氛的境界，时间凝固，心灵由躁动归于平和，一切目的性的追求被解除，人在无冲突中自由显现自己，一切撕心裂肺的爱、痛彻心腑的情，种种难以割舍的拘迁，处处不忍失去的欲望，都在宁静中归于无。心灵无迁无住、不沾不滞、不将不迎，时间的因素荡然隐去，此在的执著烟飞云散，此时此刻，就是太古，转眼之间，就是千年，千年不过是此刻，太古不过是当下。

沈周对山静日长的境界有很深体会，其诗云："碧嶂遥隐现，白云自吞吐。空山不逢人，心静自太古。"他在《策杖图轴》中题诗道："山静似太古，人情亦澹如，逍遥遣世虑，泉石是霞居。云白媚涯客，风清筼木虚……"沈周一生在吴中山水间徜徉，几乎足不出吴中，这样的地理环境对他的画也产生了影响。在太湖之畔，在吴侬软语的故乡，在那软风轻轻弱柳缠绵的天地，艺术也进入了宁静的港湾。吴门画派的静，原是和他们对永恒的追求有关。

"马蹄不到清阴寂，始觉空山白日长"，这是文徵明的题画诗。作为明代吴门画派的代表画家之一，文徵明是一个具有很深哲思的艺术家，不同于那些只能涂抹形象色彩的画匠们。他生平对道禅哲学和儒家哲学有较深的浸染。文徵明的画偏于静，他自号"吾亦世间求静者"——他是世界上一个追求静寂的人。为什么他要追求静寂？因为在静寂中才有天地日月长。静寂不仅和外在世界的闹剧形成对比，静寂中也可对世间事泊然无着染，保持灵魂的本真。静寂不是外在环境的安静，而是深心中的平和。在深心的平和中，忘却了时间，艺术家与天地同在，与气化的宇宙同吞吐。他说，他在静寂中，与水底行云自在游。

《真赏斋图》是文徵明的代表作品之一。真赏斋是他一位朋友藏书会客之所。他八十岁时，画过此图，今藏上海博物馆。八年后，又重画此图，今藏国家博物馆。后者虽然笔法更加老辣，但二画形式上大体相似，表现的境界也大体相同。他在暮年，似乎通过这样的图来思考宇宙和人生。八十八岁所作的这幅《真赏斋》，画茅屋两间，屋内陈设清雅而朴素，几案上书卷陈列，两老者对坐相语。正是两翁静坐山无事，静看苍松绕云生。门前青桐古树，修篁历历，左侧画有山坡，山坡上古树参差，而右侧则是大片的假山，中有古松点缀，细径曲折，苔藓遍地。所谓老树幽亭古藓香，正其境也。

中国艺术有追求静净的传统，这方面的理论很丰富。清恽南田甚至以"静净"二字来论画。他说:"意贵乎远,不静不远也。境贵乎深,不曲不深也。一勺水亦有曲处,一片石亦有深处。绝俗故远,天游故静。"什么叫做天游?天游,就是儒家所说的上下与天地同体,道家所说的浑然与造化为一。天游,不是俗游,俗游是欲望的游,目的的游,天游,是放下心来与万物一例看。对此境界,南田曾有这样的描绘,目所见,耳所闻,都非吾有,身如槁木,迎风萧寥,傲睨万物,横绝古今。真是不知秦汉,无论魏晋了。在静中"天游",便有了永恒。

笪重光《画筌》说:"山川之气本静,笔躁动则静气不生;林泉之姿本幽,墨粗疏则幽姿顿减。"王石谷和恽南田注曰:"画至神妙处,必有静气。盖扫尽纵横馀习,无斧凿痕,方于纸墨间,静气凝结。静气,今人所不讲也。画至于静,其登峰矣乎。"为什么将静视为艺术之登峰极境,就在于一切外在世界"本静"、"本幽",这是老子"归根曰静,静曰复命"哲学思想的体现。我们说"幽深远阔"的生命精神,就是就"性"上"本"上而言的。它是超越时空的生命体验。

南田的画以静净为最高追求。上海博物馆藏有南田仿古山水册页十开,其中第十开南田题云:"籁静独鸣鹤,花林松新趣。借问是何世,沧洲不可度。毫端浩荡起云烟,遮断千峰万峰路。此中鸿蒙犹未开,仙人不见金银台。冷风古树心悠哉,苍茫群鸟出空来。"南田在画中感受不知斯世为何世的乐趣。他说:"十日一水,五日一石。造化之理,至静至深。即此静深,岂潦草点墨可竟?"他于此得永恒之生命精神。

中国艺术在一定程度上,就是为了谛听这永恒之音的。如山水画,五代北宋山水画的传统充满了荒天邃古之境。看看荆浩的《匡庐图》、范宽的《溪山行旅图》,就使人感觉到,这样的山水"总非人间所有",纷扰的尘寰远去,喧嚣的声音荡尽,这是一片静寂的、神秘的天地。传说唐末五代的荆浩,隐居太行山之洪谷,于禅理尤有会心,当时邺都青莲寺大愚和尚向他求画,并附有一诗云:"六幅故牢建,知君恣笔踪,不求千涧水,止要两株松。树下留盘石,天

〈清〉恽南田
仿米家山水
别有日月非人间，
不知斯世何世。

边纵远峰。近岩幽湿处，惟藉墨烟浓。”荆浩心领神会，作大幅水墨山水，并附诗一首：“恣意纵横扫，峰峦次第成。笔尖寒树瘦，墨淡野云轻。岩石喷泉窄，山根到水平。禅房花一展，兼称空苦情。”荆浩画的就是静寂神秘的山水，峰峦迢递，气氛阴沉，寒树瘦，野云轻，突出深山古寺的幽岑冷寂气氛。这幅图今不见，然从其流传的《匡庐图》中也可看出他的追求。

四、乱里世界

中国艺术不但以静寂之境界来超越时间，还以对人们习以为常秩序的破坏来实现这种超越。艺术家为了建立自己的生命逻辑，尽情地“揉搓”时间，打破时间节奏，嘲弄时间秩序，以不合时来说时，以不问四时来表达对时间的关注，以混乱的时间安排来显现他们的生命思考。禅宗中有这样一首颂："时时日日，日日时时，七颠八倒，孰是孰非？"[9]七颠八倒就是这类时间观的特征。

一个僧人问北宋兴元府青悍山和尚"如何是白马境"，此和尚回答道："三冬花木秀，九夏雪霜飞。"[10]这里就是四季颠倒，时间乱置。有个弟子问汝州归省："如何是佛法大意？"这位禅师回答说："日午打三更，石人倾耳听。"[11]石人是没有耳朵的，同样三更不可能出现在日午，但在禅者的狂悟中这却可以存在。有个僧徒问唐代池州鲁祖山宝云禅师"如何是高峰孤宿底人"，宝云说："半夜日头明，日午打三更。"[12]佛眼禅师还给弟子讲过"一叶落，天下春"的话题。古语有所谓"一叶落，天下秋"，但这里秋则变成了春，一字之换，在禅者看来，换的是一种思维，一种新的生命观念。禅者重新设置传统的论题，就是要人们换一副衷肠来关心理性背后的活泼泼的世界，那个长期以来被人们忽视的事实。

持此非时间观念的人以为，寻常人心灵被时间"刻度化"了，或者用现代的术语说，被时间"格式化"了。人们被关在时间的大门之内，并不是时间强行将我们关在其中，而是我们对时间的过于沉迷所造成的。四时，十二月，二十四节气，七十二候，每日十二时辰，每个时辰中的分分秒秒，从中国文明发展的历史可以看出，时间的划分越来越细，生命的展开被打上越来越细密的刻度，这一刻度只不过丈量出人生命资源的匮乏，彰显出人生命的压力。时间成了一道厚厚的屏障，遮挡着生命的光亮。所以在时间上"七颠八倒"，就是捅破这一屏障，去感受时间背后的光亮。

中国艺术史上关于雪中芭蕉的争论就与此有关。佛经中有"雪中芭蕉"、"火里莲花"[13]的比喻。明李流芳诗云"雪中芭蕉绿，火里莲花长"[14]，谈的就是此事。据宋沈括《梦溪笔谈》卷十七载："书画之妙，当以神会，难可以形器求也。世之观画者，多能指摘其间形象、位置、彩色瑕疵而已，至于奥理冥造者，罕见其人。如彦远《画评》言王维画物，多不问四时，如画花往往以桃、杏、芙蓉、莲花同画一景。予家所藏摩诘画《袁安卧雪图》，有雪中芭蕉，此乃得心应手，意到便成，故造理入神，迥得天意，此难可与俗人论也。谢赫云：'卫协之画，虽不该备形妙，而有气韵，凌跨群雄，旷代绝笔。'又欧阳文忠《盘车图》诗云：'古画画意不画形，梅诗咏物无隐情。忘形得意知者寡，不若见诗如见画。'此真为识画也。"王维曾作有《袁安卧雪图》，其中有雪中芭蕉的安排。另外，宋诗人陈与义深解禅理，又有所谓夏日梅花的描写，后人有诗写道："雪里芭蕉摩诘画，炎天梅蕊简斋诗。"

对此，学界有两种观点。朱熹说："雪里芭蕉，他是会画雪，只是雪中无芭蕉，他自不合画了芭蕉，人却道他会画芭蕉，不知他是误画了芭蕉。"宋黄伯思《东观余论》则不同于此种观点："昔人深于画者，得意忘象，其形模位置有不可以常法论者……如雪蕉同景，桃李与芙蓉并秀，或手大于面，或舟阔于门。"王士禛以"大抵古人诗画只取兴会神到"来释此。黄伯思、王士禛的观点是符合事实的，而朱熹的解说却有囿于"常法"之嫌。

《冷斋夜话》说："诗者，妙观逸想之所寓也，岂可限以绳墨哉？如王维画雪中芭蕉，诗眼见之，知其神情蛰寓于物，俗论则以为不知寒暑。"从逻辑的角度看，雪中芭蕉之类的描写显然是荒诞不经的，但从"妙观逸想"的角度看，却又深有理趣。因为艺术是诗的，诗是心灵之显现，诗不一定要打破外在世界的秩序，但为了表达超越的用思，对时空的颠倒又并非"匪夷所思"。艺术家要通过破坏原有的时间逻辑，建立一种生命逻辑。

古代中国有一个美妙的传说，说是有一位神人，叫安期生，一日，大醉，以墨洒于石上，于是石上便有绚烂的桃花。据说很多画家仿照此神人之法。石上的绚烂，是永恒的绚烂，在生命的沉醉中，无处不有桃花的灿烂。海枯石烂，桃花依然。桃花依旧笑东风，是一个永恒的期许。

在中国古代，"不问四时"已然成为一种流行的艺术创造方式。如在中国绘画中，自然时间常常被画家"揉破"，唐代的张询画"三时山"[15]，他将一天早中晚三时所见山景放到同一画面中来表现。宋代王希孟有《千里江山图》，在这幅壮阔的画面中，囊括了四时之间的不同山水形态，而没有一个时间点，它要陈述的是画家对山水的感觉世界。扬州个园中的四季假山则更是一个典型。

在中国，搅乱时间节奏往往和艺术家的创造精神联系在一起。明末画家陈洪绶是一位有个性的画家，长于人物和花卉。他的画多是对人的生命的感喟。画家的至友周亮工说，陈洪绶不是一位画师，而是大觉金仙。所谓大觉金仙，就是光辉灿烂的觉者。他觉悟了别人所不能觉者或所未觉者。他的画具有很强的装饰味，他的装饰目的不在于和谐，不在于美，而在于深心中的体验。他将这个戏剧化的人生放大着看，夸张着看，他将短暂而脆弱的人生超越着看，通透着看，他睁着一双醉眼，将一些不相干的对象撮合到一起，他凭着那份狂劲，将平常的存在扭曲，再扭曲。他最喜欢的就是揉破时间的节序，将不同时间中出现的物象置于一体，表达他独特的思考。他的画似乎只对永恒感兴趣，他在永恒中思考着人生。

陈洪绶的人物画构图简洁而寓意深刻。他对人物活动具体场景的细节不感兴趣，几乎省略了绝大多数与人物活动相关的内容，往往精心选择几个重要的物品，如假山、花瓶，花瓶中所插的花也经过特别的选择，再经过夸张和变形，突出他要表达的内涵。陈洪绶的画中大量地出现王维雪中芭蕉式的描写，将不同时期的物品放到一起，时间和空间从来不是限制他的因素，他的画只在乎表达自己的体验世界，一切都是可以利用的。在陈洪绶画面中反复出现的花瓶中，总是少不了梅花和红叶，红叶时在秋末，梅花乃在冬末春初，但陈洪绶毫不在乎它们不符合时间的节序。他只在乎他所要表现的内涵，梅花象征高洁，红叶象征岁月飘零，时光是这样轻易地将人抛弃，人却执著地留连着生命的最后灿烂。而花瓶是锈迹斑斑，它从苍莽中走来。在这里，亘古和当下，深秋和春初，就这样揉搓到一起。如现藏于扬州博物馆的《听吟图》，是作者甲申之后的作品。此图画两人相对而坐，一人清吟，一人侧耳以听。清吟者的旁边以奇崛之树根奉着清供，幽古的花瓶中有梅花一枝，红叶几片——寒梅和红叶被放到了一起。听者一手拄杖，一手撑着树根。整幅画高古奇崛，不类凡眼。

〈明〉陈洪绶
听吟图
幽古的清供中，
梅花数朵，红
叶一枝，梅花
象征高洁，红
叶象征岁月飘
零，时光这样
轻易地将人抛
弃，而人却执
著地流连生命
的灿烂。

五、古意盎然

　　陈洪绶用他的画传达对永恒的思考,他的画充满了苍古的意韵。其实,中国艺术具有一种普遍的"好古"气息。如在艺术题跋中,经常使用古雅、苍古、浑古、醇古、古莽、荒古、古淡、古秀等来评价艺术作品。再如在中国画中,林木必求其苍古,山石必求其奇顽,山体必求其幽深古润,寺观必古,有苍松相伴,山径必曲,着苍苔点点。中国画中习见的是古干虬曲,古藤缠绕,古木参天,古意盎然。中国园林理论认为,园林之妙,在于苍古,没有古相,便无生意。中国园林多是路回阜曲,泉绕古坡,孤亭兀然,境绝荒邃,曲径上偶见得苍苔碧藓,班驳陆离,又有佛慧老树,法华古梅,虬松盘绕,古藤依偎。又如在书法中,追求高古之趣蔚为风尚,古拙成了书法之最高境界,等等。

　　有的人说这是中国崇尚传统的文化风尚所使然,其实这是误解。这里所说的"古",不是古代的"古",崇尚"古",不是为了复古,它和文必秦汉、诗必盛唐之类的复古思潮是不同的,那是以古律今,或者以古代今,而这里是无古无今,高古,是要通过此在和往古的转换而超越时间,它体现的是中国艺术家对永恒感的思考。

　　通过对"古"的崇尚达到对自然时间的超越,显现顿悟境界时间无对、不二的特点(古与"今"对);由对"古"的崇尚达到对表象世界的超越,将人之兴趣点由俗世移向宇宙意识之中(古与"元"对);由对"古"的崇尚达到对事物发展阶段的超越,将人的心灵从残缺的遗憾转向大道的圆融中(古与"老"对);由对"古"的崇尚达到对在在皆住的思维的超越,将茂古苍浑和韶秀鲜活相照应,打破时间的秩序,使得亘古的永恒就在此在的鲜活中呈现(古与"秀"对)。中国艺术家在"古"上做出了大文章,"古"成了永恒的代名词。

　　《二十四诗品》有《高古》一品,其云:"畸人乘真,手把芙蓉。泛彼浩劫,窅然空踪。月出东斗,好风相从。太华夜碧,人闻清钟。虚仑神素,脱然畦封。黄唐在独,落落玄宗。"高则俯视一切,古则远怀千载。高古,就是抗心乎千秋之间,高蹈乎八荒之表。高古就

艺圃一角

　粉墙黛瓦白石间，有红叶一丛，
艳艳绰绰，像个跳跃的精灵。

是超越之境。高说的是空间超越，古说的是时间超越。高与卑对，古与俗对。崇尚高古就是超越卑俗和此在。在此品中，作者强调，若要悟入，需要"虚伫神素，脱然畦封"，要从"封"——人所设置的障碍中超越而出。此时，好风从心空吹过，白云自在缱绻，我成了风、云，成了天鸡的伙伴，成了明月的娇客。所以此一境界独立高标，在时间上直指"黄唐"，在空间上直入"玄宗"，超越了时空，在绝对不二的境界中印认。

这种尚古趣味在世界艺术史上是罕见的，它源于一种深沉的文化沉思。立足于当下的艺术创作，将一个遥远的对象作为自己期望达到的目标。在此刻的把玩中，将心意遥致于莽莽苍古，就是要在现今和莽远之间形成回味无尽的"回旋"。中国艺术家喜欢这样的"道具"：苍苔诉说的是一个遥远的世界；顽石如同《红楼梦》中的青埂峰上出现的远古时代留下的奇石一样，似乎透露出宇宙初开的气象；如铁的古树写下的是太古的意韵；而古藤诉说着那个难以把捉的永恒世界……这些特殊的对象，将人的心灵由当下拉向莽莽远古。此在是现实的，而远古是渺茫迷幻的；此在是可视的，而遥远的时世是迷茫难测的；俗世的时间是可以感觉的，而超越的神化之境却难以把捉。独特的艺术创造将人的心灵置于这样的流连之间，徘徊于有无之际，斟酌于虚实之间，展玩于古今变换中，而忘却古今。古人有所谓"抗心乎千秋之间，高蹈于八荒之表"正是言此[16]。这里的"抗"，就是"回旋"，一拳古石，勾起人遥远的思虑；一片湿漉漉的苍苔提醒人曾经有过的过去。艺术家通过这样的处理，一手将亘古拉到自己的眼前，将永恒糅进了当下的把玩之中。滤尽人的现实之思，将心灵遁入永恒的寂静之中。

南宋萧东之《古梅》诗有句云："百千年藓着枯树，一两点春供老枝。绝壁笛声那得到，只愁斜日冻蜂知。"这诗受到人们的喜爱，它传达的哲思与芭蕉的俳句"蛙跃古池中，静潴传清响"很相似，都是将当下此在的鲜活糅进往古的幽深之中去。

颇有意味的是，在中国艺术中，常常将"古"与"秀"结合起

◉◉寄啸山庄一角
石老而润，叶嫩而
妍，苍莽中的鲜丽。

来。如清盛大士《溪山卧游录》评明末画家恽向山曰"苍浑古秀"，
周亮工《读画录》评陈洪绶画"苍老润洁"，认为作画"须极苍古
之中，寓以秀好"，清王昱《东庄论画》认为作画应"运笔古秀"。
在中国艺术中，可谓扁舟常系太古石，绿叶多发荒率枝，艺术家
多于枯中见秀用思。如一古梅盆景，梅根形同枯槎，梅枝虬结，盆
中伴以体现瘦、漏、透、绉韵味的太湖石，真是一段奇崛，一片
苍莽，然在这衰朽中偶有一片两片绿叶映衬，三朵四朵微花点缀，
别具风致。像苏轼所说的"生成变坏一弹指，乃知造物初无物"[17]，
那些枯木兀然而立，向苍天陈说着它们也有一段灿烂的过去。就
像禅宗的古德所说的"雪岭梅花绽"[18]，无边的白雪，红梅一点，

此即其境。

中国艺术家将衰朽和新生残酷地置于一体，除了凸显生命的顽强和不可战胜之外，更重要的则在于传达一种永恒的哲思。打破时间的秩序，使得亘古的永恒就在此在的鲜活中呈现。艺术家在其中做的正是关乎时间的游戏，古是古拙苍莽，秀是鲜嫩秀丽，古记述的是衰朽，秀记述的是新生，古是无限绵长的过去，秀是当下即在的此刻。似嫩而苍，似苍而嫩，将短暂的瞬间糅入绵长的过去，即此刻即过去，也即无此刻无过去。同时，在苍古之中寓以秀丽，秀丽一点，苍莽漫山，一点精灵引领，由花而引入非花，由时而引入非时，由我眼而引入法眼，念念无住，在在无心。这正是中国艺术最精微的所在。

注 释

1　《禅说》，《画禅室随笔》卷四。

2　此诗一作《听僧弹琴》。《全唐诗》卷三百六十五。

3　《古尊宿语录》卷十，汾阳善昭语。

4　《碧岩录》卷三第二十一则，《大正藏》第48册。

5　蒋捷《一剪梅》(舟过吴江)："一片春愁待酒浇，江上舟摇，楼上帘招。秋娘度与泰娘娇，风又飘飘，雨又萧萧。 何日归家洗客袍，银字笙调，心字香烧。流光容易把人抛，红了樱桃，绿了芭蕉。"

6　《浮螺得月》，《陈白沙集》卷五。

7　《虚子俳话》卷上，转引自彭恩华《日本俳句史》，17页，学林出版社，1983年。

8　《坛经》上说："迷来经累劫，悟则刹那间。"临济说："一刹那间透入法界。"性修禅师说："悟在刹那。"刹那是一个时间概念，在印度佛学中指极短的时间。《慧苑音义》卷上云："时之极促名也。"《华严经探玄记》卷十八云："刹那者此云念顷，于一弹指顷有六十刹那。"据《大般若经》卷三百四十七所说之一日夜、一日、半日、一时、食顷、须臾、俄尔、瞬息顷等顺序，一刹那大约相当于一食顷（一食顷之间，即早食之前或早食之间）之时间。佛学有刹那三世的说法，现在之一刹那曰现在，前刹那曰过去，后刹那曰未来。在大乘空宗中，刹那一语常常用来形容存在的虚妄，所谓刹那刹那，都无暂住，都无故实。

9　《五灯会元》卷四十七。

10　《景德传灯录》卷二十。

11　《归省禅师语录》，《古尊宿语录》卷二十三。

12　《景德传灯录》卷九。

13　《维摩诘所说经·佛道品》："火里生莲花。"

14　《檀园集》卷一，文渊阁四库全书本。

15　《宣和画谱》卷十："张询，南海人。不第后流寓长安，以画自适。后至蜀中，因假馆于昭觉寺，为僧梦休作早、午、晚三景图于壁间，率取吴中山水气象，用以落笔焉。唐僖宗幸蜀，见之叹赏弥日。"

16　此语多见于古籍中，如刘伶《酒德颂》："有大人先生者，以天地为一朝，万期为须臾，日月为扃牖，八荒为庭衢。行无辙迹，居无室庐，幕天席地，纵意所如。"清杨廷芝《二十四诗品浅解》解《高古》一品云："高则俯视一切，古则抗怀千载。"又解《旷达》云："齐天地于一瞬，等嵩华于秋毫。"

17　《次韵吴传正枯木歌》，《苏诗补注》卷三十六。

18　有僧问谷山丰禅师："师唱谁家曲？"师云："雪岭梅花绽。"

以小见大

中国哲学和艺术理论中，存在着一重要的思想，就是以小见大。恒河沙数，一尘观之；浩瀚大海，一沤见之；一拳石，可以知高山；一叶落，可以知劲秋；一朵微花低吟，唱出世界的奥秘；一枝竹叶婆娑，透出大千的消息。所谓一花一世界，一草一天国。

我国先秦时以大为美的思想占据主要位置。《诗经》赞扬的"硕人"之美，孟子的"充实以为美，充实而有光辉之谓大"，《公羊传》的"美，大之之辞也"，《庄子》的"天地有大美而不言"，等等，都是这方面有代表性的观点。先秦出土的青铜器显示，当时人对恢弘阔大的美有浓厚的兴趣。秦汉思想中流行以大为美之风尚，只要看看秦始皇兵马俑和汉大赋即可知。司马相如《上林赋》极力渲染的"巨丽"之美，秦汉园林"笼盖宇宙"的气魄，许慎关于"羊大为美"的诠释等等，显现出这个时代的审美倾向性。魏晋南北朝承秦汉之遗绪，随着哲学上玄远之风的流行，幕天席地的玄远之想席卷这个朝代，如刘伶"以天地为一朝，万期为须臾，日月为扃牖，八荒为庭衢"的大人情怀，曹操"东临碣石，以观沧海"的宏阔气度，魏晋风骨的雄健梗慨之气，等等，都使我们感觉到这个时代对风骨气势的推重。

重视小的趣味，发现小的智慧，在六朝时即露端倪。如南朝庾信的一篇《小园赋》，将小的构置与人灵心超越的关系作了很好的解释。中唐以后，小的趣尚愈加显明。流连于小园，给人带来独特的享受；构图精致的工艺品受到人们的喜爱；绘画中以小见大的风气日渐流行；盆栽之妙更是典型的小中见大，"栽来小树连盆活，缩得群峰入座青"，其中蕴涵着艺术家绝妙的用思；至如中国独有的篆刻艺术，于方寸中见乾坤，更突出了以小见大的审美观念。

哲学和艺术趣尚中由大到小的转换，反映了中国人文化心理上的变化。重视当下直接的体验，推崇简约纯净的美感，高扬淡逸幽微的气象等等，蔚然而成风气。文人意识的崛起，山林境界为人们推崇，隐逸文化的流布，士人们返归于内成就心性的圆满，以近追远，以小见大，以平和的愉悦代替外在的争夺，以细腻的体验代替粗俗的官能享受。更有甚者，不必山川广远，在一勺池水中能驰骋广袤；不必流连巨丽风光，在一片叶中包含着世界的秘密；不必去追求官能的享受，那些都是过眼的烟云，而直接的生命体验才是真实。

大有大的气势，小有小的精微。以小见大思想的流布并非代表一种衰落的气象，流连于小的乐趣也并不一定就是偏安和狭隘，在方寸之间优游回环，很难说就会失去生命进取的力量。小中有心灵的大开合，有自在腾挪的空间，有优柔含玩的意味。在一定程度上可以说，以小见大，刚健之道也。茫然无觉者无小，惟有具提升自己、伸展自己心灵者方能觉其小。

我这一讲选择三个角度，尝试对这一美学观念作一些具体分析。

一、心性的伸展

以小见大，反映了中国美学的内在超越思想。

序言中曾谈到明张岱《湖心亭看雪》的短文，写大雪三日，与友人相约于西湖湖心亭看雪之事，他们来到亭中，"天与云、与山、与水，上下一白，湖上影子，惟长堤一痕，湖心亭一点，与余舟一芥、舟中人两三粒而已"。乾坤同白，在这白色的世界中，亭中的我惟是一点，这一点置于莽莽宇宙、皑皑上国中，是一种会归，也是一种伸展。这一点是小的，但当他融入了茫茫世界，你能觉得他小吗？他在心灵的超越中拥有了世界。万物皆备于我，虽只一心，有与万物同其造化者。

苏州拙政园有见山楼，这是此园的主体建筑。"见山"二字取自陶渊明的"采菊东篱下，悠然见南山"，它的背后深涵着中国人的哲学智慧。在陶渊明那首诗中，诗人生活在一个偏狭的场所，物质是短缺的，地偏人少秋寂寞，无往来之车马，无喧闹之酬酢。但诗人的心灵体验又是充满圆足的。诗人如何实现这样的转变？就在于心灵的超越工夫。这是一种内在的超越，地虽小，但心中有了，天地自大，宇宙自广。空间虽然是寂寞的，但偶然的兴会，悠然的把玩，可以穿透世界，洞察千秋，贯通人伦。"见山"，就是见性灵之南山。

王维说："行到水穷处，坐看云起时。"这两句诗受到人

拙政园见山楼
悠然的把玩，
偶然的兴会，
见山楼前见
性灵之南山。

们的喜爱，说的也是内在心灵境界的提升。谁人没有困窘处、为难处？但一个通达的心灵可以超越"穷"，在"穷"处升起生命的蔼蔼春云，有通达之心，外在世界又如何能固塞它的天地？杜甫诗云："水流心不竞，云在意俱迟。"其中所涵有的哲学智慧同样给人以启发。当你融入世界时，白云轻起，流水淙淙，你的心和云儿缱绻，与清泉同流。郑板桥曾谈到他的家居之乐："十笏茅斋，一方天井，修竹数竿，石笋数尺，其地无多，其费亦无多也。而风中雨中有声，日中月中有影，诗中酒中有情，闲中闷中有伴。非唯我爱竹石，即竹石亦爱我也。彼千金万金造园亭，或游宦四方，终其身不能归享。而吾辈欲游名山大川，又一时不得即往，何如一室小景，有情有味，历久弥新乎！对此画，构此境，何难敛之则退藏于密，亦复放之可弥六合也。"十笏茅斋，何其小哉！然而在这样闭塞的小小居所中，他居然要弥合六虚，上下与天地同流。

无限就在有限之中。正像中国人的"宇宙"二字所呈现的，无边的世界妙意，就从我的宅宇中显现，宇宙不是纯然外在的时空，而是人心灵所构造的世界。中西哲学都重视有限和无限的问题，但却有很大的不同。在中国人看来，无限不是一个可以通过理性把握的事实，而是在心灵体验中切入其中的生命时空，无限就在一丘一壑、一花一草之中。没有脱离有限的无限，即有限即无限。外在的追逐并不能使人无限，西方哲学中那种外在追求无限的方式不同于这样的哲学思想。"见山"，不是眼睛看见山，而是心灵去发现一个宇宙，一个与心灵相互优游的宇宙。唐君毅说，中国艺术的虚灵明觉，可以转虚为实，不需要西方那样凝神于一往超越的高卓和伟大，就在"内在"而具有了。说的就是这种超越功夫。

中国人的以小见大，不是一个数量的问题。如果我们将它理解为从小处看大，由少中把握多，那就是一种知识的态度。以小见大，不是量的广延。如从一池之水，看大海中无量的水，由一粒沙子推知无数沙子。在生命体验的世界中，没有大小多少之分，审美体验的世界是一个无量的世界。以小见大更不是微缩景观，现代城市景观中流行的微缩景观建筑与此是全然不同的。那是量上的按比例缩小，而中国哲学的以小见大是心灵的超越。大，是强度，而非广度。

清初有一位很有影响的诗人、刻书家张潮，他将人的境界分为三个层次，第一个层次是牖（窗户）中窥月，第二个层次是庭中望月，第三个层次是台上玩月。在窗户内看月，这是一般的境界，它没有改变山里人只知道山里事的看世界的方式。第二层次境界扩大了，人步入庭院中，看到的世界不是洞中之天，而是较为广阔的天地。台上玩月，有登泰山而小天下的气势，有包裹八极、囊括乾坤的境界，有君问穷通理、渔歌入浦深的悠然。它站在世界的高台上。这不是自高自大，而是心灵的优游回环。

人不能同时存在于两个不同的空间，在浩浩历史长河中，人的生命只是短暂的片刻。生命的脆弱以及时空上的短暂、渺小是人的宿命。从生命的外在存在来说，人和这世界上动物应该没有太大的区别，但人有心灵。中国人说，人为五行之秀气，实天地之妙心，天地无心，以人的心灵为心，万物皆备于我，正是因为人有了这个心灵，狭隘可以转换成旷远，脆弱可以转变为坚强，渺小可以翻转为广大。

我国在先秦时就有"升高能赋"的说法，后被演化为一重要的宇宙观念，这和以小见大的心灵超越有关。登高望远，目极千里，心为之动，所谓"登高望远，使人心瘁"。稼轩词中有"少年不识愁滋味，爱上层楼，爱上层楼，为赋新诗强说愁"的描写，登楼和愁有这样密切的关系。柳宗元曾登上柳州城楼，有诗道："城上高楼接大荒，海天愁思正茫茫。"王勃登滕王阁，有"天高地迥，觉宇宙之无穷；兴尽悲来，识盈虚之有数"的哲思，杜甫登上岳阳楼，有"吴楚东南坼，乾坤日夜浮"的慷慨情怀。登楼中"登"出了性灵之高，在渺小的处所中"登"出了博大。

在登高中，诗人换了一个视角，也换了一种思维。诗人登高一望，眼中之景非平时之景，心中所思非平时所思。诗人来到了一个与平时完全不同的世界。借登高之机，诗人捅破了两个世界之间隔着的一层纸，由小世界跃入大宇宙。人之生，如陷于井中，四面湿壁，中间黑暗，井中之思，不免局促，暗中摸索，愈加苦艰，登高一望，如从暗室中伸出头来，透透空气，四面打量，原来天地如此宽广。井中的思维，缝隙里的思维，洞穴里的思维，让这样的思维笼罩自己，哪来真实的自我！所以，登高诗中常常连带着对现存世界的否定，天涯之路在眼前延伸，时间画面在心中腾挪，生命维度也向前延展。千古风流，百年遭际，一起涌上心头，时间的眼透过历史的网，射向生命的深层。登高使人摆脱了"小"的宿命，超越了狭隘的思维，实现了心灵的超越，在小中见大，在狭窄处见幽深。

以小见大，体现了中国人深邃的哲思，此般锦心绣肠，在艺术中又浸润最深。中国艺术在一定程度上就是灵魂超越之具，就是引人"见山"的。

明代艺术家王世贞是个博物学家，他家有弇山园，弇山园并不大，其中有一小亭，亭坐落于丛树之中，四面花草扑地，绿荫参差，上有匾额曰"乾坤一草亭"。王世贞认为这个匾额中包含了神秘的意旨。八大山人还画过"乾坤一草亭"图。一个小草亭，为何扯上广袤无垠、神秘无比的乾坤？元代画家吴镇喜欢泛小舟于湖中，他说自己是"浩荡乾坤一浮鸥"，一只小鸟，为什么又说是浩荡乾坤中的一只小鸟？唐代的禅师船子和尚诗云"世知我懒一何嗔，宇宙船中不管身"，他泛小舟于三湖九泖之上，小舟居然也成了一只"宇宙船"。

这里就有个以小见大的思维。宇宙、乾坤，说其大；小亭、小舟，言其小。在小亭中有囊括乾坤的期望，在小舟中有包裹江海的用思。小，是外在的物；大，是内在的心。从物上言之，何人不小！但从心上言之，心可超越，可以飞腾，可以身于小亭而妙观天下，可以泛小舟而浮沉乾坤。行到水穷处，坐看云起时，水虽穷，路虽尽，但云起了，风来了，我是一片云，我是一缕风，在这样的心灵中，哪里还会有穷尽时！

乾坤中的一草亭，江海中的一浮鸥，宇宙船中的一个我，反映了人的生命境遇以及从这一境遇中突围的方式，反映了人深层的生命自信。每个人都是这世界的一个点，是渺渺宇宙的一个点。八大山人就说自己是世界的一个点。他早年就有号雪衲、雪个、雪个、箇山、个山，自称"个山人"，这个"个"是天地之一"个"、乾坤中之一"个"。圜中一点，则为个。个，也可解释为竹，雪个，即皑皑白雪中的一枝竹，白色天地中的一点青绿。八大喜欢这样的意象。八大山人的友人曾为他画《个山小像》，此像中有八大山人录其友人刘恸城的赞语："个，个，无多，独大，美事抛，名理唾，……大莫载兮小莫破"。八大告诉人们的是：我山人是天地之中的一个点，虽然是一点，却是大全；我是世界的一个点，我的生命可以齐同世界，我独立，抛弃追求的欲望，唾弃名理的缠绕，我便拥有了世界。他笔下的一朵小花、一枝菡萏、一羽孤鸟，都是一"个"，一点，一个充满圆足的生命。八大的自尊缘此而出。中国人认识到这个"小"，但不小看这个"小"。其超越不是挣脱"小"而飞向大的道路，超越不是超越现实，相反则是肯定现实的落脚点，人是宇宙中的一个点，一个坚实的点。这是中国人思想中非常有特点的部分。

中国艺术的小亭、小舟等莫不就是这样的高台？这通透的小亭，八面空空的小亭，就是一个心灵的高台。所以中国人将心灵称为"灵台"。玩月的灵境，虽然是如如不动，无边的世界就荡漾在它的世界中，它是心灵的眼。那小舟也是如此，它在小河中荡漾，在开阔的湖面荡漾，在茫茫大海中荡漾，在无形的宇宙中荡漾，说它是"宇宙船"又有何不可？中国画家不是看一只鸟，就画这只鸟，有一朵花，就画这朵花的人，中国画的主流不是将画作为写实的工具，而是当作表达内在生命体验的工具，画的是这个亭子，但所要表现的生命体验却不在这亭子中，所谓不离亭子，不在亭子。他是将亭子放到宇宙之流中去展现，高明的画家其实都想到那高台上去玩月。

元代画家曹云西自题《秋林亭子图》诗云："云山淡含烟，万影弄秋色。幽人期不来，空亭倚萝薜。"一个小亭孤立于暮色之中，寂寞的人在此徘徊，在此等待，多么宁静，多么幽寂，但是这里却充满了无边的生命活力，你看那万影乱乱，盎然映现出一个奇特的世界，你看那藤蔓层层向上盘绕，绕有天然奇趣。中国艺术要把聚集在生命深层的活力掘发出来，在近于死寂的画面中，忽然有极微小而不易为人注意的物象点醒，一声蛙跃，一缕青苔，数片云霓，似隐似现盘旋的青萝，等等，使沉默中响起了惊雷，在瞬间洞见永恒。

我们看倪云林的画。亭子是云林山水中的重要道具。倪云林喜欢画幽林亭子图，深秋季节，木叶尽脱，一亭翼然，古松兀立，这是云林山水的当家面目。现见云林的传世作品多有亭子。清恽南田说元人"幽亭秀木"，乃是人间绝妙音乐。所说的元人即指倪云林。"幽亭秀木"是倪云林山水的特征。我们在以前提到的《容膝斋图》，就包含着以小见大的智慧，画的是陶渊明"审容膝以易安"的诗意，此图用视觉语言表现以小见大的哲学思考。图写早春景致，在疏林之下，置一亭子，别无长物，远山如带，海天空阔。这幅画的画眼，就在这草亭中。一个草亭置于荒天迥地之间。就是要将人、人狭小的时间空间宿命，放到旷朗的宇宙（绵延无尽的时间和空间）中来审视，他要表现的思想是：人所占空间并不小，人自小之，故小；所

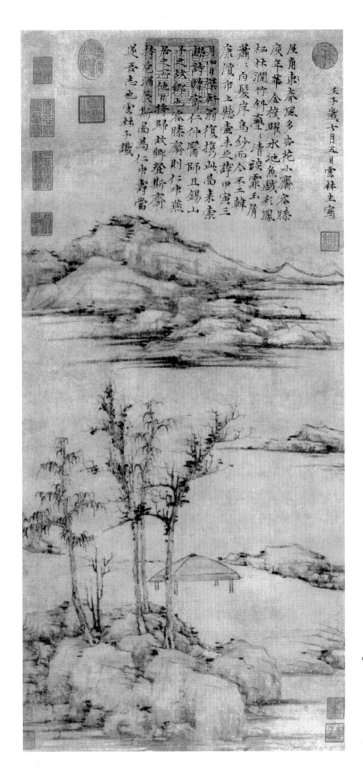

〈元〉倪瓒
容膝斋图
一个小亭置于
茫茫天地之间，
那就是艺术家
的容心之所。

占时间并不短，人自短之，故短。跳出洞穴的思维，一草亭就是一乾坤。心自广大，何能小之！小亭很小，仅能容身；世界之大，却能容心。倪云林就是将高渺的宇宙和狭小的草亭、外在的容膝和内在的优游放到一起，表现他的生命追求。

这样的作品很多，美国著名收藏家王己迁所藏云林《江亭山色图》，画的是暮春之色，但仍是枯淡为之，江畔小亭兀然而在，独立高迥。藏于台北故宫博物院的《江岸望山图》，画的是春景，疏林三株，小亭其下，怪石参差，中段空灵，远处则是山峰。上有云林一跋，中有"疏松近水笙声迥，青嶂浮岚黛色横"之句，在这个萧疏的小亭中，他要望山，望浮岚黛色，望天下之风物。云林另有《松林亭子图》，也藏于台北故宫博物院。上有跋云："亭子长松下，幽人日暮归。清晨重来此，沐发向阳晞。"他的画有一种无言之美，疏林阔落，淡水迢递，一痕远山，小亭独立。林必萧瑟，亭必空阔，他的空亭，是不言而言、无理之理，充满了丰富的人生体验和宇宙情调。高莽的宇宙和短暂的人生，绵延的天地和人狭小的宿命，就这样呈现在你的面前。其中既有一种淡淡的忧伤，又有一种沐发向阳的从容，还有一种沉着痛快的格调。

"江山万里眼，一亭略约之"，云林就有这样的心胸，只有这样去解云林，方能得云林。前人有诗云："半在小楼里，灵光满大千。"大千是全，是无限，小楼是小，是有限，因为心灵的眼穿透这世界，小中有了大，缺中有了全，当下昭示着无垠的过去和未来，眼前环列着一个无限的大实在。云林的小亭对后代中国画产生很深的影响，这成了一种哲学的标志。清查士标有《江岸小亭图》，今藏加拿大安大略博物馆。此画水墨味极浓，构图简洁，画老树一棵，枝干尽秃，树下一亭，再点染出似有若无的江面。上有一诗道："野岸小亭子，经时少客过。秋来溪水净，远望见烟萝。"虽在小亭，而烟萝在目。

清代画家石涛也是以哲学家的眼光来作画，他的"一枝"也很值得玩味。他在金陵时，有斋名"一枝阁"，后来他称自己为"枝下人"。明代画家徐渭，也有斋名"一枝"。"一枝"有什么特别的含义呢？

"一枝"之名出自《庄子·逍遥游》："鹪鹩巢于深林，不过一枝；

〈元〉倪瓒 江亭山色图

疏林廓落，野水遥施，
小亭兀然其间，高荟的
宇宙和短暂的人生、绵
延的天地和人狭小的
宿命，就这样置于你的
面前。

偃鼠饮河，不过满腹。"庄子的"一枝"是一个关于人命运的问题。在庄子看来，人是天地间的匆匆过客，人之生只是寄尘于世。天地再广，人居之，所占有的只不过一枝，而这一枝还是短暂的栖居。曹丕有诗云："人生天地之间，恰似飞鸟栖枯枝。"说得很忧伤，但却是事实。

"还念鹪鹩得一枝"，反映的是人对自身命运的思考。南朝庾信有《小园赋》，写的是他关于自己新得一处小园的思考。园不大，数亩蔽庐，寂寞人外，故称小园。他非常爱这个小园，水中有一寸二寸之鱼，路边有三竿两竿之竹，再起一片假山，建一两处亭台，就满足了。他说，他并没有感到缺憾："若夫一枝之上，巢父得安巢之所；一壶之中，壶公有容身之地。"在他看来，在这小园中散步，真像是爬上生命的"一枝"。

我们再回到石涛。石涛在金陵时住在一枝阁，那是靠近当时世界上著名的大报恩寺山坡的一个小草屋。亲见大报恩寺的西方传教士甚至说，那是当时世界上最辉煌的建筑。一枝阁，小到不能再小了，与金碧辉煌的大报恩寺形成强烈的对比。石涛为此曾感到窘迫，甚至觉得难为情。但最终他以哲学的智慧战胜了这样的局促，他在一枝图长卷上有诗道："得少一枝足，半间无所藏。孤云夜宿去，破被晚余凉。敢择余生计，难寻明日方，山禽应笑我，犹是住山忙。身既同云水，名山信有枝……君能解禅悦，何地不高峰。"

作为一个起居之地，一枝阁是小的、逼仄的，小到如同一个鸟巢，小到无法展开自己的画幅，小到不好意思延进自己的朋友。但石涛由此悟出了"君能解禅悦，何地不高峰"的道理。心中有了方是真有，每个人的心里都有高峰和华屋，这不是欺骗，而是人的智慧是否可以把握的问题。石涛说："消遣一枝闲挂杖，小池新锦看跳蛙。"在狭小的空间中，照样可以如高台玩月。他体会到，浩浩宇宙，人占有的只是片土；悠悠历史，人只是倏然的过客。无尽的心灵企望和窘迫的时空宿命，令人窒息。人何尝离开一个"缺"字！燕巢般的一枝阁，将人无可摆脱的历史宿命放到了石涛面前。但石涛在艺术和哲学智慧的启发下，获得了解脱。石涛有印曰"得少惟趣"，也表现了这方面的思想。

　　石涛的朋友戴本孝也是一位著名画家，他晚年曾有山水册页，其中有幅画一高山，山下一溪横出，急流中一人操桨，泛泛江中。有跋诗云："霜颖采墨华，鸿濛忽留迹。天汉浮一槎，白云洗空碧。"这里的"天汉浮一槎"和上面我们所说的"乾坤一草亭"是一个意思。天汉，即宇宙。槎，木筏子。在沧海茫茫之中，他只是一叶小舟，以一叶小舟，凌万顷之波涛。戴本孝曾和石涛讨论过关于"一枝"的问题，他的《题一枝》五首诗云：

　　　　摄尽千峰只一枝，从来不被不白欺。
　　　　此中多少藏身处，欲指前津世转疑。

　　　　突兀霜林露一枝，破崖老屋苦吟时。
　　　　苔深路涩石头滑，月落烟昏洞口迷。

　　　　截断狂澜柁一枝，随风挂席欲何之。
　　　　倏然来去无古今，任向云天自在吹。

　　　　那得安巢有一枝，坐残千劫未开眉。
　　　　试看古纸毛生卢，可是须弥露顶时？

　　　　到处枯锥卓一枝，一番世界一番痴。
　　　　生平破砚真毛髓，相对淋漓不厌奇。

　　一枝阁，从量上说，它是渺小的，如果因其渺小而汗颜，那是为物质的体量所拘牵，那是心灵中物质的企望所形成的心灵张力，它鼓荡起的只能是人的欲望。膨胀了的需求和实际上的些许给予，将人送入了困顿的窘境。在戴本孝看来，和千峰中的密密山林相比，一根树枝真是太少了，但一枝有一枝的风光，有一枝的妙味。以道观之，以智慧打量之，天下之物本无多少，无所求也就无所憾；

以占有的目光去看，处处少，时时少，一切都是缺，不可忍受。但这是迷雾沉沉的迷天，是烟昏气旋的黑洞。所以，此在的恬然自足，可以一切如如。戴本孝的一枝，是孑然高蹈的一枝，是一峰突起的独立高标，是不落俗流的绝然超越，是对自己本然真性的痴心迷恋，是从容自在，如一帆远行，倏然来去无古今，任向云天自在游。于是，群伦和孤独的矛盾解除了，微小和庞多的矛盾解除了，富贵和贫寒的矛盾解除了……

戴本孝有诗云："强我入城市，不知何所求。驴饥嫌草恶，童野见官羞。药力心相得，人情道不侔。归来空一啸，濯影小池秋。"富贵非吾愿，万顷非吾求，这一庭空阔、一池活水，供我放旷其间，啸傲其间。一如石涛所说："消遣一枝闲拄杖，小池新锦看跳蛙"。他有诗道："一丘藏曲折，千顷叹汪洋。"汪洋洪泛，并不能给他带来特别的满足感。又道："松石静相得，此亭良不孤。世应非工古，室即是吾庐。小艇水痕落，荒村日影晡。流泉惟自语，何处问潜夫？"此在就是真实，此室就是"吾庐"，我亦安吾庐，天地何其大，一枝阁又安见其小哉！他将微渺个人放到莽莽宇宙之中，以见其萧瑟；将心灵从法执我执的拘束中放出，作天地宇宙的欢歌。他说："乾坤剩得团瓢在，老树寒鸦共一家。"一枝阁虽小，天地并不小；人的生命虽然短暂，那何不同于荒穹碧落，去寻找法外的无穷？

正因此，一木一石，千岩万壑不能过之，一勺水，亦有深处，一片石，也有曲处。乾坤一螺寄，浩瀚的宇宙和脆弱的生命构成强烈的对比，人的生命张力便由此凸显出来。一尘也好，一粟也好，一枝也好，都不是命运的哀叹，而是在无可奈何中的生命奋争，是关于人的意义和价值的沉思。

二、体验的真实

以小见大，说的不是一个物理的事实，而是体验的真实。

南宋山水画家马远的《寒江独钓图》，今藏于日本东京国立博物馆。图画静谧的夜晚，淡淡的月色，空空荡荡的江面上有一叶孤舟静横，小舟上一人把竿，身体略略前倾，凝神专注于水面。小舟的尾部微翘，旁边则是几丝柔痕，将小舟随波闲荡的意味传达出来。这幅画是简约的，简到不能再简了，只有一叶小舟、几丝柔痕，但表达的生命感受却是丰富的。这幅画只是一个引子，它的后面有一个广阔的世界。夜深人静，冷月高悬，寂寞的秋江上悄无声息，气氛凄冷，一切的喧嚣都远去，一切争斗都荡尽，一切人世的苦恼都在冷夜的屏障抵制下退去。一丸冷月，虽然孤独，却是与渔父相依为命的精灵。冷月洒下的清辉，对这孤独的人来说不啻是一种安慰；迷蒙的夜色，为这寂寞的人提供柔和的保护。小舟静静地向前，偶尔激起的流水声，像是和人絮语。忽而有夜鸟掠过，留下它悠长的叫声，更衬托这江夜的空明和静寂。这幅画是山水画中以小见大的典范。显然，这个简略的画面，所表现的不是一个物理事实，而是一个心理事实，一个生命体验的世界。

小是一种心灵真实，三五步，走遍天下，六七人，雄会万师，那是在人的心灵体验世界中所达到的。元画家吴镇谈自己的感受说："生绡咫尺无穷意，谁识经营惨淡间。"惨淡经营的不是写实，而是藏于画中的生命感受。"空山不见人，但闻人语响。返景入深林，复照青苔上"。这首小诗描写一个寂寞的山林，从物理的空间看，它没有任何特别之处。但这诗不是写景诗，它是诗人当下领悟的生命空间，是一个与诗人生命密切相关的世界，于是这个小小的世界被赋予了特别的意义，它成了一个圆满的生命宇宙。

以小见大，最容易使人联想到的西方艺术理论概念就是典型。典型的核心是在特殊中体现一般。典型在艺术里，就像类和种在自然界里，典型是将一般的无限的东西体现在个别的有限的现象之中，它的基本方法是概括。它是以少概括多，在有限中表现无限。但中国艺术理论的以小见大说的核心不是概括，而是体验，它不是一种类归，而是生命体验的世界。就像马远这幅《寒江独钓图》，它不是在简约的画面中概括了很多钓者的生活，钓者根本不是"这一个"。它的命意其实根本就不在夜晚，不在钓者，不在钓鱼的事实本身，而

◉⦿〈宋〉马远
　寒江独钓图
　寒江独钓，钓
　出一个自由旷
　远的世界。

在超出于此画面的荒寒孤寂的生命体验。它所呈现的是一个瞬间体验的心理事实，而不是一个有概括力的物理事实。更为不同的是，在以小见大的体验世界中，没有大和小、多和少、有限和无限，一切量上的推演都与生命体验世界不合。

　　中国古代艺术论中有"芥子纳须弥"的说法。此说本出佛门，"芥子"，极形容其小，"须弥"，即佛教中所说的妙高山，是想象中的天国，形容其远和大。这远而大的妙高山，被囊括在一颗芥子之中。中国艺术将"芥子纳须弥"作为一种重要的创作原则。宋楼钥有诗道："山高最难图，意足不在大。尺楮眇千里，长江浸横翠。……近山才四寸，万象纳须弥。欲识无穷意，耸翠更天外。"宋董逌也说："当中立（引者注：范宽，字中立）有山水之嗜者，神凝智解，得于心者，必发于外，则解衣磅礴，正与山林泉石相遇。虽贲育逢之，亦失其勇矣。故能揽须弥于一芥，气振而有余，无复山之相矣。"明代学者庄定山说："沧溟水一沤，天地一芥子。"在这里，典型理论没有解释空间，芥子绝不是须弥的有限概括，它只是强调，艺术创造的根本不在体量的大小，而在真实的生命感悟。天地一芥子，不是于芥子中见天地之大，而是在真实的体验中，一芥子也是一个圆满的生命。

明人张叔夏有一首《清平乐》词，很著名："候虫凄断，人语西风岸。月落沙平流水漫，惊见芦花来雁。可怜瘦损兰成，多情因为卿卿。只有一片梧叶，不知多少秋声。"[1]"只有一片梧叶，不知多少秋声"，一如"一叶落，知劲秋"，代表了一种深沉的生命精神。

只有一片梧叶，不知多少秋声[2]，中国人强调当下直接的生命体验，关心的是心理的真实。一叶之落，推知秋之萧瑟，并非出自理性的推演，而是一种生命的感喟，是气化宇宙运转所勾起的人的深层生命悸动；又是一年秋来到，引起人凄婉的生命回旋。它的中心不在于由一叶之落，而想到很多很多叶子落，想到秋天来了的季节更换的科学事实，而在于将人放进这个世界中的生命悸动。一片梧叶知秋声，性灵也被置于秋风萧瑟之中。

苏轼在评鄢陵王的折枝画时说："谁言一点红，解寄无边春？"谁能在一朵微花中见出天地的无边春色？鄢陵王做到了。一点红色，就是无边的世界。画家并不是魔术师，他怎么可以点出一片春色？就在于画家以感人的笔触，创造一个瞬间体验的生命世界。他画的是花，但意不在花，而在花背后的丰富体验世界。苏轼有论画诗道："毫端偶集一微尘，何处溪山非此身？"[3]以一粒微尘，表无边溪山，而不必在笔下直接画出溪山无尽。一粒微尘，就是一个圆满的世界。

苏轼这里所说的折枝画，是中国画的重要形式，自中唐以来一直受到画家的喜爱，南宋时，折枝花卉几乎成为代表这个时代绘画之风的典型形式。画家们不去画满园春色，往往是花出一朵，叶出数枝，从画面一角侧侧而出，就是画的全部了。如马麟的折枝画，画家成了吝啬的高手，省略再省略，省略到剩下一丝引子，一点暗示，一点淡红，几丝柔意。不是他们画不了群芳异卉，也不是他们没有时间去画复杂的对象，中国画家认为这就够了，一切的陈述都是多余。画家不是追求事物真实面貌的表现，而关心的是瞬间体验，将这一体验通过最简略的形式表现出来。马麟灼目而忧伤的折枝，就是他当下真实的体验。鉴赏者是为他的真实的生命体验所感动，并非对他图绘的物质事实产生兴趣，更不是从一朵花中看出很多花。以小见大的小，并不是写实的小，如画一枝花，只是如实地画出，如果这样，一枝花就是一枝，无法产生无边春色的期许。

美国普林斯顿大学美术史家方闻在谈到元代艺术特点时说："中国艺术家摒弃了造型的写实主义，不单纯追求事物的真实面貌，而立足于瞬间个人心理的真实。……文人艺术家作品的成功，既不在于精湛的技法，也不在于动人的构思，而在于深刻的思想以及艺术家内在的自我旨趣的天然流露。"[4]这些把握是很有见地的。

苏轼的表兄弟文同是一位画竹大师。苏轼有一次和他开玩笑，对他说："竹子长万尺，要画它当用绢二百五十匹，你不要画了，就将那绢给我算了吧。"文同说："我要是有二百五十匹绢，就买些田回家养老了。"文同将所画的一枝竹送给苏轼，对他说："此竹数尺耳，而有寻丈之势。"而苏轼回答道："世间亦有千寻竹，月落庭空影许长。"他俩所开的这个玩笑，就是突破写实的传统，重视体验的意趣。后人评文同的竹子说："虽是一枝竹，却有十万丈夫。"谈的就是他竹子的气势。文同画的不是竹子的面貌，而是竹子的精神气质，那种映照着灵心的境界。

中国绘画有"咫尺万里"的说法。杜甫"咫尺应须论万里"的观点，成为中国画的纲领之一，画山水被视为"扫千里于咫尺，写万趣于指下"。黄山谷说："江山辽落，居然有万里之势；老夫发白，对此使人慨然。"东晋时大文学家袁宏在建康为官，后来因他任离开建康，友人送别，心中凄惘万分，感叹道："江山辽落，居然有万里之势。"山谷引用的就是这个故事。"咫尺万里"，意思并非是望着有限的画面，联想无限的山水，这样的理解不合中国以小见大之哲学。咫尺万里，在气势，在境界，在裹挟于其中的人生感慨，这是由独特的生命体验所铸就。画家的命意其实根本就不在山水，何必去延展山水！

清戴熙说："柳荫系艇于闲冷中，领空旷之趣，殊胜千岩万壑也。"艺术家意在"趣"——生命的趣味，而不在"实"。中唐以后，在道禅哲学的影响下，中国画家普遍重视心灵体验的真实，而不取写实之途。他们在绘画的构图上，不再追求山川无限的全景式的方法，而常常是山出一角，溪出一湾，尽量使画面简约，给心灵以腾挪的空间。沈迈士先生就指出过这一点："中国画的特长即是能以'以小见大'的手法来表现广阔重叠的胜概的，这种手法自隋唐以来逐渐成长，趋于成熟，到北宋达到神妙的境界。"如人们所说的"马一角"、"夏半边"就是一个典型。如马远的山水多取寥寥一角、微微一隅，景物少，用笔简率，《格古要录》说他："或峭峰直上，而不见其顶绝壁而下，而不见其脚；或近山参天，而远山则底；或孤舟泛月，而一人独坐。"总之一切都作了简略的处理。他们的创造体现了以小见大的哲学智慧。诚如恽南田所说："一勺水亦有曲处，一片石

● 沧浪亭一角

　一勺水亦有曲处，

　一笋石亦有奇处。

亦有深处。"只要传达的是真实的生命体验，就会有无限的风云。

英国研究中国绘画的著名学者苏立文（M. Sullivan）说："中国画家之所以要避免一个完整的构图上的说明，主要是他们认为我们不可能知道每一件事，我们能够描写和补充的只是一个有限的真理。所以一个画家所能做的就是解放他们的'思念'，让这种'思念'在宇宙无限的空间里自由地漂游，即使是他们的山水画也不是最后的叙述，它不是一个终点的目标，相反，则是一个开端。"[5]中国艺术表现的形式是一朵浪花，而隐藏的世界永远是一个海洋。艺术家所捕捉的形式就是一个"开端"，一个"引子"。"引子"创造的成功与否，就在于艺术家生命的穿透力。"引子"引出的并非是具象世界，而是幽深的生命体验。

中国园林有"壶纳天地"的说法。扬州个园中的四季假山前的"壶天自春"四字，颇能说明中国园林艺术追求的深意。庾信在《小园赋》中，说他的小园就是一个壶地："一壶之中，壶公有容身之地"。这里有个故事，东汉时有一个方士叫费长房，有一天在街上遇到一个老翁卖药，在药店上悬一壶，每天市罢，就跳到壶中，人称壶公。街上人都看不到他，只有费长房在楼上能看到，觉得很奇怪，就去拜见。这老翁知道他的来意，就对他说："你明天可再来。"第二天长房去拜见，老翁和他一起都进入壶中。壶中妙不胜收，有华楼丽阁，又有美酒嘉肴，二人在里边尽情地享受。[6]

中国艺术家其实就要做这样的壶公。这个"壶"是心灵之壶。在心灵的壶中融世界无边妙意，而不是将广大的物理世界凝聚进这微小的世界中。中国园林其实就是造这样的壶：壶虽小，天地却很宽；壶中似乎空空，却有庄严楼台，无边妙色。不必华楼丽阁，不必广置土地，引一湾清泉，置几条幽径，起几处亭台，便俨然构成一自在圆足的世界，便可使人"小园香径独徘徊"（晏殊《浣溪沙》）了。园林家重点不在造一个物理空间供人住，供人"看"，而是造一个生命空间——生命之壶——供人"居"，好的园林是一个生命的世界。

中国园林多以小而称。如北京大学校园内有一处景点勺园，那是明代大艺术家米万钟的遗园。米万钟是一位有极高声望的书法家，

❧❧ 个园一角

淡云含远意，壶天自春色。

当时人说南董北米，南方有董其昌，北方有米万钟。他的园子勺园，就是取"海淀一勺"之意，勺园处于海淀之中，海淀之名，一汪水称为淀，这里当时也只有一条溪水，名巴沟，一条巴沟溪水，却要表现对大海的期许，再现大海的浩瀚。以小见大的意思非常明显。

无锡有蠡园，我们今天说管窥蠡测，蠡，就是瓢，就是一瓢水，以它来命名，意思很明显："一勺水就是大海"。扬州园林多以石取胜，如片石山房，在扬州城南花园巷，又名双槐园，园以湖石著称。园内假山传为石涛所叠，很见特色，溪流逗引着山体，彼此回护环抱，别有风味，山体虽小，有巍峨绵延之势，水流虽细，却似断非断，与山体相激越，有奔腾跳跃之势。这就是这"一片石"的奥秘世界。扬州有小盘谷，也是以小见称。它也是一个以假山见长的园子，园内假山林立，溪流盘旋，山上瀑流泻下，假山的周围奇树盘桓，有一石岩上题"水流云在"四字，真点出了此园的妙韵。所谓"水流心不竞，云在意俱迟"，人的澹荡的心灵，使园林的空间大了，远了，飘渺了。扬州还有棣园，原名小方壶，古人云棣通太音，一枝芦苇通天地。这样的期许真是微妙极了。扬州著名园林个园，取为一枝竹的意思，一枝竹是个大乾坤。

就是在这微小的天地中，中国园林艺术家却要做更大的梦：他们要在小园中上天入地，尽神通人。一沤就是茫茫大海，一假山就是巍峨连绵，一亭就是昊昊天庭，故人们常把园林景区叫做"小沧浪"、"小蓬莱"、"小瀛洲"、"小南屏"、"小天瓢"。"小"是园的特点，"沧浪"、"蓬莱"则是人们远的心意，壶公有天地，芥子纳须弥。明祁彪佳说得好："夫置屿于地，置亭于屿，如大海一沤然，而众妙都焉，安得不动高人之欣赏乎。"

园林不仅在命名上有以小见大的用思，其实，在叠山理水之间，处处可见这样的思想。如中国园林反对敞朗，而独好偏阒：围墙隐约于萝间，若隐若现；山楼轻披藤蔓，愈牵愈长；梧阴匝地，槐影当庭影影绰绰，妙意无穷。又好做隐而曲的游戏：愈闭处愈开，愈窄处愈宽。山穷水尽处，一折而豁然开朗；轩阁阻挡处，一开而通别院。空灵活络，玲珑优游。如潍坊的十笏园，有山野逸趣，以池水为主，堆积山石和环廊小亭来衬托假山气势。乾隆说："十笏不为仄，诸峰无尽奇。"在狭小的空间中有高远之感。清沈复《浮生六记》说："若夫园亭楼阁，套室回廊，叠石成山，栽花取势，又在大中见小，小中见大，虚中有实，实中有虚，或藏或露，或浅或深。"正是行家之论，一切都在为人心灵的玩味提供空间。

对于造园家来说，园不在乎小，而在于通过独特的设计，使鉴赏者能够在其景致的引领下，同生烟万象，汇大化洪流。假山虽无真山那样巨大的体量，但却可以通过石的通透、势的奇崛以及林木之葱茏、花草之铺地、云墙漏窗等周围环境，构成一个生机盎然的世界，从而表现山的灵魂，表现心灵对世界的体会。我们欣赏一个园林，看的不仅是它的景致，还包括看它与自己心灵的关系，亦在读自己的心灵哲学，一片自然山水就是一幅心灵的图画。我们在谐趣园中，所"谐"出的不仅是外在景致的趣味，主要是心灵的趣味。我们有悦耳悦目的感受，更有悦心悦意的性灵活动，觉得眼前的对象不仅可行可望，更是可居可游，我们的心与之同游。

由此可见，亭阁虽小，但艺术家将它放到天地之中去，汇入到宇宙的节奏中去，所以不小，招风雨，幕云烟，伴春花秋月，收渔歌鸟鸣。这样的园子怎么可以说是小呢？这样的天地怎么能局促呢？心自远，天地自大，地偏又何能阻隔！

三、月印万川处处皆圆

以小见大，反映了中国美学当下圆成的观念。

"当我细细看，呵，一棵荠花，开在篱墙边。"这是日本诗人松尾芭蕉的著名俳句。在一个偏远的乡村小路上，在一处无人注意的篱笆边，诗人发现了一朵白色的野花，没有娇艳的颜色，没有引人注目的造型，没有奇特的香味，那样的谦卑，那样的温柔，诗人为这样的质朴和纯素而感动，在微小的存在中发现了伟大，在几乎无色的世界中领略了灿烂。对于此刻的芭蕉来说，一棵野花，就是一

◎ 留园花街铺地

招风雨，幕云烟，

伴春花秋月，收虫吟鸟鸣，

小园香径自是一妙世界。

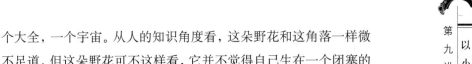

个大全，一个宇宙。从人的知识角度看，这朵野花和这角落一样微不足道，但这朵野花可不这样看，它并不觉得自己生在一个闭塞的地方，也不觉得自己因渺小而微不足道。大和小，多和少，煊赫和卑微，灰暗和灿烂，那是人的眼光，是人的知识的眼光。而"以物为量"——不以人的知识的眼看世界，放弃人的知识的"量"，融入到世界去，以世界之量为量，你就会有芭蕉那样的感动，你也能像芭蕉那样在一朵微花之中，发现一个宇宙，一个有意义的世界。芭蕉有俳句云："雪融艳一点，当归淡紫芽。"一个淡淡的紫色小花，在白雪中飘摇。这是怎样的绿意，怎样的春色！芭蕉的智慧从中国的禅宗中来，它反映的正是南宗禅的思想。

这是多么令人感动的小！这引出了中国人以小见大哲学的另一重要理论要义：世界的意义即在世界本身。没有人则没有世界的意义，但在中国哲学看来，世界的意义不是被人"看"出来的，以人的理性、知识、科学、功利的眼光看世界，这世界则是人观察的对象，我成为主体，世界便成了和主体相对的客体，于是世界的意义不是世界本身所具有的，而是人的理性所赋予的。这样的世界意义是一种虚假的影象。中国哲学有一种观点强调，世界的意义是在人的纯粹体验境界中"见"（现）出，所谓自在显现。

唐代著名哲学家李翱是一位儒家学者，但对佛学很有兴趣。药山惟俨的大名在当时朗如日月。一次，他去参拜药山。见药山时，药山一言不发。李翱拿出他的哲学家的腔调，开口便问："如何是道？"药山用手向上指指，又向下指指，李翱不明其意。当时，药山的前面正放着一瓶子，天上正飘来一片云。药山便说："云在天，水在瓶。"李翱当下大悟。后来他写了首诗，这诗道："练得身形似鹤形，千株松下两函经；我来问道无余说，云在青天水在瓶。"道在不问，佛在不求，只要你回归自心，处处都是佛，青山自青山，白云自白云，一切都自在显现，当下圆成的生命，才是至高的圆满之境，它就是佛。

药山的手轻轻地一指，却指出了一条不同于理性的哲学智慧道路，云在青天，水在瓶，山在逶迤，鸟在高飞，无风萝自动，不雾竹长昏，前溪有清泉滑落，后山有微光缭绕，一切都自在圆成，所谓万物自生听，太空恒寂寥。

中国哲学有"月印万川，处处皆圆"的著名比喻，它包含着丰富的内涵，本由佛学提出，理学也接过这个话头。在理学中，它所表现的是"理一分殊"的思想[7]。而在佛学内部，华严宗自称为"圆教"。唐代武则天曾叫华严宗大师法藏说华严之妙，法藏就以皇宫门口的狮子作比喻来说法，他说："一一毛中，皆有无边师子（即狮子）；无边师子，入一一毛中。"也就是华严宗提出的"一即是一切，一切即一"，一物即是圆满俱足，每一物都有其圆满的自性，所以每一物都是一个大全。但华严宗的"月印万川，处处皆圆"的圆教思想，仍然本着现象本体之思路。[8]

南宗禅却与之不同，它以大乘空宗的不二法门为其根本思想，其所谓"圆"的思想，其实就是当下圆成，西方就在目前，当下即是充满。希运《传心法要》说："深自悟入，直下便是，圆满具足，更无所欠。"圆满充融，无稍欠缺，就是大全。慧能的弟子永嘉玄觉《证道歌》说："一月普现一切月，一切水月一月摄。"《信心铭》将其概括为："一即一切，一切即一"。禅门发现了一朵野花的价值。《碧岩录》说："一尘举，大地收，一花开，世界起。"在南宗禅这里，以小见大，其实没有小和大，没有量上的分别，随处充满，无稍欠缺。

月印万川，处处皆圆，不是万千月亮都有一个月亮统领，那是就整体和部分而言，而是赋予每一个存在物以自身的意义。存在的意义不在其高度的概括性，如我们平常所说的在特殊中体现出一般，在有限中体现出无限。存在的意义就在其自身。在这里没有有限和无限的区分，没有一般和特殊的总属关系，也没有全体和部分。南宗禅的世界观中，没有世界的全部，如果说全部的话，那每一个对象就是全部。"一即一切，一切即一"，禅宗中没有一切，禅宗放下量论的思维，没有个别和全体，没有大小多少，哪里会有一切的总和。如果说一切的话，那么这个当下的对象（姑且用对象），就是一切。禅宗中也没有"一"，"一"是与多相对的概念，没有多少之关系，自然也就没有"一"。没有"一"，也没有"一切"，禅宗破除量论的思想，就是要建立当下此在的真实意义。以小见大，其实是无小无大，当下圆成。

　　禅宗强调，每一个存在物脱离了人的量论的束缚，恢复了生命的真实性，恢复了生命的意义。蒲花柳絮，云在青天水在瓶，庭前柏树子，都是一切。不必有所缺憾，当下就是圆满，觉悟就是全部。就注意当下直接的体验吧，一个小园，一朵浪花，就是全然的满足。王维《木兰柴》诗云："秋山敛余照，飞鸟逐前侣。彩翠时分明，夕岚无处所。"空灵廓落，夕阳将落未落之际，一片神秘的空灵。自在圆成，无稍欠缺。

　　月印万川的思维开辟了中国美学一种独特的思想，就是美学中的"圆成实"，即此在即真实即意义。这一点，我在"不二法门"一讲中已有涉及，这里就不多说了。

注 释

1　《珊瑚网》卷三十二。

2　此二语在画界颇负盛名。清戴熙说："只有一片梧叶，不知多少秋声。二语颇有名理。"

3　《书王晋卿画》，《苏诗补注》卷三十三。

4　Wen C.Fong, *Images of the Mind*, Princeton University Press, 1984.

5　Michael Sullivan, *The Arts of China*, University of Colifornia Press, 1984.

6　此故事见《后汉书·方术传》下。

7　北宋杨时的弟子陈几叟以"月落万川，处处皆圆"来论述理一分殊思想，陈淳《四书性理字义》释"理"说："总而言之，只是浑沦一个理，亦只是一个太极；分而言之，则天地万物各具此理，又各有太极，又都浑沦无缺失处。""譬如一大块水银，恁地圆，散而为万万小块，依旧又恁地圆。陈几叟'月落万川，处处皆圆'之譬，亦正如此。"在理学看来，万川之月，只是一月。然万万千个圆共有一圆，万川之月，只有一月相照，一圆贯穿了万川之圆，散在江湖各处的异在之圆联成了一个整体，只有一个生命。这就叫"随处充满，无稍欠缺"，此可谓大充满。正因万川之月，处处皆圆，故自此一月，可观全月，散在江湖的万千之月均由一月相照，故自任何一月均可窥见万千之月的内在生命，任何江湖的月都是一个自我完足的生命世界，都是月之理的显现，都可见万川之月的无限奥秘。天下一太极，而物物一太极，物物均有内在的理，而内在的理又是共通的；自一物可观万物，自一圆可达万圆，物物绳绳相联，绵绵无尽。它强调了万物都是一个自在圆足的生命这一重要特性。理学的万川之月之比，仍未脱量论。

8　南宗禅的一即一切、一切即一的圆融无碍的思想，看起来与天台、华严的圆教理论相同，其实有根本的差异。华严宗自称为"圆教"，在判教理论上，它将各种宗派分为小乘教、大乘始教、终教、顿教和圆教五种，华严宗则高居于一重圆教之上。为什么称为圆教？华严宗宗师法藏云："万象纷然，参而不杂，一切即一，皆同无性，一即一切，因果历然，力用相收，卷舒自在，名一重圆教。"一切事遍一尘中现，是谓卷；一尘遍一切处，是谓舒。一切现象归之于法性真如，法性真如体现为一切现象，二者圆融无碍，故此为圆教。华严初祖杜顺将事理圆融作为止观五法门之一。他以珍珠为例说："一珠能现一切珠影，此一珠既尔，余一一亦然，既一一珠一时顿现一切珠，既尔余一一亦然。如是重重无有边际，即在重重无边际珠影，皆在一珠中炳然呈现，余皆不妨。"一珠显一切珠，一切珠又显一切珠，珠中有珠，以至无尽，佛教称之为"因陀罗网"。这就是一无量，无量一。华严宗此思想与禅宗的根本差异主要有二：一是华严的一多互摄理论是建立在现象和本体相融相即的理论之上的。真如本体体现于一切现象中（舒现），一切现象中都体现真如本体（卷藏）。"一"是本体，"一切"是现象。华严宗的一多互摄理论中，"一"为单一，"万"为总体，自"一"观"万"，即是量的差异，一毛一切毛，一物一切物。南宗禅所破的正是这现象本体的分别智。二是华严宗的圆教理论是奠定在对事物差别相的承认基础之上，世界上存在着千千万万差别的事物，每一物都有其自性，故而显示出其差异性，差别的事物中有共同的理。而禅宗则是彻底的平等观，它认为事物的差别是人的分别智所造成的，物的存在本身并没有差别，并没有量的区别。

大巧若拙

西方传统园林一般都有雕塑，主要是人物雕塑，内容又大都与宗教有关。但中国传统园林很少有雕塑，更不要说人物雕塑了（寺庙园林中佛道造像除外）。其实，中国传统园林中的假山，就是园林中的雕塑，这些曾经被西方传教士称为古怪的破石头的假山，是中国艺术家精心构造的心灵影像。中国人认为，石不能言最可人，这些表面上看起来千奇百怪的假山，是枯槁、瘦硬的，而且是一些"僵死"的石头，几乎没有任何生命的信息，但是中国人却爱之如金玉之城，视之为神灵降物。传说当初杭州花圃盆景园内立一处叫做绉云峰的假山时，当天几乎是万人空巷，人们争相一睹。

这种文化现象背后凸显的是中国人独特的哲学智慧：大巧若拙。中国人对枯藤、残荷、老木、顽石等的欣赏，书法家对老境的吟味，画家对枯笔焦墨的神迷，文人竞相以守拙为字号斋名，等等，其实都与这样的哲学有关。大巧若拙是中国美学一大问题。

可以说，东方人发现了枯槁的美感，在深山古寺、暮鼓晨钟、枯木寒鸦、荒山瘦水中，追求一种独特的美感，这是东方人贡献给世界美学的重要理论滋养。拙道，即天道，大巧若拙中，体现了崇尚自然的中国美学精神。

一、拙的智慧

"大巧若拙"由老子提出。人之生必然会追求巧，巧，即技巧、技能。老子所说的大巧，却不是一般的巧，一般的巧是凭借人工可以达到的，而大巧作为最高的巧，是对一般巧的超越，它是绝对的巧、完美的巧。大巧就是不巧，故老子以"拙"来表达。

老子为什么将笨拙的状态作为最高、最完美的巧？这涉及到老子关于天工和人为关系的思想。老子认为，最高的巧，就是不巧，不巧之巧，可以称之为"天巧"[1]，自然而然，不劳人为。从人的技术性角度看，它是笨拙的，没有什么"技术含量"；但从天的角度看，它又蕴涵着不可逾越的美感，它是道之巧，有纯全之美。在老子看来，一般意义上的技术之巧，其实是真正的拙劣，是小巧，是出自人机心的巧。机心即伪饰，伪饰即不能自然而然。如果说它有什么巧的话，也是局部的巧、矫情的巧。这样的巧是对自然状态的破坏，也是对人和谐生命的破坏。它与其说是巧，倒不如说是真正的

笨拙，因为它笨拙到连生命的戕害都不顾了。

庄子强调"以道不以巧"，突出了天工的地位。"巧"在他的哲学语汇中，也不是一个正面的词语，他说"不图谋智巧"，又说"圣人工乎天而拙乎人"。他强调自然而然，自然就是不巧，"覆载天地，雕刻众形而不为巧"，天以不巧而得大巧。

道家大巧若拙的哲学表述，将两种截然不同的创造状态尖锐地呈现在人们面前。一是人工的、机心的、色相的、外在的状态；一是天工的、自然的、平淡的、天真的状态。前者是知识的，后者是非知识的；前者是破坏生命的，后者是养生的；前者是造作的，后者是素朴的；前者以人为徒，后者以天为徒；前者是低俗的欲望呈露，后者是高逸的超越情怀。老子大巧若拙哲学观以及中国哲学环绕此观点所展开的思考，有以下要点值得注意：

第一，大巧若拙，强调的是素朴纯全的美，自然天成，不强为，无机心，不造作，朴素而不追求浮华。如《二十四诗品·冲

◉ **留园花步小筑** 在苔痕历历的枯藤石笋间，透出一种天趣。

245

●❀谐趣园冬景
　雪后的谐趣园，
沐浴在一片神
秘的安宁之中。

淡》中所说的："遇之匪深，即之愈希。脱有形似，握手已违。"不
刻意求取，一刻意即落有为，一有为就破坏物我之间玲珑微妙的
契会，破坏冲和淡雅的意致。放弃目的、理智、欲望的追求，也
即放弃对"巧"的追求。诗人是以心去"遇"——无意乎相求，不
期然相遇，而不是去"即"——孜孜以追求。因为一"即"就"希"，

渺然而不可见；一遇即"深"，契合无间，意象融凝。拙，在老子看来，就是素朴。道家认为，素朴而天下莫能与之争美。

第二，大巧若拙，突出了中国哲学以天为徒的思想。中国哲学有两种倾向，一是与天为徒，一是以人为徒。老子黜人工技巧而重天工自然，这和中国哲学的主导倾向是吻合的。在老子的宇宙论思想中，赋予天（自然）作为创造性本体的特性，老子哲学中的天（或云自然）取代了原始宗教中的至上神地位，成为人的文化创造永恒的范本。老子大巧若拙的思想，就是要回到天的角度来讨论问题，从天的角度寻找智慧的根源、生生的根源。

第三，大巧若拙，突出了道家哲学在其源头就存在的"反智（此指知识，而不是智慧）主义"倾向。在老子看来，人企图运用知识改变世界，是一种愚蠢的文化冲动。老子强调拙，是因机心流行、文明发展所带来的虚伪性而提出的。老子说："慧智出，有大伪。"老子认为，文明的发展其实就是追求巧的过程，而这巧是对人的本真状态的破坏。老子看透了五色、五味、五声等对人的真性破坏。"五色令人目盲，五音令人耳聋，五味令人口爽，驰骋畋猎，令人心发狂，难得之货令人行妨。是以圣人为腹不为目，故去彼取此。"他倡导一种自然而然的哲学。老子时代的繁缛虚华当然和现今无法相比，但相对而言，那个时代也有了很高的文明，孔子就说过那是一个"郁郁乎文哉"的时代。文明所带来的虚荣奢华席卷着这个时期，声色狗马之乐，虚与委蛇之势，艳心荡魄之色，乃至繁缛的礼节，巧言令色的风行，等等。其实，这也可以说是"欲望的时代"，一个"为目"的时代，重视人的欲望享受，将世界客体化、对象化，也异己化。老子反思这样的"流行文化"：这样的所谓文明，是不是符合人的真性？老子提倡的"为腹"，如王弼说："为腹者以物养己，为目者以物役己"，就是融于世界中，与世界相优游，不是靠机心去破坏这个世界，而是与世界同在，以"大是懵懂"的智慧滋养生命。

第四，大巧若拙作为一个哲学命题，思考的中心问题之一是人工技巧和自然天全之间的关系。很显然，老子是尚自然斥人工的。它是中国哲学中最早对技术主义进行批判的有代表性的观点。中国文

◉◉ 〈明〉陈洪绶
古木双鸠图
在枯木的槎枒间，
啼叫春天。

化有一种强烈的重机心、重权谋的特点（如兵法的发达），老子的这一思想在这方面起到了一定的制衡作用。

《庄子》丰富了老子这一思想。《庄子》一书对巧拙二者的讨论比较深入。搅乱音律，销毁乐器，堵住师旷的耳朵，天下人才能保往本性的聪慧；抹掉纹饰，散乱五彩，粘住离朱的眼睛，天下人才能保住本然的灵敏；毁坏钩绳规矩，折断巧匠工倕的手指，天下人才能保有其本性的技巧。² 庄子这样细腻地分辨着所谓文明之巧的荒诞。在庄子看来，拙就是从人的知识的跃跃欲试回到天全状态的懵懂；从人的欲望追求回到恬淡无目的；从外在的感官捕捉回到深心体悟。正像孟子也说："能与人规矩，不能使人巧。"规矩是知识，可以学而知，但天巧则无法通过学而知之，必以心灵之洞悟方能求得，从工具理性回到直接的生命体验。《庄子》中关于一个园圃不用机械的故事，就是这方面典型的观点。庄子认为，人类文明就是追求巧的过程，但在这一过程中，常常会忘记，巧只是一种工具上的便利，并不能解决人心灵中根本的问题，物质的巧并不能代表生命的全部。就像今天经济的"巧"在推进，而不少人感到异常贫穷一样，有一种"文明的空荒感"。

庄子提出技进乎道的观点，在拙中近于道。庄子说："臣之所好者道也，进乎技矣。"在庖丁解牛的故事中，庖丁解牛神妙技术的形成经过一个过程，而在他达到最高境界之时，他的解牛简直成了一个艺术展示过程。技是知识的，是工巧的，而非天成。庄子讨论的是如何超越技巧，"技进乎道"，这个"进"，不是说道超过了技，是对技某种程度的提升，而是说道是对技的超越、否弃和消解。庄子强调，像庖丁有如此的手段，是放弃机心、走向自然的产物，是养生的产物，不是学技而得来的。

有个工匠叫梓庆，他的锯子做得好，人称有鬼斧神工之妙。鲁侯就问他："你有什么奇妙的本领，竟然创造如此佳构？"梓庆答道："我只是一个工匠，何术之有！"它不是通过技巧的积累而达到这样炉火纯青的地步，而是斋戒其心，物我皆忘，放弃知识的努力，放弃复杂的技术考量，在自然的心灵中合于自然。得道的过程不是技术积累的过程，而是养生的过程，培植自我生命的内在的和融。

第五，老子守拙的哲学，是一种存在之道，它促进了中国人关于人的存在状况的思考。"拙"是人的本性，是人的本来面目，一切技巧都是为了某种欲望而启动的破坏本性的行为。人的本性是生活在"拙"的状态中，而不是在巧中展示的，不是在绚烂的色相世界中展示的。

庄子认为，重视技巧不是养生、达生之途，而是死路一条。以下这则寓言颇有内涵：东野稷驾着车子去见庄公，他驾车的技术精妙，进退就像绳子一样的直，左右旋转如规一般的圆。庄公以为画图都比不上他，让他驾车打一百个转。颜阖遇到他在驾车打转，就进去对庄公说："东野稷的马将会累死的。"过了一会儿，果然他的马累得快死了。庄公问颜阖："你怎么知道马会这样？"颜阖说："他的马已经是精疲力竭了，还要强求它奔跑，所以我知道这马要累坏了。"不重道，不全守自然之天性，只会打转转、绕圈圈，在技巧上做文章，最后累死的可能就不止马了。庄子告诉人们的就是这个意思。

《庄子·人间世》讲了一个"散木"的故事：有个叫石的木匠到齐国去，经过曲辕这个地方，看到一棵栎树生长在社庙旁边，被奉为社神，这棵树大得能为几千头牛遮荫，树干有上百尺粗，树身高达山头，离地好几丈以后才长出树枝来，围观的人像集市上一样拥挤，匠人连看都不看一眼，径直向前走。匠人的徒弟却为它神迷，看后跑着追上师傅说："自从我扛着斧头跟您学艺以来，从来没见过这样好的木材，而您却看都不看，直往前走，这是为什么？"石木匠说："这是没用的散木，用它造船会沉下去，用它做棺材会很快地腐烂掉，用它做用具会很快毁坏，是个不成材的木头，没一点用处，所以它才能有这么长的寿命。"

拙，在庄子这里被形容为一种生命颐养的工夫。一棵怪树、丑树、无用的"散木"，正因其"不材"、无用，所以能得全其天年。枯、怪、丑，虽然比不上郁郁葱葱，比不上撑天的栋梁之材，但却得天全，得道。所以庄子说做人，要处于材于不材之间。

　　当然，庄子要处于材与不材之间，并非是技巧上的斟酌，既不当头，又不垫底，那是一种滑头主义。材与不材，那是世俗的评价，那是功利的结论。在庄子看来，没有材与不材的分别，"似之而非也"，就是要超越"材"——目的性的追求，放弃一切有关"材"的知识判断，依自然节奏而为之。不求其有用，但不代表无用。这也就是道家哲学"无为而无不为"的妙谛。"无为"不是什么都不做，那是一种懒惰者的哲学，而是顺应自然之道；"无不为"，不是一种功利的索取，而是放弃功利的欲望，自然天成。

　　老子大巧若拙哲学培养了一种独特的人生智慧。明代艺术家陈继儒曾经打过这样的比方："笔之用以月计，墨之用以岁计，砚之用以世计。笔最锐，墨次之，砚钝者也。岂非钝者寿，而锐者夭耶？笔最动，墨次之，砚者静也。岂非静者寿，而动者夭乎？于是得养生焉。以钝为体，以静为用，唯其然，是以能永年。"这一条用笔、墨、砚三者来比喻人生境界，宣扬道家的守拙思想，真是说得好。

　　中国人以此为人生智慧，有这样的对联："藏巧于拙，用晦而明；寓清于浊，以屈为伸。"表达的也是同样的意思。元代文学家杨维桢有斋名钝斋，他作有《钝之字说》道："锋锐而藏于不锐，其孰能御我之锐哉，故曰锐以钝养。老子曰大辩若讷、大巧若拙，老子之辩养于讷，天下之辩莫能胜；老子之巧养于拙，天下之巧莫能争。生之锐养于钝，则天下之锐莫能敌矣。"[3] 钝就是拙，钝是安顿生命之道。

　　正像谭嗣同所说："观乎龙门之凿，然后知大巧若拙。"这有二义，一是龙门的凿痕，乃造化之鬼斧神工，非为人为；二是若想有龙门之跳，必须有守拙之心。这真是一个很有意思的概括。聪明生意见，生机心，翻腾于欲海利河，必至沉沦。大智若愚，愚拙才是宝。古人云"与其巧持于末，不若拙戒于初"，就是这个意思。明谢榛有《自拙叹》诗道："千拙养气根，一巧丧心萌。巢由亦偶尔，焉知身后名？不尽太古色，天末青山横。"所谓"千拙养气根，一巧丧心萌"，拙乃滋养生命之道，而巧乃是对生命的戕害。宋苏辙说："古语有之曰：大辩若讷，大巧若拙。何者？惧天下之以吾辩而以辩乘我，以吾巧而以巧困我。故以拙养巧，以讷养辩，此又非独善保身也，亦将以使天下之不吾忌，而其道可长久也。"[4]巧是困我之术，拙有助我之功，唯守拙方有长久之道，方能养得心中一团和气。

第六，守拙更是一种人生境界。陶渊明不仅以其诗垂范后世，而且也以他的人格风标衣被百世，这并不在于他选择了退隐，不为官，而在于他树立了一种本然素朴的精神风范。他有诗道："少无适俗韵，性本爱丘山。误落尘网中，一去三十年。羁鸟恋旧林。池鱼思故渊。开荒南野际，守拙归园田。"归去的是他生命的园田。并不是农耕牧歌更适合他，而是自然率真的境界更适合他的生命栖居。在这里，他感到倚南窗以寄傲、审容膝之易安的愉悦，领略木欣欣以向荣、泉涓涓而始流的光华，生活、生命在他看来就如朝阳初启。他觉得从来没有过的自由，所谓云无心而出岫，鸟倦飞而知还。

拙作为一种人生境界，在中国诗人艺术家那里具有极高的位置，已经不是一种生存技巧，而是同于天地境界的进阶。杜甫有诗云"杜陵有布衣，老大意转拙"，又说"养拙江湖外，朝廷记忆疏"，"用拙存吾道，幽居近物情"。孟浩然诗云："运筹将入幕，养拙就闲居。"大巧若拙，明道若昧，见小若明，糊涂中有聪明，痴心中有智慧。拙是一种远离纷争之道，是一种闲居之情、生命颐养之情。

二、枯槁之美

北宋文学家苏轼也是一位画家，他留存的画作很少，唯一存世的作品是《枯木怪石图》。这是一幅选材很怪的作品，他不去画茂密的树木，却画枯萎衰朽的对象；不去画玲珑剔透的石头，却画又丑又硬的怪石。这件又丑又怪的作品在历史上并不令人讨厌。他的学生兼好友黄庭坚曾有《题子瞻枯木》诗："折冲儒墨陈空堂，书入颜柳鸿雁行。胸中元自有丘壑，故作老木蟠风霜。"山谷认为，苏轼的画别有衷肠，别有世界。他的世界到底是什么呢？对此，苏轼自己有题诗道:"散木支离得天全,交柯蚴蟉欲相缠。不须更说能鸣雁,要以空中得尽年。"[5]

苏轼的怪木,就是庄子的"散木",是那种支离得天全的散木,表现的是大巧若拙的人生智慧,在丑中求美,在荒诞中求平常的道理,在枯朽中追求生命的意义。苏轼不仅将拙当作一种处世原则,还将它上升为一种美学原则,用他的话说,就是"外枯而中膏,似淡而实浓","发纤秾于简古,寄至味于淡泊"。

从枯树来看,它本身并不具有美的形式,没有美的造型,没有活泼的枝叶,没有参天的伟岸和高大,此所谓"外枯"。但苏轼乃至中国许多艺术家都坚信,它具有"中膏"——丰富的内在涵蕴。它的内在是丰满的、充实的、活泼的,甚至是葱郁的、亲切的。为什么这样说呢?它通过自身的衰朽,隐含着活力;通过自己的枯萎,隐含着一种生机;通过自己的丑陋,隐含着无边的美貌;通过荒怪,隐含着一种亲切。它唤起人们对生命活力的向往,它在生命的最低点,开始了一段新生命的里程。因为在中国哲学看来,稚拙才是巧妙,巧妙反成稚拙;平淡才是真实,繁华反而不可信任;生命的低点孕育着希望,而生命的极点,就是真正衰落的开始。生命是一顿生顿灭的过程,灭即是生,寂即是活。

苏轼此画的命意就在对活力的恢复。苏轼以"绚烂之极,归于平淡"的表述,解读老子的"大巧若拙"观。从平淡处做起,在枯朽处着眼,自古拙中追求新生,这是中国美学和艺术理论中一条重要的原则。

大巧若拙的拙,并不是一种枯寂、枯槁、寂灭,而是对活力的恢复。老子并不是一位怪异的哲学家,只对死亡、衰朽、枯槁感兴趣。老子认为,人被欲望、知识裹挟,已经失去看世界葱郁生命的灵觉。老子拙的境界,就是一任自然显现。如老子关于婴儿的论述,他具有一双鲜亮的眼睛,充满活力的眼睛,纯真无邪的眼睛,用这样的眼睛看世界,世界便会如其真,如其性,如其光明。在"小"中发现了光明,在"昧"中发现了鲜亮。就像庄子所说的,在拙中,恢复了生命的活力,如初生牛犊之活泼;在拙中,恢复了光明,如朝阳

初启，灵光绰绰。

　　在东坡那里，他看出了枯木虽无"生面"（不是一个活物）却具有"生理"的道理。他的枯木怪石看起来是僵死的，却有活泼泼的生命精神。他不仅于此表现"生理"，更表现出"生意"。当时的一位儒家学者孔武仲，评价东坡的《枯木怪石图》，认为东坡枯木"窥观尽得物外趣，移向纸上无毫差"。他将东坡枯木怪石和赵昌鲜明绰约的花鸟作比较："赵昌丹青最细腻，直与春色争豪华。公今好尚何太癖，曾载木车出岷巴。轻肥欲与世为戒，未许木叶胜枯槎。万物流形若泫露，百岁俄惊眼如申。"在武仲看来，东坡枯木虽无赵昌花鸟鲜艳，但是其中却自藏春意，得"万物流形"之理；通过他的独特处理，使枯木也自具妙韵，从而"未许木叶胜枯槎"。

　　"未许木叶胜枯槎"，这是中国艺术理论中一种重要的思想。中国艺术追求活泼泼的生命精神的传达，但并不醉心于活泼泼的景物的描写，而更喜欢到枯朽、拙怪中去寻找生意的寄托物。元代理学家袁桷在评论赵子昂《枯木竹石图》时说："亭亭木上座，楚楚湘夫人。因依太古石，融液无边春。"他在枯木中窥出了"无边春"——广大无边的生命精神。就像《周易》中"枯杨生华"的意象一样，他在枯木中看出了"春意"，即活泼泼的生命精神。

清吴历说："画之游戏枯淡，乃士夫之脉，游戏者，不遗法度，枯淡者，一树一石，无不腴润。"这将大巧若拙的哲学体会得至为精审，于枯淡中出腴润。

在绘画中，枯木的形象成为中国画的当家本色。正是因为以"生理"为上，所以许多表面看来并不"活泼泼"的对象，成了画家笔下的宠物。一段枯木，枯槁虬曲，全无生意，而画家多好之。宋以来画史上以枯木名时的画家不在少数，沈括《图画歌》中说："枯木关全最难比。"关全是北宋初年的著名山水画家，他的枯木对后代影响很大。董其昌甚至说，山水画中，无枯木则不能出苍古之态。

画家在评论枯木时，总是看出古拙苍莽中所藏有的活力和风韵。明唐志契说得好："写枯树最难苍古，然画中最不可少，即茂林盛夏，亦须用之，诀云：'画无枯树不疏通'，此之谓也。"(《绘事微言》)中国画家知道，蓬勃的生命从葱茏中可以得到，从枯槁

◉ 个园一景

微花细朵，在幽深的古潭中，浅斟慢酌。

中也可以求得，且从枯槁中求得则更微妙，更能够体现出生命的倔强和无所不在，笔枯则秀，林枯则生，枯木点醒疏通了画面，也给观者强烈的心理冲击力。

在笔墨技巧上，中国艺术家对渴笔焦墨非常神迷。渴笔，又称干笔，与湿笔相对，于画面多用钩勒、皴擦，不用浓墨渲染。画诀中有"以渴笔取妍"的说法，就是于枯槁中求妍秀。北宋李成善用此法，他善淡墨，重钩勒，毫锋颖脱，气象萧疏，人称惜墨如金。元人画多用枯笔，其中以倪云林（倪瓒）和黄公望为最。云林用笔瘦削枯硬，一片萧疏秀朗之气。大痴用笔细微，渴笔也是其常法。恽南田说："子久以意为权衡，皴染相兼，用意入微，不可说，不可学。太白落叶聚还散，寒鸦栖复惊，差可拟其象。"

石涛作画善用枯笔，他有题跋道："笔枯则秀，笔湿则俗。今云间笔墨，多有此病。总是过于文，何尝不湿，过此阅者知之。"[6]"文"，则易流于甜腻，甜腻即会俗，而石涛提倡干笔力扫，他是"扫"出林岫，扫出苍莽来。石涛的枯笔虽从云林、大痴中来，但与倪黄又有不同，倪黄枯中有松秀，雅净而高逸，而石涛则是秃笔疾驶，有高古荒莽之致。他有《老屋秃树图》，石涛说他是以"老屋秃树法"来画这幅画的。这"老屋秃树法"，就是干墨秃笔，用力横扫，枯莽中有畅快，干枯中有凹凸。

石涛的朋友程邃（字穆清）是一位枯笔大师，他以篆刻的方法作画。他是一位篆刻名家，风格独特，追求苍浑、古朴、凝重之风，清新可爱，富有笔意。程邃的画几乎可以说是篆刻的产物，用大篆笔法，苍茫浑朴，极有韵味。如《千岩竞秀图》，现藏浙江博物馆，此图略参元代王蒙笔意，山峰巍峨，苔点富有变化。咫尺画面，气势开阔，布局平中见奇，意境沉郁萧森，既带有新安画派的特色，又表现出作者追求金石情趣的个性。当时一位评论者王昊庐说："张璪有生枯笔，润含春泽，干烈秋风，惟穆倩得之。""干烈秋风"，可以说是穆倩画风的一个恰当概括。

实际上，中国园林中的假山就有干烈秋风之妙境。前人说假山之妙在瘦、漏、透、皱。不仅是假山，中国艺术风尚中，瘦之一字，

◎ 留园岫云峰

这个小小的角落，将苍浑和韶秀裹为一体。

有很特殊的意义，瘦即枯。瘦与肥相对，肥即落色相、落甜腻，而瘦则有孤迥特立、独立高标的境界。石涛说写笔之妙，文则俗，枯则秀，假山之境，也可以说瘦则妍，文则俗。在瘦淡中丰腴，在枯槁中有韶秀。

三、艺之老境

中国艺术推崇老境，老境也是一种拙。或许可以说，老境是对婴儿活力的恢复，是对生命童稚气的回归。艺枯在润，艺老在嫩，在老中取嫩。老境并不是对沉稳、博学的推崇，老境有天成之妙境，有天籁之音声。

老，在中国美学和艺术中代表一种崇高的艺术境界。这和崇尚古拙平淡的美学风尚是密切相关的。老境并不意味着额头上的皱纹、两鬓的白发，老境意味着成熟和天全、绚烂和厚重、苍莽和古拙。老境，就是一种枯树的境界。人怕老，但中国艺术却偏好老。在老境中，平淡，无色相，天真，淳朴，烂漫，衰朽中透出灿烂，平定中拥有智慧，去除规矩之后得到天和，如孔子所谓"从心所欲，不逾矩"。老境于稚拙中透出可爱，在平和中渗出潇洒。

中国画家说："画中老境，最难其俦。"绘画的老境是很难达到的，但真正的艺术家一定会向此攀登。中国园林创作以老境为尚。清代的才子袁枚认为他的随园最得老趣。

孙过庭在《书谱》中，提出了学习书法的三阶段说："若思通楷则，少不如老；学成规矩，老不如少。思则老而逾妙，学乃少而可勉。勉之不已，抑有三时；时有一变，极其分矣。至如初学分布，但求平正；既知平正，务追险绝；既能险绝，复归平正。初谓未及，中则过之，后乃通会。通会之际，人书俱老。""人书俱老"成为中国书法追求的崇高境界。老境是"达夷险之情，体权变道"，是"思虑通审，志气和平，不激不厉，而风规自远"，真正达到了在淡泊中的至味。在老境中神融笔畅，翰逸神飞。

排卉烂春色孤峰
积雨痕譬若古贞
士终身伴菜根
唐寅

〈明〉唐寅
立石丛卉图
枯石中的耿介,
杂卉中的烂漫。

学习书法开始时求"平正",这是第一阶段;得平正以后求险绝,这是第二阶段;能险绝以后,再回到平正,这是第三阶段。初学书法的时候,最好从楷书入手,因为要了解字的基本间架结构,了解笔画的运用,所以开始时从楷书入手是比较合理的。学到了平正之法之后,要求险绝,也就是求变化,熟悉多种书体,或行书,或草书,多方追求,领会书法的奥妙。要大胆,要有创新,中国文化重传统,重规矩,创造性有时不够。中国书论就要破这样保守的心态。但在纵横变化之后,又要归于平正。这是中国书法的一条重要原理,即绚烂之极归于平淡。如《书法离钩》中所说的:"神之所沐,气之所浴,是故点策蓄血气,顾盼含性情,无笔墨之迹,无机智之状,无刚柔之容,无驰骋之象。若黄帝之道熙熙然,君子之风穆穆然。"这就是拙之道,人书俱老,为书道妙境。当然人不必老,书可追求老。老是超越。

老境就像一条流向大海的河流,一开始流淌很平缓,在中途群水汇聚,激浪排空,等到它汇入大海之后,又归于一片平淡之中。老境是秋末的萧疏。平正之路就像春天,生命刚刚开始,一切都是新鲜的,鹅黄的细芽爬上柳条,鲜花绽放,这是属于年轻的;险绝之境就像夏天,骄阳似火,繁荫覆盖,生命尽情地达到它的最高点,这是由少到老的过程;而秋天的到来,树叶脱落,繁花凋零,又进入了生命的平缓期。但这绝不是开始时平正的重复,这老境就像秋日的红叶,红叶是这一境界的最好的表现。秋高气爽之时,登上香山,但见漫天红叶,绚烂、恣肆,像一团团生命的火燃烧着,几乎山里大部分树的叶子都在萧瑟的秋风中变红了,它们在生命结束时,展示出最后的绚烂。它们是灿烂的谢幕,无边的浪漫,天真的狂舞。书法的老境,可能就是这红叶的境界,是成熟中的平淡,是瞬间的绚烂。

中国书法理论提倡生、拙、老、辣,反对熟、巧、嫩、甜,所体现的就是大巧若拙的哲学精神。在中国书学中,与老相近的概念很多。如中国书学提倡"生",老就是一种生。中国书法家认为,生和熟是一对概念,开始是生,因为技法不熟悉,但当自己的技法熟

悉之后，还应该回到生，这就是熟外之生。中国艺术最厌恶熟，认为熟就会俗，就有点甜，有点腻，这样的书法有诣媚之态。如有的人说清人王文治的书法熟透了，有甜腻相，称其为"台阁体"。郑板桥有首诗谈他画竹，和书法的用笔是一个道理："三十年来画竹枝，日间挥洒夜间思。冗繁削尽留清瘦，画到生时是熟时。"所以写字要临帖，但写得太熟并不是好事，太熟可能就没有艺术个性，容易从帖中出不来。要能进去，又要能出来，才是最重要的。在绘画中也是如此。董其昌说："画须熟后生"，"画须熟外熟"。董其昌将艺术创作分为三阶段，和书法中的理论是一致的。他的"熟外熟"，就是"熟外生"。石涛说："董太史云：书与字各有门庭，字可生，画不可熟，字须熟后生，画须熟外熟。余曰：书与画亦等，但书时用画法，画时用书法。生与熟各有时节，因缘也。学者自悟自证，不必向外寻取也。"也是对熟外之生哲学的认同。

熟就是精巧过度，太注意雕琢，没有生气。中国艺术很强调偶然性，这里面包含着重要的思想。巧、熟往往是对偶然性的破坏。艺术中的创造是不重复的，也是不可逆料的，如风行水上，不期然相会，自然成文。《周易》有涣卦，上巽下坎，巽为风，坎为水，风行水上，自然涟漪，就是这个意思。这不是刻意为之。

老是和嫩相对的，嫩是过分追求美，美固然很重要，但书法并不是要把字写得漂亮就是最好，能写漂亮是前提，还应该在漂亮之外，追求更高的境界，这就是自己的艺术个性。所以，清傅山提出："宁拙毋巧，宁丑毋媚。"刘熙载说："丑到极处，便是美到极处。"所以像康有为的字并不美，却有很高的地位。他的审美观念是"重拙大"，就体现了这一思想。所以欣赏书法，要会欣赏其美的地方，还要会欣赏其丑，在丑的地方往往有书法家独特的创造。清代的书风就是以丑为主，像郑版桥的六分半书就是丑的典型。其他如傅山的隶书、王铎的草书、刘墉的行书、金农的正书（漆书），以及对日本书法有重要影响的杨守敬。

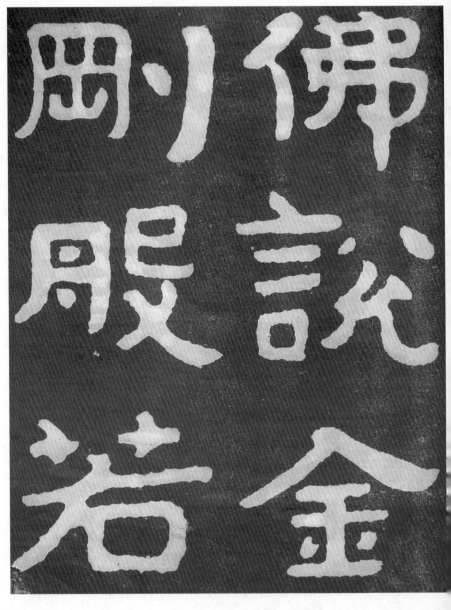

🌕🌕 金刚经碑

　　浑穆博大，原从拙中领取。

四、天饰原则

"人不天不因，天不人不成。"这是汉代思想家扬雄的话，其中阐明的中国人关于天人关系的看法，有普遍意义。人的创造无天，则没有因凭；天的创造没有人的体会则不成，无法显示其意义。中国艺术在天人交会的基础上谈创造。拙表述的是中国人关于天人关系的看法，以拙为尚，就是以天为尚。拙是一种天趣，与天为徒是大巧若拙哲学的主要内涵之一。

明代计成《园冶》长期在中国失传，却在日本成为园林的圣经，被易名为《夺天工》。这三个字，倒是反映了中国园林的根本特色。中国园林就是"巧夺天工"，园林的最高原则是"天工"，体现大自然的节奏，反映大自然的精神，园林家如同一个冶炼的高手，以心灵的熔炉熔冶大自然。用计成的话说，就是"虽由人作，宛自天开"。它道出了中国造园中人与自然的关系。计成说"虽叨人力，全由天工"——园林是人的创造，不是在那里自然而然长出来的，一切园林都是人工的。但中国园林的人工，强调无人工刻画痕迹，做得就像自然固有的一样。一句话，做得就好像没有做过一样，这就是天工，这就是拙趣。

有的学者说，西方园林的设计者是建筑家，中国园林的设计者是画家。这概括是有道理的。在西方传统园林中，建筑是主体。而在中国园林中，表现绘画的境界则是最高的原则。西方园林是建筑师的产品，中国园林则是诗人和画家的产品。中国园林是浪漫的，西方传统园林是古典的、理性的、秩序的。如法国凡尔赛宫的建筑和中国的颐和园，就是两种不同审美情趣下的作品。

中国园林是"天然图画"，园林设计家多是画家，或者虽然不是画家，也必须以体现出画意为根本。如园林中的便面，就是将自然摄入便面中。人所设计的园林，以显现大自然的图画为最高原则。园林效法自然，不是模仿自然之形，它不是西方的模仿说，而是要得自然之趣，体现出自然的内在节奏。寂寂小亭，闲闲花草，曲曲细径，溶溶绿水，水中有红鱼三四尾，悠然自得，远处有烟霭腾挪，若

瘦西湖曲桥
曲桥，细波，
弱风，柔柳，
皆是自然的
轻吟。

静若动……自然之趣盎然映现其间，生生哲理随处可见，使人得到美的享受、智的启迪。

西方园林是人工的，中国园林是自然的。人工，强调的是巧，也就是中国艺术家所说的行家的产品，在中国人看来，这有匠气。中国园林是拙的、野的，是远离匠气的。在"大巧若拙"哲学看来，最高的巧是不巧，古拙、苍茫、野逸，才是最好的。如中国

园林中的白皮松，因其体形松秀，株干古拙，虽少年已是成人之概。又如中国园林水体中的驳岸的设计，要有斑驳的天趣。苏州同里退思园的驳岸，是今天苏州园林中最感动我的地方。这样的斑驳趣味，就像那斑驳陆离的钟鼎，使我们如进入浑莽的太古之中。时间在这里凝固了。园林以斑驳陆离为高致。园林艺术家陈从周先生曾说："童寯老人曾谓，拙政园藓苔蔽路，而山池天然，丹青淡剥，反觉逸

趣横生。……此言园林苍古之境，有胜藻饰。而苏州留园华赡，如
七宝楼台拆下不成片段，故稍损易见败状。近时名胜园林，不修则
已，一修便过了头。"

其实，我们今天的景观园林建设，正在逐步放弃这一中国园林
最基本的特色。我们在华丽和自然中游离，既难以达到西方的华丽，
又放弃了本民族的自然。我们以华丽和人工割裂自然，我们以现代
化的工具去切割传统。大道代替了曲径，高楼挤压着亭台，原有的
园林在城市化的节奏中挣扎。即使如庞大的颐和园、西湖也难免这
样的宿命。城市的过度开发，寸土寸金的现实，很难为这些荒林野
甸留下什么空间了。当代中国的一些景观理论家诅咒着这样的传统
园林，巴不得它迅速消失在现代化的视野中，其实，这样的期待是
完全可以实现的。

中国传统园林是城市山林，而今天的园林是进一步城市化。在
传统中国园林中，园林虽是城市化的景观，但造园者向你陈示的却
是乡野的意味，这绝不是让你不要忘记农村、野外，而是让你从喧
嚣中走出，从繁冗的外在物质中走出，流连于幽雅的、宁静的处所，
去静静地体味世界的意味和节奏。

西方园林是人工的，多几何构置；中国园林是自然的，多曲线，
野趣天成。中国园林很少有几何构置的。意大利的一位传教士马国
贤（Matteo Ripa 1682-1746）在清宫当了14年的画师，他说："畅
春园以及我在中国见过的其他乡间别墅，都同欧洲大异其趣，我们
追求以艺术排斥自然，铲平山丘，干涸湖泊，砍伐树木，把道路修
成直线一条，花许多钱建造喷泉，把花卉种得成行成列。而中国正
相反，他们通过艺术来模仿自然，因此，在他们的花园里，人工的
山丘造成复杂的低相，许多小径在里面穿来穿去，有一些是直的，有
一些曲折，有一些在平地和涧谷里通过，有一些越过桥梁，由荒石
小道攀登山顶。湖里点缀着小岛。上面造着小小的庙宇，用船只或
桥梁通过去。"

在西方园林中，几何型是其典型的特征。如凡尔赛宫的对称、几
何形构置，华丽、严整。法国园林中无论是皇家园林如凡尔赛、枫

丹白露、圣－日尔曼，还是私家园林如维郎得利，布局几乎全都由几何板块构成，凡尔赛宫甚至以中轴线纵贯全园。中国的颐和园，同样是皇家园林，却是以自然天趣为其根本。

西方园林有一个内隐的原则，就是"人是自然的主人"，重人工。中国园林强调"人是自然的一部分"，与自然的密合成为造园的根本原则。中国人的园林思想，是将园林构造视为大自然的一个单元，是自然整体的一个部分，园林表现的是大自然的节奏。在西方传统园林中，强调的是秩序，对称、整齐，符合古典主义的趣味。但在中国则喜欢美丽的无秩序。其实，中国人不是欣赏无秩序，中国人的秩序不是强行通过人为的节奏去改变自然，而是力求体现大自然的内在节奏，表面上的无秩序隐藏着深层的秩序。

中国园林注意天成，所谓"庭前草不除"，是一条很有意味的原则，不是像西方园林将花木修剪很整齐划一。中国人认为，这样一来，人工的痕迹就太明显了。培根就将西方的园林说成是"对称、修剪树木和死水池子"，这样的东西缺少想象。在中国园林中，树木不但不是修整的整齐化一，同时在树木的选择上也非常讲究。园林和苗圃有很大区别，高而直的树并非为首选，倒是曲折的、萧疏

拙政园见山楼
回廊
曲廊邃宇,浮香
幽影,藏着一个
玲珑的世界。

的、虬结而富有变化的花木为造园家所喜爱，如龙爪树、古藤、萧疏的柳树、曲折有致的寒梅。

中国园林的曲和西方园林的直形成鲜明的对比，有的人说中国园林建造得像个迷宫，绕来绕去。著名的法国画家王致诚，参与过圆明园的创造，他有一封关于圆明园的长信，写给巴黎的一朋友，他在信中说："道路是蜿蜒曲折的，不像欧洲的那种笔直的美丽的林阴道，总是小丘挡住视线，有意地制造出曲线来。湖水的池岸没有一处是相同的，曲折蜿蜒，没有欧洲园林用方整的石块按墨线砌成的边岸。"中国园林是造"曲"的艺术，用曲线而不用直线，一湾流水，小丘耸然，灌木丛生，绿草满径。人们到园林来是为了避开世间的烦恼，自由地呼吸，在沉寂的独处中享受心灵和思想的宁静，体现出强烈的乡野气息。云墙、回廊、潺潺的小溪，而不是笔直的喷泉。曲折有致的瀑布，和欧洲园林的链式、直线式的瀑布有明显区别。园林的曲景在云墙和回廊的设置上体现最为充分，如拙政园的回廊。江南园林中的云墙设置非常有特色，如绵延的长龙横卧于一片青山绿水之中，白色的墙壁和黛色的瓦在青山绿水之中勾出一条逶迤的曲线，别具风致。中国园林家在曲中见天趣，见拙趣。

注 释

1 韩愈《赠东野》诗云："文字觑天巧。"此中之"天巧"，就是老子所说的大巧，是无巧之巧。

2 这段话的原文是："铄绝竽瑟，塞瞽旷之耳，而天下始人含其聪矣；灭文章，散五采，胶离朱之目，而天下始人含其明矣。毁绝钩绳而弃规矩，攦工倕之指，而天下始人有其巧矣。故曰大巧若拙。"（《庄子·胠箧》）

3 《杨维桢集》卷二十七。

4 《栾城集》卷二十二。

5 蚴蟉（yòu liào）：蜿曲纠缠的幼虫。雁，此指鹅。

6 石涛题跋语，其画见《大风堂名迹》第二集《清湘老人专集》著录。

华严境界

　　苏轼曾说，作艺如意造华严，造一片高严境界。华严慧海，渊深莫测，宋人汪信民有句："有知真实地，惟有华严境。"这里用其意，用以论述中国美学和艺术论中的境界说。冯友兰说，中国哲学中最有价值的部分是关于人生境界的学说。张世英将境界学说作为中国哲学天人合一学说的落实。中国美学是一种超越美学，对境界的追求成为它的重要特点。

　　境界是中国哲学和美学理论中意义最为纷繁的概念之一，我们说这个人很有境界，这片山林溪水很有境界，这件艺术品体现了一种独特的境界,等等。境界可用于人,可用于物,也可用于评价艺术作品。在评价人时,境界往往用来形容人格所显示出的胸襟、气度、风神,体现出一个人的处世态度和心理倾向等,它与性格有关,但又有不同。它既不限于人的外在行为倾向,也不限于内在的心理性因素,而是由人内在的胸襟气度所体现出的独特风神。在艺术之中,如南田评方方壶[1]说:"宇宙之内,岂无此种境界。"境界指方壶作品所体现出的风神气度,它与作品的风格、内容、意味等术语的界定都有不同。

讨论中国美学的意境、境界、境、意象等范畴是一件很费力的事,却是研究中国美学所无法回避的问题,中国美学的民族特色与这组概念密切相关。它们之间既有区别,又有联系,当代美学研究很注意对它们的研究,但由于这些概念含义复杂、意义纠缠,至今似乎还有不甚明晰的地方。我以为,要弄清其含义,不仅要深入到它的语源上、中国美学的理论内涵上寻求解释,还需要深入到中国哲学的肌理中去寻其端绪。

关于意境与意象的分别学界已有细论,现说说意境与境界的关系。在一定程度上,这两个概念意思是相同的。如我们说,这首诗很有意境,也可以说这首诗很有境界。画境,画的意境,也可以说画的境界。这两个概念都可以用来形容艺术意象的特征。但这两个概念又有不同,境界可用来形容人的胸襟气象,意境则不能。境界用来形容一个人的心灵品位,境界的差等,反映了人的精神层次。冯友兰的四种境界说(自然境界、功利境界、道德境界、天地境界),就是有差等的境界。但不能说四种意境。意境一般是用来描绘艺术作品审美规定性的术语,而境界的使用范围则较广,有外境、物境、心境、艺境等。

这里讨论境界说,而不是讨论意境说,出于两个考虑:一是讨论中国美学思想,不能仅限于艺术作品的范围,故选择境界来论之；二是境界说在中国传统美学中已经形成了比较丰富的理论，在唐代这一学说已初具规模，而意境作为一个范畴到明清时才基本形成，明代之前，意境根本没有作为一个普遍使用的美学概念而出现。

这里所说的境界，为了使讨论的问题简明些，需要有所限定：其一，它不是当代美学所说的境界，也不是王国维所自诩超过严羽、王渔洋的境界[2]，而是中国传统美学中的境界说；其二，至于境界说在中国当代美学建构造中的价值，以及如何用境界说乃至意境说评价艺术作品（包括西方的艺术作品），或者将境界推广为一个世界化的范畴，也不在这里讨论的范围。

一、境与世界

"境"（或境界）在唐代已经成为一个重要的理论范畴，这与中国哲学的基本特点有关。中国哲学不重知识论，而重存在论，重视将人的生命存在放到世界中去，寻求其意义；中国哲学视世界为一流动欢畅之生命全体，生命之间相联相摄，每个生命都是整体生命的一个部分；中国人将艺术人生化、人生艺术化，艺术与人生密切相关；中国传统思想十分重视人的修养，重视人的生命境界，等等。这些思想，都对境界理论产生影响。

先从简单的语源梳理开始。境与界可以对诠，境就是界[3]。境和界既指划分的边际，也可指这个范围所包括的世界。佛经中的"世界"义与此相近，《楞严经》卷四说："世为迁流，界为方位。汝今当知：东西南北，东南西北，上下为界，过去未来现在为世。"境界，其实就是世界。由区域而上升为世界义，这是一般意义上所说的境或境界。

而作为哲学意义上的境界与此有联系，也有区别。中国哲学中的境界观，其实是从境界、世界之义中提升出来的。但哲学意义上的境或境界，不是指具体的物理空间，而是人心所对之世界；不是实在之存有，而是虚灵之世界。

人生活在时空之中，或者说，人在世界中。每个人都有自己的世界，每个人的心灵都有自己的境界，有自己对生命意义和价值的判分。即使是处于相同的时空中，内在的世界也是各异的。对宇宙之觉解、生命之感悟、人生之体验，形成了人不同的境界。同在世界屋檐下，却有不同的性格、不同的遭遇、不同的心情，因此，也会在心灵中形成不同的境界。境界是人的生命体验对世界反应的凝聚。不同的境界会导致人有不同的行为方式。从艺术创作来看，不同的心灵境界会创造出不同的艺术；不同的艺术作品可以显现出艺术家不同的胸襟气象。中国古人所说的有一等之心胸，方有一等之艺术，强调的就是心灵境界与艺术之间密不可分的关系。所以，我们说一个人的心灵境界，往往是说他心灵中的世界。这个世界是各异的，故境界具有强烈的个性色彩；这个世界是有层次之别的，故又有人的境界高低的说法。

境界这一术语之所以成为中国哲学乃至美学中的一个重要范畴，很大程度上在于这个术语反映的是人与外在世界所构成的关系——而这正是中国哲学关心的中心。人心灵中的境界（或云世界）是在与外在世界相互作用下产生的心灵影像，每个人都有自己心灵的境界，每个人都会按照自己的知识结构、价值标准、审美眼光形成属于自我的境界。人对外在世界的感知，就是对外在世界的一种"划分"，人用意识的剪刀"切割"外在世界，从而拼合成自己的心灵影像。所以，境界就是意识中的世界。

审美活动与人生最是相关，人格境界与审美境界密不可分。这可以分成三个层次来看：第一，人格境界本身就是美学问题。第二，人的美的创造（如艺术）又是和心灵中的境界分不开的，中国艺术反映的是人心灵的境界，一片山水就是一片心灵的境界，艺术本身就是人生之显现，"空山不见人，但闻人语响。返景入深林，复照青苔上"，体现的是审美境界，也是人生境界。"采菊东篱下，悠然见

◎◎〈元〉盛懋 溪山清夏图

缭绕的云，回旋的山，清夏中消散
的人，构成一清幽旷远的境界。

南山"，正因为体现出人生之境界，才是一种美的境界。第三，审美态度本身就是一种境界。如王羲之说，我当以乐死，这种沉着痛快的人生格调，是一种审美态度，又是一种人生境界。

在中国古代体验哲学和美学中，境和境界使用很普泛，但归结起来，不外三层意义，这三层意义都与世界义有关。一是心对之境，人的意识指示之对象，即通常所说的外在世界。动物没有世界，因为有了人，世界才有意义，世界本身就标示着人与对象的关系[4]。境或境界一语反映的是人的意识所对之世界，它不是具体的存在物。在文人的语汇中，境或境界常常指外境。如皎然《秋日遥和卢使君游何山寺宿敫上人房论涅槃经义》诗说："古磬清霜下，寒山晓月中。诗情缘境发，法性寄筌空。"这里的"诗情缘境发"之"境"，就是指外境。至如刘禹锡《缺题》中"万境与群籁，此时情岂任"，柳宗元《禅堂》诗中的"心境本洞如，鸟飞无遗迹"，其中的"境"都指外境。权德舆、叶梦得所说的"意与境会"，司空图所说的"思与境偕"，其中的境也指外境。

二指心中之境，人心灵所营构之世界。这和以上所言心对之境略有区别，前者强调所对之世界，后者更强调心中营构之影像。如刘禹锡所说的："释子诗因定得境，故清；由悟遣言，故慧。"这里的因定所得之境，就是心境。皎然有诗云："永夜一禅子，泠然心境中。""蕉花铺净地，桂子落空坛。持此心为境，应堪月夜看。""华轩何辚辚，为我到幽绝。心境寒草花，空门青山月。"这里的境都指人心所创造的世界。这里的"境"与外境有联系，因为外境也是人心所对之世界，但心境则是人与外在世界的关系中创造的心灵影像，是一个内在自足的世界。《林泉高致》："及乎境界已熟，心手已应，方始纵横中度，左右逢原。"这里所谓"境界"，就是心境。

唐代境界论所提出的取境说，就是心灵创造之影像。皎然《诗式》说："取境之时，须至难、至险，始见奇句。成篇之后，观其气貌，有似等闲，不思而得，此高手也。有时意静神王，佳句纵横，若不可遏，宛若神助。不然，盖由先积精思，因神王而得乎？""取境偏高，则一首偏高。"取境即造境，造心灵之境。王昌龄《诗格》说：

"夫作文章，但多立意。令左穿右穴，苦心竭智，必须忘身，不可拘束。思若不来，即须放情却宽之，令境生。然后以境照之，思则便来，来即作文。如其境思不来，不可作也。"境思，非情感，也非思想，而是心中呈现的一种境界，心境照之——让世界自在显现——一个体验世界。

三是由象见境，即品鉴者心灵中产生的境界。主要有因人观境和由艺观境两种。

所谓因人观境，即由人的行为方式、言谈举止等所显现的境界，体现人的精神美、人格美，反映出人的胸襟气象。倪云林曾有一副对联："喟然点也宜吾与，不利虞兮奈若何。"前者说的是曾点游春事，后者说的是项羽兵败之事，前者境界阔大，后者境界偏狭。孔子对曾参父亲曾皙所说的"莫春者，春服既成，冠者五六人，童子六七人，浴乎沂，风乎舞雩，咏而归"的话，喟然而叹，发出了"吾与点也"的向往之语，其中所体现的"圣贤气象"，或者说圣人的境界，反映的不是知识，而是一个生命体对世界的态度，包括人的旨趣、风范、格调。

中国哲学重心性修养，中国文化重人的精神境界，有的人并不以知识享誉士林，而以境界映照清流，席卷古今。如临刑的嵇康，从容弹琴，一声"广陵散从此绝矣"，不知感动了多少后来者。北宋哲学家周敦颐，这位被黄山谷称为"胸怀洒落，如光风霁月"的人，其观莲之事被后人渲染，成了洁净情怀、高逸人格的代名词。有些事情本身并不大，但体现出的人格境界却颇有震撼力。像东晋一位官员阮裕在浙江剡溪为官时，有好车，人借皆给，有一人葬母，想借他的车，又不好意思开口，后来他知道了，就说："我有车，而人不敢借，何以车为？"遂焚之。这"何以车为"体现了何等的精神境界！元代画家钱选说："仰天席地优游自得，曲肱饮水浴沂舞雩。"说的就是人格境界。

境界是人生命的徽章。境界不同于知识、性格、气质等，境界是一个人的生命整体风貌，在其人生态度、人生取向等方面体现出来。

艺术与人的精神气象密切相联，所以艺术也被当作观察人的精神境界气象的媒介。如诗境、词境、画境等，都与人的心境有关。《画筌》说："神无可绘，真境逼而神境生。"这是画境。张璪的弟子刘商诗道："虚空无处所，仿佛似琉璃。诗境何人到，禅心又过诗。"[5]这是诗境。包世臣说："故知为右军以前法物，拟其意境，惟有香象渡河而已。"这是书境。

境界标示人的意识所对之世界、人心营构之世界以及因象所观之世界，这三者贯通一体。从艺术创造而言，境有外境、心境和意境之区别，分别标示人心所对之世界、心灵构造之影像以及审美品鉴者心灵中影像。与审美创造者相关之世界，指物境；审美创造者心灵构造之世界，指心境；鉴赏者再创造之世界，指意境。三个世界属于不同的层次，具有不同的意涵，但又相通。

中国哲学美学中人生境界与艺术境界相融，审美境界与生命世界合一，突出了以下特点：

其一，突出人的境遇。反映人对自身命运的关怀，境就是一个世界。动物没有世界，只有人才有世界。境强调的是身临其境的体验，是人在世界中。境是人直接面对世界，而非间接了解世界，是人当下感受并发现的宇宙。人之对境，必有所感，有生存境遇之反应、之体会、之体验，有生理上的反应，有心理上的调适，有哲理上的超升；境唤起人生命体的活动，所谓对境起心，境反映的是一个生命体对世界的反应；境主要不是激起人对知识的把握，它所带来的是灵魂的颤动，是道德上的人格境界、美学上的人生情调、哲学上的宇宙精神的反映。如"半亩方塘一鉴开，天光云影自徘徊。问渠哪得清如许，为有源头活水来"，此诗多被判为有境界，它是道德上的、美学上的，也是哲学上的境界。如"木末芙蓉花，山中发红萼。涧户人不知，纷纷开且落"，这是人格情怀的镜子，是审美情调的风标，也是哲学精神的凝聚。

其二，突出世界的大全意。中国哲学、美学强调境，其实强调的是一个完整的世界、自足的世界，一个当下所发现的活泼的世界。世界不是知识的对象，知识的对象是局部的、外在的，而是智慧的

❀ 拙政园小飞虹

　小小的曲廊所约束的这个世界，
竟然有浮空蹈影之感。

对象，生命体验的对象，一个与自我内在生命相与优游的对象。如杜甫的"四更山吐月，残夜水明楼"，我们在此感受的是一个与生命相关的浑然整全的世界。境界所体现的不是一个时空概念，而是一个活的世界。

其三，突出世界的虚灵。中国哲学美学重视境界，重视的是一个虚灵的世界，强调人心灵之融汇。不是去模仿实在世界，模仿论在中国哲学美学中并不占重要位置，而是以心灵去发现实存世界背后的风神气度，那个虚灵的世界。我们说诗境、词境、画境，说的就是虚灵的世界。我们说"无画处皆成妙境"，这是在空阔的画面中，有一个独特的世界存在，有独特的生命在流动。像皎然所说的："诗情缘境发，法性寄筌空。"造境是得"空王之助"，受禅的空灵的精神启发。境界，是人心灵中出现的一个活的、流动的、虚灵的空间，而不是实有的世界。严羽所谓"盛唐诸人，惟在兴趣，羚羊挂角，无迹可求。故其妙处，透彻玲珑，不可凑泊，如空中之音、相中之色、水中之月、镜中之象，言有尽而意无穷"，就是强调它的非实在性。

其四，突出以世界本身来显现世界。中国艺术发展到唐代，出现了以世界本身来显现世界的重要倾向。这我在分析禅宗的不二法门时已有交代。这里再举唐代诗人之例，来说明任由世界自身显现的美学倾向。如严维《同韩员外宿云门寺》："竹翠烟深锁，松声雨点和。万缘俱不有，对境自垂萝。"戴叔伦《晖上人独坐亭》："萧条心境外，兀坐独参禅。萝月明盘石，松风落涧泉。"司空曙《过终南柳处士》："云起山苍苍，林居萝薜荒。幽人老深境，素发与青裳。"刘禹锡《听琴》："心兴遇境发，身力因行知。寻云到起处，爱泉听滴时。"皎然《宿山寺寄李中丞洪》："偶来中峰宿，闲坐见真境。寂寂孤月心，亭亭圆泉影。"寒山《诗三百三首》："碧涧泉水清，寒山月华白。默知神自明，观空境逾寂。"

在上举严维的诗中，展现了万缘都灭、心境俱空的境界。在这一境界中，竹影自动，松韵轻和，烟笼雾环，萝薜盘旋。这一静寂中有生命跃动的世界，不是诗人眼中之景，而是心中之境；诗人不言，而以境代言。萝薜不是纯然之物象，也不是诗人眼观之对象，更不是与诗人无关的外象，而是诗人如镜的心灵映照的境象。正像司空图诗中所说的："高燕凌鸿鹄，枯槎压芰荷。此中无别境，此外是闲魔。"[6]诗人之心不在此境外，此境就是他的心灵。境在此扮演了"说话者"的角色，诗人作为陈述者退去，留下这一片心灵的镜影在此自在盘旋，诗人的心随千藤缠绕、万影婆娑。在戴叔伦的萧条心境中，萝薜参差，月影乱乱，小径跳动着碎影，微风轻戏着涧泉……心也无，故没有所观之外境；物也无，也没有对视之机心。诗人参出一个自在显现的世界，他无须说什么，此境已代为言之。如在皎然的透彻之悟中，心境全无，微花细草在低吟；空门独张，青山幽月来探看。

总之，境界不是认知的世界，而是人体知（即体验）的世界。境界理论突出显示了中国哲学重视体验的倾向。由心对境，缘境入心，以境显境，境界是一个人在其中活动、优游的时域；境界所反映的不是人对这个世界的概念把握、知识累积，而是将人放入这个世界中的际遇、境况、体会，并由此而形成的审美超越、人生感喟、人格启迪、气象熏陶等。人不是在世界之外认识这个世界，人就与这个世界同在，这世界就是人的语言。因此，境所反映的不是知识，而是人的生命的信息。境是存在者的世界。

二、境作为媒介

在中国哲学和美学中，存在着对三种不同的媒介。一是言，一是象，一是境。前两种媒介我们说得多，但我们很少将境作为媒介来看待。其实境也是一种媒介，它是表达人的心灵世界所假借的一种方式，就是以境显意。不过这是一种特殊的媒介。

从三种媒介反映世界的不同方式看：言，是对世界进行描述。象，是以象征的方式表现世界，王弼以《周易》的卦象符号具有"象征意"，他说："触类可为其象，合意可为其征。"象是象其类，征是征其意，合而为象征。《周易》的卦爻系统是一种象征符号，这样的象征符号包含着哲理意义，可以由具体的卦象触类而推，由坤的卦象想到大地、母亲、水牛等等，这是触其类；由坤之象又可联系到柔顺、守成、辅佐等等，这就是征其意。而境可以说是一种以世界本身来显现世界的独特方式，它是以心灵所创造的活的世界来显现意义。它不是描述，也不是象征。它是以体验的世界来呈露，境的方式就是"呈露"。

在中国哲学和美学中，一种主流观点是，言作为媒介有相当的局限，它是需要超越的。这可以分为两种观点，一种强调彻底地抛弃语言，一种强调语言虽然不能放弃，但必须努力克服语言的局限性。前者如老庄和禅宗。老子说："希言自然。"大自然不以语言来显示，以自然浑朴的全美来显现。老子反对的"言"不是言说和记载语言的文字符号，而是语言背后所包含的知识、概念。老子哲学接触到语言和概念、知识之间的关系，语言是对世界的命名，是概念的凭依，而通过概念结撰的知识体系则奠定在对世界命名的基础上。世界是复杂的，人以为自己创设的一小打符号就可以囊括天地，是人不自量力的表现，如果不悟此道，以掌握知识的多寡来判分自己对世界的把握，则和大道背道而驰。后者如言不尽意说。我们所认识的世界是语言所描述的世界，语言是人不可须臾或离的。没有语言，也就没有人的活动本身。但语言的局限性又是非常明显的，语言无法显现世界的丰富性，语言无法表达人对世界的复杂微妙的心理体验，所以有"言不尽意"这一非常流行的说法。

以上两种观点虽有程度之差异，但本质上都是对语言的怀疑，都怀疑语言在真实和纯美方面的呈现能力，都强调超越语言。世界的意义何在，在西方传统哲学中，重视语言的作用，语言决定了世界的意义，没有语言，也就无法表现世界的意义。但在中国，却存在着一种根深蒂固的观点，就是语言恰恰是破坏世界意义的手段，像庄子所说的凿七日而混沌死，语言是需要超越的。

在很长时间里，象可以说是弥补语言局限性的一个替代方式。所谓言不尽意，故立象以尽意。《系辞》说："书不尽言，言不尽意……

圣人立象以尽意。"这里有一个逻辑环节，就是立象以尽意，是因为言不尽意所造成的缺陷难以克服，故采用此道。那么象就是超越语言的局限性的一个重要形式，或者说象是为了超越语言而存在的。王弼在《周易略例·明象》中说："夫象者，出意者也。言者，明象者也。尽意莫若象，尽象莫若言。言生于象，故可寻言以观象；象生于意，故可寻象以观意。意以象尽，象以言著。故言者所以明象，得象而忘言；象者，所以存意，得意而忘象。"在王弼的意、象、言结构中，意是表达的对象，意自身无法显现，须借象来表达；而象又是需要语言的帮助作用得以显现的。言是象的媒介，象是意的媒介。这里存在着两层超越，一是由象对言的超越，一是由意对象的超越，即所谓得象忘言，得意忘象。言和象都是捕鱼之筌，都是需要抛弃的媒介。

要表意，为何不直接以言去表达，在言和意之间插入一个象的层次？虽然它是就特殊的对象易象而言的，但在中国哲学中具有独特的意义。象的特殊媒介地位因此被突出了出来。和语言相比，语言是界定的，但象却可以象征，具有很强的暗示性。如钱钟书所说："象虽一著，然非止一性一能，遂不限于一功一效，故一事物之象可以孑立应多，守常处变。"就像《系辞传》所说的"象也者，像此者也"，易简，以极简单的符号，希图在极其有限的符号形式中，概括天下一切可见的事，不可见的事、可感的理、不可感的理。而中国美学的立象尽意、象外之象等学说，也确立了象在展现无限世界意义方面的特殊功能。刘勰在谈到意象的隐的特点时说："夫隐之为体，义生文外，秘响旁通，伏采潜发，譬爻象之变互体，川渎之韫珠玉也。故互体变爻，而化成四象。""辞生互体，有似变爻。"就是就象的无限可延展性来谈的。

唐代美学中的一个重要成果，就是使境界上升为美学中的一个重要概念。境虽在唐代之前已经成为一个哲学概念，但在美学与艺术理论中，尚未成为一重要的美学概念。这样的情况至唐才真正出现。

在唐代绘画理论上，境或境界被作为重要的品鉴概念，唐人出现了以境评画的理论倾向。唐代著名山水画家、水墨画的创始者之一张璪还写有《绘境》一书[7]，这本书如今已经失传，但在当时却有很大的影响，张璪所提出的"外师造化，中得心源"的重要观点，有的论者说可以作为整个中国艺术的纲领，这个纲领可能就出自这本书。所谓"绘境"，可能就是讨论绘画的品格和境界，张彦远说此书多道人所未道之处，或许正是以境论画所带来的理论上的创新。"境"在这里显然是一个美学概念。

画有画境，书有书境，诗有诗境。在书法美学中，境或境界也被作为书法艺术的审美规定性而受到重视。如张怀瓘《文字论》说："（苏晋）谓仆曰：'看公于书道无所不通，自运笔固合穷于精妙，何为与钟、王顿尔辽阔？公且自评书至何境界，与谁等伦？'仆答曰：'天地无全功，万物无全用。妙理何可备该？……'"这里所说的书法达到何等境界，是一个新颖的术语。

境界论更多的表现在诗歌美学中。在唐代，以境评诗，诗以境显，以境而出高下，成为一比较流行的风尚。王昌龄《诗格》[8]中提出诗有三境说，一是物境，二是情境，三是意境。所谓物境，是说"欲为山水诗，则张泉石云峰之境，极丽绝秀者，神之于心。处身于境，视境于心，莹然掌中，然后用思，了解境象，故得形似"。"情境"的意思是："娱乐愁怨，皆张于意而处于身，然后驰思，深得其情。""意境"的意思是："张之于意，而思之于心，则得其真矣。"其实，这三境主要针对三种不同的诗歌类型，一是以写物为主，一是以写情为主，一是以达意为主。这样的分别在前此美学论述中，是从来没有过的。《诗格》尤其对物境的理解多有启发之处。如它说："置意作诗，即须凝心，目击其物，便以心击之，深穿其境。""搜求于象，心入于境，神会于物，因心而得。"所谓"处身于境"，由目到心"击"物，就是说与物相与优游，从而物我相凝，得莹然之境。唐人所说的取境概念，也是境界理论的重要方面。

在中国美学理论中，境与象有明显的联系，在一般意义上说，作为人认识之对象，境就是象，如"境象"。但二者之间又有根本的区别。

第一，象一般指具体的实在对象，境则是一个世界，一个在心灵中构成的世界。《古今词论》云："语境则咸阳古道，汴水长流。语事则赤壁周郎，江州司马。语景则岸草平沙，晓风残月。语情则红雨飞愁，黄花比瘦。"事是事象，物是物象，如岸草平沙、晓风残月，都是具体的存在物。而境并非指具体的存在物，而侧重指外在对象在心灵中所构造的影像。故象较实，境较虚；象侧重于外在存在之特征，境则侧重指与人心与外物形成之关系。

第二，象与境都包含心与物或情与景二者，境是人心灵之境界，而象也不是纯然外在的对象，与人心无涉，象也是人心中之象。但境与象的一个重大差异是，象是人经验中的对象，主要指人经验中的事实，如由坤卦对大地、母亲等的类推，由灼灼桃花

◎◎狮子林之窗
疏影漏窗，
透出灵动。

285

引起对新嫁娘的讴歌，这都有具体的指谓，即使由复杂的事象所构成的象征系统，作为象征之喻体，它仍然是人们经验中的具体存在。在中国美学中的比兴二者之间，无论是由此物比此物，或者是先言他物的起兴，都不脱离具体的物象。而境是体验中的世界，它所呈示的是人们所发现的世界。即如上文曾举的刘禹锡《听琴》诗："禅思何妨在玉琴，真僧不见听时心。秋堂境寂夜方半，云去苍梧湘水深。"淡云卷舒、苍梧森森、湘水深深，诗人为我们活化了一个世界。这个世界，就是一个"境"，而不是"象"。它具有突出的体验性特征。

第三，唐代美学以境为重要的美学范畴，赋予其特殊的媒介地位，在于境反映了"让世界依其原样而自在呈现"的重要思想。境界思想是在禅宗影响下产生的，突出了以世界本身来直接显现世界的思想。境不在于表达，而在于显现，境与所显现意义世界之间的关系不是分离的，而是浑然为一的，即境即意。禅宗所奉行的不二法门的思想影响了境界理论的形成。它是对能所的彻底超越，对老子以来以象见道学说的超越。在这个意义上，境可以说并非仅仅是媒介，它就是世界本身。

以象出境，乃为中国传统美学的重要思想。北宋时李伯时作人物画，他画陶渊明，说是不在于画出田园秋菊，而要在"临清流处"用心，这个"临清流处"，无非就是境界的传达。

唐代诗坛有这样一句著名的话，就是："诗思在灞桥风雪中驴子上"。这正是从造境方面的考虑，这样的氛围最能出境界。灞桥，在西安东，近年灞桥的遗址出土，那个令千年前无数人断肠的地方，浮出了历史的水面。那里曾是唐代西安人送别的地方，人称销魂桥。乱云低薄暮，流风回舞雪，孤独的游子在万般无奈中踏上路程，放眼望，苍天茫茫，乾坤中空无一物，只有一条瘦驴在彷徨。正所谓人烟一径少，山雪独行深。此情此景，怎能不勾起生存之叹，怎能不产生命运的恐慌。诗意的大门被这寂寞所撞开。

五代北宋时期中国花鸟画的发展，经历了一个由重写实到重意境的过程。黄筌的花鸟重视格法，以写实见长，及北宋初年崔白、崔

惷、吴元瑜出，力去院体之法，"稍稍放笔以出胸臆"，即从重视外在的形貌转而重视心灵的传达。其心灵的传达就落实在"境"的表现上，即由重象转而重境，重视诗意的传达，这诗意就是境界。《宣和画谱》卷十八说崔惷作画："凡造景色必放手铺张，而为图未尝琐碎。作花竹，多在于水边沙外之趣，至于写芦汀苇岸，风露雪雁，有未起先改之意，殆多得于地偏无人之态也。"这个"水边沙外之趣"，正是一种境界的追求，它所克服的是黄筌等的"琐碎"，这个"琐碎"就是没有由象上升到"境"，物象虽很逼真，但没有在心灵的体验中构成一种境界，所以缺少打动人心的力量。"不专于形似，而独得于象外者，往往不出于画史，而多出于词人

拙政园香洲冬景
雪卧香洲，
有万般风致。

287

墨卿之所作。盖胸中所得，固已吞云梦之八九。"画史之画，是形似之作；词人墨卿之作，则注意的是诗意，是心灵中的境界。

总之，象与境的差异，一般来说，象是松散的，而境是在心灵的融汇下整合为一相互联系互相激荡的世界；象偏重于外在，境则偏重于内在，侧重于一种氛围的创造，一种独特的艺术世界的构建，作花鸟，重视水边沙外之趣，就是重视一种超越于外在对象的诗意氛围的创造；象的欣赏价值是单一的，虽然其极尽形似，但缺少境的趣味。如戴本孝说："至境那自人间来，偶然心手随时开。天地古今言象外，寻行数墨何为哉！"⁹境乃是对象的超越。

当然，境与象又密不可分，境非象，但境也不离象，无象则无以出境，美学上的"境生象外"，是对二者关系的一个很好的说明。首先，境并非象，如果二者是同一概念，就不存在一个象外之境的说法。其次，境不离象，象是境赖以存在的基础，这里并非说境是多象，象是少象，境是组合之象，象是零散之象这样的区别，而是说境是由象所形成的特殊心灵境界。如"枯藤老树昏鸦，小桥流水人家，古道西风瘦马，夕阳西下，断肠人在天涯"，枯藤、老树、昏鸦、小桥、流水、人家、古道、西风、瘦马等等都是象，而这些象在诗人的体验世界中形成了特殊的境界，境由象起，这些人人都可见之象，在诗人的心灵体验中变成了一个绝妙的实现。这就是境生象外。象是人人可见的，境则是当下妙会的，永远没有重复。我们说境是一个世界，并非就空间的意义上说，而是就体验而言。皎然有诗云："偶来中峰宿，闲坐见真境。寂寂孤月心，亭亭圆泉影。"他在一个寂静的山林中闲宿，黝黑的山林，森然的古寺，孤独的月影，如梦如幻的深潭，这都是象，他在这幽居中，在这象中发现了一个独特的世界，这就是他所谓"真境"。第三，境是对象的超越。

正因此，我以为，象是对言的超越，境又可以说是对象的超越。由象到境的超越，转实为虚，由外至内，超越经验世界之事实，而进入到体验的境界中。境就是对体验世界的呈现。它反映的正是中国美学越来越以体验为中心的发展进程。

三、以境显理

中国古代美学中的理论表述系统与西方有很大区别，西方美学和其哲学一样，多以清晰的概念、逻辑的推演为其理论特点，而中国美学的表达不重概念，却惯于使用大量的比喻象征等手法来表达，用具体的事象来表达事理。如禅宗通过造境来传达哲理，这在西方是匪夷所思的。

在中国美学传统中，有一种名为人物品藻的风习，这对中国美学产生了深远的影响。人物品藻是汉末以来社会生活中的重要事件。人物品藻重视人的神韵气度，人们习惯以感性化的比附来表现这种特点，《世说新语》中有大量的记载："时人目王右军飘若游云，矫若惊龙。"（《容止》）"有人叹王恭形貌者云：濯濯如春月柳。"（同上）"王戎云：太尉神姿高彻，如瑶林琼树，自然是风尘外物。"（《赏誉》）"王公目太尉，岩岩清峙，壁立千仞。"（同上）

这种风气影响了六朝时的艺术批评，诗歌评论中也盛行此一风气。据钟嵘《诗品》载："汤惠休曰：'谢诗如芙蓉出水，颜诗如错采镂金。'颜终身病之。"钟嵘评谢灵运："譬犹青松之拔灌木，白玉之映尘沙。"评范云："清便宛转，如流风回雪。"评丘迟："点缀映媚，似落花依草。"从中均可看出人物品藻风气影响之痕迹。

在书法理论中，也有以比喻来说明书法之品格。在这样的评品中，重视书法"神采"、"态度"，王僧虔就说过："书之妙道，神彩为上，形质次之。"唐太宗说："夫字以神为精魂，神若不和，则字无态度也。"又如"索靖书如飘风忽举，鸷鸟乍飞。"（袁昂《古今书评》）"韦诞书如龙威虎振，剑拔弩张。"（同上）"师宜官书如鹏羽未息，翩翩自逝。"（同上）"谢公（安）纵任自在，有虬盘虎踞之势……桓玄如惊蛇入草。"（李嗣真《书后品》）"（张弘）飘若云游，激如惊电，飞仙舞鹤之态有类焉。"（《书断》）"（羊欣）憾若严霜之林，婉似流风之雪，惊禽走兽，络绎飞驰。"（同上）再如唐代书法理论家李嗣真的《后书品》评论张芝、钟繇、王羲之的书法："然伯英章草，似春虹欲涧、落霞浮浦，又似渥雾沾濡、繁霜摇落。元常正隶，如

◐◑ 留园明瑟楼

郊庙既陈，俎豆斯在。又比寒涧壑，山嵯峨。右军正体，阴阳四时，寒暑调畅，岩廊宏敞，簪裾肃穆。其声为鸣也，则铿锵金石。其芬郁也，则氛氲兰麝。其难征也，则缥缈而已仙。其可睹也，则昭彰而在目，可谓书之圣也。若草行杂体，如清风出袖，明月入怀，瑜瑾烂而五色，黼绣摛其七采，故使离朱失明，子期失听，可谓草之圣也。其飞白也，犹夫雾縠卷舒，烟云炽灼。长剑耿介而倚天，劲矢超忽而无地，可谓飞白之仙也。又如松岩点黛，蓊郁而起朝云，飞泉濑玉，洒散而成暮雨，既离方以遁圆，亦非丝而异帛。"

在唐代诗学理论中，出现了一种前所未有的现象，就是以《二十四诗品》为代表的"境界式批评"。有不少论者将这一新的批评方式称为"意象式批评"，我以为这一概括不够准确。因为在如《二十四诗品》这样的著作中，它所要表达的诗学思想，不是仅仅通过一个或几个意象来表达概念，而是首先在于通过象以及象与象之间组成的关系来创造一种特殊的世界（境界），再通过这一世界传达它要表达的意思。它创造的不是意象或意象群，而是境界。如《典雅》："玉壶买春，赏雨茅屋。坐中佳士，左右修竹。白云初晴，幽鸟相逐。眠琴绿阴，上有飞瀑。落花无言，人淡如菊。书之岁华，其曰可读。"

作者之所以采用这样的形式来论述诗学问题，关键不在以意象来比喻说明，而在于通过诗境来说明。作者要说明的是一理论问题，但不以逻辑的表述来完成。因为，在作者看来，逻辑的表述是残缺不全的，所以借助于诗的传达。通过诗所创造的特殊境界，以典雅的风物来凸显典雅的氛围，在典雅的氛围中传达典雅的意韵。诗情缘境生，而诗理也缘境发。作者之所以采取这样的途径，似乎也包含了这样的思想：言是不可信的，言无言，不言言，以概念去说，则是妄说，那不如"烦万象为敷衍"，不以言来说，那就以境来说，这就是他所说的"不著一字，尽得风流"。何以不言而得风流？因为诗人"俱道适往，著手成春"，声色都是他的"惠"，风月都是他的"春"。

中国美学的境界理论确立了以生命本身来显现生命的原则，并通过境界来显现理。这里我们可以以《溪山琴况》来谈。徐上瀛《溪山琴况》以"况"名其篇，定有寓意。音乐在古代艺术论中，有以"格"、"品"、"谱"、"鉴"、"笺"等命名者，但以"况"来命名罕见。徐氏以"况"命名，可能与以下两层意思有关。一有比况意，二有况味意。徐上瀛论琴，并非在琴的技法，那是有形的、可以说的，而重在琴的"道"、"韵"的层面上，声难追摹，味难形知，所以，以象比写，传情出韵。也即在音与"意"合的"意"，在琴声中的韵味，在抚琴动操这一艺术行为本身所透出的境界。徐上瀛之"琴况"，可以解作"琴之味"、"琴之境"，追求琴的况味。《溪山琴况》建立了中国音乐学中的境界美学理论。其仿《二十四诗品》，不仅在形式结构上，而且在根本旨趣上也与《诗品》相同，以境界为尚。《溪山琴况》的"况"，是以精致玲珑的境界来喻说琴的风味。境界是《琴况》的中心。此作确立了境界美感是音乐美的根源。苏轼说："若言琴上有琴声，放在匣中何不鸣。若言声在指头上，何不于君指上听。"琴之韵不在琴，不在指，而在心，所以前人说"心者道也，琴者器也"。正因琴中心为主，故以心统指，以指运琴，以琴出声调，以声调传风味。声调为琴家所创，但琴之美不能停留于声调，而那难以言传却沁人心脾的风味境界，才是琴家追求的审美理想。以气韵风味为主，所以才说以心来弹琴；赏琴者以心来品味，所以说琴之美在风味气韵不在声调。如《和》况说："音从意转，意先乎音，音随乎意，将众妙归焉。"书画艺术中有"意在笔先"的纲领，此中所说的"意先乎音"，也可说是音乐创造的纲领。以意运琴，故能得"意之深微"。而此"意之深微"就是琴外之韵，调外之境，弦外之音。它说："其有得之弦外者，与山相映发，而巍巍影现；与水相涵濡，而洋洋徜恍。暑可变也，虚堂凝雪；寒可回也，草阁流春。其无尽藏，不可思议，则音与意合，莫知其然而然矣。"这种不可言传、难以声见的弦外之音，就是音乐的境界。它不可以声调寻求，不可以思议拟知，不可以道理见，如春天盎然的春意、冬日茫茫的雪韵，感人至深，令人玩味无尽。音乐的境界乃众妙之根源。如其在《远》况中所说，琴不可技求，"盖音至于远，境入希夷，非知音未易知，而中独有悠悠不已之志。吾故曰：求之弦中如不足，得之弦外则有馀也"。如其评清境："试一听之，澄然秋潭，皎然寒月，湱然山涛，幽然谷应，始知弦上有此一种清况，真令人心骨俱冷，体气欲仙矣。"评古境："一室之中，宛在深山邃谷，老木寒泉，风声籁籁，令人有遗世独立之思。"评静境："所谓希者，至静之极，通乎杳渺，出有入无，而游神于羲皇之上者也。约其下指工夫，一在调气，一在练指。调气则神自静，练指则音静。如蒸妙香者，含其烟而吐雾，涤齐苕者，荡其浊而泻清。取静音者亦然，雪其躁气，释其竞心，指下扫尽炎嚣，弦上恰存贞洁，故虽急而不乱，多而不繁，渊深在中，清光发外，有道之士当得之。"等等。

四、境作为审美标准

在中国美学史和艺术史上，境界往往作为衡量审美价值的标准而存在。

在艺术鉴赏者，我们常说这个艺术品很有境界（在这个意义上，和意境同义）。这说明了两个问题：其一，境界是有差异性的，不同的作品有不同的境界；其二，境界是有层次之别的，有的作品没有境界，有的作品有境界，有的作品的境界高，有的作品的境界低。由此二点，我们可以得出，境界是衡量审美对象规定性的一个标准。应该说在唐代以来的中国美学中，这是一个重要的标准。在中国美学中，衡量审美对象的标准概念有很多，如韵、味、格调等等，这些都和境界有一定的联系，但境界是一个与这些概念都不同的标准。

作为审美标准的境到底有哪些基本内涵呢？用通俗的话说，我以为，境具有三个规定性，一是有内容，二是有智慧，三是有意思。

有内容

有内容，是说有境界的审美对象具有深刻的包孕性。用《文心雕龙》的一句话说，可以叫做"秘响旁通"——像悠扬的音乐，屡屡不尽，悠悠难绝。沈周题画诗有谓："抱得琴来不用弹。"为什么抱着琴来，却不弹了？因为大自然就是绝妙的音乐，松风涧瀑中就是一个音乐的世界。这样的诗就很有境界，用这样的诗境作画，非常有利于绘画境界的提升。

中国艺术以"隐"为要则，强调象外之象、言外之意、韵外之致、景外之景，要含不尽之意在言外。如梅圣俞云："含不尽之意，见于言外；状难写之景，如在目前。"要超以象外，得其环中。强调不着一字，尽得风流，强调无画处皆成妙境。言象是外显的，是在者；言象之外是内隐的，是不在者。在在者与不在者之间，在者只

◐◑〈明〉陈洪绶
花卉
画以境出，
几朵微花，
也别有风韵。

是一个引子，一个将品鉴者引入到不在者的引子。不在者的世界愈广大，愈丰富，在者的显现就愈成功。在在者与不在者之间，不在者的重要性显然要高于在者（当然并不是说在者微不足道）。海德格尔曾经说过，人活动的是一个时间性的场地，或者叫做在场，一切在场的"时域"——时空存在，都是由过去与未来构成的真正现实的现在。每个人目前的境界，就像一个"枪尖"，是过去与未来的集中点。在中国艺术的这一"引子"世界中，其实正强调的是其隐含性。艺术家所刻意经营的"引子"是一个最能显现无限丰富世界的"时位"，它是一种凝聚，不仅在时空上凝聚过去与未来、凝聚无边的世界，在在者与不在者之间，也充满了一种意度回旋，引子将隐去的世界引出，引出的世界与引子产生往复回环的关系，也就是中国美学所说的虚灵世界与质实世界的回旋关系。如王维这首《书事》小诗云："轻阴阁小雨，深院昼慵开。坐看苍苔色，欲上人衣来。"读这样的诗，感觉到无边的苍翠袭人而来，亘古的宁静笼罩着时空，濛濛的小雨，深深的小院，苍苍的绿色，构造成一个梦幻般的迷濛世界，一位亦惊亦哦的静处者，几乎要被这世界卷去。简单的物事，为人们创造了一个无限回旋的世界。诗人为我们创造了一个好的"引子"，为我们打开了通向迷濛世界的别样通道。我们判断"引子"的好坏，往往就是看它是否能调动品鉴者的想象力。"引子"成了品鉴者想象的刺激物，

　　蔡小石《拜石词序》说："夫意以曲而善托，调以杳而弥深。始读之则万萼春深，百色妖露。积雪缟地，余霞绮天。此一境也。再读之，则烟涛澒洞，霜飙飞摇。骏马下坂，泳鳞出水。又一境也。卒读之，而皎皎明月，仙仙白云。鸿雁高翔，坠叶如雨。不知其何以冲然而澹，翛然而远也。"这段话是论词境的，所涉三境说其实在中国艺术的境界理论中颇具有代表意义。他强调造境在于善"藏"善"托"，境界是一个层深的结构，要在"曲"而"杳"，如人从羊肠道进入深山，慢慢领略山中的奇幻世界。第一境通过繁花绽放、落英缤纷、清晖散落的一群意象，意在创造一个迷濛奇妙、引人入胜的境界。如同人远远地望山，一个散发出无穷魅力但又暂时无法弄清

的美的世界，使观者无限向往。第二境所选择的意象都富有力感和强烈震荡感，骏马奔腾，鸢飞鱼跃，瀑布三千尺，狂风卷巨浪，象征着观者深入这一世界，领略了无边的妙境，感受到巨大的性灵震荡，物摄我心，此乃走入物我相合境界的前奏。第三境是花开花落，云卷云舒，清月孤圆，独鸟高飞，强调破除我执法执，解除物我之间的界限，观者的角色消失了，一个外在的观者变成了世界的参与者、体现者，我就是白云，就是清风，就是高飞的鸟，就是澄明的月，冥然合契也。从而进入第一义的上上之境。第一境是远望有奇景，第二境是深入觉震荡，第三境是寄心明月自往还。第一境是我为物吸引，第二境是观物识馨香，第三境是我融入物中，此境就是一个包含无边妙境的深深世界，一个非悉心领悟而不能至的无上宫殿。

我们说这样的不在者、这样的无边妙世界就是境界，或者叫做意境。它根源于象，又超越于象；境就是这象背后的世界。正是在这个意义上，中国美学的境界理论一个突出的思想，就是艺术创造的中心既不在"引子"，也不在这个"引子"背后所展现的全部世界，而在于所提供的一个想象空间，因为它没有一个终极表达对象。中国艺术的造境，既不为创造者所独有，也不会被品鉴者所穷尽，是一个永恒的可拓展的意韵空间。

有智慧

叶朗先生在论意境时，强调"意境"必须具有哲理性意蕴，诚为笃论。他说："所谓'意境'，就是超越具体的有限的物象、事件、场景，进入无限的时间和空间，即所谓'胸罗宇宙，思接千古'，从而对整个人生、历史、宇宙获得一种哲理性的感受和领悟。一方面超越有限的'象'（'取之象外'、'象外之象'），另方面'意'也就从对于某个具体事物、场景的感受上升为对于整个人生的感受。这种带有哲理性的人生感、历史感、宇宙感，就是'意境'的意蕴。"[10]这里沿着叶先生的思路再予申论。

中国艺术强调意境的努力其实是和反语言、反知识联系在一起的，境界的追求为的是超越具体的言象世界，言象会导入概念，概念起则知识生，以知识去左右审美活动，必然导致审美的搁浅。以知识去概括世界，必然和真实的世界相违背。因为世界是灵动不已的，而概念是僵硬的，以僵硬的概念去将世界抽象化，其实是对世界的错误反映。

在西方哲学中，有所谓诗与思之别，以知识去说和以诗去说，是两种不同的途径，将呈现世界的任务交给诗。其实在中国，这样的思想也有漫长的历史，庄子哲学就强调天地有大美而不言，以知去言，只能得世界之小者，以自然去言，则能得天地之大全。而南禅的思路也与此类似，南禅接受道家之思想，其所谓青山自青山，白云自白云的道路，就是追求世界的原样呈现，如希运所谓世界"皎皎地说"。我们注意到，中国美学中境界论的大致形成是在唐代，其形成于庄禅哲学有密切的关系，在禅门的皎然、寒山和接近于禅道的司空图、王昌龄、刘禹锡、张璪、刘商等是境界美学形成的中坚。他们以境去代替象，以境的言说方式去超越知识的言说，正是在诗与思之间向诗靠拢的反映。

知识是概括，境界是呈现，面对一个真实的灵动的世界，境界则成了最合适的途径。境超越知，但并不意味放弃了智慧，它所超越的只是知识概念系统。思与诗二者之间在目的上颇有相似之处，都是为了显现世界的真实相。诗的途径非但没有放弃对智慧的追求，而且将宇宙人生的穿透力作为其最高追求。也就是说，没有智慧的境界是一种低等境界，缺少宇宙人生感的境界就显得单薄了。

如王维有一首五律说："晚年惟好静，万事不关心。自顾无长策，空知返旧林。松风吹解带，山月照弹琴。君问穷通理，渔歌入浦深。"这首诗写晚年的悠闲从容、恬淡自适，一任自然，在山风清月之间存在。诗的结尾忽有一问一答，问则以理语，答则以自然。"何谓穷通之理"？那唱着渔歌、渐渐消失在深深浦岸的小舟就是回答。《杜工部草堂诗话》卷一云：横浦张子韶《心传录》曰："读子美'野色更无山隔断，山光直与水相通'，已而叹曰：'子美此诗，非特为山光野色，凡悟一道理透彻处，往往境界皆如此也。'"这样的境界空灵阔远，虽不言理而理自在。杜甫"水流心不竞，云在意俱迟"，同样被人称为有理之作。葛立方《韵语阳秋》在谈到"采菊东篱下,悠然见南山。此中有真意,欲辨已忘言"时说:"渊明落世纷深入理窟,但见万象森罗,莫非真境,故因见南山而真意具焉。"

有意思

境界作为一种审美标准,除了具有内容的包孕性、思致的深刻性之外,还必须有韵味、耐咀嚼,有一种亹亹难尽的美感。有境界之作品摆脱了理智的拘束,任由世界自己呈现自己,让世界说,还应以美的方式来说,缺少美感的对象,就不能称为真正有境界。乏味地说,干瘪地说,单薄地说,都是一种说,这样的说不能产生艺术的境界。

中国古代美学有喜欢用"味"来比喻美感的风尚,鼻之于香,舌之于味,是人的感官对外在世界的感觉,但它们与视觉、触觉等感觉不同的是,其感觉是无影无形的,而且又有悠长的回味空间,故而为谈艺者所乐道。《文心雕龙·隐秀》在论述隐秀的特征时,就提出"余味曲包"的重要观点。司空图在论述境界时,也以味来作比,他说,诗之妙,在"咸酸之外"。有境界之好诗应该有"韵外之致"、"味外之旨"。有境界的作品韵味悠长,令人展玩不已。

注 释

1 方从义,元代山水画家,师二米。

2 王国维的"意境"(或"境界")说,已经不是中国传统美学意义上的"意境"说,这个概念中灌装的主要是西方哲学和美学的内涵。王国维的美学并没有表现出对传统美学总结的特点,而更大程度上标示的是偏离传统走向西方的进程。

3 境的本字为竟,《说文》:"竟,乐曲尽为竟。"音乐的一章叫做竟。所以,竟有终结、终端的意义,由终结义引申为界限、划分,可以标示一定的范围,进而被用为边界、疆域、国境等内涵。"界"在古汉语中与"国"等意思相近,用以表示一定区域的概念。《急就篇》"顷町界亩"颜师古注:"田边谓之界。"《庄子》中有:"愿以境界累矣。"这里境和界同意。境,指边境、境内、国境、梦境、神境、须弥之境等。界从田从分,意即划分地域。

4 境为佛学中的重要术语,意为感觉作用之区域、对象,或者是感觉活动之范围。眼、耳、鼻、舌、身、意六根和所对为色、声、香、味、触、法六境,由于根与

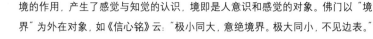

境的作用，产生了感觉与知觉的认识，境即是人意识和感觉的对象。佛门以"境界"为外在对象，如《信心铭》云："极小同大，意绝境界。极大同小，不见边表。"

5　《酬问师》，《全唐诗》卷三百零四。

6　《五月九日》，《全唐诗》卷八百八十五。

7　据张彦远《历代名画记》卷八载张璪"尤工树石、山水，自撰《绘境》一篇，言画之要诀，词多不载。初毕庶子宏擅名于代，一见惊叹之，异其唯用秃毫，或以手摸绢素，因问璪所受。璪曰：'外师造化，中得心源。'毕宏于是阁笔"。郭若虚《图画见闻志》卷一、卷五和《宣和画谱》卷十等都记载张璪著有《绘境》一书。

8　关于王昌龄《诗格》的真伪，四库全书等斥其为伪作，今人也有论者否定昌龄为是书作者。《诗格》文字见于中唐时期来华日僧遍照金刚《文镜秘府论》天卷《调声》，地卷《十七势》、《六义》，南卷《论文意》等称引，并称为昌龄所作。另遍照金刚《性灵集》卷四《书刘希夷集献纳表》："王昌龄《诗格》一卷，此是在唐之日，于作者边偶得此书。"皎然在《诗式》（成书于贞元五年，789 年）卷二也引录王昌龄之语。二人距昌龄不远，所录应为可靠。在没有新的材料证明之前，我以为《诗格》定为昌龄所著为宜。

9　《云山四时长卷寄喻正庵》，《余生诗稿》卷十。

10　叶朗《说意境》，《文艺研究》1998 年第 1 期。

饮之太和

　　人在世界中，是一种关系性的存在。在中国哲学中，人所涉及的关系主要有四个方面：人与神的关系，一种神秘的不可解释的力量似乎在支配着人的命运，像孔子这样的智者，都有"畏天命"、"不语怪力乱神"的表白。人与自然的关系，那高高的天、绵延的地，那大地中的一草一木，都和人有密切的关系（中国哲学还在此类关系中分离出另外一种关系，即人与宇宙之关系，它关注的是人在宇宙中的位置）。前二者是就人这个总类而言的，在茫茫人群之中，还有自我，所以这就有第三种关系，我与群体的关系，人是群体动物，这不可避免的宿命，使群体关系成为人存在的根本关系之一。第四，乃是我与自身的关系，我的心灵也是个矛盾的群集，理性的我和感情的我，当下的我和经验中的我，欲望的我和社会的我等等都构成内在的关系，这类关系很隐在，但是对人这个存在物来说，却是最根本的关系，人的其他关系最终都反映在这类关系上。和谐，则是处理这种种关系的一种理想。

根据四种不同的关系，中国传统哲学中的和谐理论可以分为四个方面，即：神人以和、天人以和、人人以和以及自我之和。神人以和是宗教性的，它产生最早，是西周之前我国和谐思想的主要形态，所谓"神人以和"、"无相夺伦"[1]。人们在超自然的力量面前感到恐惧，神人以和的思想就是为了抚平这种冲突而提出的。人人以和，自西周以来成为和谐理论中最富活力的方面。作为一种德性和谐的理论，后来成为儒家和谐理论的主要落脚点。儒家强调群体的和谐，主张通过中和原则建立一种合适的秩序。他们所建立的这种秩序，又往往从人与天地的和谐关系中寻找"天经地义"的力量。儒家的和谐思想提出的重大意义，乃在于超越早期社会"神人以和"的形式。原始宗教中的和谐，说到底是对神灵的一种敬畏，人匍匐在至上神、祖先神的神祇之下，充其量只能说是获得支撑心理的力量，而根本谈不上内在情感、理性的协调、稳定。儒家和谐思想强调人的情感的悦适，人的内在生命与外在世界的协调。而道家的和谐虽也强调上下与天地同体，但落脚点却不在人的社会道德生活的秩序上，而在人的性灵自由。禅宗的和谐理论是后起的，它是在印度佛教般若学和道家哲学基础上形成的新型学说，主要强调自性、平等，从而获致彻底的和谐。我们说中国哲学的和谐思想，往往偏向于儒家学说，似乎和谐学说为儒家所独有，这是误解。道禅二家同样有非常丰富的和谐思想。这三种不同的和谐思想对中国美学与艺术都有很深的影响。

中国美学的和谐思想是个复杂的研究课题，本讲拟从儒道禅和谐美学的不同取向中，谈谈中国和谐美学中相关的重要问题。

一、生命的和谐

中国美学的和谐是一种生命的和谐。《中庸》说："致中和，天地位焉，万物育焉。"这是了解传统和谐哲学思想的重要表述。它虽是儒家的观点，但可由此扩而广之，看中国美学和谐思想的根本特点。它包括两方面的内容：一是致中和、天地位；一是致中和、万物育。

何谓"致中和，天地位"？这里将和谐与人存在的地位联系起来，这是由中国哲学的特点所决定的。中国哲学强调人的内在超越，西方哲学以知识为中心，中国哲学以生命为中心。在西方，由于以知识为中心，所以逻辑发达，形成了一套知识论体系。西方的哲学是一种"理智的游戏"。而在中国，哲学是一套身心修养之方，是一种心性游戏，是生命游戏，而不是知识游戏。中国哲学中的和谐思想是其生命哲学的重要组成部分。

儒家和谐思想的根本在于，它是一种德性之和。仁是儒学的基础，也是和谐思想的内核。儒家致力于建设一个和谐的社会秩序，实现平章百姓、协和万邦、天下大同的社会理想，要上得天时，下得地利，中得人和。天地为大，唯人居之，是为三才，人所生存的自然空间和社会空间应是一个和谐的空间。所谓"致中和"能够使"天地位"——天地各得其所，大自然都获得了基本的秩序感。天地如何得其位？它所强调的并非是人在物理世界中与世界和谐相处，而是在人的生命体验中，在人内在的超越中，实现与天地人伦的和谐。

西方哲学中的和谐理论侧重探讨世界的规律，是一种知识论。在雅斯贝尔斯所说的轴心时代，古希腊和中国的哲学家在谈到美的问题时，都涉及到和谐问题，但却有较大差异。在古希腊，形式和谐的理论占主导地位。毕得哥拉斯主张数的和谐，如其指出，音乐的美产生于高低、快慢、强弱的不同声音的和谐统一。亚里士多德则提出"秩序、匀称和明确"的和谐论，这也是从认识的角度谈形式和谐的理论。中国哲学和谐理论关心的不是"知"——科学把握的原则，而是"位"，人在天地中如何存在的可能性。前者是求知的，后者是求存的。天有天之位，人有人之位，他人有他人之位，我有我之位。位不是外在的时空，而是存在的可能性，如何存在，如何恰当地存在，如何获得一种最佳的存在样态。中国和谐哲学主要不在知识论，而在存在论，关心的是生命存在的问题。

故此，"致中和，天地位焉"可以理解为：第一，天地各得其所，各有其位，如天尊地卑，故而各有其序，自成和谐之系统。天地是和谐的凝聚，其核心精神就是和谐。天地乃生生，生生而有条理，所谓"生而有则"，万有现象各得其所，山峙而川流，花开与花落，鸢飞而鱼跃，乃至于冬去春来，日往暮收，等等，都自然而然，有序有则。天地乃一大和，天地乃各得其位。人的文化创造要行天之道，就是要得天地之生生和谐精神。第二，"礼只是一个序，乐只是一个和"，人的和谐不是外在强加的秩序，而是人的内在德性修养所能达到的境界，是由人的内在生命发出的。故天地有位，合于天地之位，是奠定于人的生命世界之上的。只有人有位，才能合于天位。"自明诚，自诚明"，就是这个道理。归复于秩序，回复真实无妄之全体精神，才能各得其位。"致中和，天地位焉"，并非说天地之位是人所赋予的，天地本有其位——天地就是一个和谐的存在世界。而人各有位，才可加入天地的大和谐之中。但由于人的德性的差异，有的人游离了此位，于是便失去了天地中的和谐。儒家强调通过内在修养可以达到应当有的"位"，实现和谐。"致"，就是人的内在超越功夫。第三，正因和是内在生命的和谐，所以和谐不是形式的，不像古希腊哲学落实在形式的和谐之上。像庄子，就将形式和谐与生命和谐对立起来。当然，先秦时期和谐理论并不完全排除形式上的和谐，如要"神人以和"必须有"八音克谐"的音乐，孔子的"尽善尽美"论等，就包括形式的和谐。但中国美学更重视的是生命和谐，它侧重思考的是人在群体、自然、宇宙中的存在地位。秦汉以来，人与自然、人与群体、人与宇宙（此一问题并不能包括在人与自然的和谐关系之中）、人与自身的四种关系是中国和谐理论关注的重点，而属于认识论范围的审美主体与审美对象、感性对象的内容与形式、审美形式之间关系的协调等，则不是和谐理论关心的重心。

"致中和，万物育焉"，也是一个重要的思想。天地位强调通过和谐合于天地，而万物育强调和谐是滋育生命的基础。二者之间也有逻辑关系，正因为天地人伦各得其位，所以有生生之活力。这一哲学的核心意涵是：有"位"方有"生"。

《国语·郑语》载史官云："夫和实生物，同则不继。以他平他谓之和，故能丰长而物归之；若以同裨同，尽乃弃矣。"这是一条关于和与生关系的重要论述。没有和谐，就没有生命。这是中国人在感性经验基础上形成的哲学观念。大自然因和谐而生生不已，而人只有以"和"，才能契合自然之性，创化生生，"和实生物"——儒家将和作为生命的基础。"凡物参和交感则生，不和分散则死。"[2]和是万物之间的天然亲和力。朱熹说："温和冲粹之气，乃天地生物之心。"将和与生相联为一体，无和则无生。《乐记》说："和，故百物皆化。""和，故百物不失。"这是和谐与滋养生命关系的很好概括。儒家将生、仁、春、和、元五者统一起来，仁，是生的意思，和的意思，元的意思，也是大自然中春的意思。故要保合太和，以利生生。

从此可以看出中国哲学以儒家为主体的和谐思想，以人的心灵和谐为起点，以宇宙和谐为最终目的，强调能和己性，则能和人性，能和人性，则能和物性，能和物性，则能和天地之性，实现宇宙的大和融。所以贯通宇宙和谐、个体和谐、群体和谐的不是形式法则，而是生命，中国哲学的和谐理论，是一种生命的和谐。

和谐是一种安顿身心的修养工夫，所以要从自心上做起。和谐不是外在的强制性规范，而是一种生命的功课。正是在此基础上，艺术的熏陶，美的境界，成为达到和谐的最受重视的方式。

中国古代有"乐从和"[3]、"乐和声"的思想。《庄子》说"《乐》以道和"，以和来概括音乐的特点。和谐理论常常和音乐相关。我们知道，上古时代诗、乐、舞一体，所谓言之不足故咏歌之，咏歌之不足，不知手之舞之足之蹈之。乐包含诗、乐、舞三者，故乐从广义而言，即后代人所说的艺术。谈和谐为何多落实于艺术（乐），主要在于艺术的情感性特征。《乐记》上就说："夫乐者乐也，人情之所不能免也。"艺术具有宣泄人的情感的功能，艺术是生命的张扬。就像需要食物和水一样，人也需要艺术来表达心灵、抚慰内心。"乐（音乐之乐）者，乐（快乐之乐）也"是先秦和谐理论的重要命题[4]。艺术能使人的心灵愉悦，在愉悦的心灵中平和冲突，在快感中获得美感享受，在美感享受中实现道德的愿望。艺术与其他形式的不同特点是，艺术要通过美的形式愉悦人心。声乐不同于一般说话，舞蹈不同于简单的动作，诗不同于一般的语言宣示，艺术是一种美的形式。

由此可以概括为：唯和才能有"位"，唯有"位"才能有"生"。中国哲学的和谐是一种生命的和谐，关键在于心性的安顿，和谐最终落实为一个艺术问题、美学问题。

二、适度原则

孔子一生很少发火，但在谈到鲁国的一位大夫季平子的时候，却火冒三丈，说出了"是可忍，孰不可忍"的重话。事情的起因是季平子在他的家中行乐舞，排了八行，每行八人，六十四人在庭院中跳舞，这就是所谓"八佾"舞的体制。按照礼制，天子八行，诸侯应是六行，大夫是四行，一般士人是二行。季氏是大夫，应该享用四行之舞，他却僭用天子的乐舞。所以孔子表示愤怒。

这个例子说明孔子十分注意礼制秩序，但同时也反映出孔子道德哲学中一个重要思想，就是适度原则。在儒家哲学中，和谐思想突出体现了这样的适度原则。"和"必得"中"，儒家和谐思想的准确表述是"中和"。

孔子以"扣其两端"来表达这样的道德关注。"过犹不及"是孔子的核心思想之一。子曰："吾有知乎哉？无知也。有鄙夫问于我，空空如也。我叩其两端而竭焉。"《中庸》提出"和而不流"、"中立而不倚"，推崇一种不偏不倚的哲学。宋儒概括的儒家十六字心传谓"道心惟微，人心惟危。惟精惟一，允执厥中"，就突出了"中"的地位。

在西方早期哲学中，其和谐思想也有适度原则问题。亚里士多德哲学就有对德行之善的规定，他举了大量的例子来说明中道的思想，比如"勇敢"处于"怯懦"（不及）和"卤莽"（过）之间，"自信"处于"自卑"和"骄傲"之间，"慷慨"处于"吝啬"和"浪费"之间。但这样的思想没有儒家哲学表现得那样系统。

我理解，儒家哲学中的中和思想有三个要点：一是中体和用。从哲学基础上看，儒家和谐美学思想当以"中和"二字为要。中是其体，和是其用。本立而道生，中在和谐思想中具有更重要的意义，或许可以这样说，只有在"中"的前提下，才能实现"和"。

《中庸》一篇，在儒学中占有特殊地位。所谓"中"，就是"不偏不倚，无过不及"。所谓"庸"，一般有二解：一释为"常"，以"中"为常道；一解为"用"，以中为体，中庸即"中体之用"，立足于体用之说，这也通。在两释当中，都突出"中"的核心地位。《中庸》说："喜怒哀乐之未发，谓之中；发而皆中节，谓之和；中也者，天下之大本也；和也者，天下之达道也。致中和，天地位焉，万物育焉。"按照朱熹的解释，"中"是未发之性，无所偏倚，所以叫做中。儒家有以"中"为性的思想。"中"是天下之大本[5]，意思是天下之理都由此而出。所以这未发的"中"是道体，是天地之性。程伊川说："若致中和，则是达天理，便见得天尊地卑、万物化育之道，只是致知也。"[6]和，乃已发之情，合节中度，无所乖戾。这是"中"体之用。以不偏不倚的和道协调天下，即无所不通。天地万物，本我

〈明〉唐寅　陶穀赠词图[7]

此图画五代时一官员遇一美妓，听其乐，
既心相爱乐、又囿于礼节的窘迫神情。

一体，人心归于中和之道，那么天地万物无不顺，都能各得其位。儒家的中和思想是以人心灵的中节合度为前提，强调对情感的抑制，强调情理的协调。由此可见，中并非一种方法论上的原则，而是一种本体论思想。

二是养其中。儒家的"中"与其内在道德性密切相关，是"在中"，"中"为本，也就是《中庸》中所说的以诚为本，"诚者，天之道；诚之者，人之道"，"中"是人的修养所能达到的最高境界，所以"中"的哲学中包含的是人格修炼的哲学思想。中是性，人生而为人，并秉持此性。但外在的习染，使人并非能谨守其中，也就是对这个大本的偏离。确立了人人都有这个"中"的本，为通过修养而归复大本提供了可能性。

三是中节合度。执中守一，不是二物相对而取其中者，而是扣其两端，不过也不及。孔子以中庸为至道，他说："中庸之为德也，其至矣乎！民鲜久矣。"中庸中含有中道原则。儒家以"中"为本思想产生较早，《国语·周语下》云："夫有和平之声，则有蕃殖之财。于是乎道之以中德，咏之以中音，德音不愆，以合神人，神是以宁，民是以听。"这里就强调了中节合度。

这三个方面又是相通的。以中为体，养性于中，并从中抽绎出中节合度的道德原则。

在《周易》中，这种中道原则体现极为明显。在易例中，"中"是一个发端久远、义理颇为深刻的规定。《易传》强调"保合大和"之气，强调和顺积中而英华发外。以中道思想为根本，爻位说就突出"中"的地位。如兑卦《彖传》曰："兑，说也。刚中而柔外，说以利贞，是以顺乎天而应乎人。"兑卦两兑重叠，有二阳居中，而三上为阴爻，所谓柔顺主外，故有刚中和顺之道。如大有卦《彖传》说："大有，柔得尊位大中，而上下应之，曰'大有'。其德刚健而文明，应乎天而时行，是以元亨。"此卦下乾上离，五阳一阴，一阴爻居五位，得中，一阴为五阳之主，故有柔得中位而上下应之之象。下卦为乾，有刚健之德；上卦为离，有文明之象：故曰刚健而文明。此正显示中和之大用。而同人卦体现了"和同于人"的道理，象传极重视此卦的中和思想。它说："柔得位得中，而应乎乾，曰同人。……文明以健，中正而应，君子正也。唯君子为能通天下之志。"此卦下离上乾，一阴爻居下卦之中，又当位，故有柔得位得中之象。五爻为阳，此与二爻一样都当位得中，所以说此卦得"中正"之道。下卦离为阴，上卦乾为阳，上下相应；二五分别为阴阳，中位相应，所以此卦颇显相应协调之义，合度，合节，当位不差。故此卦象传强调以中和之道，通天下之志，正《中庸》所谓"致中和，天地位焉"。

《易传》提出的"文明以止"思想从情理的限制性上着眼。易贲卦象传云："贲，亨；柔来而文刚，故亨。分刚上而文柔，故小利有攸往。天文也；文明以止，人文也。观乎天文，以察时变；观乎人文，以化成天下。"此卦的象传谈天文和人文的关系，谈人文创造的原则，历来受到解易者的注意。此卦下离上艮，离为火，艮为山，故有山下有火（光明）之象，象征灿烂的人文创造。此卦提出的人文创造的原则值得注意，即"文明以止"。何谓"文明以止"？下卦为离，离者丽也；上卦为艮，艮有止之德。文明说创造，止说的是符合一定的准则。也就是说，人文的创造必须符合一定的准则，必须中节合度。

艮卦象传说："兼山，艮，君子以思不出其位。"此卦两艮重叠，故曰兼山。强调抑制内心的不和谐情感，思虑不超越本位。宋儒极赞此卦之思想，甚至说，一艮卦胜过一部《华严经》。宋杨万里《诚斋易传》归纳此卦三义，一是抑制邪恶，二是止于正道，三是止于本分。这正是儒家中和思想的体现。

儒家中和思想以中为基础，以和为大用，强调过犹不及，中度合节。这正是为了化解冲突，在差异中寻求和谐。儒家并非都将此奠定在强制性的道德约束之上，而是致力于人的内在情感的和谐，由此实现中节合度。于此儒家提出了"反情和志"的思想。此语本由《乐记》提出，反情，返归人的本性，以使其心志调和。中正平和的准则的提出，正是为了刈除过犹不及的偏向，消除与社会冲突的心理。乐，生于人心。情动于中，所以有显现的欲望。将声音表现出来，定会有喜怒哀乐的倾向，雅乐正声使人平正和谐，粗声淫曲使人逆意萌生。所以，《乐记》强调"先王慎所以感之者"，从人易感而动的心理机制上，寻求和谐美的落实。不累于物，不溺于情。

在儒家的中和思想中，有一种"而不结构"。如孔子说："《关雎》，乐而不淫，哀而不伤。"子曰："君子惠而不费，劳而不怨，欲而不贪，泰而不骄，威而不猛。"其实，这已经化为中国艺术哲学中的一个习惯性思路。适度和谐原则在中国美学中的印迹是深刻的。如"主文而谲谏"的观点，"发乎情止乎礼义"的观点，等等。

这种适度原则，还体现为艺术形式上的中度合节。如唐孙过庭《书谱》说："至如初学分布，但求平正；既知平正，务追险绝；既能险绝，复归平正。初谓未及，中则过之，后乃通会。通会之际，人书俱老。"他的三段论贯彻了过犹不及的原则。学楷书，要在趁着年轻"未及"的时候，走平正的道路，出入法度，卷舒自如。法度是通向书法殿堂的台阶，但不是其终极。所以，过庭提出"务追险绝"的学习道路，但一味险绝，则会过之，需在纵横变化之后，又归于平正。

三、协调原则

中国美学和谐理论的另外一种表现形式，是一种协调的美。其中有三个要点，一是相互对待；二是在对待中产生的相互协调、相互补充、相互消长的关系；三是由此产生一种和谐的美。适度原则强调节制性，协调原则强调融合性。

《晏子春秋》中提出"和如羹焉"——羹是由各种不同的味调和在一起，从而得到统一之味的。"和"是各种有个性的东西，各不失其个性，却能彼此得到和谐统一。

从和谐论产生初期的两个重要观点"以他平他谓其和"、"阴阳相应谓之和"就可以看出这一特点。春秋时在哲学上曾展开过一场和同之辩，"和"与"同"都是强调联系中的协调性，都是以事物之

〔宋〕马麟 兰

间相互关系为基础的。但"和"强调对立物的协调统一,"同"则
是同类事物的协调性。比较完整的表达是《国语·郑语》中所记
载的史官的一段话:"夫和实生物,同则不继。以他平他谓之和,
故能丰长而物归之;若以同裨同,尽乃弃矣。……声一无听,物
一无文,味一无果,物一不讲。"和同辩异被上升到存在的高度,
和则生,同则灭。"以他平他谓之和",强调"和"在冲突的平定
中产生,事物之所以相生,来自于不同物冲突中的协调。而"以
同裨同",是同类事物相加,这种无差别的累积是对冲突的回避,
是对人的关系性存在的漠视,没有从根本上回答人如何存在的问
题,所以说"同则不继"。后来孔子从人的行为中区别"同"与"和",
他所说的"君子和而不同",就可见差异性协调的重要性。史伯所
强调的"物一无文"的观点,乃是从关系性上考虑和谐存在的,而

齐同则是单一之"一"，而非异类求和。

"阴阳相应谓之和"发端于五行相生相克的学说，并在《周易》中得到充分体现。一阴一阳之谓道，《周易》以阴阳相摩相荡为哲学之本，如咸卦的《象》曰："咸，感也。柔上而刚下，二气感应以相与。……天地感而万物化生，圣人感人心而天下和平。观其所感，而天地万物之情可见矣。"卦分刚柔，上下相应，感而化生万物。在易例中，有中、当、应、敌、承等，也体现了以他平他而求和的思想。刚柔相济方有和，同类相对则为敌。中国哲学异类求和的思想，反映的是以和谐化解冲突的理想追求。

《乐记》中的"大乐与天地同和"的思想，也是一种协调基础上的和谐。这个重要思想一方面强调乐与天地同，音乐作为一种艺术与天地万物具有同构性，另一方面强调音乐创造必须契合大化流衍的节奏，天地的节奏就是音乐的节奏。大乐与天地同和为音乐之和奠定了一个本体论基石。礼在别异，乐在和同。礼在于秩序，在于差别，在差别的级次中，各得其位，各司其职，无相夺伦，这样便有了人伦秩序。乐不是漠视这样的差异，而是由差异中寻求和谐，它并不是使差异的秩序归于同一性，而是契合这一秩序，体会天尊地卑之类的秩序所显示的节奏，在快乐的体验中安于这样的差异。所谓"乐在敦和"，就是由差异而追求协调。

儒家和谐思想发展到被称为新儒学的宋明理学阶段，更强调人的心灵境界的和谐，"穷理尽性，以至于命"的内在性灵的圆融被放到突出的位置。孔颜乐处，思孟精神，成了此期理学家所崇尚的对象。"和风庆云"的境界，色温气和的精神，受到理学的推崇。二程说："中心斯须不和不乐，则鄙诈之心入之矣。"[8]和谐的心灵成了协和天地的基础。二程特别提倡"春"的精神，春的精神就是仁，就是和。二程说："此其肃如秋，其和如春。如秋，便是'义以方外'也。如春，观万物皆有春意。尧夫有诗云：'拍拍满怀都是春。'"[9]养得心中一腔和气，"绥之斯来，动之斯和"，在和中"感而遂通天下之故"。朱熹说"仁，便是个温和底意思"[10]，"仁是和底意"，他认为修炼仁人之心，就是"保合太和"，养得胸中一团和气。

四、天和原则

道家的和谐美学不是要达到人与自然的生态和谐，它不是一种生态美学观念，道家所致力于建立的是人与宇宙的和谐世界，这一和谐落实在人的生命体悟上。道家的和谐美学境界是空灵的、淡远的。

道家哲学反对知识、理性，甚至蔑视形式美存在的一些基本规则，在道家看来，美丑、善恶都是人知识的分别，是无意义的。即使像自然美，庄子虽然表面上并不排斥，他说"山林欤，皋壤欤，使我欣欣然而乐欤"，似乎对欣赏自然美有浓厚兴趣，但接下去的话却是"乐又未毕，哀又继之"，所谓美丑之分，搅乱了人性灵的平和。所以，他强调要超越美丑的理性分别，超越好恶的情感取与，去体悟至乐，有至乐才能有至和，至和中有大美，所谓"原天地之美"、"天地有大美"，都是一种不以人的理性标准所支配的本然的美。依照有的论者所说的古典和谐美是一种均衡的、协调的、理性的、情感的美的观点，代表中国古典和谐美的典范是儒家的和谐美思想，那么，道家的天和思想只能是一种"反和谐"思想，它丑而不美、荒诞而不理性、极端而无秩序，它所表达的理想虽顶着"天和"的幌子，但是道家是在反对理性的基础上追求空无绝对的和谐的，道家以表面的反和谐，追求根本的和谐。

中国艺术中有一重要境界，就是"洞庭张乐地"。五代董源曾画有《潇湘图》，今藏北京故宫博物院，是董源生平的代表作品。画空灵淡远，足以动高人之逸思，是一片平和心境的写照。董其昌说此图以"洞庭张乐地，潇湘帝子游"二语为境[11]。所谓"洞庭张乐地"说的是《庄子·天运》中的一个故事，这个故事反映了道家的和谐思想，这里谈道家的天和之美，就由这个故事谈起。

有一位叫北门成的人，问黄帝说："你在洞庭之野演唱《咸池》之乐，开始听的时候感到'惧'，再听的时候感到'怠'，听到最后又感到'惑'，荡荡默默，忘却了所有，这是为什么呢？"

黄帝的回答分成三个部分，也即三"奏"。初"奏"使人"惧"，他说："吾奏之以人，征之以天，行之以礼义，建之以太清。夫至乐者，先应之以人事，顺之以天理，行之以五德，应之以自然，然后调理四时，太和万物。四时迭起，万物循生；一盛一衰，文武伦经；一清一浊，阴阳调和，流光其声；蛰虫始作，吾惊之以雷霆；其卒无尾，其始无首；一死一生，一偾一起；所常无穷，而一不可待。汝故惧也。"初闻自然之声，为什么听者恐惧？因为这是忘却物我、靠近自然、闻听至乐的第一阶段，此阶段是由"不和"而入"初和"。在这个阶段中，顺乎天，应乎人，得于心而适于性，心随万物起伏，意顺天道运行，忽然跌入宇宙无穷变化之中，首尾不见，无穷无尽，如置于荒天迥地之中，所以有恐惧之感。在庄子看来，这个初和，是人放弃外在理性的努力，放弃情欲的追求，在自然中感受和谐。道家认为，儒家的发乎情止乎礼义，并不能给人带来真正的和谐，充其量只能是心灵的走钢丝。

二奏使人心"怠"，即心情稍稍松弛，渐渐融入了这闻所未闻的音乐之中。此之谓"中和"。"初和"可以说尚在人境，而"中和"则入天境。黄帝说："吾又奏之以阴阳之和，烛之以日月之明；其声能短能长，能柔能刚；变化齐一，不主故常；在谷满谷，在坑满坑；涂郤守神，以物为量。其声挥绰，其名高明。是故鬼神守其幽，日月星辰行其纪。吾止之于有穷，流之于无止。予欲虑之而不能知也，望之而不能见也，逐之而不能及也；傥然立于四虚之道，倚于槁梧而吟。目知穷乎所欲见，力屈乎所欲逐，吾既不及已夫！形充空虚，乃至委蛇。汝委蛇，故怠。"此境之妙在于空灵，听者闭目塞听，以物为量，大制不割，分别全无，一切知识、欲望、目的的追求都忘却了，目也不见，耳也不闻，心也无思，形同槁木，心如死灰，逍遥无为，且喜且吟，心灵"傥然立于四虚之道"，四面空空，呼造化之气，吸太虚之精，"止之于有穷，流之于无止"，与无穷相委蛇。这叫做"怠"境，这是与天地相优游、与造化相浮沉的境界。"怠"境，就是空空落落，欲追问而没有回答，欲寻觅而无所追求，心灵无所之之，如飘在天空的游云。

三奏使心"惑"，此之为至乐之境，大乐而无乐，忘己之人叫做入于天。庄子说:"吾又奏之以无怠之声,调之以自然之命,故若混逐丛生,林乐而无形;布挥而不曳,幽昏而无声。动于无方,居于窈冥;或谓之死,或谓之生;或谓之实,或谓之荣;行流散徙,不主常声。世疑之,稽于圣人。圣也者,达于情而遂于命也。天机不张而五官皆备,此之谓天乐,无言而心说。故有焱氏为之颂曰:'听之不闻其声,视之不见其形,充满天地,包裹六极。'汝欲听之而无接焉,而故惑也。"至乐无乐,在这至高的境界中,音乐也无,喜乐也无,无声无息,无形无相,恍惚幽眇,人心无为而任化,以天地之心为心,故能充满天地,包裹六极,无所不在,完全融入了大道之中。所以庄子说此境在"惑","惑故愚;愚故道,道可载而与之俱也"。老子说:众人"察察",我独"闷闷"。察察是清晰的理智的分别,闷闷是浑然天成,所在皆适,所在皆和。

初闻在人境,而告别人乐,再和谓天乐,三奏为忘乐之乐。

我注意到,道家和谐思想与儒家有一些相似的成分,比如儒道二家谈和谐都将音乐作为重要的讨论对象,都承认音乐在和谐人心方面所扮演的重要角色。乐从和是儒家和谐美学思想的重要理论,而道家天和境界也和"天乐"密切相关,以上所举的"洞庭张乐地"即如此。庄子认为,有天乐,方有天和,天乐为至乐,大音希声,至乐乃是超越具体的音乐形式,它是自然的声音,咸取自己,各张其性,所谓"无声之中,独闻和焉"。另外,儒道两家论和谐,都强调与天地精神的联系。儒家强调"大乐与天地同和",《乐记》并从具体的乐象上谈效法天地精神,所谓"其清明像天,广大像地"即言此。而道家的和谐思想,主要是围绕天和而展开的。

然而,儒道二家和谐思想又有明显不同,主要表现在如下几个方面:

其一,人和与天和。人和侧重点在于道德的和谐,落实于群体之间的协调。天和则强调自然无为,任运物化。所谓"一龙一蛇,与时俱化,而无肯专为;一上一下,以和为量,浮游于万物之祖"(《庄子·山木》)。如同上举"洞庭张乐地"的故事所说的,天和就是与物委蛇,放弃人工智巧,恍惚幽眇,大智若愚,在混混默默之中,合

于大道。"天和"是自然的和谐，齐物的和谐，平灭一切分别的和谐。人在静穆之中，自然无为，心斋坐忘以后达到心灵的彻底平衡。在道家看来，儒家的和谐是一种人和。《庄子·天道》云："夫明白于天地之德者，此之谓大本大宗，与天和者也；所以均调天下，与人和者也。与人和者，谓之人乐；与天和者，谓之天乐。"人和为均调天下，服务人伦，它是一种秩序的和谐；道家主张自然的和谐，为了实现此种和谐，它要淡忘天下，远离人伦，从而实现心灵的超越。在道家看来，儒家的和谐是以表相的和谐掩盖深层的冲突，所以它说是"均调"，是协调的功夫。而道家认为，他们所倡导的天和乃是"大本大宗"，是一种本原性的和谐。儒家所倡导的人和原则，是局部的、暂时的，而天和则是一种大全，是整体的和谐。其实，儒家也强调天和，但儒家的天和中的"天"，是所谓"生生而有条理"之天，即是说它是人间秩序的映证者，这个天是人的道德秩序的折射，说是天，还是人。

〔明〕沈周
卧游图册之一
白日千年万年事，
待渠催晓日应长。
沈周画的是一片
天和的境界。

其二，压抑之和和卫生之和。儒家的和谐以抑制为主要标志，谨慎地行中道，过犹不及，不偏不倚，强调谨慎地揣度，细心地衡量。以理节情，以礼节情，在愉快之中消解个体欲望与大道原则的冲突，实现和谐。儒家的"反情和志"、"温柔敦厚"、"主文谲谏"等等都打上了"抑制"的深深烙印。在道家看来，这是一种虚假的和谐。它是群体的，而不是自我的；是压抑的，而不是自由的。而道家和谐论的根本就落实在自我和自由上。道家学派从老子开始，就为创造一种无压抑的文明而努力，其哲学指向非常明晰。老子就以"太上，不知有之"作为其最高的社会理想。庄子哲学的追求在自由，他要将被理性剥夺的生命主宰权夺回来。

道家的和谐指向个体的心灵体验，而非造成一种均调的群体关系。道家强调，天和就是要实现人内在生命的真正平衡，是人的生理生命、心理生命和天地生命的大融合。庄子以"和以天倪"来表达，"天倪"即人的自然生命之门。天和的原则是建立在"卫生之道"的基础上的，是"缮人之性"。《缮性》说："夫德，和也。"庄子于此提出了"德和"的主张。"德和"显然不属于伦理道德的范围。所谓"德"，意近于"性"，指人的内在生命，如《庚桑楚》言："生者，德之光也。"所谓"德充"，就是论述"德充于内，物应于外，外内玄同，信若符命"（郭象注）的道理。

在《庄子》哲学中，生命有三个层次：生理生命、心理生命和宇宙生命。生理生命是基础，生理与心理的和谐，是达到人与宇宙生命相契合的必然前提。生理心理相和融，是《庄子》哲学的重要特色，用《庄子》的话说，就是"全汝形，抱汝生"。庄子的天和主张就奠定在生理和谐的基础上，所谓"慎守汝身，物将自壮，我守其一，以处其和"，"女正汝形，一汝视，天和将至"。庄子这一思想受到老子影响，《庚桑楚》引述老子之语云："老子曰：卫生之经，能抱一乎？能勿失乎？能无卜筮而知吉凶乎？能止乎？能已乎？能舍诸人而求诸己乎？能翛然乎？能侗然乎？能儿子乎？儿子终日嗥而嗌不嗄，和之至也；终日握而手不掜，共其德也；终日视而不瞬，偏不在外也。行不知所之，居不知所为，与物委蛇，而同其波。是卫生之经已。""卫生"即颐养生命，这是道家和谐理论的基础。稷下黄老学派非常重视由"卫生"所达到的和谐境界。如《管子·内业》："凡人之生也，天出其精，地出其行，合此以为人。和乃生，不和不生。"

儒道两家一着眼于群体，一着眼于个体；一注重个体内在性灵的和融，一重视外在群体关系的均调。道家抨击儒家和谐的非自由性、非生命性，是对人的德性的伤害，没有自由，只有压抑。朱熹说：礼在"限定裁节"，其实，乐又何尝不是"限定裁节"。在道家看来，这样的和谐也是一种压抑。身如槁木，心如死灰，心斋坐忘，无劳汝形，无摇汝精，这本身就是一种排斥，它是要将人的情感、欲望、理智等全部排除，从而进入自由的状态中。儒家的压抑是一种有节制的排除，而道家的压抑则是一种彻底的放弃，彻底的"黜"去。

其三，中和和冲和。儒家是守其中，不偏不倚，过犹不及，守中处和，强调适度原则。道家是守其一，一就是万物齐同，物我齐同，逍遥无待。一就是进入无分别的境界，此境为空，为无，所以，正像上举的"洞庭张乐地"的故事所说的，进入悟道之境，如入四虚之地，四面皆空。所以，道家的和是空之和，无之和，也就是"冲和"。老子言道，说"道冲"——空空如也。他比喻道就像一个"橐籥"——天地就像一个大风箱，风在其中吹拂，气在其中漂游。他还把道比作"谷神"——像那空荡荡的山谷。

儒道两家不同的和谐观，对后代中国美学都有影响。虽然二者在后代的发展有互补的情况，但源头上的重大差异，造成了后代和谐美学理论的不同趋向。

道家的和谐思想并非落实在人与自然的和谐。我们一般说的自然，往往从主体所观照的对象来看，即人所面对的世界，主要包括物象、事象，是外在的有形世界；而道家的自然是一种超越具体存在的精神世界，是一种精神宇宙。道家并非要实现人与自然对象的和谐，现代有的研究者将庄子的思想看作一种生态美学思想，就存在这方面的误解。庄子所关心的和谐，是人与宇宙的和谐。

五、平和原则

在讨论和谐美学思想时，我们最容易忘记的是禅宗。其实禅宗有一套非常有特色的和谐理论，它对唐代以后美学的影响根本不亚于儒道两家。

禅宗提倡一种无冲突的和谐。儒家是立于天，天有尊卑，有冲突，有摩荡，创造就是新生代替旧生的过程，气化其实就是差异中的摩荡，在儒家，是肯定这种冲突，在冲突中调整，从而实现和融；而禅宗并非由天及人，而是由人及天，一切冲突都是人内心的冲突，都是背离本真的冲突，禅宗强调回到自己的本来面目，在无冲突的境界中展现自己的真性。

有和尚问赵州：问："二龙争珠，谁是得者？"赵州说："老僧只管看。""只管看"，不是做一个世界的看客，而是不起一丝争执之心。这句话可以作为禅宗和谐思想的典型表述。禅宗神迷于无冲突的和谐境界。

不争之心，就是和心。唐代云峰文悦禅师给弟子举"有诤则生死，无诤则涅槃"上堂说法，他说："直得风行草偃，响顺声和，不求诸圣，不重己灵，无纤芥可留，犹是争诤法。且作么生是无诤底法？"[12]无凡无圣，一味平等，是谓大和。如风行草偃，响顺声和；鹤飞云空，去留无迹。不争之心，不是于心念上去除，而是不起念。有争辩之心，就是冲突而不平之心，此心流转于内在幽暗的波浪中。唐代有一位禅师叫玄朗，是慧能弟子永嘉玄觉的朋友，他曾有一句著名的话："世上峥嵘，竞争人我。"证悟之后，就是由峥嵘的尘世，而走入平和澄明之境。

禅心是一种无冲突之心、不争之心、所在皆适之心，虽无所追求，无所得，无所辩，但一切圆融：平和如大海，不增不减；如太虚，廓然荡豁；如朗月，一片澄明。这就是禅家所说的：长空不碍白云飞。长空无际，白云自飞，哪里有一丝的滞碍。这是彻底的平和。人的心性于此得到绝对的自由。所谓"道妙峰孤顶，是一味平等法门，一一皆真，一一皆全，向无得无失、无是无非处独露"。

宋代的雪窦禅师诗云："春山无限重，绿树碧层层。山下春水深，碧山映水中。独立无人境，谁得知其终。"雪窦描写了一种境界，在这一境界中，无人境，无我境，也无我相对的物境，一个破除我执法执的我，在世界之中徘徊，没有冲突，没有情感的波澜，也没有时间和空间的分际，不知何以为始，不知何以为终，只有山下的春水在流，山上的绿树重重，春山缅邈无尽，碧潭幽深澄澈，一个清澈的世界，一个澄明的世界，一个宁静的世界，一个自在兴现的世界。这就是禅宗（应该说南宗禅）创造的大和谐境界。唐代诗僧齐己诗云："万物都寂寂，堪闻弹正声。人心尽如此，天下自和平。"[13]被明代文豪陈继儒"极喜诵之"[14]的这首诗，其实显现的就是禅家的大和谐境界。

一位禅师这样写道："桥上峰无尽，桥下水悠悠；唯有苍白鹭，伴我此隐休。"寒潭雁迹，白鹭点高空，飘逸而无所滞碍。寒山《三百三首诗》中有一云："高高峰顶上，四顾极无边。独坐无人知，孤月照寒泉。泉中且无月，月自在青天。吟此一曲歌，歌终不是禅。"禅是孤独的，这孤独并非指处境、性情，而是指一剑倚天的境界，没有沾滞，划然无对，绝然无偶，不有不无。在这静谧的境界中，但见得孤月照寒泉，而潭中月非月，明月自在天，比喻尘世的一切如梦幻泡影，空虚不真。诗人在禅意盎然的境界中浮沉，他已经忘记了禅的本身。禅就是这任运自在的生命呈露。

禅宗以平和为至境，它接受大乘空宗般若学思想，高扬平等哲学。平等观是禅宗哲学的基础。所谓"虽然迷悟别，平等一禅心。莫向云门觅，休从临济寻"[15]。《金刚经》上说："是法平等，无有高下，是名阿耨多罗三藐三菩提。"平等慧，是禅宗由大乘佛学中汲取的重要思想。得平等法，就得无上正等正觉，平等觉是佛教最高的觉性。佛的智慧就是平等的智慧，诸佛如来法身平等，一切众生皆有佛性，世界的一切在本质上都是平等的，没有高下之分，差别是人的理性知识所造成的。

禅宗以了知诸法平等为最高境界。慧能要"念念行平等真心"[16]，以平等心为禅门的最高觉慧。禅宗的彻底平等观不仅体现在凡圣平等上，而且更强调有情世界、无情世界乃至大千世界的一切都是平等的。所谓"以平等慈度一切生，挤一法雨润一切物"，"情与无情共一体，处处皆同真法界"。有一禅师云："慈心一切平等。真如菩提自现。若怀彼我二心，对面不见佛面。"[17]禅宗道："天平等，故常覆。地平等，故常载。日月平等，故四时常明。涅槃平等，故圣凡不二。人心平等，故高低无诤。"这里采用儒家相同的口吻，从宇宙生成的角度谈平等一禅心。

道家哲学要致远概、著远想，脱离现在、现实，禅宗却关注平常。禅宗以佛教的平等哲学为基础，提出了"平常心"的观念。《信心铭》中就提出："莫逐有缘，勿住空忍。一种平怀，泯然自尽。"所谓"有缘"，是指有可攀缘。"勿住空忍"是说不要强自压抑，使心念不生，只要能平等说一切法，不生高下、取舍、爱憎之见，便是"一种平怀，泯然自尽"了。"平怀"就是平常心。马祖道一对平常心的阐释最为详密，他说："平常心是道。何谓平常心？无造作，无是非，无取舍，无断常，无凡无圣。经云：'非凡夫行，非圣贤行，是菩萨行。'"

平常心不有不无，不断不常，超越二边，自由自在。平等与差别相对，要齐同一切，是法平等，无有高下。平常与造作相对，强调自然而然，不修不求，不动不静。平等觉和平常心用语有别，侧重点有所不同，但在根源上是一致的。

禅宗由平等哲学产生出任运随缘思想，就像陶渊明所说的："纵浪大化中，不喜亦不惧。"黄檗希运提出"任运腾腾"的思想，在禅门很有影响。他说："如今但一切时中，行住坐卧，但学无心，亦无分别，亦无依倚，亦无住著，终日任运腾腾，如痴人相似，……不起一切心，诸缘尽不生。即此身心，是自由人。不是一向不生，只是随意而生。"行住坐卧，皆是道，皆是佛，终日任运腾腾，随缘自在，不粘不滞，无拘无束，既不住空，也不著有，饥来吃饭困来眠。德山慧远禅师说："枕石漱流，任运天真。不见古者道：'拨霞扫雪和云母，掘石移松得茯苓。'……雪霁长空，迥野飞鸿。段云片片，向西向东。"永嘉玄觉在禅法上出"随处任缘"，所在皆适，"触目无非道场"，强调随顺自然，随处领略平等法性。他的《证道歌》道："入深山，住兰若，岑崟幽邃长松下。优游静坐野僧家，阒寂安居实萧洒。""江月照，松风吹，永夜清宵何所为。佛性戒珠心地印，雾露云霞体上衣。"以山林的静谧托出大道的和融，所以永嘉的禅法颇具山林气象。看寒山的诗，也有这种境界："一住寒山万事休，更无杂念挂心头。闲于石壁题诗句，任运还同不系舟。"任运随缘，忘却营营。他有诗道："云山叠叠连天碧，路僻林深无客游。远望孤蟾明皎皎，近闻群鸟语啾啾。老夫独坐栖青嶂，少室闲居任白头。可叹往年与今日，无心还似水东流。"赵州和尚有一首著名的颂："春有百花秋有月，夏有凉风冬有雪；若无闲事挂心头，便是人间好时节。"哪里有什么特别，平平常常地做事，就是得道。

禅宗的和谐观与儒家有明显差异，儒家的和谐是理性的、知识的、社会的。道家和谐思想与禅宗追求相似，但也有区别。道家和谐思想落实在自然哲学基础之上，它要通过宁静的参悟进入到与天地和融的境界中，强调人心性的自由。而禅宗的和谐理论是奠定在平等、平常的哲学基础之上的。二者的主要区别在：道家的天和境界，是在身如槁木、心如死灰的去我去物的境界中实现，而禅宗的平和是在打柴担水的日常生活中实现的。一是绝灭后的和谐，一是凡常的和谐；道家侧重空灵，禅家侧重淡远。二者结合形成了中国艺术的空灵淡远的传统。

六、艺术中两种和谐境界

最后简单谈谈中国艺术的两种和谐境界，即对立中的和谐和无冲突的和谐。

从中国美学发展大势看，在早期美学中，儒家和谐思想具有突出地位，它偏重于人与社会的和谐，如大乐与天地同和。和谐美主要体现在伦理方面。无论是中道原则还是协调原则，都是在对立中追求和谐，通过人内在心灵的调适，达到和谐人伦、会归天地的目的。

魏晋以来，道家的天和原则影响日增。而唐代以后，和谐的美学思想显然发生了转变，在强调社会性和谐之外，更突出了人内在世界的圆融，人退回内心，平灭内在世界的冲突，通过心灵的颐养，养得一片怡然。道禅哲学的流行是这一美学思潮变化的根本原因。而儒家哲学发展到理学阶段，对道禅的和谐哲学也有所吸收。

北宋郭熙提出三远说，就与这样的美学风气转变有关。《林泉高致》说："山有三远，自山下而仰山巅，谓之高远。自山前而窥山后，谓之深远。自近山而望远山，谓之平远。高远之色清明，深远之色重晦，平远之色有明有晦。高远之势突兀，深远之意重叠，平远之意冲融，缥缥缈缈。"

郭熙所谓高远、深远、平远的三远说立足于绘画的透视原理、构图原则等，同时也展现了三种境界。高远是仰视，目光由低下推向高空，推向茫茫天际，于是一山之景就汇入到宇宙的洪流中去了，有限的空间获得了无限的意义，人的心灵因此也得到一种满足。深远可以称为"悬视"，我们的目光自下而上仰视上苍，又从上天而悬视万物，回到深深山谷、幽幽丛林、莽莽原畴，山川在悬视中更见其深厚广大。而平远是自近前向渺远层层推去，所谓"极人目之旷望也"，我们的心灵在广阔无垠的天地之间流动。这三远都表现了一种生命境界，化有限为无限，从静止中寻出流动，为人的生命创造一个安顿的场所。远的空间是由目光所巡视的，但是目光是有限的，而人的心灵是无限的，远的境界的真正完成是在人的心灵体验中进行的，远是人心之远。山水画创造远的境界是为了颐养自己的情性，也是为鉴赏者提供一个可以存养心灵的世界。

郭熙传世作品中，有高远深远之作，但他更重视平远之作。这也反映了宋元以来绘画美学的审美风尚。平远之境在王维的画中就有了初步表现。《唐书·王维传》："山水平远，绝迹天工。"而被称为"北宋山水第一"的画家李成就以平远之画著称于世。郭若虚说："烟林平远之妙，始自营丘。"郭熙一生师法李成，也继承了李成的平远之法，他根据自己的体验作了新的创造，创作了新的平远之境。

今天流传的郭熙作品大都以平远为其当家面目。

郭熙为何不突出地发展高远和深远之境，而独钟平远？在我看来，是因为平远境界给人的情性所提供的东西是高远和深远之境所无法比拟的。平远之境为中国画界所重，最为重要的是给人的性灵提供一个安顿之所，从而成为画家最适宜的性灵之居。在三远中，深远、高远之作并不多见，就是因为他们所体现的境界易于对人的心灵构成一种压迫。深远之作虽能合于中国画家的玄妙之思，但是过于神秘而晦暗的形式易于和主体产生一定的距离，主客之间在深远的境界中反而处于分离的状态中。高远之作自下而上，这种视点处理易于表现大自然的高峻嶙峋、怪异奇特，易于产生壮美感。然主客之间的冲突厮杀是此境的基本特点，中国画家在绘画表现时尽量避免这种冲突，因高远虽为画中胜境，但自我性灵居之实难，难以避免一种痛苦的体验过程。而平远之境平灭一切冲突，主体和眼前的对象之间处于一片和融的关系之中，我在不知不觉之中没入了对象，进入到一种"无我之境"，淡岚轻施，遥山远水，牵引着自己的性灵作超越之游。

宋元意境与前此审美风格显然不同，山水的淡逸之风劲吹，幽深清远的园林艺术的发展，平和淡雅的诗学境界的风行等等，形成独特的宋元风格。在这里我们看到火气、躁气渐渐淡去，压抑的美感让位于无冲突的美感，人与对象相互摩戛的作品少了，而表现一片天和境界的艺术蔚成风尚。王国维所谈的无我之境和有我之境，有我之境，由"动之静时得之"——在冲突中寻求和谐，无我之境，于"静中得之"，即无冲突的和谐。宋元以来，无冲突的和谐显然占有高位。

如赵孟頫《水村图》，今藏北京故宫博物院，为子昂代表作品之一，董其昌认为此图"萧散荒率"，是平远的代表作品。图写江南水乡之景，图中并无复杂景物，都是平常景观，远山，丛树，隐隐约约的小桥，平和淡荡的湖水，水中偶见苔荇，细径蜿蜒，自前向远方望去，真是"极目之旷望也"，画面中段为大片的水体，几近空白，成为一巨大的性灵吞吐空间。树是低树，矮矮临风；山取其平，一

◉ 〈元〉赵孟頫

水村图（局部）

子昂此图平和悠远的境界，颇能体现
北宋以来很多艺术家的审美理想。

屈子卜居後潭邊
漁父逢漁
浪鼓枻去
悟水自
重～
己未暮春

抹淡痕。一切似乎都是不经意的,平常的,悠然的,笔致细腻温软,几乎淡尽了一切火气:激越的格调,转为平和的渔歌;压抑沉闷的色彩没有了,长天、云物、空景、明湖……有烟景,但并不朦胧;有暗色,但并不沉闷;水乡风起,并无冲天激浪,一切都不遮人眼目,一切都在人心灵把握中。这样的景色,写出一片胸怀,一片境界,一片天与人的对歌,一丝悠然的等待。

北宋以后,"潇湘八景"(山市晴岚、远浦帆归、平沙落雁、潇湘夜雨、烟寺晚钟、渔村夕照、江天暮雪、洞庭秋月)的流布,也从一个侧面看出这种审美风尚的变化。"潇湘八景"风行于世的艺术现象,突出反映了中国艺术对宁静悠远境界的追求。在一定程度上,可以说,以潇湘八景为内容的艺术创造,开创了中国艺术的新时代,反映了中国艺术由外在世界走向心灵纵深的过程,凸显了中国艺术自北宋以来更重视内在心灵体验的事实。和谐的中国美学规范,发展到此时,更重视人内在心灵的和谐。八景之妙在平和,在悠淡,在空明,在心灵的安顿。

中国艺术家对万物,对世界,几乎富有一种宗教性的情怀。享受世界的亲和是中国美学的重要思想。画家倪云林也是一位出色的诗人,对这一境界他深有体会。他作诗道:"荷叶田田柳弄荫,孤蒲短短径苔深。鸢飞鱼跃皆天趣,静里游观一赏心。"其间荡漾着一种怡然的生命情调。表现人与世界的亲和感,沈周可说一个代表,他笔下的山川风物,宁静而非喧嚣,洁净而非芜杂,飘远而非世俗,淡逸而非繁富,幽冷而非热烈。他的画总是那样平和。他在自作之《云山图》中说:"看云疑是青山动,谁道云忙山自闲。我看云山亦忘我,闲来洗砚写云山。"将平和的心灵融入云山之中。

注 释

1 《尚书·虞书·舜典》：帝曰："夔！命汝典乐，教胄子，直而温，宽而栗，刚而无虐，简而无傲。诗言志，歌永言，声依永，律和声。八音克谐，无相夺伦，神人以和。"夔曰："於！予击石拊石，百兽率舞。"

2 《河南程氏遗书》卷六《二先生语》。

3 《国语·周语下》。

4 上古时，表示感官愉悦的字大多与音乐有关。如从以下几个古文字来看，"喜"和"乐"原本是乐器，"戏"和"吴"（虞）是乐舞的象形符号，喜、乐、戏、吴等都可以涵盖在当时人所说的"乐"中，它们又都被引申为愉快的意思。

5 《乐记》也说："中也者，天下之大本也。" 董仲舒说："中者，天下之终始也；而和者，天下之所生成也。"

6 《河南程氏遗书》卷十五，《伊川先生语》一。

7 唐寅此画今藏台北故宫博物院，画的是一个历史故事：五代时陶穀，入宋为户部尚书，他出使江南时，见到一妓名秦蒻兰，长相奇美，又工音乐，以为是驿吏女，于是就忘记了儒家慎独之戒，赠之以词。第二天，南唐中主宴请陶，陶凛然不可犯，中主持觥立，使蒻兰出歌助酒，陶大惭而罢。此图画的是持守礼教本身的困境。

8 《河南程氏遗书》卷二上《二先生语》。

9 同上。

10 《朱子语类》卷六。

11 谢朓诗云："洞庭张乐地，潇湘帝子游。云去苍梧野，水还江汉流。停桡我怅望，辍棹子夷犹……"

12 《古尊宿语录》卷四十一，云峰文悦禅师"初住翠岩语录"。

13 《秋夜听叶上人弹琴》，《全唐诗》卷八十一。

14 《佘山诗话》卷六。

15 《古尊宿语录》卷四十五。

16 《坛经》敦煌本。

17 《景德传灯录》卷二十九。

妙悟玄门

　　如果将至美的世界比喻为音乐的话，那么这音乐需要特别的耳朵去谛听。庄子说："无听之耳而听之以心，无听之心而听之以气。"仅凭外在感官去认识是不行的，只能得其似；用平常的知识去分析也是不行的，那是在割裂这至高的"音乐"；必须以"心"去谛听，由外在感官转而为内心体验。庄子认为，心也会造成缠绕，意志、情感、欲望等都会破坏心灵的纯粹性，所以他要超越心，而"听之以气"。气，虚而待物者也，就是"虚"，就是空灵澄澈的生命。以空灵澄澈的生命去谛听这至高的音乐，一片气化，自然而然，和合无间。音为纯一不杂之音，心为精纯不二之心，从而"听"出一片真实生命的境界。这以气听天的境界，就是妙悟。

妙悟是中国美学的核心概念之一。作为一种审美认识活动，它不同于一般认识活动，也不同于西方哲学和美学中的直觉，是一种渗透了东方哲学智慧的独特认识方式。

"妙悟"作为一个哲学概念，最早见于后秦僧肇的著作中[1]。其后在中国佛家哲学中，这个概念使用较广泛，尤其在禅宗中，妙悟更成为其推崇的根本认识方式。在艺术理论中，唐代已多使用这一概念。李嗣真《续画品录》说："顾生思侔造化，得妙悟于神会。"张彦远在《历代名画记》中说："凝神遐想，妙悟自然，物我两忘，离形去智。"而南宋严羽关于妙悟的学说最负盛名，他倡导的"一味妙悟"，"惟悟乃为当行，乃为本色"，在中国美学史上有广泛影响。其后如明董其昌提倡的"一超直入如来地"的妙悟方式，石涛强调"此道唯论见地，不论功行"的重要观点，都是对妙悟学说的丰富。[2]

本讲就来谈谈中国美学中这种独特的认识方式。

一、妙悟是否为一种审美认识活动

妙悟是不是一种审美认识活动？妙悟是一种认识活动，但它区别于一般的认识活动，一般的认识活动是科学的、知识的，而妙悟是彻底超越知识和经验，超越个体的功利，从而对世界作纯然的观照。妙悟是一种不同于一般认识活动的认识形式。

中国美学中有两种不同认识方式的理论。一是知，一是非知。在中国美学中，论者多肯定一个无法通过理性把握的世界的存在。平时我们认识的世界是能够通过语言来描述的，在我们的习惯中，无法用语言描绘的世界往往被视为非存在，或者干脆将其忽略，我们认识问题就以此为界限。但艺术可以说是微妙的。歌德曾说，艺术家是能感之人。所谓能感，就是艺术家以自己微妙的心灵去感受外在世界，产生微妙的体验，这些体验无法通过语言来表达。艺术的体验在语言之外。晋陆机在《文赋》中就为我们描述了一个"来不可遏，去不可止"的突发性际遇，他将此命名为"应会"，这一"应会"的世界他无法说清，但却被置于极高的位置。刘勰《文心雕龙·神思篇》专论艺术思维问题，他在对神思现象进行一般性描述以后，突然笔锋一转，说到了一种"思表纤旨，文外曲致"的特殊体验世界，这一世界具有撼动人心的力量，但并非可以通过理智活动去究诘，他用"伊挚不能言鼎，轮扁不能语斤"来形容。他说，对于这样微妙的心理体验，艺术家必须"至精以后阐其妙，至变以后极其数"，它是一种超越于一般理智、感性的思维，是一种不可以语言表诠的思维。刘勰不但肯定这一思维的存在，同时认为这种思维具有更高更神妙的层次[3]。

这两种思维若用《维摩诘经》的说法[4]来区分，其一可叫做"识识"，这是一般认识方式，是凭借知识的认识；另一可叫做"智识"，这是智慧之知，以智慧观照[5]。其实，《庄子》中对这两种认识方式就有比较细致的解说。《知北游》假托"知"为了"道"的问题云游四方，先问"无为谓"，"无为谓"没有回答，后来又去问狂屈，狂屈欲言又止，于是，这位自以为聪明、热衷于知识解答的"知"去请教"黄帝"。"黄帝"虽然没有达到"无为谓"那样的领悟层次，但他的评价却很精彩。黄帝以为，无为谓最高明，因为他"不知"；狂屈次之，虽然忘记了知，但没有彻底放弃"知"的欲望；而自己和"知"是最次的，因为都停留在"知"上。这里表达的思想就是庄子反复道及的"不知者知，知者不知"的思想，反映了庄子两种不同认识层次的观点。在《德充符》中，庄子说："一知之所知。"[6]一知就是不知，是大全之知，是道之知，是无所不知。一知的根本特点就是无分别。分别是知识的、逻辑的，不分别是一种整全的认识。庄子说："大知闲闲，小知间间。""闲闲"就是懵懂而无分别。

庄子形容达到此一境界的心灵如同"天府"——智慧之奥府，它是不道之道，不言之言，不辩之辩，倾之不尽，注之不满，具有不竭的智慧源泉。《庄子》中的"心斋"、"坐忘"、"物化"、"朝彻"等概念，都是在描绘这"不知"的神秘体验过程。庄子是堵住知识的路，开启妙悟之途。

当然，妙悟不同于一般的认识方式，并不必然决定它就是一种审美认识形式。但妙悟活动所具有的特点，恰恰具有审美认识活动的基本特性。妙悟是一种非科学、非功利、非知识、非逻辑的认识活动；是一种无目的的宁静参悟，又是在无目的中合于最高的目的；妙悟活动符合审美的愉悦原则，它不追求功利的快感，而是一种以生命愉悦为最高薪向的体验过程，是一种无功利的深沉快感。妙悟中由"适人之适"、"自适其适"到"忘适之适"的过程，就是超越一般的快感，而达至纯粹体验境界。妙悟活动合于审美活动的表象运动的特征，它是一种再造生命形式的活动。妙悟活动不受表象的限制，超越表象，同时又不离表象，再造一种青山自青山、白云自白云的世界，是妙悟活动的根本目的；妙悟活动也符合审美活动力求把握世界"质"的特点，强调摆脱知识的束缚，以生命的智性来创造，以期洞穿世界的"质"的特性，等等。妙悟具有一种类通于审美认识活动的特性。

应该承认，中国文学艺术理论中的妙悟学说是受到哲学影响而产生的。在中国哲学中，佛家、道家强调妙悟为人们习知。而儒家也强调妙悟，元代哲学家刘埙说："惟禅学以悟为则，于是有曰顿宗有曰教门别传不立文字，有曰一超直入如来地，有曰一棒一喝，有曰闻莺悟道，有曰放下屠刀立地成佛。既入妙悟，谓之本地风光，谓之到家，谓之敌生死，而老庄氏亦有所谓致虚极，守静笃，虚室生白，宇定光发，皆悟之义。儒家之学亦有近之者，颜之如愚，独乐会之，浴沂泳归，孟子之自得，大学之自明，以至如濂溪之庭草不除，明道之前川花柳，横渠之闻语，亦悟之义。水心又提出愤悱举隅与夫四端四海诸说，以为近悟是耶非与？"[7]董其昌将佛学和儒家的学说互证，认为儒家也是提倡悟的："余始参竹篦子话，久未有契。

一日于舟中卧念香严击竹因缘，以手敲舟中张布帆竹，瞥然有省，自此不疑。从上老和尚舌头，千经万论，触眼穿透……是年秋，自金陵下第归，忽现一念三世境界，意识不行，凡两日半而复。乃知《大学》所云'心不在焉，视而不见，听而不闻'正是悟境，不可作迷解也。"[8]

　　儒佛道三家所强调的妙悟活动和美学的妙悟说又有怎样的关系呢？我们不能说孔子的默而识之、庄子的心斋坐忘就是一种审美活动，我也并不能同意有的学者的观点，认为这些思想"不期然而然而与审美精神相合"。我以为，对于中国哲学中的妙悟理论，可以从两个角度来判断其与美学的关系。一是其理论本身具有潜在的审美特质，而被美学理论所吸取，进而成为一个美学问题。这是重要的方面。中国美学的理论形态与西方有很大的不同，系统的美学著作非常少见，中国美学的大量思想散落在哲学、文学和艺术理论等著作中。就哲学中的妙悟学说而言，其中确实具有和审美认识活动大量共通的内涵，不仅其非知识、非逻辑、非功利等思想与审美活动相通，而且妙悟过程中的凝神注意、静观默照等也与审美活动类似，更有趣味、理想、判断方式上与审美活动的共通。正因此，它为美学和艺术理论直接取资就不足为奇了。中国美学中的妙悟理论是在儒道佛哲学导夫先路的基础上产生的。如张彦远在评价顾恺之时说"凝神遐想，妙悟自然，物我两忘，离形去智"，这是一个美学评价，他所言妙悟是一种审美认识活动。但这一评价基本袭用庄子之语。因此，我们不能说张彦远所说的就是一个美学问题，而庄子所说的与美学毫无关系。二是有些哲学家论述妙悟时本身就具有美学价值。如王夫之在讨论现量时，说此量"有现在义，有现成义，有显现真实义"，他转述的是法相宗的量论思想，但说的是一个美学问题，其现量唯有在妙悟中才能产生。正是在上述所论基础上，我以为，中国哲学中的妙悟问题，既是一个哲学问题，同时在一定程度上又是一个美学问题。

二、妙悟与其他审美认识活动之区别

妙悟作为一种审美认识活动，和一般审美认识活动又有显著不同。

朱光潜先生在谈到审美态度时，曾以认识古松为比喻，认为对待古松有三种态度：这古松是什么样的松树，有多少年份了，这属于科学的态度；这古松有什么样的用处，这是功利的态度，而第三种态度是对这两种态度的超越，我来看这松树，不在乎它是什么样的树、有什么样的用处，只在乎它给我带来的快乐，月光的沐浴，渌水的荡漾，晨雾的笼罩，等等，都给人带来特殊的享受，这就是审美的态度。但妙悟与以上三种态度都不同，它不但摒弃了科学、功利的态度，也对一般审美态度予以超越，它是一种去除一切态度、情感倾向和意志的纯粹体验活动。我将其称之为第四种态度。

　　这种独特的审美认知活动之独特性,首先表现在审美的目的上,中国美学为何在一般审美方式之外提出妙悟的审美方式,并且强调妙悟才是最根本的认识方式? 我以为,这主要在于中国美学在审美认识活动中赋予了更多的内容:审美过程不仅是对美的把握,更重要的则是人生的历练,审美的深入和人生真实意义的揭示处于同样重要的位置,后者甚至具有更重要的意义。如竹子是中国画家喜欢表现的对象,无论是文同、云林、吴仲圭还是郑板桥,都想在画面中创造出潇洒出尘的竹的形象,都想通过竹子表现其审美趣味和生活情操,表现其道德趋向,更重要的是,都想通过竹子而获得自我深层的心灵愉悦,获得自我性灵的超越。如明李日华的一则竹画题跋说:"其外刚,其中空,可以立,可以风,吾与尔从容。"这个"吾与尔从容"才是最重要的。此一艺术活动不仅在于表达什么,同时也在于艺术活动本身,在于艺术活动的过程。创造不仅是为了观者(接受者),更是为了自己。中国艺术家强调艺术创作的"为一己陶胸次"功能,艺术创造既是表达胸次的过程,也是陶淑胸次的过程。艺术家在过程中展现,也在过程中充满,获得无上快感。如许多艺术家津津乐道的艺术过程的描述,并非出自于表演的目的,而在于过程中求得心灵的快慰。所以甚至有人认为,艺术过程甚至比其作品更重要,作品是给人看的,而过程是自己完成的。如水墨山水创造之初的唐代画家张璪就非常陶醉此一过程,亲见张氏作画的符载有这样的描述:"员外居中,箕坐鼓气,神机始发。其骇人也,若流电激空,惊飙戾天。摧挫斡掣,㧑霍瞥列。毫飞墨喷,捽掌如裂。离合惝恍,忽生怪状。及其终也,则松鳞皴,石叠岩,水湛湛,云窈眇。投笔而起,为之四顾。"这里模仿庄子庖丁解牛的写作方法,演化成一个张生作画的场景,关键在于"为之四顾",为之踌躇满志,一副意满自得的样子。这正是艺术家追求的爽然境界,张生不只为作画而满足,更为这过程而满足。观者的兴趣也不全在画家的作品,而更在这个充满趣味的过程。

　　这种审美与人生合一的追求,对审美过程提出了更特别的要求。

妙悟正是适合这样的需要而产生的。一般审美认识活动虽然是审美，但也是知识获得的过程。审美创造就是它的"知识"，意象融凝就是它的"知识"。它有审美主体、审美对象，主体和对象在审美过程中展开丰富复杂的活动，从而达到审美的飞跃。但在妙悟中，没有审美主体，也没有对象，或者可以说妙悟的过程就是消解审美主体和客体，就是将审美主体和客体合而为一。妙悟不是一种无目的的活动，它有双重目的，即审美创造和性灵优游。但此一目的追寻，正可以以道家哲学中的无为而无不为来表示。妙悟的过程就是无为，而在这无为中实现了有为的目的。如唐代书法理论家孙过庭在《书谱》中所说的"心不厌精，手不忘熟。若运用尽于精熟，规矩谙于胸襟，自然容与徘徊，意先笔后，萧洒流落，翰逸神飞。亦犹弘羊之心，豫乎无际；庖丁之目，不见全牛。……心悟手从，言忘意得"。通过"容与徘徊"的过程达到"翰逸神飞"。这"容与徘徊"就是无目的的活动，是心灵自由的展张，没有任何拘限的优游。因此，妙悟虽然是一种审美认识活动，但其内涵远远超出审美认识的范畴，与其说妙悟活动关心悟的结果，倒不如说其更注重妙悟的展开过程。妙悟说到底是一种性灵的游戏，即是说，妙悟不在于"悟后知"，而是在"悟中游"。云行水流，游戏自在，最是妙境。就像中国很多寺庙中常常能看到的"得大自在"匾额一样，这是宗教境界，审美妙悟所要达到的境界也类于此。在妙悟中自在悠游，在妙悟中悠然自得。"目送归鸿，手挥五弦，游心太玄，俯仰自得"，"游"就是"得"，"得"就是"游"。目的就在过程中，过程的展开就是其目的。

中国哲学美学特别强调在悟中"游"。云游于天，鸟游于空，鱼游于水，在中国人的想象世界中，这些都没有大地上的拘束；人足蹈于地，有山的阻碍，有水的限隔，更是实在的，感性的；而游则是不粘不滞，自在飘动，忽焉而东，忽焉而西，忽焉而淡，忽焉而浓。中国的艺术家不是要在大地上创造意义，而是要在空灵的世界中创造意义。所以，有鱼游，有云游，也有了心游。在如鸟斯飞、如鱼斯游的境界中，人获得了自由，获得了自己主宰自己的权力，更在游中获得了伸展自己的机会。就像蜷曲在一个小小洞穴中的人，走出洞外，看到广阔的天地，蜷曲的身体得以伸直，狭隘的心空得到了伸展。游是自由的，烟霭飘渺，白云腾挪，清风驶荡，都是游心的象征。"夫乘天地之正，而御六气之辩，以游无穷者"，妙悟就如庄子这里所说的，是在无穷的、无形的世界中游。

再从审美心理构成上看，一般审美认识活动的心理因素包括想象、情感、联想、意志、感觉、经验等等。若说一般审美认识活动是奠定在感觉基础上的，审美妙悟则是超感觉的，它强调在感觉基础上出现的情绪倾向将影响审美活动的纯粹性。妙悟是一种非喜非乐的体验活动。无论是道家的至乐境界、中国佛学的无喜无受的思想，还是儒家的吾与点也之乐，都突出了超越感觉、超越简单快乐原则的特性。因为在妙悟理论看来，一切悲喜之"受"都是功利主义驱动的。如倪云林诗所云："戚欣从妄起，心寂合自然。当识太虚体，心随形影迁。"在妙悟之中，没有了"戚欣"，没有了功利取与。从对待经验的态度上，一般审美认识活动需要有经验的参与，日常经验在审美活动中起到积极作用；而审美妙悟活动是一种"截断众流"的活动，是妙高顶上一孤人，清幽夜幕一孤月，虽然它不是完全排除日常经验的作用，但在进入妙悟的当顷，则是一丝不挂，一切经验都退出。在对待情感的态度上，一般审美活动需要有情感的作用，情感是推动审美活动的至关重要的因素；但在妙悟活动中，不是以情感推动去认识对象，而是以"自性"（一种深沉的悟性）去推动认识。而自性的世界是对情感世界的扬弃，任何情感倾向性介入，都无法进行真正的妙悟活动。妙悟不是感时花溅泪之类的当下移情活动。再从对待理的态度上看，一般审美认识活动虽然不是科学的认知活动，它重视感性对象本身，不是以逻辑去概括世界，不是以理性去分析世界，但审美意志在这种认识活动中仍然发挥不可忽视的作用，在审美过程中，理性的力量后退或缩小，但并不是"淡出"，它表现为对经验世界的组合、联想活动以及判断活动等不同的内容中。正如叔本华谈到艺术直观时所说的："一切直观都是理智的。"[9]而妙悟活动是无言无知的，以"不知"之心去"知"，它是一种彻底的非理性非逻辑的活动。像禅宗对逻辑的嘲弄，就是为了突出这一特性。如此等等。

妙悟强调当下直接、单刀直入、截断众流，也就是中国艺术家所说的"一超直入如来地"。这和一般审美认识活动划然有别。中国美学说妙悟，"妙"是用来形容悟的方式的。"妙"是对"悟"的规范，悟乃是妙之悟，非妙之悟，不是真悟。妙悟之"妙"强调对语言的超越，终日言，未尝言，不知己之是己，不见物之为物，心境都空，以朗然明澈之心映照无边世界，让世界自在显现。所以妙悟之妙在于冥观，唯冥观，方可冥合，唯冥合，方可大道现前。在妙悟中纵浪大化，不喜不惧，不取不求，一任自然。

在佛学中，第一义之悟就是妙悟。佛学中第一义谛就是真谛，乃最高之真如，无上之空境。对此第一义之真谛，必须由第一义智去悟，第一义智乃是金刚不坏之智。此第一义悟的方式就是妙悟。第一义悟是和知识求取完全对立的认识方式，故第一义谛又称无声谛，就是以宁静默然的妙悟会归于那第一义空的世界，所以要远离知识文字概念。南宋严羽说："悟有浅深，有分限，有透彻之悟，有但得一知半解之悟。"他所推崇的透彻之悟，就是所谓第一义之悟，也即是其所说之妙悟[10]，他借用佛学之喻形容为如镜中之月、水中之花、相中之色的纯悟境界。

三、妙悟是一种慧的直觉

正因为具有审美悟入和人生证验的双重目的，妙悟特别强调本心的恢复。在一般审美活动中（如欣赏美的活动以及艺术创造），主要是由知识的判断、功利的判断等转为审美的判断，但在妙悟这种混合着特殊人生需求的审美活动中，所要求的是智慧之光的恢复，而不仅仅是审美心胸的拓展。妙悟的过程实际上就是发现智慧之光的过程。

人类的思维方式主要有三种：形象思维、逻辑思维和直觉思维。妙悟一般被视为直觉思维。在西方哲学和美学中，直觉问题一直是人们关心的重要问题之一。直觉被当作人类直观把握客观世界的独特思维形式。柏拉图就曾强调非理性的直觉思维的作用，他以为艺术创作往往来自于这种非理性的力量。这种非理性的力量，他称之为灵感，灵感是神赐的，是一种神秘的力量。在近代非理性哲学的奠基者叔本华那里，这一思想得到了加强。叔本华强调："直观是一切真理的源泉，是一切科学的基础。"[11] 他所说的直观是一种非理性的思维，是对事物直接的、整体的认识，是心灵中偶然降临的不能以理性解释的心理现象，他认为艺术必须以直观来创造。柏格森则认为哲学来自于直觉，直觉是和逻辑完全不同的思维形式，他说："所谓直觉，就是一种理智的交融，这种交融使人们将自己置于对象之内，以便与其中独特的、从而是无法表达的东西相符合。"[12] "无法表达"意思是理性无法达到。荣格将直觉看作一种先天的自发的能力，是主体完全无法把握的一种思维形式。现代西方哲学中，也给予了直觉以极高的地位。在近现代西方自然科学发展中，强调直觉的作用早已为很多科学家所揭明。爱因斯坦认为，科学的重大发明总是和直觉有关，他说："从特殊到一般的道路是直觉性的，而从一般到特殊的道路是逻辑性的。"[13]

妙悟具有西方直觉说的一些特性，但又有所不同。如果说妙悟是一种直觉思维，那它是一种独特的直觉。和西方哲学美学中的直觉理论相比，在认识的目的、动因以及具体的方式上等都存在重大差异。妙悟活动作为中国美学的重要认识方式，和西方的直觉理论最根本的区别在于妙悟所具有的独特发出机制。

在西方的直觉理论中，直觉一般被看作反常态的非理性思维。对于这一非理性思维的形成动因，或以为是一种不可解释的神秘力量，或以为是神灵凭依的产物，或以为是人的性灵深处所潜藏的非理性本能，等等。而妙悟所强调的内在动力因素与此截然不同。妙悟是由"智慧"发出的，是一种"慧的直觉"[14]，妙悟的过程就是对"慧"的恢复。"慧"是人的本来面目，是人的自性。在禅宗强调一切众生皆有佛性，而庄子也强调人皆有"光"，有智慧的光芒。妙悟其实就是对灵魂中这种觉性的恢复。妙悟作为一种直觉活动，是对人本来面目的当下直接的觉悟,强调的是以定发慧,以慧(或庄子所说的"明")来观照,所以是一种慧的直觉。这种直觉并非仅仅强调突然的偶然的发现,而强调对生命本来力量的发明。这一直觉不仅是一种认识活动,也是一种回到生命原初的活动。它不是一种单纯的认知活动,而是一种内在的性灵超越,是对存在价值的肯定,对生命意义的确认。与其说这一活动是审美认识的深化,倒不如说是自我真性的张扬。所以,一般直觉是属于认识论范畴的,而慧的直觉则越出认识论的畛域,而包含宇宙本体论和心性论的内涵。更为重要的是,一般所说的直觉可分为感性直觉和理性直觉两类,前者强调通过直接知觉和想象直观与外在对象发生关系,后者是通过直接的认识发现对象的本质。而慧的直觉既不是立足于感性基础上的瞬间超越,也不是立足于理性基础之上的忽然间对对象本质的把握,而是对灵魂深层的智慧力量的发现,对人的存在真实地位的发现。所以,妙悟不是静默的哲学,而是发现人内在本明(慧)的哲学。

道家和中国佛教哲学对知识的抨击,在学界常常被描绘为中国的"反智主义"传统[15]。其实这一说法并不确切。道佛的思想并非反对智慧,反对的是人为的知识系统。因为在道家和中国佛学看来,知识系统是不可信任的。道佛所提倡的妙悟就在于通过概念理智的抑制,发掘那些被遮蔽的人的真正智慧。这一点对艺术来说是极为重要的,艺术最需要这种超越概念理智的独特智慧。

与西方直觉理论不同的是,这一灵魂深层的智慧力量不靠知识获得,也不是神灵凭附的超自然力量,它是人与生俱来的生命觉性。它是一粒"种",熏染能够改变其存在的状态,却不能灭没其根性。"悟"在汉语中,就有发现了本来有的内涵的意思,悟就是悟出了原先的真实,悟是对人心灵中本来具有的特性的恢复[16]。悟说到底就是人找到了长久丢失的生命钥匙。"庐山烟雨浙江潮,未悟千般恨未消。及至到来无一事,庐山烟雨浙江潮",苏东坡的这首解道诗就道出了此一境界。就是这样的平常,这样的熟悉,悟就是似曾相识燕归来,生命的燕子归来了。

静听松风

〈宋〉马麟
静听松风图
在空灵的妙
悟中，谛听自
然的妙音。

悟性作为妙悟的发动机制，具有三个特点：第一，悟性是"本来有的样子"；第二，悟性是人"应该有的样子"，第三，悟性是"自己之独特的样子"。所谓"本来有的样子"，重在一个"本"字，强调悟性是一种原初的觉性，若要悟入，必回归本然，这个本然就是未被污染的真实心灵，也是人的自然之性。悟只有在这样的基础上才能展开。中国艺术家要"与元化游"，要"明物象之原"，要回归创造的大本，就是就这个本来的样子而言的。所谓"应该有的样子"，重在一个"真"。悟性是人心灵自然而然的存在，是一种自在显现的境界，悟说到底就是生命的原样呈现。悟性是在解除"伪"的基础上形成的，它必须破除"我执""法执"。所谓"独特的样子"，重在一个"孤"，悟是一种"孤明"，是一心独往，证验出生命真实。

悟性是人生命的原发动力，是人心中的本明，它是一种智慧，而不是知识。妙悟就是以智慧的灵光照耀。在佛教中，妙悟被称为"智慧观照"。"当起般若观照"是禅宗中的习语，般若是智慧。佛教有所谓三学（戒定慧），戒是持戒律，定是禅定，慧即是这个般若智慧。慧能有所谓"定即定其心，将戒戒其行。性中常慧照，自见自知深"。其弟子永嘉玄觉说："非戒不禅（定），非禅不慧。上既修定，定久慧明。"这个"智慧"是藏于人的深心的。在大乘佛学看来，一切众生都有佛性，都有这个灵魂深层的本明，但是凡夫为种种虚妄所遮蔽，这一本明的世界隐而不见了（但并非不存在），重重的阴霾挡住了这一灵明。《大乘起信论》有一心开二门的说法，一心是指一切众生都具有如来藏自性清净心，这个清净心有两个特性，也就是二门，一方面它有清净无漏的善性，另一方面也有染污有漏的恶性。妙悟就是恢复这一自性清净心。

庄子的观点与此颇相近。庄子认为悟道乃是"复其明"——恢复性灵的本明。人的内在世界本来充满了光明，但外在俗世却将这本明的光隐去了，悟道就是从无明走向道的光明的道路，可以达于"朝彻"，"遂于大明之上"，在心斋、坐忘中使心灵宁定，从而拨亮心灵的明灯。《庚桑楚》中有一段话很精彩："宇泰定者，发乎天光。发乎天光者，人见其人，物见其物。”它说明了由悟而明、由明而悟的重要思想。静心（心斋坐忘）可以“定”（一种深沉的安宁，而不是与外在喧嚣相对的宁静），在这深沉的安宁中，“天光”自露。何谓“天光”？天光就是人性灵中的本明，就是觉性之光，就是道之光，是人与自然合一的深层契合点。这一层是由悟而明。而“发乎天光者，人见其人，物见其物”，则是由明而悟，在智慧中观照，在智慧中一切都自在显现，我自在显现，物自在显现，我不以我念去干扰物，物不以具体感性的特征扰乱我的心。“见”是显现，而不是看见。天光照耀，智慧观照，并非知识观照，这是无分别、无对待的境界。这与南宗禅“见性成佛”的观念真有异曲同工之妙。

从语源上看，悟有觉的意思。悟即觉，觉即悟，合而为觉悟[17]。在汉译佛经中，以觉为悟，以不觉为迷[18]。觉和迷相对。大乘佛学认为，人人都具有觉性，但凡夫俗子无始以来被妄念污染，处于迷妄之中，是为迷，或者叫做无明。迷妄无明之心昏暗一片，就如同长睡不醒。一悟之后，如同从无始以来的长梦中醒来，心中的觉性被佛灯点亮了。

唐代山水画家张璪提出的“外师造化，中得心源”，所谓回到“心源”，心源就是心之源，心为万法之根源，所以说是心源。心源即真如，即般若，即智慧。中得心源，就是在妙悟中回归真性，点亮智慧之灯，从而以智慧之光去照耀。因此，师造化，亦即是以心之真性契合万化之真性，以智慧之光照彻无边世界，不着一念，不挂一丝。由妙悟而归于智慧，以智慧来观照万物。李日华说“绘画必以微茫惨澹为妙境，非性灵澄彻者，未易证入”，正是此解。

在“智慧观照”中，观照是悟的展开，由智慧发出，无智慧即无观照，智慧为体，观照为用。熊十力释此“智”道：“是故体万物而不遗者，即唯此心。见心乃云见体。然复应知，所言见心，即心自见故。故是照体独立，而可名为智矣。”他在旁加注云：“心既不是物质化的，所以是个觉照精明之体而独立无倚的，因此把它名之曰智。”[19]所以智慧观照之“智慧”不是知识，知识理性实与真正的智慧成反比。明紫柏真可说："夫智慧之与聪明，大相悬绝。聪明则由前尘而发，智慧则由本心而生。故聪明有生灭，而智慧无依倚也，所以不生灭耳。"[20]黜聪明，才能得智慧，有智慧才能有真观照。

审美妙悟是发现智慧之光的过程。智慧之光和理性有矛盾，所以需要克服知识的束缚；智慧之光与欲望有矛盾，所以需要克服欲望的干扰；智慧之光和人之感受有矛盾，所以需要无苦乐感（大乐者无乐）；智慧之光与人的经验世界有矛盾，所以需要自然而然、自在兴现，需要一种圆觉的世界；智慧之光只能在非主非客的境界中发出其本明，所以必须解除主客的分别（这是最根本的一条）。

由此可见，妙悟作为审美直觉活动，是一种独特的直觉，它是"慧的直觉"，或者说是"性的直觉"，在直觉中发现自性，在自性中观照世界。点亮一盏生命的灯，照彻无边世界。

四、妙悟的核心在回到世界中

审美妙悟在中国美学中的独特地位，是天人合一哲学在美学中的体现，这也是中西美学的重要差异之所在。妙悟强调的是从世界的对岸回到世界之中的现实。

妙悟实现了由观物到照物的转变。妙悟的"观"和一般审美认识活动中的"观"有根本区别。在一般审美活动中，我是观者，物是对象，是我之所观者。当我们说物象的时候，就已经将物当作我的对象，与我对举而生，是我的世界中的现象。在审美妙悟的主张者看来，此一现象是一种非真实的存在，因为它存在于人的意念中，是被人意念改制的物象。物成为在我心中的存在，物之存在不在其自身，物失去了自己的主宰，无法自在自由地显现，物丧失了"自性"。它是非自然的，因为它无法自己而然，无法"法尔"自显。在非妙悟的世界中，作为审美主体的心灵也处于非真实的状态，存在于世界的对面，似乎不是这世界中的存在，它高高地站在观者的角度去打量对象，将对象推到异在的位置上，处于身在世界中、心存

世界外的尴尬之中。更有甚者，我和物还处于全面的"冲突"之中，物在我的"念"中生存，也在我的"念"中挣扎。在这种情况下，天光黯淡，天全丧失，物不见其物，人不见其人。有心观万物，万物改其性；有物撞我心，物我难相合。

在中国哲学中，妙悟是"一"，而非"二"，妙悟是不二之感悟。它是无分别、无对待之境界。无分别乃就知识言，以反逻辑非理性为其要义。无对待是就存在的关系性而言，从天人关系、心物关系看，其旨在于冥能所，合心境（外境），去同异，会内外。《般若经》有所谓"实相一相，所谓无相，即是如相"。诸法实相即是佛性，是如如之境，这个境界是"一相"，就是说它是无分别、无对待的，这个无分别、无对待相实际上就是无相，就是空，不执有无，是对相的超越。而此超越之相，就是如相。

这个如相中的相是存在，如相，即如其自身而存在，如其自性而存在，在智慧的观照者，一切如如，如其自身之性而存在，不为他法而存在，所谓"朗照如如"。这是对大全的认识。"物如其自身而存在"，或者说"物之存在在其自身"，就使物从对象性的陷阱中挣脱出来，获得自在价值。

五代荆浩《笔法记》[22]中有关于物的存在特性的精彩辨析，这篇文章假托野叟和画家的对话，说明绘画之大法："曰：画者，华也。但贵似得真，岂此挠矣。叟曰：不然。画者，画也，度物象而取其真。物之华，取其华，物之实，取其实，不可执华为实。若不知术，苟似，可也；图真，不可及也。曰：何以为似？何以为真？叟曰：似者，得其形，遗其气。真者，气质俱盛。凡气传于华，遗于象，象之死也。"同样一个物（并非二物），却有似与真的区别（并非两种表现）。物有其形，又有其性。从形方面说，它是客观的，是世界中存在中的现象，是人观之对象，是具体的个别的物象。但作为一个山水画家，如果仅仅停留在眼中所观的物象，那么只能说是对物的虚假的反映。作者提出，画山水要画出山水的性，这个性就是他所说的"须明物象之原"。这个"原"就是山水之性，是山水的"本来面目"，作为"性"和"原"的山水才是真实的存在，才是如如之境。

画家所要表现的山水正是此一真山水。真山水不是作为我之对象存在的山水，它是自在显现的。如何摆脱分别的虚假的感知，必诉诸妙悟。

荆浩在这里所要说的就是画出"如其自身存在"的物。朗照如如，如其真，如其性，如其实在。因为要"如"其"如"，人要有如如智，去观如如性。[23] 如如智，即为悟智，如如性，即为真性。如如智如何认识如如性，也就是说妙悟如何展开，中国哲学和美学将其称为"观照"[24]。

这里所说的"观"，当然不是外观，不是眼耳鼻舌身对外在世界的接触，而是"徇耳目以内通于心"（庄子语），是"内观"。它又是一种"反观"，这里的"反"不是反向的反，而是返回的"反"，返回到自己的生命真性。在虚假的意念中流连，带给人的是虚假的判断；以自己的"本来面目"去体验，就是中国艺术家所说的"物在灵府，不在耳目"[25]。从对外在对象的观照回到内在心灵的体验，由有念之心的体味回到无思无虑的心灵静寂状态。

与其说是观，不如说是照。"照"是整全的，不是从世界中切割出部分，以此部分去观照全体，以个别去概括世界。如一月普现一切月，并非存在一月和多月的关系，这样理解就落入了量论的陷阱；一月就是充满，就是全部。因此，照不作差别观。照就是捂起外观的眼，开启内观的心，去除心中的念，而显现智慧的心。照如一帧明亮的镜，如一渊清澈的水。重视妙悟的古人喜欢使用镜子和水的比喻，意也正在于此[26]。

在妙悟中，冥物我，合内外，物不在我心外，因此说以我心去照物只是方便的说法而已，因为在此已没有观照的主体和客体，物已不与心对待，哪来以心照物？如果说以心照物，也可以说以物照心，物我互照。所谓心印始归香象迹，妙悟全归无念中。照即是无照，即是镜照，即是空照，统合地照，自在地照。

注 释

1　《般若无名论》说："然则玄道在于妙悟，妙悟在于即真，即真则有无齐观，齐观则彼己莫二，所以天地与我同根，万物与我一体。"僧肇《长阿含经序》说："晋公姚爽质直清柔，玄心超诣，尊尚大法，妙悟自然。"

2　在古代哲学中，有不少与妙悟内涵相近的概念，如老子的"涤除玄鉴"，所谓"玄鉴"（或作"玄览"）就是妙悟。"涤除"，是荡尽心灵的尘埃，使内心洁净澄明。"玄鉴"，强调以此光明澄澈之心观物，也可以说以心灵的明镜去映物。"玄"用来规范观照的特点：这是一种圆满俱足的观照，而不是局部的认识；是一种生命深层的观照，将世界最隐秘的内容显露出来，而不是对事物外在表象的认识；是一种自由和谐的观照，解除本心与理智、欲望的冲突。又如"默照"（或称"玄照"、"观照"、"智照"）也和妙悟概念意义相近。僧肇说："夫圣人玄心默照。"（《答刘遗民书》）

3　西方有的学者认为，这是一种神秘主义，如 Fritjof Capra 在 *The Tao of Physics: An Exploration of the Parallels between Modern Physics and Eastern Mysticism*（《物理学之道——近代物理学与东方神秘主义》）一书中，认为东方的妙悟之法是神秘主义的方法。我国也有不少哲学家认为中国文化洋溢着神秘主义气息，认为妙悟就是神秘体验。冯友兰在《中国哲学史》"绪论"中说："凡所谓直觉，顿悟，神秘经验等虽有甚高之价值，但不必以之混入哲学方法内，无论科学、哲学，皆系写出或说出之道理，皆必以严刻的理智态度表出之。"（《中国哲学史》，4—5页，中华书局，1992年。）哲学是一种"学"，而直觉是一种不可说之神秘经验，所以他排除了直觉上升为哲学方法之可能性。他说："故谓以直觉为方法，吾人可得一种神秘的经验则可，谓以直觉为方法，吾人可得到一种哲学则不可。"（同上书，5页。）其实对于中国古代的学者来说，这并非是神秘的心理现象，它是一种真实存在，无法通过语言来表述，但不能用语言表述的世界并非就是神秘的世界。以神秘的经验来规范直觉并非是一个恰当的评价。

4　《维摩诘经》："不可以智识，不可以识识。"

5　熊十力先生又有智知和慧知的区别，他所谓智知就是我们这里所说的智慧观照，而其所说的慧知则中国传统哲学所说的识知。（参见其《新唯识论》，43—45页）

6　成玄英疏："一知之所知，智也。所知，境也。能知之智照所知之境。"

7　《隐居通议》卷一，《论悟二》。

8　《画禅室随笔》卷四，《禅说》。

9　《作为意志和表象的世界》，37页，商务印书馆，1982年。

10　郭绍虞《沧浪诗话校释》："即就沧浪所谓妙悟而言，亦可别为二义。一是第一义之悟，即沧浪所谓'学者须从最上乘，具正法眼，悟第一义'之说。又一是透澈之悟，即沧浪所谓'有透澈之悟，有但一知半解之悟'之说。"（20页，人民文学出版社,1983年)我不同意郭先生的说法,严氏之但得一知半解之悟并非是妙悟,所谓透澈(澈或作"彻")之悟就是第一义之悟。

11 叔本华《作为意志和表象的世界》,107 页,商务印书馆,1982 年。

12 柏格森《形而上学导言》,3—4 页,商务印书馆,1969 年。

13 《爱因斯坦文集》第三卷,490 页。

14 牟宗三先生提出的智之直觉的思想,对我很有启发。他在《智的直觉与中国哲学》一书中,指出康德哲学有两种直觉,一是感性直觉(sensible intuition),一是非感性直觉(non-esnsible intuition),这种非感性的直觉又称"智的直觉"(intellectural intuition)。康德以为人类具有的直觉能力是感性直觉,而智的直觉只有上帝才会有。但牟先生以为,康德那个派给神灵的智的直觉,其实在中国哲学中是很普遍的存在。因为在中国哲学中,智易和知识纠缠,而佛学中强调"慧"才是灵魂的觉性,是妙悟能够发动的力量。所以,本文名之为"慧的直觉"。

15 在西方,有一种怀疑甚至反对知识、理性的倾向,被称为"反智主义",英文是anti-intellectualism。Intellect 一词有理解力、智力、理性的意思,表示人的智性范畴,来源于拉丁语 intellétus,在拉丁语中有领悟之义。有的论者认为,中国文化中也存在着类似于西方的反智主义传统,道佛哲学就是典型体现。如余英时,可参见其论文《反智论与中国政治传统》(《中国思想的现代诠释》,63—65 页,江苏人民出版社,1989 年)。我以为,将中国哲学中反对知识、理性的思想称为反智主义,并不确当。在道家哲学和中国的主要佛教流派中,反对的是知识和概念,并不反对深层的理或智慧。

16 《说文·心部》:"悟,觉也。从心吾声。"悟为形声字,从心,吾声。其实,吾亦表意,也就是《说文》所说的"亦声"亦义。这个字中含有"吾之心也"的意思,即悟由我心起,觉在我心觉,我心了了,方是真了。

17 《玉篇》:"悟,觉悟也。"《孟子·万章上》:"天之生此民也,使先知觉后知,使先觉觉后觉也。予,天民之先觉者也,予将以斯道觉斯民也,非予觉之而谁也?"赵岐注:"觉,悟也。天欲使先知之人悟后知之人,我先悟觉者也,我欲以此仁义之道觉悟此未知之民,非我悟之,将谁教乎?。

18 《苏轼集》卷一百零二:"袁宏《汉纪》曰:浮屠,佛也,西域天竺国有佛道焉。佛者,汉言觉也,将以觉悟群生也。"孙绰《喻道论》云:"佛者梵语,晋训觉也。觉之为义,悟物之谓。"

19 熊十力《新唯识论》(文言文本),44 页,中华书局,1985 年。

20 《心经说》,《紫柏老人集》卷十一,金陵刻经处本。

21 此图今藏台北故宫博物院,画的是苏轼与金山寺佛印禅师事:苏轼与佛印禅师比说偈,赌苏轼的佩带,苏轼说不过佛印,将佩带留下以镇山门。

22 据于安澜《画论丛刊》本。

23 如如是佛教中的术语,这里借用来说明审美妙悟的特性,并非意在佛性之如如也。

24 遗憾的是，在中国当代美学界，"观照"常常被用为审美观察、审美认识，和古典美学中的"观照"一语了不相类。

25 符载《观张员外画松石序》："观夫张公（张璪）之艺，非画也，真道也。当其有事，已知夫遗去机巧，意冥玄化；而物在灵府，不在耳目；故得于心，应于手；孤姿绝状，触毫而出。气交冲漠，与神为徒。若忖短长于隘度，算妍媸于陋目；凝觚舐墨，依违良久，乃绘物之赘疣也，宁置于齿牙间哉！……则知夫道精艺极，当得之于玄悟，不得之于糟粕。"（《全唐文》卷六百九十）

26 如《庄子》中说："至人之用心若镜，不将不迎，应而不藏，故能胜物而不伤。"（《应帝王》）"圣人之静也，非曰静也善，故静也；万物无足以铙心者，故静也。水静则明烛须眉，平中准，大匠取法焉。水静犹明，而况精神！圣人之心静乎！天地之鉴也，万物之镜也。"（《天道》）以镜子般的心灵去观照"物"（并非作为对象的物），就避免了"伤"物。物作为对象性的存在就是"伤"物，因为物不能"如其自身而存在"，而是被认识主体扭曲了、"伤害"了。物不得其全就是"伤"。如东晋王彪之《水赋》云："寂闲居以远咏，托上善以寄言，诚有无而大观，鉴希微于清泉。泉清恬以夷，体居有而用玄。浑无心以动寂，不凝滞于方圆。"这里的水已不是老子的柔弱胜刚强的上善之水，而成了妙悟心灵的象征物。

中国美学十五讲

Fifteen Lectures On Chinese Aesthetic

352

形神之间

　　形神之辨是中国哲学的一大关键，也是中国美学的核心问题之一。

　　在中国哲学中，先秦时期易学中形上形下的道器之论、道家大象无形的思想以及这个时期对生命本身思考的哲学思想等，就已经触及到形神问题的内核。形神问题是汉代哲学的主要问题之一，汉末以来出现的对形神问题的广泛讨论，形成了丰富的理论，直接影响到美学和艺术理论中形神问题的理论结构。中国美学中的形神思想在六朝时已经形成了比较成熟的形态，如以形写神和传神写照理论的出现。唐宋以来，美学中重神轻形的思想愈加明晰，这也影响到艺术的发展。而明清以来的不似之似说，斟酌于形神之间，是形神理论在此一时期的新的发展。本讲谈几个相关的问题。

一、以形写神

形神是汉代哲学的核心问题之一。在魏晋玄学中，这一问题占有重要地位，正如汤用彤说："形神分殊，本玄学之立足点。"[1]形神是当时清谈的重要辩题，关于神灭还是不灭，曾经引起长时间热烈的争论。但其作为一个哲学问题，并非在汉代才有，先秦诸子哲学中就已经被提出，当时有关人个体生命的哲学思考，是形神问题的逻辑起点。

《庄子》中将人的生命分为形和神两个方面，《徐无鬼》说："劳君之神与形。"《在宥》说："女神将守形，形乃长生。"在形与神二者之间，神为主，形为辅。《在宥》有这样的话："无视无听，抱神以静，形将自正。必静必清，无劳女形，无摇女精，乃可以长生。目无所见，耳无所闻，心无所知，女神将守形，形乃长生。慎女内，闭女外，多知为败。"形何以能正，关键是对神的养炼。这里主张养形护神，神将守形，形神相即不离。

中国人将形、神的产生归之于地和天。神来自天，形来自地，神为阳，形为阴，阴阳相合而为人。如《淮南子》所说的："夫精神者，所受于天也；而形体者，所禀于地也。故曰：一生二，二生三，三生万物。万物背阴而抱阳，冲气以为和。"元王逵《蠡海集》"气候类"说："天赋气，气之质无性情，雨露霜雪，无性情者也，地赋形，形之质有性而无情，草木土石，无情者也。天地交则气形具，气形具则性情备焉。"天赋之以神，地赋之以形，天地交而人形神具。神为元创力，形为化成力。神为主宰，形为辅成。地，是一个可见的世界；

天，是一个不可见的世界。地之有形，天微茫而难形。在这有形的世界背后，有一种不可知的神秘力量控制着世界。无象为象之主，无象为象之祖。

从人的生命构成看，神是人生命的决定性因素，而扩之于世界也是如此。老庄哲学关于有无的学说，其实是和形神问题密切相关的。《庄子·天地篇》中有一个故事，说是黄帝游山，有一天游到赤水的北边，从那里登上昆仑山，向南一望，感到心情很舒服。回来后，发现掉了一颗玄珠，就派手下官员"知"去寻找，没有找到；后来又派官员"离朱"去找，也没有找到；有个大臣叫"喫诟"，说话不清楚，让他去找，他也没有找到。最后他遣宫中秘使"象罔"去找，象罔却找到了。黄帝说："真奇怪！为什么象罔能找到呢？"

知是知识，用知识逻辑的途径寻求则不能得到；离朱传说为黄帝时人，目力超人，能在百步之外看清针尖，这里指外在的观察，再好的眼睛也看不到。这些说明道不可以感官致诘。庄子有"灭文章，散五采，胶离朱之目，而天下始人含其明矣"的话。喫诟，指语言，不言言，言无言，通过语言是无法追寻道的，故也不可得。象罔，也就是没有形迹，只有他找到了玄珠，此意为"大象无象"。

这则寓言告诉我们，道不可形迹，不可以感官致诘，不可以理智追寻，不可以语言追求。道空寂虚茫，道是"象罔"——即无象。《齐物论》说："是有真宰，而特不得其朕。可行已信，而不见其形，有情而无形。"有一个真实的主宰在，但又寻找不到它的一点迹象，它的确存在着，就在一切外在的生活中，只是见不到它的形状罢了。大象而无象，无象的世界，是世界的本体，是决定象的世界意义的根本。用庄子的话说就是"有形者象"为"无形者而定矣"。在《庄子》中，在有形世界的背后存在着一个无形世界，这个无形世界是世界的决定者。人的体验，就是披形入神，去把握那个无形者。

《淮南子》认为，神本形末，有形受制于无形，神是一切有形世界的控制力量。它说："画西施之面，美而不可悦；规孟贲之目，大而不可畏，君形者亡也。"画西施这样的美女，画得很漂亮，但并不能使人心生爱乐；画孟贲这样的传说中的大力士，将身躯画得很强大，但缺少令人敬畏的英武之气。这样的画就没有画好。为什么？就是缺少一个"君形者"——一个形的统治者，这个统治者，就是神。这是说画，《淮南子》还说到音乐，《说林训》说：一个乐工，"使但吹竽，使工厌窍，虽中节而不可听，无其君形者也"。这个乐工吹竽吹得很熟，但是不好听，就是缺少韵味，缺少神气。《淮南子》的这些论述，在中国美学史上具有重要价值。

"传神写照"、"以形写神"的观点，是汉代以来哲学形神论在艺术上的落实。此为东晋画家顾恺之提出，他用另外一套语汇表现了对"君形者"的重视。顾恺之是一位人物画家，他的学说主要是针对人物画的。他的形神理论以神为主导，由重视人物的眼神，进而重视人物的神灵、活力和气质。他的创造性，在于超越形似，将艺术表现的对象引向幽深远阔的生命世界。

谢安曾说，顾恺之的画，自有人类以来，从没有过，给予顾极高的评价。顾恺之的确是个有成就的人物画家，从他传世画迹摹本《女史箴图卷》、《列女仁智图卷》、《洛神赋图卷》、《斫琴图卷》等中，就可看出他在人物画方面的高深造诣。他的传神理论据说来自他画画重人物眼神的实践经验。有记载说："顾长康画人，或数年不点目精。人问其故，顾曰：四体妍蚩，本无关于妙处，传神写照，正在阿堵中。"（《世说新语·巧艺》）他认为画人物，眼睛最关键，他的"传神写照"的意思是，人的眼睛是心灵的窗户，可以看出人物的精神气质，看出人内心的微妙体验，所以他要好好地琢磨。

《世说新语·巧艺》还记载了顾恺之另一个故事："顾长康好写人形，欲图殷荆州，殷曰：我形恶，不烦耳。顾曰：明府正为眼尔。但明点童子，飞白拂其上，使如轻云之蔽日。"他给殷州刺史殷仲堪画人像，殷不同意，说他的眼睛中有个白点子，不好看。顾恺之说，这不打紧，我为您清晰地点出眸子，再用我擅长的飞白笔法，在眸子上轻轻地拂一下，就像太阳笼上一层淡淡的云一样，这样岂不是更美。后面的话没有了，我们可以想见，这位才子刺史一定同意了他的做法。

顾恺之强调传神写照正在阿堵中，在人物的眼睛中，其实，顾恺之的意思是又不全在"阿堵"中。如《世说新语·巧艺》中记载："顾长康画谢幼舆在岩石里。人问其所以，顾曰：谢云：'一丘一壑，自谓过之。'此子宜置丘壑中。"

谢鲲，字幼舆，是一位才子，很小的时候就会弹琴，通老庄和《周易》。当时他为王敦所用，一次在拜见王敦时，席间有一位高人，是王澄，王澄听谢鲲谈吐高雅，简直忘了王敦，就和谢鲲一直谈下去，好象没有王敦这个人。谢鲲的邻家有个姑娘，姓高，貌若天仙，谢鲲想得到她，就去引逗她。这姑娘不喜欢他的轻佻，她当时正在织布，就将手上的梭子掷向他，打掉了他的两个门牙。当时的人议论纷纷。谢鲲听到后，很无所谓，他说："牙掉了又有什么打紧，也不影响我长啸、唱歌。"其豁达至于如此。他当官的时候，也不大理政事，天天和阮孚、毕卓、王尼、阮放等人喝酒、清谈，到山林中旷游。他到京都去，晋明帝在东宫接见他，当时有一位大臣叫庾亮，也有高名，晋明帝就问他："现在人们都喜欢将你和庾亮相比，你觉得你们俩谁更胜一筹？"他说："端坐在庙堂，一本正经，我不如庾亮。但要说起一丘一壑的山林乐趣，我自认为是胜过他的。"

谢鲲乃气度不凡之辈，顾恺之认为，画这样有魅力的人应该将他放到山水之间去表现——"宜置于丘壑中"。这成为后世评人的一句重要用语，如果说某人应该放到山水之间，即意味着他情性高雅、风流倜傥。我们说"丘壑中人"、"有林下一种风流"，都是赞叹语。这和那些只能坐于高堂的正经八百的形式相比，更多了人的灵性，多了一些意味。在这里，我们看到顾恺之的人物画已经开始注意到人的风度境界的传达，注意调度背景，为这样的传达服务。顾恺之画谢鲲的画不见了，赵子昂曾画过一幅《谢幼舆丘壑图》，今尚存，表现这一境界，画得很有意思，是一副在山林中优游的愉悦情状。

顾恺之的思想经过唐代张彦远的剔发，到了两宋之时，成了流行的思想。北宋时期画坛曾经讨论画的背景问题，当时主要讨论的是花鸟画，五代时宫廷花鸟画家黄筌作画，虽然很像，但却像禽鸟的标本图。所以有的画家提出要画出"水边沙外之趣"，要将花鸟置于芦汀苇岸、雪筠寒溪之中，画出境界来。当时有一位画家叫崔悫，

善于画败荷雪雁、寒枝孤禽，很有意味。"水边沙外"的境界，使他的作品超越了赫赫有名的黄筌。著名人物画家李公麟也看到这一点。他有一次画陶渊明的《归去来兮图》，这是一个老画题。李公麟说我要画，就要画出陶的高远意味，仅仅画田园秋菊是不够的，那样显得有些局促，我要将他放到"临清流处"，要以"水涓涓而长流，木欣欣而向荣"为他的背景。陶渊明是讲求平淡的，但他毕竟不是一位农夫，他的心灵有纵浪大化中、不喜亦不惧的境界，要将这样的境界表现出来。李公麟这一体会无疑是深刻的。花草的精神，山林的气象，都为了表现人物心灵的气象和境界。

让我们再回到顾恺之。有一则关于顾恺之的故事说："顾长康画裴叔则，颊上益三毛。人问其故，顾曰：裴楷俊朗有识具，正此是其识具。看画者寻之，定觉益三毛如有神明，殊胜未安时。"裴楷是西晋的尚书郎，人称裴令公，他和当时的另外一个人物王戎齐名，当时人说："裴楷清通，王戎简要"。阮籍不拘礼教，喜欢谈玄远的学问。他还是个纯孝之人，母亲去世时，他正在和人下围棋，下棋的人请求停止，阮籍不许，说要跟他赌这一局。一局终了，他喝了二斗酒，忽然大叫一声，吐血数升。葬母之时，他

358

吃了一头蒸乳猪，又喝了二斗酒，来到母亲灵前，大声叫道："穷矣！"又长啸一声，再吐血数升。这时裴楷前往吊唁，阮籍散发坐在地上，毫无礼貌，喝醉了，眼睛直视他，裴楷吊唁毕，离去。有的人问裴楷："大凡吊唁的礼节，丧主应该先哭，客人才行礼。阮籍既不哭，你倒哭起来了？"裴楷曰："阮籍是方外之士，所以他不崇礼节。我是俗中之士，所以依礼而行。"时人叹为两得。

顾恺之画的就是这样清通的人。他对阮籍的理解可谓深透。裴楷的像，创作者注意到其神情、气度。裴楷本没有胡须，顾恺之无中生有地在他的脸上画了很多胡须，这样便于表现其风神凛凛的气度。顾恺之突出的就是这样的"君形者"。

顾恺之说："手挥五弦易，目送归鸿难。"顾恺之一生艺术的经验，最后都凝聚在这两句话中，值得我们重视。音乐家嵇康曾有诗云："目送归鸿，手挥五弦，俯仰自得，游心太玄。"顾恺之就是由此诗举例，来谈人物画的特点的。画"手挥五弦"，有具体动作，主要是形的描摹，而画"目送归鸿"，画的是人物的眼睛，眼睛是心灵的窗户，透露的是人深衷的感受，这属于神的方面，所以，比形就难得多。但顾恺之认为，作为一个优秀的画家，不能停留在形的描摹上，必须上升到神，以神统形。这个"神"，不仅是活的，神气活现的，更重要的是有一种高远的生命境界。所以，顾恺之的以形传神说根本不能理解为将画画得生动，而是要画出人的气度风神。他的理论应和着魏晋清谈的思想，也适应着当时人物品藻的发展。

顾恺之"传神写照"的"神"的基本含义是眼神，西方绘画史上也有对眼神的强调。比顾恺之早一百多年的古罗马思想家普洛提诺曾经说过："肖像画家尤其需要抓住眼神，因为心灵在眼神中显露的比在身体的形态上显露的要多。"达·芬奇也说："眼睛是心灵的通道。"但是，顾恺之虽然注意人的眸子的传达力，注意目送归鸿中所包含的深沉挑战，然而其"传神"是以"神"传"神"，以人物的眼神（包括其他点醒画面的特殊处理）表现人物心灵之"神"，表现人的精神气质，人的性格特点，人超越于形似的神韵。这和长康之前蒋济论眸子以明言不尽意之旨，同一机杼。正因如此，顾恺之无

359

论多么关心人物眼神（或其他重要点的处理），这也都是"筌"，都是工具，之所以"目送归鸿难"，最难处不在外表，而在此时的惊鸿一瞥负载了太多的内涵，那种潇洒飘逸、从容纵肆的宇宙担当，都贮积在这一瞥中。所以，顾恺之重视的不是人物的眼神，而是绘画的形象结构中所传达的精神意涵。正像他在评《嵇兴》一画时说"如其人"，这个"如其人"才是他的最高追求。他的神，就是人物的器宇，人物的心灵境界，人物的气象。他要把作为人的生命体的控制者画出来，他要画出《淮南子》中所说的那个"君形者"。"君形者"在这里被赋予了新的内涵。

在顾恺之时代，玄学重玄远的意韵，人物品藻也特别看中风度气质。如九方皋相马，略其玄黄而重其隽逸。顾恺之的理论受到这一哲学的直接影响。在时代风气的影响下，顾恺之传神之"神"，侧重指对人物精神世界的传达。如他评《伏羲神农》图："虽不似今世人，有奇骨而兼美好；神属冥芒，居然有一得之想。"在微茫的眼神中，表现了素朴的道的冥想，显现出高古之态。评《北风》图："美丽之形，尺寸之制，阴阳之数，纤妙之迹，世所并贵。神仪在心而手称其目者，玄赏则不待喻。"《诗经·周南·北风》一诗主要内容是写在一个寒风凛冽、大雪飘飘的天气里，二人携手同行，所谓"惠而好我，携手同行"，借此传达丰富的思想感情。画的形迹制数的外在特征很完满，更重要的是这画传达人物心灵难以言传的微妙感受，所以获得顾恺之的好评。这和曹植在《画赞序》中仅仅从载道的角度谈绘画相比，显然向前推进了。

因要表达人物精神世界这一终极目的，顾恺之在画面的处理上将生动活泼的韵致提到了崇高位置。潘天寿先生说："顾氏所谓神者何哉？即吾人生存于宇宙间所具有之生生活力也。以形写神，即表达出对象内在生生活力之状态而已。"顾恺之在评画时很推崇这种生生活力。如他评画重"画势"，评《壮士》图说："有奔腾大势，恨不尽激扬之态。"评《三马》说："隽骨天奇，其腾罩如蹑虚空，于马势尽善也。"评《七佛及夏殷与大列女》图说："二皆卫协手传，而有情势。"

顾恺之"传神写照"说主要是针对人物画而言的。唐代以后，这一理论影响又从人物画扩展到其他画科中，并从绘画理论中逸出，对整个中国艺术理论产生影响，形成了中国美学中丰富的形神理论。

当顾恺之以其"以形写神"、"传神写照"理论享誉画坛之时，在书法理论界也出现了关于形与神关系的讨论。书法是一抽象艺术，今人评书有云：无声而具音乐之和谐，无色而具绘画之灿烂。唐张怀瓘说书法是"无声之音，无形之相"，表达的就是这一意思。

中国人对汉字有强烈的崇拜心理，旧时中国的"敬惜字纸"风尚，就是一例。传说苍颉造字，长着四只眼睛，所谓四目侈侈，比常人多了两只，这是用来洞穿天地的。他造出了汉字，天雨粟，鬼夜哭，感动不已。这个传说中所透露的就是对汉字的崇拜心理。而书法中也有这种故神其说的风习。传东汉书法家蔡邕在嵩山学书，一天他在一屋中静坐，那是一个夜晚，他似睡非睡，朦胧之中看到一人，长得非常奇怪，那人授给他一本书，书为《九势》，对他说书道之秘尽在于此，说完就消失了。他的女儿蔡文姬说，他的父亲写八分书的时候，有神授与笔法，笔法唯有两字，一曰疾，二曰涩，由此悟出了书法的奥秘。王羲之作《笔论》，传与子孙，诚之莫使人知，"天将启之，人能秘之"，也凸显其神秘性。有关汉字乃至书法的神秘特性的传说，更从一个侧面反映了中国书法美学中一个坚定的思想，即书法不是简单的形式艺术，其中藏着天地之精神、宇宙之奥秘。如元代一位书法理论家郑杓所说的："至哉，圣人之造书也，其得天地之用乎，盈虚消长之理，奇雄雅异之观，静而思之，漠然无朕，散而观之，万物纷错，书之义大矣哉。"[2] 对待这样的艺术，只有悉心去体悟，在神超形越中追求其高致。

作为体现中国艺术的代表形式，书法斟酌于形神之间，徘徊于有无之中。钟繇曾说："笔迹者界也，流美者人也。"这位被论者以"飞鸿戏海，舞鹤游天"激赏的书法家，所说的这句话，真是勘破鸿濛之语。书法家以一管笔，界破虚空，界破这个世界，流出一段生命的悠长。超越形相，追求形式之外的韵味，成为书法艺术的根本特点。

东晋王羲之从他的尚意美学思想出发，提出了书道重"风神"的思想。南朝齐王僧虔提出"神彩"说，并将其与"形质"作为一对书学范畴。他说："书之妙道，神彩为上，形质次之，兼之者，方可绍于古人。""形质"与"神彩"，即顾恺之所说的形与神。在这里同样突出了"君形者"的思想，在形神二者之间，神彩高于形质，缺乏神彩，则无活趣韵味。但神彩与形质又密不可分，形质是神彩的基础，神彩是由形质中产生的，是对形质的超越，无形质则无神彩。

后代论书者多重神彩。李世民在著名的《指意》中提出"夫字以神为精魄"的观点。唐张怀瓘指出："有风神骨气者居上，研美功用者居下。"重神者为上，重形者为下，以形写神，神君于形，这样的思想与传统的形神论观点是一致的。他说："深识书者，惟观神彩，不见字形。"便将重视神彩作为书道的不言之秘。他认为，书法的神彩不是技巧可以得到，而必须用心体悟，心中悟到方是有，不悟之人，墨池染黑也不得其门。书法在他看来，是一奇特的艺术，是无形之相、无音之声，必须有"独闻之听，独见之明"才能获取。他的书论的道家倾向很明显。这样的体悟必须是面对真实世界，面对生命本身。所谓"资运动于风神，颐浩然于润色"就是就此而言的。尚法的唐人对"神"普遍重视，法度没有淹没神彩，神彩作为书道命脉的地位没有被动摇。张旭观公孙大娘舞剑，得"书之神"。孙过庭《书谱》也提出"凛之以风神"。凡此皆可见当时的审美倾向性。姜白石《续书谱》将风神作为书法追求的最高目标，它认为："若风神萧散，下笔便当过人。"形质是次要的，没有风神，书法的形式再好也是不够的；而要使书法具有风神，是很难达到的。

而孙过庭在《书谱》中提出的"形质"和"情性"相配合的观点，其实就是形神相参的另外一种表述。他说："真以点画为形质，使转为情性；草以点画为情性，使转为形质。""情性"和"形质"为一对范畴，这是讲正书的。清包世臣对此有很好的解释："书之形质如人之五官四体，书之情性如人之作止语默"。情性就是书法这一生命体的生命根源，是其凛凛风神。孙过庭所谓真之情性在使转、草之情性在点画，是说真书之点画确定形式构架，而其妙韵在使转的起伏变化中。而草势反之，草书飞动流转、环转不息，惟其点画处见沉稳，见无垂不缩无往不收之妙，故点画成了决定草书韵致的关键。今之论者，有的认为孙过庭的"情性"说强调的是书法要表现具体的情感，将"情性"等同于"情感"，这可能是一种误解。意在笔先，书乃心学，书法不可能不表现人的情感，但这种表现与其他艺术不同，书法的表现是一种"显现"，是一种抽象的模糊的显现，不表现具体情感内容，只具有某种情感趋向。这种情感趋向是通过书体线条组合形成的特有风度气韵来显现的，即由书之"情性"来显现"情感"，这"情性"就是姜白石所说的"精神"、包安吴所说的"气质"，它就是一种生命。刘熙载说："笔性墨情，皆以其人之性情为本，是则理性情者，书之首务也。"笔性墨情，根之于人之情性，此人之情性，即人对生命的体验。

韩愈有诗云："君诗多态度，蔼蔼空中云。"诗以态度律之，说明诗之姿态横生、气度超迈的特点。书学中也以"态度"评书。唐太宗谓："夫字以神为精魂，神若不和，则字无态度也。""态度"即书之姿态、风神气韵。虞世南亦云："字有态度，心之辅也，心悟非心，合于妙也。"这又从另外一个角度说明，"态度"是人的精神所透升上去的。在书学史上，很多人认为晋书多"态度"，因而"态度"一语又专指潇洒流动的气韵风神。明杨慎提倡书艺的"风韵"、"态度"，他说："得形体不如得笔法，学字如女子学梳掠，惟性虚者尤能作态度也。"又云："盖骨格者，书法之祖也；态度者，书法之余也。"骨格为立书之本，态度则是"余"，是"妙在笔划之外"的余韵，笔尽意远，悠悠难绝，有态度即有风韵。

中国美学有"意在笔先"的重要观点，在笔和意二者之间，意为主，必须以意去统摄笔。宋罗大经说："绘雪者不能绘其清，绘月者不能绘其明，绘花者不能绘其馨，绘人者不能绘其情，此亦未知道妙矣。"这一条很重要，其实在中国传统绘画中，意在笔先，生命节奏为根本，气韵生动是关键，而形象则是其次。北宋时人物画中就流行一种类似于今天人物素描之法，一人坐在那里，画家"相人"而画。东坡对这种方法提出异议，认为"传神于相道，欲得其人之天"，也就是人活动之情，应观其举止。如"坐视一物，彼方敛容自持，岂复见其天乎"。得"天"就是写出人生动活泼的神情。

二、重神轻形

南田说："山林畏佳，大木百围，可图也。万窍怒呺，激謞叱吸，叫号宎咬，调调刁刁，则不可图也。于不可图而图之，唯隐几而闻天籁。"[3]山水林木等，是有形的，可以直接描摹；而像狂风怒号，则是无形的，不可画，画家就要画出这不可画的无形的对象。因为，在中国艺术看来，无形的世界比有形的世界重要得多。

中国美学中重神轻形的思想，几乎伴着形神理论同时产生。在《庄子》中，就已经透露出重神轻形的倾向。《庄子》中假托孔子的话，说了一个故事："我曾经到楚国去过，看到一窝小猪崽在它们死去的母亲身上吮乳，不一会便一个个惊慌地逃走了。死去的母猪看不到小猪，小猪也感觉不到它们母亲是自己的同类。小猪爱母亲，不是爱它的形体，而是爱那个支配形体的精神。"

《德充符》一篇，集中谈了人的内在德性和外在形貌之间的关系，认为人的吸引力，或者说人的真正的美不在外表，而在内在的德性。德性不是具体的道德操守，而是一种充盈的生命状态，一种充满圆融的生命精神。为了说明德重于形的道理，庄子讲了几个丑陋的人的故事，如申徒嘉、叔山无趾、王骀、大瘿等，他们都是在外形上有所缺憾的人，但这些人具有充实的内在美，和他们相比，那些肢体健全的"美人"反而变得丑陋起来。

断足的申徒嘉和子产同在伯昏无人门下求学，子产在话语中流露出对他形貌的不屑，申徒嘉的一番话，让子产无地自容，他说："你和我游于形骸之内，而你却索我于形骸之外，这不是太荒谬了吗？"在申徒嘉看来，游于形骸之内，就是通过内在的生命、德性相悦而相交，但子产的态度却重视形骸之外，这便弃神而重形，所以受到诟病。

　　魏晋玄学的言意之辨，重在脱略形骸，志在高举，得意忘形。认为言轻而意重，形粗而神精，故取神而遗形。阮籍就说："徒寄形骸于斯域，何精神之可察？"显示出重神弃形的倾向性。葛洪谈到当时这一风气时就说，当时玄风大炽，忽略"论形之例"，而竞相"为精神之谈"。这样的风气也影响到艺术领域。谢赫"六法"以气韵生动为第一，其他形式性因素都从属于气韵的传达。形式为实，气韵为虚；形式显之于外，气韵蕴之于内；气韵乃是画的决定因素，而形式则是为显现气韵而存在的。[4]六法已经显露出轻视形似的倾向。但到了唐代，此风愈烈。张彦远《历代名画记》在对六法的诠释中说："今之画，纵得形似，而气韵不生。以气韵求其画，则形似在其间矣。"唐代美学就有"重气韵而轻位置"（清恽南田语）的倾向，唐《贞观公孙画史》说："陈善见、王知慎之流，万得其一，固未及于风神，尚汲汲于形似。"《二十四诗品》："遇之匪深，即之愈希。脱有形似，握手已违。"五代荆浩《笔法记》提出"神妙奇巧"四阶级说："神、妙、奇、巧。神者，亡有所为，任运成象。妙者，思经天地万类性情，文理合仪，品物流笔。奇者，荡迹不测，与真景或乖异，致其理偏，得此者，亦为有笔无思。巧者，雕缀小媚，假合大经，强写文章，增邈气象。此谓实不足而华有馀。"这篇著名的论文，将"似"和"真"对立起来，认为"似"只是得其形，而"真"乃是任运成象，表现了气韵流荡的世界。北宋末年的韩拙认为，凡作画，气韵第一，不可以斤斤于形似取代之："以气韵求其画，则形似则得于其间矣"，而以形似求其画，则气韵顿失，画格自低。

　　北宋在理学影响之下，绘画中甚至出现了短暂的写实之风，如五代黄筌父子擅花鸟，重形似。宋徽宗朝画院以形似为课徒要则。但重神轻形之风没有丝毫衰减。《宣和画谱》就对"不专于形似，而独得于象外者"的创作给予很高的评价，如此书评赵昌的花鸟："若昌之作，则不特取其形似，直与花传神者也。"

　　文人意识的崛起，更对形似之风形成贬抑之势。欧阳修诗云："古画画意不画形，梅诗咏物无隐情。忘形得意知者寡，不若见诗如见画。"北宋苏轼在评赵昌等画作时说："论画以形似，见于儿童邻。

作诗必此诗,定非知诗人。"画要画出神,诗要有言外之味。这可以说是中国艺术重气韵轻形似的最典型的表述。以至到了元代,倪云林强调:"吾作画,逸笔草草,不求形似,聊抒胸中之逸气耳。"元汤垕甚至说:"形似者,俗子之见也。"他所作的《画鉴》一书,对流行于北宋以来的形似之风,作了全面的清理,强调意足不求颜色似的作画方法,将形似之作打入"末节"之流。他说:"看画如看每美人,其风神骨相有肌体之外者,今人看古迹,必先求形似,次及傅染,次及事实,殊非赏鉴之法也。"

唐宋以来的重神轻形之风,在美学理论上多有反映。逸神妙能四品说,集中反映了中国艺术重神轻形的传统。这是一个起源于唐代,在北宋时期得到丰富的美学批评标准。它主要是在书画品评中出现的。张怀瓘《画断》提出神、妙、能三品的品评标准,以此来评画。能品是技巧上的精确,神品是神妙莫测,是最高的境界,是对技巧的超越,而妙品则是介于神奇的神品和技巧的能品之间。唐代朱景玄《唐朝名画记》在张氏的基础上,又加上了

〈宋〉赵佶 鸟

逸品，并形成了著名的四品说，或称四格。

北宋黄休复对四格有具体解释：

> 画之逸格，最难其俦。拙规矩于方圆，鄙精研于彩绘。笔简形具，得之自然。莫可楷模，出于意表。故目之曰逸格尔。

> 大凡画艺，应物象形。其天机迥高，思与神合。创意立体，妙合化权。非谓开厨已走，拔壁而飞。故目之曰神格尔。

> 画之于人，各有本情，笔精墨妙，不知所然。若投刃于解牛，类运斤于斫鼻。自心付手，曲尽玄微。故目之曰妙格尔。

> 画有性周动植，学侔天功。乃至结岳融川，潜鳞翔羽，形象生动者。故目之曰能格尔。

逸、神二者属神的方面，妙（妙主要指笔墨精妙）、能二者属形的方面。神为重而形为轻，逸是超越规矩的，有一种野逸的风度、放旷高蹈的气势，自然而合于天然。"莫合楷模"，就是不合规矩，不求形似。恽南田说："不落畦径，谓之士气；不入时趋，谓之逸格。"在一定程度上，逸格就是无格，没有任何规范可以限制，它优游于法度之外，徘徊于有无之间，拙规矩于方圆，鄙精研于彩绘。如南田说："天外之天，水中之水，笔中之笔，墨外之墨，非高人逸品不能得之，不能知之。""逸品之意难言之矣，殆处卢敖之游太清，列子之御冷风也；其景则三闾大夫之江潭也，其笔墨如子龙之梨花枪、公孙大娘之剑器，人见其梨花龙翔，而不见其人与枪剑也。"逸品不可学，不可说，非工巧能得，超凡入圣，忽然而至，意不可测，充满了类似于禅机的特性。逸品、神品是重视境界和气象的。

而能品则与之完全相反。能品是思议的，机巧的，是凭借知识的途径可以达到的。逸的最大特点是不可知，只可悟，而能品的最大特点是"可知"，可以学取。黄休复所谓"性周动植，学侔天动"，就是说归入能品之画是通过学而至的，并非如逸品般不可学、不可思，这类画重视对象形象的描绘，在"似"上下工夫，虽然能画得"形象生动"，但缺少灵气，缺少感染力，作品的表面化倾向比较严重。

其实唐代张彦远在《法书要录》和《历代名画记》中，已经触及到逸神妙能四品说的核心思想。他提出的五品论，与四格说很相似。他说："夫失于自然而后神，失于神而后妙，失于妙而后精，精之为病也而成谨细。自然者为上品之上，神者为上品之中，妙者为上品之下，精者为中品之上，谨而细者为中品之中。余今立此五等，以包六法。"五品依次为：自然—神—妙—精—谨细。精和谨细都是属于形似技巧方面，它们被置于最下，其倾向性十分明显。

这样的观点对艺术创作有深刻影响。如在中国画中，两宋以来绘画的发展发生了很大变化，像五代时的徐熙野逸、不重法度，只是少数，但到了两宋之后，逸笔草草、不求形似蔚成风气，高明者自臻高致，至其末流，则演变为胡乱涂鸦，以色貌色、以形写形之风全然抛弃，不从工夫中进入，而等待着一味妙悟，其实阻碍了绘画的正常发展。《画筌》说："画工有其形而气韵不生，士夫得其意而位置不稳。前辈脱作家习，得意忘象；时流托士夫气，藏拙欺人。是以临写工多，本资难化；笔墨悟后，格制难成。"王石谷、恽南田注云："资分格力兼之者难，百年以来，不一二觏，故有童而习之，老无所得，或恃其聪明，终亏学力，此成家立名之所以不易也。"正所谓太似则呆板，不似为欺人。

从理论上看，明清以来艺术理论中出现的"不似之似"说对矫正过于轻视形式之弊是有助益的。石涛晚年有一题画诗写道："名山许游未许画，画必似之山必怪。变幻神奇懵懂间，不似似之当下拜。心与峰期眼乍飞，笔游理斗使无碍，昔时曾踏最高巅，至今未了无声债。"他又说："天地浑镕一气，再分风雨四时，明暗高低远近，不似之似似之。"石涛认为，绘画表现的最高原则是写"意"，而不是画"象"。"不似之似似之"，成了中国艺术的一条重要原则。中国艺术不是不似，也不是似，斟酌于似与不似之间，关键表现的是心灵熔铸的世界。在石涛等看来，一味追求"似"，则会落形似之窠臼，徒有其形，缺乏韵味，这样的作品难称佳构。而片面追求"不似"，则易流于荒怪狂乱，缺少基本的法度，往往多欺人之作。妙在似与不似之间，既不具象，又不抽象，徘徊于有无之间，斟酌于形神之际。这一理论的关键并不在像与不像上，而在如何对待"形"的问题上，以神统形，以意融形，形神结合，乃至神超形越，这方是一个艺术家所应做的。

三、形式之外

刘有定《衍极》注中记载一个故事，说王献之一次在会稽山遇到一位异人，披着云霞，从天而降，左手持纸，右手持笔，赠给献之。献之受而问道："先生尊姓大名，从何而来，所奉行的是何等笔法？"那人答道："吾象外为宅，不变为姓，常定为字，其笔迹岂殊吾体邪？"这个"象外为宅"，很有象征意义。中国艺术家其实大都是以象外为宅的。

清恽南田说："当谓天下为人，不可使人疑。惟画理当使人疑，又当使人疑而得之。"这个"疑"真是说得好，艺术就是要使人有嚼头，有味道，里面有天地。他说，他作画，"聊写我胸中萧聊不平之气，览者当于象外赏之"，就是这个意思。不能停留在形式上，对这个形式要生"疑"心，在"疑"中走向象外之世界。

象外为宅，艺道贵疑。晋代有一位著名的诗人郭璞，他有诗云："林无静树，川无停流。"他的朋友、诗人阮孚读了之后感叹道："泓静萧瑟，实不可言，每读此文，辄觉神超形越。"朋友的诗，将他的心灵带到了渺不可知的世界中去了，感受到超言绝象之美。清代的方士庶说，作画，要"于天地之外。别构一种灵奇"。艺术之妙，在具象之外。他评赵子昂一幅《秋猕图》："人自一人，马自一马，有目者共见之，但其精神充足，溢于笔墨之外，又焉得见人人而告之。"看中国艺术，要有一双超越形象的眼。

在中国艺术中，有两个世界：一是"可见"的世界，表现在艺术作品中的画面、线条、语言形式等方面；一是"未见"的世界，那是一种看不见摸不着的世界，是作品的艺术形象所隐含的世界。从广义的角度看，前者是"象"，后者可以称为"象外之象"。

中国美学象外之象的学说，由形神理论衍生而出，但与形神理论又有不同。以形写神、传神写照理论侧重于艺术品的创造，在艺术创造中斟酌形神二者，以形为基础，以神为引导，神为主，形为辅。而象外之象说，则是就艺术鉴赏而言的，它强调的是在艺术鉴赏中，审美对象具有超出于形式之外的意味世界。

中国美学有象外之象、韵外之致、含不尽之意如在言外等等的论述，象外之象是象的意义的决定者，是美的本源。有形的象只是一个引子，一个使鉴赏者走入到深深艺术世界的引子。中国美学重含蓄蕴藉，重象外之趣。惟有含蓄，故有象外之期待；惟有象外之趣，才能使含蓄而不流于晦涩，深藏而能达到显现。

《文心雕龙·隐秀》是一篇具有重要美学价值的论文。在这篇文章中，刘勰提出"秘响傍通"的思想。他说，文之妙在"隐"，"隐"不在于深藏不露，而在于最大限度展示艺术世界内在的魅力，使艺术的有限世界蕴涵着无限的意味。他说："夫隐之为体，文生文外，秘响旁通，伏采潜发，譬爻象之变互体，川渎之韫珠玉也。故互体变爻，而化成四象；珠玉潜水，而澜表方圆。"这里所说的"复意"、"重旨"，就是所谓象外之象、味外之味，使艺术神秘的音乐旁通万道，余韵无歇。

刘勰在这里以《周易》的旁通、互体来说解象外之象理论，化四象（一卦通过互体所得之四经卦）为文学的象外之象，由变爻引发出一个言简意丰的意味空间（如他说"辞生互体，有似变爻"）。《周易》的卦爻系统中就隐藏着一个象外之象的机制。"立象以尽意"，易之象，也即易的符号系统，有三级，阴阳是基本符号，由阴阳构成八卦，由八卦而形成六十四卦，是为别卦。八卦是由阴阳所构成的八种基本卦型，以概括宇宙中八个类。六十四别卦是八卦的展开，是"类"的延伸、"象"的扩大，是触类而长之，从而表现天下一切可见之象、可知之理。易卦爻符号是一种生命的代符，模拟宇宙间的生命变化，探测宇宙中的生命几微。周易是至简的，但在至简符号中，表现世界的无穷之事理。易道立象以尽意，象外而有象，含孕广大，易称之为"用晦"。如豫卦，下坤上震，坤为地，震为雷，有春雷在大地上滚动之象，这是一个完整的生命意象，不是一个表示概念、情感的简单媒介。《周易集解》引郑玄云："奋，动也，雷动于地上，而万物乃豫也。"春雷滚滚，万物化生，有天地悦豫之象；春雷滚滚，也有运动、震动的涵义；春为生命的开始，又有上升的意义。而天逢春即雷即雨，又有顺的意义。而这些意义既可以属天，又可以属人；既可以属于道德，又可以属于个人情感；既可以归之于宗教，又可以启发哲学、美学思考。总之，意象本身具有独立的价值意义。《周易》简约的符号中藏着一个意义的海洋。

易学之影响，引发了哲学中的象外之谈。在魏晋玄学中，象外之谈曾是很多清谈家喜好的话题。孙绰在《天台山赋》中说："散以象外之说，畅以无生之篇。""极象外之谈"，成为一时之时尚。魏晋玄学体系之建立，端赖于言意之辩，言意之辩之大旨，则在轻忽形质，追求神道。玄学之妙在象外。这一思想在魏晋以来也进入艺术和审美领域，使得追求象外之趣成为中国美学的一个重要命题。《画品》在评一位画家时说："若拘以体物，则未见精粹，若取之象外，方厌膏腴，可谓微妙也。"智出于象外，枢得其环中。

至唐代，象外之象说已然成为美学中的重要思想，在各门艺术中均有影响。司空图说："象外之象，景外之景，岂容易可谈哉？"杜甫《八哀诗》称张九龄："诗罢地有余。"又说："篇终结混茫。"就是就象外之象来说的。张彦远说："意在笔先，画尽意在也，虽笔不周而意周也。"南田将这称为"得笔先之机，研象外之趣"。象外之趣，是艺术的根本。

中国艺术以"隐"为要则，强调象外之象、言外之意、韵外之致、景外之景，要含不尽之意如在言外。如梅圣俞云："含不尽之意，见于言外；状难写之景，如在目前。"要超以象外，得其环中。苏轼说："斯人定何人，游戏得自在。诗鸣草圣余，兼入竹三昧。时时出

〈明〉陈洪绶
调梅图
清香四溢的世界,
寄托着画家的象
外之思。

木石，荒怪轶象外。"强调不着一字，尽得风流，无画处皆成妙境。

我们看李商隐《锦瑟》诗："锦瑟无端五十弦，一弦一柱思华年。庄生晓梦迷蝴蝶，望帝春心托杜鹃。沧海月明珠有泪，蓝田日暖玉生烟。此情可待成追忆，只是当时已惘然。"大意是：锦瑟没来由的为何有五十根弦，每一弦都传达出对往日黄金岁月的思念。庄子做梦曾翩翩然化为蝴蝶，望帝幽怨的春心死后化为杜鹃。沧海月明鲛人泣泪竟成玉珠，蓝田日暖有良玉暖暖生烟。这种悲欢离合的情感可以留待追忆，只是往事如烟一片惘然。这首诗向称难解，或以为自伤，或以为悼亡，或以为是描写恋情之作。在艺术上，是一篇写"幻境"的高妙之作。整首诗可以说是一片惘然。无可奈何的意绪，无所适之的选择，不知答案的历史感叹，才下眉头却上心头的追忆。诗人穿过历史的帷幕，超越天人的限隔，声声隐约，似诉平生之志，翩翩蝶飞，似展理想征帆。沧海桑田，茫茫远古就在此刻；一梦大千，浩浩九天就在脚下。这首诗在我看来，是在写人生的幻、人生的叹。形式有尽，但意味悠长。

中国艺术品评强调"味"——品味、品赏。味的特点之一，就是其体验性，是超越于一般具象的认识方式。味的比喻强调审美体验的不可言说性，突出审美对象应该具有亹亹不尽的美感，吟一首好诗，品一幅好画，就像品一道佳肴。传说商汤时有位贤相伊尹，他本是一位采桑女的孩子，虽然家境贫寒，但却有识见、富良谋，尤其善于烹饪，他烹饪出来的肉味道特别，远近闻名。商汤五次派人去请他来辅佐国家，但都遭到拒绝。最后他归于商汤，做了商的丞相。他以烹饪为比喻，谈治国的道理，得到汤的重用。据说他的烹饪艺术已经近于道，有人向他求此妙方，他说这只可意会不可言传。这就是历史上的"伊挚不能言鼎"的传说。"伊挚不能言鼎"成为中国艺术的一个很高的境界。

《文赋》说："或清虚以婉约，每除烦而去滥。阙大羹之遗味，同朱弦之清氾。"大羹，即太羹，古代祭祀时所用的肉羹，不加五味。同朱弦之清氾，意为在琴弦上演奏浮泛的乐曲。《礼记·乐记》曰："清庙之瑟，朱弦而疏越，一唱而三叹，有遗音者矣。大飨之

礼，尚玄酒而俎腥鱼，大羹不和，有遗味者矣。"也是以肉味来比喻审美品鉴。

南朝宋钟嵘提出"滋味说"。他认为，好诗读起来应该有"滋味"，使"味之者无极，闻之者动心"。他说"调采葱菁，音韵铿锵，使人味之亹亹不倦"，这才叫好诗。《文心雕龙》说，文学应该"文隐深蔚，馀味曲包"，应该有"味飘飘而轻举，情晔晔而更新"的意味。

唐司空图甚至说："辨于味而后可以言诗。"可见这个"味"的重要性。苏轼接着司空图的话头，指出："信乎表圣之言，美在咸酸之外，可以一唱而三叹也。""美在咸酸之外"，美不是咸、酸，不是盐，不是醋，而是由油盐酱醋烹制出来的美味。美在具体的形式之外，形式是美的支撑，但形式本身并不是美的所在，形式是创造美的质料。苏轼和司空图强调的美是"味"，美虽然依托于形，但不能到形中去寻找，美在形式背后那个恍惚迷离的意态，那种令人涵玩不尽的韵味，一唱三叹，余味悠然。苏轼很喜欢用"灭没于江天之外"来表达，他在《又跋宋汉杰画山二首》中写道："唐人王摩诘、李思训之流，画山以峰麓，自成变态，虽萧然有出尘之姿，然颇以云雾间之。作浮云杳霭，与孤鸿落照，灭没于江天之外。"这是多么令人神往的境界，美的艺术能带人超越凡尘、走向玄远的思虑。这就是他的味。

中国艺术重视味外之味，也就是"余味"，这也是中国美学一个很重要的概念。好的艺术能给人持续的美感享受，就像绝妙的音乐余音饶梁，三日不绝。王国维说："古今词人格调之高，无如白石。惜不于意境上用力，故觉无言外之味，弦外之响，终不能与于第一流之作者也。"好诗使人读后满口余香，余味不绝。王世贞说："打起黄莺儿，莫教枝上啼。啼时惊妾梦，不得到辽西"，"山中何所有，岭上多白云。只可自怡悦，不堪持赠君"，这样的诗写得好，珠圆玉润，"无馀法而有馀味"。

注 释

1 《魏晋玄学论稿》，《汤用彤全集》第四卷，33页，河北人民出版社，2000年。

2 《衍极》卷三《造书》。

3 《庄子·齐物论》："夫大块噫气，其名为风。是唯无作，作则万窍怒呺，而独不闻之叫做嘐嘐乎？山林之畏隹，大木百围之窍穴，似鼻、似口、似耳、似枅、似圈、似臼、似洼者、似污者；激者、謞者、叱者、吸者、叫者、譹者、宎者、咬者。前者唱于而随者唱喁，泠风则小和，飘风则大和，厉风济则众窍为虚，而独不见之调调之刁刁乎。"呺(háo)：呼啸。畏隹 (wēi cuī)：崔巍的反读。謞(xiào)：叫。宎(yào)：风入孔窍所发出的深沉声音。咬：哀切之声。调调、刁刁：风吹林木缓缓摆动貌。

4 《画品》在气韵和形似二者之间，以气韵为主："若气韵不周，空陈形似，笔力未遒，空善赋彩，谓非妙也。"评一位画家说："卫协之画，虽不该备形妙，而有气韵，凌跨雄杰。"气韵是决定作品成败的关键。

颐养情性

胸中所养已浩大，尽付得丧于茫茫。这是明代艺术家沈周的一联诗，涉及到中国美学一个重要问题：养气说。中国美学重视生命，重视体验的真实，审美就是超越有限的人生，而达致生命的飞跃。中国美学并不强调用审美的眼光去辨别何以为美何以为丑，而强调有一个从容的心灵去感受世界的和融。这种种特点都决定，中国美学必然对人的生命颐养格外的重视。审美活动是由人的整体生命发出的，因此，颐养情性，成了中国美学的重要问题。本讲拟对这个问题作一些分析。

一、养气说的哲学基础

养气学说的形成，与中国人对自身小宇宙的认识有关。中国人将人的身体和自然都看作一个生命体，一个在气化世界中生生不已、循环往复的世界。人的生命体是一个小宇宙，它是天地大宇宙的缩影。如汉代的象数哲学将人的肉体构成和四时、二十四节气、日月的更替等联系起来，《黄帝内经》将人的生命体变化纳入到宇宙变化的节奏之中，强调人的生命体与外在宇宙的深刻联系性。

中国人认为，人的生命体本身也是一个整体，在这里没有一个灵与肉分开的世界，生命体内部就是一个自足的循环系统。《淮南子》说："夫形者，生之舍也；气者，生之充也；神者，生之制也。"这是中国人对自身生命认识的重要表述。这里所说的"生之舍"、"生之充"、"生之制"的"生"，指的是人的生命。人的身体是一个"生"，一个活生生的生命体。万物有生，人的身体也是一个"生"，人之生与天地之生浮荡于一整体之中。在人这个生命体中，"形"，指外在形体构成，是生命的宅宇，故曰"舍"；人身体内部的气血流动，是鼓荡生命的动力，故曰"充"；人的心神，是人生命的主宰，故曰"制"。神、气、形构成了人的生命整体。与西方哲学将人的身体分成灵与肉不同的是，中国哲学强调生命的整体性，它在灵与肉之外，又加上"气"，"气"既不单纯属于精神性因素，又不单纯属于自然生理性因素，它是保持内在生命体运动的统合体，是生命整体性构成的关键性因素。它与精神性和生理二因素均有关。从生理性因素看，人之生，气之聚也，人之血气是生命存在的基础，没有这个基础，形无以立，神无以成。血气就是生机。从精神性因素看，人的精神活动，乃顺气而行，不仅人有生命才能有神的活动，同时，人的精神活动也是气的运行。中国哲学对人生命整体性的认识，和气是分不开的。这是中国哲学与西方哲学的根本差异之一。

当然，中国哲学并不因强调气而忽视了人的"神"的作用，"神"永远是人这个生命体的主宰。《淮南子》所谓"神者，生之制也"，就强调神的绝对主宰作用。《淮南子》的这一观点与孟子是一致的。孟子说："夫志，气之帅也，气，体之充也。夫志，至焉，气，次焉。故曰，持其志，勿暴其气。"孟子的"志"与《淮南子》所说的"神"有相近的内涵。这里的志、神，并非指意志和知识，而泛指人的精神性因素。在孟子的表述中，志乃是人的心之所之，即意向所指，属于人的精神生命。气指构成生命体的物质材料，它活动于整个有机体中。从志的发动看，无气则人无由得生，志也无以得行。从人的存在状态看，无气，志缺少依凭，就会衰竭凝滞。气是志所以存、所由来的前提。而志高于气，志统帅气，统帅人的整体生命。

当然，神、志不仅高于气、形，而且还是决定人之为人的根本性因素。血气是生命体的基础，但也是一种干扰生命体的对抗性力量。人有血气，即有欲望，有欲望，则求释放。晏子的"凡有血气，皆有争心"的著名表述，就是就血气所引起的欲望而言的。孔子说："君子有三戒：少之时，血气未定，戒之在色。及其壮也，血气方刚，戒之在斗。及其老也，血气既衰，戒之在得。"所以血气需要导之以顺，才能将其变成生命体的有效力量。否则，人因血气而活，也可能因血气降而为禽兽。血气需要"治"，需要"理"，《韩非子》说"民少欲，则血气治而举动理"，要以合于秩序的方式来治理人的血气，晏子说要"治血气"，荀子说要"治气养心"，等等。正是在这个意义上，人的神、志才是生命体的主宰，是生命的控制性因素。人的神、志是提升人到真正"人"的层次的导引性力量。儒家强调道德力量，而道家强调一种发自生命之性的超越精神，法家则从外在的强制性力量方面谈制约。

人之异于禽兽者几希，这曾经是先秦两汉哲学讨论的重要问题。动物也有形和气，动物是不是有神和志呢？《礼记》上说："凡生天地之间者，有血气之属必有知，有知之属莫不知爱其类。"鸟兽失其群，丧其偶，也有本能的爱欲。但鸟兽这样的"知"充其量只能算是本能，不是一种理性的反思力量，没有提升生命的导引性力量，没有神、志。所以《礼记》接着说："故有血气之属者，莫知于人，故人于其亲也，至死不穷。"人之所以异于禽兽者，在于人可以神、志去"治"血气，使其合于"序"、合于"理"，将人从自然生命上升

◐◑〈元〉柯九思 竹
其外刚，其中空，
可以立，可以风，
吾与尔从容。

到精神生命，克服血气和精神的分离。

亚里士多德有灵魂等级的理论，植物有生长灵魂，动物除此之外，还有动物性的感受性灵魂，而人除了上述两种灵魂之外，还具有理性的灵魂，人是理性的动物。西方哲学在很长时间里，都将理性的反思功能作为人区别于动物的关键性因素。但中国人却有不同的看法。不是理性的反思力量，而是内在的性灵修养，才是使人脱离动物性、臻于生命圆融的途径。荀子说："水火有气而无生，草木有生而无知，禽兽有知而无义，人有气、有生、有知，亦且有义，故最为天下贵也。"人独有的特征，不在于理性的能力，而在于其所具有的正义感。"义"不是理性的功夫，而是提升性灵的道德力量。道家哲学认为这种所谓道德提升力量不可靠，它强调一种妙悟的智慧，即通过"黜聪明、堕肢体"而回归于自然本性。但无论是儒家还是道家都强调内在修养的重要性。人人可以成尧舜，但人人也可以变动物。自上而言，人可以成尧舜，此就其可能性而言，并非必然，人要成圣哲，必须靠养。人能弘道，非道弘人。人如不选趋于圣哲之路，生命就可能坠落。

中国哲学强调，人的生命是一个统合体，人的精神活动离不开血气的支持，即精神生命不能脱离生理生命。情感、意志等心灵的活动都与人的血气密切相关。这是中国人思维中非常独特的思路。汉字中表现人心理活动的字多以"心"为意符，思维是大脑的属性，但中国人却认为思维离不开"心"，心为五脏之主，即离不开人的肉体生命。汉字的"思"由"囟"（头颅，指大脑）和"心"两部分所组成，是大脑和人的血气共同完成的。"思"表示人的记忆、知觉、思考等思维方面的内容。现代心理学早已证明，思维是大脑的属性，人的心脏乃内部器官中的重要部门，但它与思维无关。为什么中国人认为人的思维是由大脑和心脏共同发出的？钱穆先生说："中国人言学术主其和合会通处，西方人言学多言其分别隔离处，如言心，西方人指人身胸部，主血液流行之心房言。头部之脑，则主知觉与记忆。中国人言心，则既不在胸部，亦不在头部，乃指全身生活之和合会通处，乃一抽象名词。"[1]

钱先生此言的确道出了中西对待思维问题的根本差异，但亦似有未核确处。中国人言心，并未完全将其作为思维工具，很早就认识到了心乃五脏之一，为五脏之首，《黄帝内经》云："诸血者皆属于心，诸气者皆属于肺。"《淮南子》也说："夫心者，五脏之主也，所以制使四肢，流行血气。"心是生命有机体的重要组成部分，中国人正是在认识到心为五脏之主的同时，将心归于思维之主要部门的。这一认识在西周时就已出现，甲骨文中只有心的象形字，而心部字极少。而到了金文，心部字大增，这反映了人的思维认知的发展，与思维有关的字不归于脑，而归于心，如忠、德、志、恕、慈、忘、念、息等。横亘于这一语言现象背后的是，当时人们实际上具有这样的思想：心既是制使四肢、流行血气的重要器官，是维持人的自然生命的根本，又是人的情感、理智、直觉、记忆等所发之处所，也就是说，心是自然和精神生命的融合。如在《淮南子》中，既认为心为五脏之首，是一自然器官，是形成自然生命关键性构件，同时，又认为："心者，形之主也；而神者，心之宝也。"心又属于人的精神生命。也就是说，心既是形，又可属于神。从内气运转、血气畅通的角度看，心是形；从心可以上升为神的最高形式看，心又是神。

它突出表明，中国人眼中的自身小宇宙，是以自然生命为基础的生命统一体，一个类通于外在大宇宙的生命统合世界。作为自然生命的外在形体构成（形）、内在气化运行（气）和作为精神生命的神不可分割，任何离开这个生命整体的分割方式都会撕裂这个密合的整体，都是对生命的破坏。故人的自然生命不能脱离神，人的精神性活动又是由人的生命整体发出的。这样的思路对中国文化影响深远。

中国哲学的中心不在于向外的知识探求，而在内在生命宇宙的建立。我们面对外在世界时，不是以理性去把握、控制这个世界，而是以生命去契合这个世界；我们在一体的气中浮荡，以生命去回应这个世界。中国哲学和美学中出现的心物感应说就是在这样的基础上产生的，如《易传》的"同类相感，同气相求"说，《乐记》的"万物之理，各以类相动"、"民有血气心知之性，而无哀、乐、喜、怒

●●〈清〉金农 梅
　　一枝古梅，蕴
藏艺术家雅净
坚贞的灵想。

之常。应感起物而动，然后心术形焉"的观点，《黄帝内经》中关于人的小宇宙和外在大宇宙相应和的思想，《文心雕龙》关于人的小宇宙和大宇宙之间有同样的"生命节律"的论述[2]，等等。这样的思想认为，宇宙是一个互相感动的世界，"感之时义大矣哉"。正因此，在神的导引下的人的小宇宙的和融，不仅是生命体存在的基础，也是融入到这庞大的宇宙气场的基础，更重要的是提升生命、超越卑微、走向生命圆融的基础。中国哲学重视"养"的思想正落脚于此。

中国哲学的关键词是生命，关心的是生命的"养"，"养"得一片和融的心灵，就是生命的超越活动。中国哲学的主导倾向是，人不是一种理性动物，而是一种生命动物，是一种秉血气之性的动物，血气是人之性。所以，中国人并不强调通过理性去征服世界，而是强调通过生命（气）去体验世界。惟有"养"，才能创造一个圆融的体验主体，克服人与外在宇宙的不相融的因素，达到大小宇宙融合的大和谐。刘勰在论养气时说："气以实志，志以定言。""言"是人的文化创造，文化创造需由"志"来完成，志是人心理的总成，无"志"则无"言"。"志"并非是知识积累而得，而是来自于"气"——人的内在生命的支撑力量，调畅的、澄澈的生命世界，才会有充盈之志，而一腔幽暗的冲动，则会消弭人的精神生命的深度。水静而明，火静而朗，点亮了生命之灯，才能照彻无边法界。人的思维活动不能脱离自然生命基础，思维是在血气畅通、通体融洽的基础上发出，心理建立在生理之上，生理制约着心理发展，心理为生理的净化和升华，思维乃生命的需求。

二、养气说的基本理论构架

南朝时的顾骏之是一位著名画家，曾建一木楼，作为自己的画室，常常登楼作画，抽去楼梯，不让外人干扰，连妻子孩子都见不到他，为的是保持清净的用思。作画要选在天和气朗之时，如果天气不好，他就不画。这被后代艺术家作为养气的典范。明董其昌说："'虚室生白，吉祥止止。'予最爱斯语，凡人居处洁净无尘溷，则神明来宅，扫地焚香，萧然清远，即妄心亦自消磨。古人于此散乱时，且整顿书几，故自有意。""虚室生白，吉祥止止"为庄子之语，意为外在环境清雅净爽，内在世界空廓无尘，这样艺术的神灵就会降临。董其昌由此悟出艺术活动要有一个良好的氛围，心之超越必须有身之和谐。

《淮南子》从道家思想出发，指出："故至人之治也，心与神处，形与性调。"神是心之宝，心为形之主，心之行在制使血气，使人内在世界盎然而成一有活力的生命空间。调整人身心的理想境界，达到心与神的合一、形与性的合一。心既属自然生命，又属精神生命，心之超越，乃是实现自然生命和精神生命的高度统一（心与神处），将人的整体生命提升到一种阴阳不测、神化天行的境界。形与性的协调，谈的是人的形体构成和自然本性之间的协调，也就是道家学派所强调的回归自然之性，人的生命成为自然而然的展开活动。这是道家哲学的最高境界。神为心主，心为形主，心神合一，形性合一，进而心与形相融相契，身心如一。心神合一是超越，形性合一是回归自然之性，神的超越与性的回归不二，此所谓和谐之生命。这种大和谐的境界，不是"思"而致，不是"学"而成，而是"养"而得，也就是这里所说的，是"治"——治理血气、调畅身心的结果，这是"至人之治"——最高的养气境界。

《淮南子》的思想虽然反映的是道家思想，但其强调通过养气建立生命的大和谐境界（心神合一、形性合一），则是中国哲学中养气说的共同目标。

王阳明说："人人自有定盘针，万化根缘总在心。却笑从前颠倒看，枝枝叶叶外头寻。"真是向外求功夫，总为痴顽汉。外在的知识索求被指为"颠倒"，是一种对生命的破坏；而一切的根源在心，对于心，我们还能有什么更好的途径，惟有"养"。中国哲学有极为丰富的养气学说，中国美学也因此形成了重养气的理论特点。这和西方美学是截然不同的。

原始儒家和道家对养气都有丰富的论述，它们的论述奠定了中国传统养气学说的基础。孟子的养气说堪称典型。其包括三个要点：一是养气是生命境界的提升。孟子说"吾善养吾浩然之气"，何谓浩然之气？他这样解释："其为气也至大至刚，以直养而无害，则塞于天地之间。其为气也，配义与道，无是馁也。是集义所生者，非义袭而取之也。"人之异于禽兽，不在于自然生命构成上比禽兽高明，而在于生命境界的提升。养气是提升人的生命境界、克服卑微和渺小、克服欲望满足和一己狭隘的根本途径。"充实之谓美，充实而有光辉之谓大，大而化之之谓圣，圣而不可知之之谓神"，所谓和顺居中，而英华发外，刚健笃实，辉光乃新。养气能使包裹着欲望、知识等纠缠的心，臻于神化无形、浩乎沛然的宇宙和融境界，从而达到内圣而外王。二是养气不能脱离自然生命，克服自然生命和精神生命的分离是养气的关键。孟子将人的生命分为志和气两个层次，他的根本观点是志气统一论，气既是人的自然生命所行之根本，又是精神所行之依凭，气志一体，气以包志，志以提气。孟子提出的"养"的途径，就是通过"义"、"道"等的道德体认，提升净化人的自然生命，去除生理过分的欲望，超越人在生理上遇到的时空限制，使自然之气化行于道德之志中，达到内在生命的和谐。三是通过养气合于天地之性。孟子的养气学说表现的是儒家胸次悠然，上下浑然与天地同体的境界。在这里，"浩然之气"和他所说的"夫志，气之帅也，气，体之充也。夫志，至焉，气，次焉"的"次焉"之气是不同的。与"志"相比，处于次要位置的"气"其实就是血气，血气是构成人的生命体的自然基础，血气使人活着，又使人欲望地活着，所以血气需要"治"，也就是通过养的过程使其得到提升。而孟子所说的至大至刚的浩然之气是由血气提升而至，是对血气的超越，将人的欲望导引到人伦秩序可以允许的阈限之内。这样的浩然之气"塞于天地之间"，养气实现了合天，合天就是合性。浩然之气，是充沛的内在生命，也是沛然流荡之宇宙精神。孟子将自然生命作为道德宇宙之基石，侧重消解人的内在生理欲望与外在道德规范的冲突。这样的气合于人之本性、合于人伦秩序（儒家将其解释为天条），也合于天地之精神。孟子这里涉及到三种生命：人的自然生命、人的精神生命、宇宙生命。三者合一之门径惟有"养"而得之，这"养"不仅是道德的功课。"义"和"道"，不能简单当作道德的条目来理解，而应当作道德的情绪来体认。道德的情绪体认必须有内在生命的支撑力量，必由自然生理上做起，克服气志分离的状态，进而克服人的整体之气与宇宙之气的分离。

和孟子立足于生命超越、建立合规律的道德宇宙的养气学说相比，道家养气学说立足于建立自然而然的生命节奏，建立超越于人的知识和伦理秩序的生命大和谐境界。

道家看到人的欲望对生命的破坏。老子提倡宠辱不惊、贵大患若身的哲学，"何谓贵大患若身？吾所以有大患者，为吾有身，及吾无身，吾有何患"。受尊重和遭大患都在人的自身，人有生命，就会有欲望，邀名邀利之事就会不绝，人的内在生命就很难保持平衡。人的文化窘迫主要在于人的"生生之厚"——太把自己的生命当生命，太重视自己通过自然生命所能攫取的功利。老子认为，"以其不自生，故能生"，养生的根本途径，在于"无身"、"不自生"，即是说消解自然生命的一切外在的追逐，包括对知识、欲望、名声等等的追逐，返归于内在生命的自然颐养，这样的颐养才是带来生命和融的根本。

庄子哲学中养气理论非常丰富。他所谓"德充"、"养生"云云，都是谈养气的问题。《养生主》开篇论养生之妙方："吾生也有涯，而知也无涯。以有涯随无涯，殆已！已而为知者，殆而已矣！为善无近名，为恶无近刑，缘督以为经，可以保身，可以全生，可以养亲，可以尽年。"这段话将知识和生命比照而谈。生命有限，而知识无穷尽。以有限之生命，追求无穷之知识，必然会弄得疲惫不堪。求知不是生命所必需，而养生方是生命之基础。这里的"缘督以为经"乃庄学中的重要思想。王夫之《庄子解》释云："身后之中脉曰督。缘督者，以清微纤妙之气，循虚而行，自顺以适得其中。""缘督以为经"讲的就是顺应人的生理生命，由经络学说说人的内气之和平。庄子在这里强调，放弃大脑中对知识的求取，强化血气中对生命的养育，保养生命之道，不是求知，而是养气、养生。正是因此，由于有"心"——制使生命的器官——的羼入，使得"思"由外在的求取，返归内在的养育，由知识的获得，变而为精神的养练。在《庄子》中，求知、我思，被"养生"、"德充"这样的命题所取代。在儒家，养气中强调配义与道，表现出对理（秩序）的倾心，如"理义之悦心者，犹刍豢之悦口"之说，但在道家，这样的路径被排除了。

上文我们曾经引过庄子的话："无听之以耳而听之以心，无听之以心而听之气，气也者，虚而待物者也。"这也涉及到养气问题。养气具有巨大的功能。耳，是外在的感官求取，六根感受外在世界，所得到的是知识，必返归于内心。但这还不够，还是有限的、有待的，内在生命对抗性因素并没有真正解除。必上升到"气"，这个"气"是一片澄明空阔的世界。气不同于自然之血气，又不离血气，是对血气的超越，将因血气所产生的生命力从盲目的冲动中解脱出来，从而契合天地之气。所谓静而与阴同德，动而与阳同波，万物一体，天下一气，生命于一气中浮沉。

儒道养气说虽然有不同的侧重，但都以生命的圆融为最终旨归，以契合天地之节奏为基本特点。养气是对一个人生命境界的培植。

艺术是切入生命的，艺术家的创造过程其实就是生命体验过程，也是生命境界的培植过程。在中国，有一等之境界方有一等之艺术，有通透之胸次，方有通透之艺术，这是艺术家的共识。艺术不是涂抹形式之具，而是心性修养之灵圃。如清代的一位绘画理论家沈宗骞所说："画直一艺耳，乃同于身心性命之学。"清沈德潜亦说："文以养气为归，诗亦如之。"有一首诗这样写道："古井无渊源，千秋自涵养。日暮汲人来，洞然发清响。"善养者就要养出这样醇美的泉源。

艺术非形式之学，乃心性之学。立言为不朽之事，然而言之何由来？在于心中之气。韩愈的"气盛言宜"说便是这方面典型的观点。要写出好文章，或者扩之为写出宇宙之大文章，胸中必有浩乎沛然之真气。所以一个为文者，一个要在天地间创造大事业的人，养气乃断断不可忽略之途径。"养其根而俟其实，加其膏而希其光"——要做一棵大树，供天下人乘凉去，长成硕满的智慧之果，供天下人去品尝，就要好好培植你的根，养好生命的气，这样才会有实现愿望的可能性。不断地朝你的生命之灯中加油吧，那样你的生命才会有不灭的光辉。

中国艺术理论强调，艺术是人的整体生命境界的呈露，也是妙通天地之具。人涵养性情之正，才能妙通万物，契会天地。人因有灵心，故能窥通天地之妙，代天地立心。人的灵气惟有养而得，存而生。存养之道，就是要造成内在性灵的和融。这内在的和融之气乃是宇宙间的盛大之气，如苏轼所谓"气之盛也，蓬蓬勃勃，油然浩然，若水之流于平地，无难一泻千里，及其与山石曲折，随物赋形，一日数变，而不自知也"，浩乎沛然的生命在宇宙间流行发布。

养气是内在的，技巧是外在的，如果重外在之技巧，忽视内在之养练，则是本末倒置。明徐上瀛论音乐之境说："神闲气静，蔼然醉心，太和鼓鬯，心手自知，未可一二而为言也。太音希声，古道难复，不以性情中和相遇，而以为是技也，斯愈久而愈失其传矣。"养出心中的太和之气是根本，而习琴者多不领此秘，率皆以外在技法以代之，最终愈行愈远，琴道失落则在必然。郭熙论画则重"进修之道"，这是一种生命修养之道。他说："世人止知吾落笔作画，却不知画非易事，庄子说画史解衣盘礴，此真得画家之法。人须养得胸中宽快，意思悦适，如所谓易直子谅，油然之心生，则人之笑啼情状，物之尖斜偃侧，自然布列于心中。不觉见之于笔下。"这里取《乐记》的"易直子谅"之心为"进修之道"的根本，"易"是和易，直是顺畅，子是慈爱，谅是诚实。这样的养练能养出浩乎沛然之气，也养出和融喜适之气。

　　艺术乃是人整体生命的显现，养不是一种简单的道德功课，也不是槁木死灰式的等待，审美的飞跃与人的自然生命密不可分。前人有一幅对联这样写道："净几明窗，一轴画，一囊琴，一只鹤，一瓯茶，一炉香，一部法帖；小园幽径，几丛花，几群鸟，几区亭，几拳石，几池水，几片闲云。""六一"本是宋代文学家欧阳修的号，也是他生活的写照。我们满可以批评这是一种隐士般的闲情逸致，甚至还有点酸腐味。但其实这样的境界与人心灵的养育是密切相关的。人的内在生命的和融需要有自然生命的基础。孙过庭《书谱》强调，"神融笔畅"的境界，源自于"神怡务闲"的性灵修炼。明项穆《书法雅言》说："未书之前，定志以帅其气；将书之际，养气以充其志。"郭熙的儿子郭思记载他父亲作画时："每乘兴得意而作，则万事俱忘，及事汩志挠，外物有一，则亦委而不顾，委而不顾者，岂非所谓昏气者乎？凡落笔之日，必窗明几净，焚香左右，精笔妙墨，盥手洗砚，如见大宾。必神闲意定，然后为之。"这位伟大的艺术家要在缕缕清香的氛围中进入构思的佳境，这并非是爱清净、好安静，而是为自己的生命力释放创造一个良好的氛围，为沛然生命之气的蒸腾提供一个空间。传元代画家吴镇善用点法，但不轻易点，常常对人说："今日意思昏钝，俟精明澄澈时为之也。"[3] 这正是《文心雕龙》所说的"才力居中，肇自血气，气以实志，志以定言"。作为自然生命的血气是生命超越的基础，没有它的和融，一切都无从谈起。古人有所谓"与梅同瘦，与竹同清，与柳同眠，与桃李同笑，居然花里神仙；与莺同声，与燕同语，与鹤同唳，与鹦鹉同言，如此话中知己"之语，就是强调这种怡然的生命情调。

三、讨论三个与养气相关的问题

养气的理论直接影响了中国美学理论的构成，也影响了中国艺术的发展。这里谈三个相关的问题。

第一，关于中国艺术推重整体生命世界的创造的问题。灵动的外在形象（形）、充盈的生命状态（气）和活泼的精神深度（神）三者完满的结合，便形成了一个和谐的生命，神是生命的主宰，气是生命的流荡，形是生命的依托。在这一生命哲学的基础之上，中国美学出现了一些在世界美学中堪称独特的思想。

在中国传统的艺术批评中，有一种"喻人式"的批评，就是拿人的身体来比喻艺术。其实，细致地剖析其理论肌理便可知，这并不是简单地拿人来作比喻[4]，而是以人的整体生命特点来要求，将人对自身的认识扩展开去，在艺术中复演人的生命世界。这是中国人对自身生命特点认识的延伸。显示整体生命，成了中国艺术重要的审美标准。

我们从六法说中就可以看出这一点。六法（气韵生动、骨法用笔、应物象形、随类赋彩、经营位置、传移模写）中的前四法是谈绘画的创造原则，"经营位置"谈构图，而"传移模写"一法类似于六书中的转注、假借，是所谓"用字之法"。在前四法中，气韵第一，次言骨法，三、四两法都是形似之法。在绘画的创作原则中，突出气韵、骨力、形似三者。唐张怀瓘在评论顾恺之、张僧繇、陆探微三人的绘画特点时说："张得其肉，陆得其骨，顾得其神。"肉、骨、神是三个不同的评论角度，肉是外形，骨是气骨梗概，神是气韵。这三个角度恰好反映了谢赫"六法"形、骨、神三者并重的绘画思想。《历代名画记》卷一《论画六法》云："至于鬼神人物，有生动之可状，须神韵而后全，若气韵不周，空陈形似，笔力未遒，空善赋彩，谓非妙也。"在张彦远看来，画有六法，六法理论核心在形、骨、神三者。神、骨、形三者之中，骨和形都属于形式方面的因素。形是肉，形无骨不立，骨无肉不成，有骨有肉方是形之成。骨与气有关，如谢赫评画重气力，评江僧宝"用笔骨梗"，评夏瞻云"虽气力不足，而精彩有余"，评卫协"颇得壮气"。而气韵则为六法之第一，属于神的方面，是神与气的结合，是真正的"生之制"。六法是一种强调生命整体呈现之法，其核心就是要创造一种气韵流荡的生命。六法的核心是画出活的对象来，画出活的精神来，创造一个活的世界。六法不是外在的形似之法，活泼泼的生命精神是其内核。

　　书法中也强调这种精神。立书如立人，一字一篇之成，犹如一个生机勃勃的人出现了。于是骨立了，筋通了，血流了，气畅了。早期书法理论就强调书法筋、骨、肉等的融合。卫夫人《笔阵图》说："善鉴者不写，善写者不鉴。善笔力者多骨，不善笔力者多肉。多骨微肉者谓之筋书，多肉微骨者谓之墨猪。多力丰筋者圣，无力无筋者病。——从其消息而用之。"张怀瓘《书断》曾引羊欣的论书语道："胡昭得其骨，索靖得其肉，韦诞得其筋。"作书，就是创造一个生命体。骨是人的形骸，血肉是有机体的内在运动，而这只是人的一部分，人还有通过有机体产生的独特气质风神。书法全类于此，线条组成产生独特的势，这是血气的形成，而由这骨肉血气组成的完整生命体产生的凛凛风神，则标志着书法的最高理想——生命境界（韵）的形成。中国书学有重"血脉"的传统。就像人一样，上下贯通，旁通无碍，字得之而生。清冯班说，作字要于"血脉处而有笔意"。清朱和羹说："楷法与作行草，用笔一理，作楷不以行楷之笔出之，则全无血脉。"书之所以称血脉，就在于视书法为一个生气流荡的生命整体。苏东坡说："书必有神、气、骨、肉、血，五者阙一，不为成书也。"翁方刚说："筋骨、血肉、精神、气脉，八者全具，而后可为人，书亦犹是。"他们都把生命整体精神作为书法的最高境界。清刘熙载说："辨草者，尤以书脉为要。""一笔书"的核心也是对血脉的强调。而绘画中的用笔之法也以生命整体呈现为其根本要求，如五代荆浩《笔法记》说："凡笔有四势：谓筋、肉、骨、气。笔绝而不断谓之筋，起伏成实谓之肉，生死刚正谓之骨，迹画不败谓之气。故知墨太质者失其体，色微者败正气，筋死者无肉，迹断者无筋，苟媚者无骨。"

　　风骨是中国美学的重要范畴之一，作为一个美学概念真正形成在六朝时期。在汉魏以来品人论艺重视风骨的风气影响之下，风骨一跃而成为反映六朝美学特点的核心概念之一。《文心雕龙》专列《风骨》一篇，对其作了理论总结。从刘勰的论述看，风骨是将品人延伸到论艺之中。风骨是对一种刚健朗畅、风力遒劲的审美风格的强调。风与骨都既属形又属神。骨无风不立，风无骨不成。骨强调的是外在的力感，风强调的是内在的气力。这就像人的身体一样，骨是人的骨骼构架，是人之为人的基本线条，风则是人的内在体气，是人的内在流荡的生命，风与骨共同构成了人的生命。刘勰明确说，骨如"体之树骸"。骨无气人不活，气无骨人难立。风与骨也如此，二者丝丝紧扣，难以划然为分。风是骨之力，骨是风之实。刚健若无"实"（气），何来"辉光"；意气若无"力"，何来"骏爽"！

从风上说，它侧重指内在的情、气。刘勰说："怊怅述情，必始乎风"，"情之含风，犹形之包气"，"深乎风者，述情必显"。可见，风是和"情""气"两个概念结合在一起的。风以动之，这是风的基本界定，风就是动人、有魅力、不乏味。如《周易》蛊卦（巽下艮上）所说的落山之风，是一种煽动人心的力量。而此动人之风，从艺术作品来看，来自充盈之情，所谓风由情孕，无情则无风。而此情除了雅正等要求之外，必须为气所包举，也就是说必须由整体的生命力量所托出。所以"情与气偕"成了刘勰的一个重要论断。正是在此基础上，他援引了前代"重气"之论，所谓"文以气为主"、"信含异气"、"时有齐气"、"有逸气"、"体气高妙"云云，意在说明，情不是一般的显露，而是要显现出一种气势，一种个性色彩，一种情感魅力。"风"、"情"、"气"、"骨"四位一体的学说，反映了刘勰总结前代学说所构成的特有的理论构架。这是一种重视整体生命的理论。

第二，关于重品的问题。艺术的形式构造要表现整体的生命世界，同时又强调人的整体生命境界的呈现。中国哲学的养气说强调和顺积中、英华发外，德成于上、艺成于下，有德者必有言。牟宗三先生曾说中国古代很多哲学家都堪称为人典范，这和西方哲学有很大区别，西方哲学和哲学家为人境界往往是分离的，而在中国二者结合紧密。中国艺术中形成的重品倾向是传统文化精神的体现。在中国，艺术不是独立于人精神之外的技术性操作，而是人的心灵境界的体现，人的品格——生命的品位是艺术成功的关键。古人有所谓"节义傲青云，文章高白雪，若不以德性陶熔之，终为血气之私，技能之末"之语，重品其实就是重生命世界中的"神"，以"神"净化提升血气之私、技能之末。南宋邓椿说："人品既高，虽游戏间而心画形矣。"在他们看来，艺术是一种生命的游戏，要养得性情宽快悦适，以和融的生命与世界做游戏，哪里是斤斤技法者所能梦见。

明李日华说："姜白石论书曰：'一须人品高。'文征明自题其《米山》曰：'人品不高，用墨无法。'乃知点墨落纸，大非细事。必须胸中廓然无一物，然后烟云秀色与天地生生之气，自然凑泊，笔下幻出奇诡。"[5]在李日华看来，欲人品高，必重德义，"士人以文章德义为贵，若技艺多一不如少一，不惟变役，兼以损品。"又说："灵均作《离骚》，杂取香草，以示扶芳芟秽之意，绘家挥洒兰竹亦是寓也。然非其人洁廉高韵，具嘘风漱雪之肠。即按谱为之，凡气终不断。"他将为艺者分为两类，一类是"按谱为之"，就是重视技法，如同王阳明所说的枝枝节节向外求，这样的人的缺点不是凡俗气浓，而是生命的体验功夫不够，自我生命体内在世界分离，也导致和外在世界的隔膜。一类是"嘘风漱雪"之辈，不求识量，但求德度，以空灵澄澈的生命去映照世界，于是天地生生之气便来自然凑泊——宇宙生命也以之为停泊之岸。

这使我想到石涛的一个重要观点："呕血十斗，不如啮雪一团。"这可以说是对中国艺术重视生命境界的概括，也是这位独创派大师一生绘画实践的总结。呕血十斗，是技巧上的追求；啮雪一团，是精神上的超升。呕心沥血，殚精竭虑，左斟右酌，反复琢磨，技巧当然是作画之必备，但一个成功的画家不能停留在技巧的追求上，而应超越技巧，由技而进于道。因为中国画强调的是"心印"，绘画的空间形态是心灵的显现。绘画不是靠"学"而成，而是靠"养"而得。导致绘画成功的关键因素不是知识，而是智慧，是独特的精神境界。所以，养得一片宽快悦适的心灵，就像石涛所说的吞下一团洁白的雪,以冰雪的心灵——毫无尘染的高旷澄明之心——去作画,才能自创佳构。

中国艺术理论在养气说的影响之下,形成了推重洁情高韵的传统。清王昱《东庄论画》说:"学画者先贵立品。立品之人,笔墨外自有一种正大光明之概;否则,画虽可观,却有一种不正之气,隐跃毫端。文如其人,画亦有然。"松年《颐园论画》云:"书画清高,首重人品。品节既优,不但人人重其笔墨,更钦仰其人。……吾辈学书画,第一先讲人品。"

正是因为这一点,中国艺术界盛行因人品艺的风气,高德之人的作品必获好评,而修养不好的人即使所作全是佳作,也难得好评。蔡京的书法很好,但是历史上却没有他的地位。董其昌因对赵子昂的民族气节问题有微词,硬是将他从元四家的位子上拉下来。清邵松年说:"书画以人重,信不诬也。历代工书画者,宋之蔡京、秦桧,明之严嵩,爵位尊崇,书法文学皆臻高品,何以后人吐弃之,湮没不传?实因其人大节已亏,其余技更一钱不值矣。吾辈学书画,第一先讲人品。"[6]清张庚说:"大痴为人坦易而洒落,故其画平淡而冲濡,在诸家最醇。梅花道人孤高而清介,故其画危耸而英俊。倪云林则一味绝俗,故其画萧远峭逸。若王叔明未免贪荣附热,故其画近于躁。赵文敏大节不惜,故其画皆妩媚而带俗气。若徐幼文之廉洁雅尚,陆天游、方方壶之超然物外,宜其超脱绝尘,不囿于畛域也。记云:德成而上,艺成而下。其是之谓乎!"[7]

第三,关于到艺术中涵泳的问题。艺术作品是艺术家创造的世界,这不是一个与人生命无关的世界,它是人的整体生命的呈现,是人精神境界的体现,所以这样的世界不仅可供欣赏,还为生命提供了一个优游的空间。像中国园林创造,除了实用功能、欣赏功能之外,更重要的是生命安顿的功能,园林是人优游含玩的空间。所以,中国传统思想对艺术品的看法与今人判若云泥,艺术品是艺术家创造的具有一定欣赏价值并具有市场价值的现代思维,与他们根本不合。中国人并不仅仅把艺术作为艺术品来对待,而是将其作为和人身心密切相关的对象来对待。艺术品的价值端赖于它与人生命相关的成分，艺术是用来养性的，乃陶铸性情之具。清沈宗骞说："画虽一艺，古人原借以为陶淑心性之具。"清刘熙载说：他作诗在于"为一己陶胸次。"艺术安顿艺术家的心灵，这样的艺术又是供人涵泳的。艺术的品鉴并非仅限于对美的欣赏，更重要的是，它是一种生命的对话，品鉴者在艺术家创造的世界中养气。

我们知道，中国艺术是强调"比德"的，就是将艺术作品当作人的品德的象征。中国艺术中的"四君子"、"岁寒三友"等就是比德。如竹子象征节操、耿介等等，郑板桥所归纳的竹的特性与人相关的成分就是如此，他说："盖竹之体，瘦劲孤高，枝枝傲雪，节节干霄，有似乎士君子豪气凌云，不为俗屈。故板桥画竹，不特为竹写神，亦为竹写生。瘦劲孤高，是其神也；豪迈凌云，是其生也；依于石而不囿石，是其节也；落于色相而不滞于梗概，是其品也。"元倪云林有《六君子图》，陂岸上画杂树六棵，以象征隐逸中的贤人之象。黄公望有题跋云："远望云山隔秋水，近看古木拥陂陀。居然相对六君子，正直特立无偏颇。"这也是比德的眼光。

但我们不能将这个问题简单化，将这样的艺术理解为某种道德概念的象征物，这样的思路非常容易形成以下看法：中国艺术长于象征，中国人重视道德，中国文化是一种重品的文化，于是中国艺术精心构造了很多程式化的道德符号。我觉得这样的理解不符合中国艺术的事实。

中国艺术创造一个与人相关的生命世界，不是一种象征型艺术、隐喻型艺术。中国艺术家所精心创造的是一个完整的生命世界，一个可以相与吞吐的生命世界，它不是某种抽象道德的象征符号，而是与人的生命密切相关。李日华在一幅竹画的跋语中说："其外刚，其中空，可以立，可以风，吾与尔从容。"画家在这幅竹画中要表现刚强、独立和空灵的观念，但这只是表面的，更重要的是画家将自己的生命放置到其中，和画中的生命世界相与优游，与其一起从容吐吞，从而臻于生命的至乐之所。这不是简单的道德功课，而是性灵的追求。刚，才能遇强不屈；空，才能含容博大。至于"立"，义更弘深。孔子说："三十而立。""仁者己欲立而立人，己欲达而达人。"

風號大樹中天立
日薄西山四海孤
短策且隨時旦莫
不堪回首望蒼庸
　項居讀詩畫

〈明〉项圣谟
大风呼号图
大风呼号,
大树挺立世表。

立者，挺立自我，八风不动，万事万物不足以扰我，他因他知不能困我，我自立于天地之间，徜徉于八荒之流。此之谓立也。而"可以风"者，精神四达而并流，无所不至，伴风远行，纵怀高蹈，浑然与宇宙同体。"吾与尔从容"，则是大快活，上下与天地自由舒卷，这是一种诗意的人生境界。我不认为这样的艺术形式已经死了，相反，它仍然具有勃勃的生命力，只是需要开辟新的境界而已。如清吴历所说的："高遁不必买山，有草亭竹木，亦可幽栖也。盖竹乃四时苍翠，声与静宜，独坐其中，抱素琴，得趣悠悠，乐而至于老。"他在竹中感受到一片悠然的境界，一个声情并集的世界。

明代画家项圣谟有《大树风号图》，今藏北京故宫博物院。这是一幅很感人的作品。图画寒冬季节，一大树当中而立，迎风呼号，树下立有一人，背对画面，挺然而立。构图极有特色，在中国画中不多见，窄长的幅面和广阔的空间给人以压抑、孤寂之感。其上有一诗道："风号大树中天立，日薄西山四海孤。短策且随时旦莫，不堪回首望菰蒲。"由此可见，此画表现的就是"当风而立"的境界。人面对风刀霜剑，巍然不动，如这大树，中正而不移，刚健而不陷。枝虽枯，而人的气魄不枯；树虽孤独，但大道不孤。画家不是画一棵大树，也不是简单的图解道德信条，而是创造一个与生命相关的世界。画中大树根部多孔穴，迎风怒吼，明显取自庄子的"调调刁刁"之用意。

清吴升《大观录》卷十九载董其昌一《词意图轴》，乃淡青绿山水，画中淡水遥拖，古木参差，松鳞斑驳，墨皴如铁。这画的是董其昌一首词境，词如下："景物因人成胜概，满目更无尘可碍。等闲帘幕小阑干，衣未解，心已快，明月清风如有待。谁信门前车马隘，别是人间闲世界。坐中无物不清凉，山一带，水一派，流水白云常自在。"诗意和画情相互生发，董其昌显然不是以此为比德之具，而是以其为涵泳心性之所。简单的道德象征符号，不论所象征的内涵有多高尚，都是容易使人厌倦的，只有生命之树长青，只有与人的生命密切相关时，这样的艺术才能成为人们的心灵宅宇。

注 释

1 《现代中国学术论衡》，70页，岳麓书社，1986年。

2 《文心雕龙·物色》："是以献岁发春，悦豫之情畅；滔滔孟夏，郁陶之心凝。天高气清，阴沉之志远；霰雪无垠，矜肃之虑深。岁有其物，物有其容；情以物迁，辞以情发。"

3 见吴历《墨井画跋》所引。

4 在西方，不少学者认为，中国人弱于抽象，善于从感性中思考问题，类比发达。如李约瑟（Joseph Needham）和葛瑞汉（A．C．Graham）。李约瑟的著作大陆多有译本，葛瑞汉的著作有：1.*Yin—Yang and the Nature of Correlative Thinking*, Singapore：Institutr of East Asian Philosephies，National University of Singapore，1986．2.*Disputers of the Tao*,Chicago：Open Court，1989.其实这类认识并不准确。中国哲学长于粘带生命的思考，而不是简单的打比方。

5 《紫桃轩杂缀》，《美术丛书》二集第二辑。

6 松年《颐园论画》，见俞剑华《中国画论类编》下，北京：人民美术出版社，1957年。

7 张庚《浦山论画·论性情》，同上书。

后　记

　　这是我在北京大学教授中国美学课的讲稿，我尝试通过中国美学发展自身的逻辑，去接触它的核心问题，理出一个初步线索，并在教学过程中敷陈我的想法。课上了很多轮，这部讲稿也因此有多次修改的机会。现在这部讲稿就要面世，接受读者的检验，我为能有机会向更多的朋友求教而感到高兴。

　　我要感谢多年来听我这门课程的朋友们，他们不但忍受了课堂寂寞的时光，还赐予我很多智慧的卓见，他们是推动我这部讲稿不断完善的动力。感谢叶朗先生的指导和帮助，先生为国内治中国美学的卓然大家，他的学术对我有很大影响。感谢本书系的主编温儒敏先生，是他将我稚拙的作品纳入到这套广有影响的丛书之中，使我获得一次很好的学习机会。感谢北大哲学系美学学科的同仁们，我的每一点进步都与他们的切实帮助分不开。感谢责任编辑艾英、王立刚二位同道，他们为本书付出了很多辛劳和智慧，他们逐字逐句推敲文稿、核对原文，看着满布着他们审读笔迹的校稿，我心里充满了感激之情。我还要感谢北京大学出版社文史哲编辑室的老师们，那是一个温暖而充满活力的集体，与他们每一次合作似乎都注定是愉快而令人难忘的。

《名家通识讲座书系》已有选目

* 《文学与人生十五讲》 暨南大学中文系　朱寿桐

* 《唐诗宋词十五讲》 北京大学中文系　葛晓音

* 《中国文学十五讲》 北京大学中文系　周先慎

* 《中国现当代文学名篇十五讲》 复旦大学中文系　陈思和

* 《西方文学十五讲》 清华大学中文系　徐葆耕

* 《通俗文学十五讲》 苏州大学　范伯群　北京大学　孔庆东

* 《鲁迅作品十五讲》 北京大学中文系　钱理群

　《红楼梦十五讲》 文化部艺术研究院　刘梦溪　冯其庸　周汝昌等

　《当代外国文学名著十五讲》 吉林大学文学院　傅景川

　《中国古代文论十五讲》 华中师范大学中文系　王先霈

* 《中国美学十五讲》 北京大学哲学系　朱良志

* 《文化哲学十五讲》 黑龙江大学　衣俊卿

* 《科技哲学十五讲》 南京大学哲学系　林德宏

* 《西方哲学十五讲》 中国人民大学哲学系　张志伟

* 《现代西方哲学十五讲》 复旦大学哲学系　张汝伦

* 《哲学修养十五讲》 吉林大学哲学系　孙正聿

* 《美学十五讲》 东南大学艺术传播系　凌继尧

* 《宗教学基础十五讲》 清华大学哲学系　王晓朝

　《自然辩证法十五讲》 北京大学哲学系　吴国盛

　《艺术哲学十五讲》 北京大学比较文学所　刘　东

　《逻辑学十五讲》 北京大学哲学系　陈　波

《伦理学十五讲》 湖南师范大学伦理学研究中心 唐凯麟

*《现代性与后现代性十五讲》 厦门大学哲学系 陈嘉明
*《道教文化十五讲》 厦门大学宗教所 詹石窗
*《〈周易〉经传十五讲》 清华大学思想文化所 廖名春
*《美国文化与社会十五讲》 北京大学国际关系学院 袁 明
*《欧洲文明十五讲》 中国社会科学院 陈乐民
《中国文化史十五讲》 北京大学古籍研究中心 安平秋 杨 忠 刘玉才
《文化研究基础十五讲》 北京大学比较文学所 戴锦华
《日本文化十五讲》 北京大学比较文学所 严绍璗
《传统文化研究十五讲》 佛光大学人文社会学院 龚鹏程
《中西文化比较十五讲》 北京大学外语学院 辜正坤
《俄罗斯文化十五讲》 北京大学外语学院 任光宣
《基督教文化十五讲》 中国人民大学中文系 杨慧林
《法国文化十五讲》 北京大学外语学院 罗 芃
《文化人类学十五讲》 中国社会科学院文学所 叶舒宪
《民俗文化十五讲》 北京大学社会学系 高丙中
《北京历史文化十五讲》 北京师范大学文学院 刘 勇

*《西方美术史十五讲》 北京大学艺术系 丁 宁
*《戏剧艺术十五讲》 南京大学文学院 董 健 马俊山
*《音乐欣赏十五讲》 中国作家协会 肖复兴
《中国美术史十五讲》 中央美术学院 邵 彦
《影视艺术十五讲》 清华大学传播学院 尹 鸿
《书法文化十五讲》 北京大学中文系 王岳川
《美育十五讲》 山东大学文学院 曾繁仁
《艺术史十五讲》 北京大学艺术系 朱青生
《艺术设计十五讲》 东南大学艺术传播系 凌继尧

*《口才训练十五讲》 清华大学政治学系 孙海燕 上海科技学院 刘伯奎

*《政治学十五讲》 北大政府管理学院 燕继荣

《社会学理论方法十五讲》 北京大学社会学系 王思斌

《公共管理十五讲》 北京大学政府管理学院 赵成根

《企业文化学十五讲》 武汉大学政治与行政学院 钟青林

《西方经济学十五讲》 中国人民大学经济学院 方福前

《比较教育十五讲》 北京师范大学教育系 王英杰

《政治经济学十五讲》 北京大学政府管理学院 朱天飚

《百年中国知识分子问题十五讲》 华东师范大学历史系 许纪霖

*《文科物理十五讲》 东南大学物理系 吴宗汉

*《现代天文学十五讲》 北京大学物理学院 吴鑫基 温学诗

*《心理学十五讲》 西南师大心理学系 黄希庭 郑 涌

*《生物伦理学十五讲》 北京大学生命科学学院 高崇明 张爱琴

《性心理学十五讲》 北京大学医学部医学人文系 胡佩诚

《思维科学十五讲》 武汉大学哲学系 张掌然

《青年心理健康十五讲》 清华大学教育研究所 樊富民

《环境科学十五讲》 北京大学环境学院 张航远 邵 敏

《医学人文十五讲》 华夏出版社 王一方

《人类生物学十五讲》 北京大学生命科学学院 陈守良

*《中国历史十五讲》 清华大学 张岂之

*《清史十五讲》 中国人民大学清史所 张 研 牛贯杰

《科学史十五讲》 上海交通大学文学院 江晓原

*《语言学常识十五讲》 北京大学中文系 沈 阳

*《汉语与汉语研究十五讲》 北京大学中文系 陆俭明 沈 阳

(画＊者为已出)